欧阳雪梅　邢　军　主编
曹光章　执行主编

# 新中国70年
# 文化建设成就与经验研究

## “新中国 70 年文化建设成就与经验”学术研讨会论文集

当代中国出版社
Contemporary China Publishing House
2020 年 · 北京

**图书在版编目(CIP)数据**

新中国70年文化建设成就与经验研究："新中国70年文化建设成就与经验"学术研讨会论文集/欧阳雪梅，邢军主编．--北京：当代中国出版社，2020.4

ISBN 978-7-5154-1026-5

Ⅰ．①新…　Ⅱ．①欧…②邢…　Ⅲ．①文化事业—建设—中国—学术会议—文集　Ⅳ．①G12-53

中国版本图书馆CIP数据核字（2020）第073838号

出 版 人　曹宏举
责任编辑　聂文聪　周显亮
责任校对　康　莹
印制监制　刘艳平
装帧设计　观止堂_未　氓
出版发行　当代中国出版社
地　　址　北京市地安门西大街旌勇里8号
网　　址　http://www.ddzg.net　邮箱：ddzgcbs@sina.com
邮政编码　100009
编 辑 部　（010）66572264　66572154　66572132　66572180
市 场 部　（010）66572281　66572161　66572157　83221785
印　　刷　北京润田金辉印刷有限公司
开　　本　720毫米×1020毫米　1/16
印　　张　26.75印张　1插页　329千字
版　　次　2020年4月第1版
印　　次　2020年4月第1次印刷
定　　价　79.00元

# 目　录

# 在“新中国70年文化建设成就与经验”学术研讨会上的致辞

李正华

尊敬的洪永平副部长、曾凡银院长，各位同人：

安徽是一个历史悠久、人文荟萃的地方，很高兴“新中国70年文化建设成就与经验”学术研讨会在美丽的安徽省省会合肥召开。在此，我谨代表中国社会科学院当代中国研究所向远道而来的专家学者表示热烈欢迎，向安徽省委宣传部、安徽省社会科学院对于此次会议的悉心安排表示衷心感谢。

首先，简要向大家介绍一下当代中国研究所的情况。

当代中国研究所是1990年经中央批准成立、专事中华人民共和国史研究、编纂和出版的机构，成立之初由中央党史领导小组负责政治指导、中国社会科学院行政代管，后由中央书记处负责联系当代所工作，2011年划归中国社会科学院管理。现内设六个研究室和办公室、科研办公室，出版国史研究专门刊物《当代中国史研究》，还有一个出版社——当代中国出版社。2012年，经中央审定批准，当代所出版五卷本的《中华人民共和国史稿》。2016年，经中央有关部门审定，当代所出版了中华人民共和国政治史、经济史、文化史、社会史、外交史等中华人民共和国史研究丛书，基本形成了中华人民共和国史研究的学科体系。2018年是改革开放40周年，今年又将迎来新中国成立70周年，这两个年份都是重要的历史时间节点。作为国史研究的专业机构，我们有责任也有义务发挥自己的重要作用，以更加优异的成绩迎接这样的“大年”。本次研讨会就是我们今年计划开展的系列活动之一，随后，我们还将以庆祝新中国成立70周年为主题，举办国际论坛和大规模国史学术年会，推出《新中国70年》(中英文版)、《中国社会主义发展道路70年》、《中华人民共和国研究丛书》、《国史小丛书》(20种)等一批国史著作，以高质量的学术研究成果向国庆70周年献礼。

其次，要深入研究和总结新中国70年文化建设的成就与经验。

文化是民族的血脉，是人民的精神家园。文化建设是“五位一体”总体布局中的重要内容，中国特色社会主义文化源自中华民族五千多年文明历史所孕育的中华优秀传统文化，熔铸于党领导人民在革命、建设、改革中创造的革命文化和社会主义先进文化，植根于中国特色社会主义伟大实践。“四个自信”中，文化自信是更基础、更广泛、更深厚的自信。推动社会主义文化繁荣兴盛，坚持中国特色社会主义文化发展道路，建设具有强大凝聚力和引领力的社会主义意识形态，用社会主义核心价值观凝心聚力，推动中华优秀传统文化的创造性转化、创新性发展，进行无愧于时代的文艺创造，营造风清气正的网络空间，提升国家文化软实力，是习近平新时代中国特色社会主义思想的重要内容。迎接新中国成立70周年华诞，回望历史，总结70年党领导文化建设的成就与经验，很有意义。2019年3月4日，习近平总书记参加全国政协十三届二次会议文化艺术界、社会科学界联组会并发表重要讲话指出：“70年砥砺奋进，我们的国家发生了天翻地覆的变化。无论是在中华民族历史上，还是在世界历史上，这都是一部感天动地的奋斗史诗。希望大家深刻反映70年来党和人民的奋斗实践，深刻解读新中国70年历史性变革中所蕴藏的内在逻辑，讲清楚历史性成就背后的中国特色社会主义道路、理论、制度、文化优势，更好用中国理论解读中国实践，为党和人民继续前进提供强大精神激励。”习近平总书记的这一讲话为我们深刻研究和总结新中国70年文化建设成就与经验提供根本遵循，同时也指明今后的努力方向。

当前，全国上下正在紧锣密鼓地开展“不忘初心，牢记使命”主题教育。这次主题教育，是新时代中国共产党大力推动自我革命的重要举措。这就需要教育引导广大党员干部坚定对马克思主义的信仰、对中国特色社会主义的信念，传承红色基因，增强“四个意识”，坚定“四个自信”，做到“两个维护”，自觉在思想上政治上行动上同党中央保持高度一致；要加深对新时代中国特色社会主义思想和党中央大政方针的理解，学深悟透，融会贯通，增强贯彻落实的自觉性和坚定性，提高运用党的创新理论指导实践、推动工作的能力。作为新中国史研究工作者，尤其是从事新中国文化建设历史研究的专家学者，我们既要总结好、研究好新中国70年文化建设成就与经验，讲好中华人民共和国的文化故事，为新时代中国特色社会主义文化建设提供经验借鉴与学术支撑，同时又要不忘文化人的初心与使命，积极投身到社会主义文化强国建设的伟大实践之中，贡献出自己的力量与智慧。

最后，预祝本次研讨会圆满成功！祝各位专家学者身体健康！

（作者为中国社会科学院当代中国研究所党组成员、副所长）

# 在“新中国 70 年文化建设成就与经验”学术研讨会上的致辞

洪永平

尊敬的各位领导、各位专家：

大家上午好！

仲夏时节，草木葳蕤，栀子花开。在全国上下深入开展“不忘初心、牢记使命”主题教育之际，我们在创新之都合肥举办“新中国 70 年文化建设成就与经验”学术研讨会。在此，我谨代表安徽省委宣传部对会议的召开表示诚挚的祝贺，对莅临会议的各位专家表示热烈的欢迎！

安徽历史悠久，文化厚重，人杰地灵，曾有“人文渊薮”“东南邹鲁”之美誉。安徽是中华文明的始源地之一。据科学考证，距今 240 万—200 万年，芜湖繁昌已有早期猿人活动迹象；距今 40 万—30 万年，马鞍山和县已有较成熟的直立猿人在繁衍生息；距今 1 万—4000 年，江淮大地出现了蚌埠双墩、蒙城尉迟寺、含山凌家滩、潜山薛家岗等多处文化遗址。另外，还有“禹会涂山”“建商于亳”“皋陶立法”“姜尚辅周”“老庄创道”“建安文学”“桐城文派”“新安理学”等展现出江淮地区的多元文化。安徽也是红色文化的发祥地。安徽有着红色文化基因，有着光荣的革命传统，在安徽大地上诞生了红 28 军、红 25 军等多支红军主力部队，走出了130位开国将帅。安徽成为新四军的诞生地、集结地、军部所在地，也是淮海战役、渡江战役的主战场。安徽拥有革命遗址3318处，建成开放的革命类博物馆、纪念馆35个。安徽也是创新文化的策源地。这里开辟过中国农村第一块“责任田”，率先实行了农村“大包干”，率先开展了农村税费改革试点，率先探索跨省域生态补偿机制，率先开展全省新型城镇化试点，率先推行林长制……这里生产出世界第一台VCD、全球首条最高世代线京东方10.5代液晶显示、世界首台光量子计算机。全省创新能力已连续7年位居全国第一方阵。安徽还是改革文化的示范地。70年来，安徽坚持社会主义先进文化方向，坚持以人民为中心的工作导向，形成了一支以严凤英、丁玉兰、鲁彦周、韩再芬、陈先发等为代表的“文化皖军”，实现了文明创建从“一花独放”到“满园芬芳”，保持了上榜“中国好人”总数连续10年全国第一，探索出公共文化服务的“反弹琵琶”模式，打造出全球首家共享书店，推动皖南国际文化旅游示范区上升为国家战略。

沧海桑田70年，江淮巨变铸辉煌。2016年4月，习近平总书记视察安徽并发表重要讲话。他称赞安徽“绿色发展、低碳发展有基础，深化发展、内陆开放有闯劲，创新驱动、产业升级有优势”。安徽人民牢记习近平总书记嘱托，咬定聚焦“加强改革创新、努力闯出新路”一大目标和“五个扎实”的工作任务不松劲，以“敢为天下先”的担当精神，书写了江淮大地经济社会发展的华丽篇章。70年来，安徽经济总量迈上3万亿台阶，人均收入跨入中等行列；推进供给侧结构性改革，经济结构渐趋优化；下好创新先手棋，科技创新从“跟跑”到“领跑”；坚持文化自觉自信，创造文化体制改革“安徽现象”；打好精准脱贫攻坚战，人民群众获得感显著增强；统筹推进区域协调发展，全面落实长三角一体化国家战略；建设绿色江淮美好家园，打造生态文明建设安徽样板；

全面从严治党，持续营造风清气正的政治生态。新中国70年来，安徽在经济、政治、文化、社会、生态文明和党的建设等各项建设中都取得历史性成就，绘就了一幅波澜壮阔、气势恢宏的历史画卷。

各位领导，各位专家，文化创造美好，美好需要文化，宣传文化战线肩负“举旗帜、聚民心、育新人、兴文化、展形象”的使命任务，此次会议将集中学习习近平新时代中国特色社会主义思想和党的十九大精神，全面回顾新中国70年的光辉历程，系统总结70年来文化建设的伟大成就、宝贵经验和重要启示，为实现“两个一百年”奋斗目标、实现中华民族伟大复兴的中国梦提供理论支撑和思想引领。在接下来的交流研讨中，要坚持以习近平新时代中国特色社会主义思想为指导，秉持“各美其美，美人之美，美美与共，天下大同”的文化自觉原则，促进全国各地优秀文化对话交流，分享不同地域文化的美好，体验多元文化的魅力，对文化改革发展提供有价值的咨询建议和指导意见，加速安徽文化强省建设，推动中华文化繁荣兴盛，促进人类文明进步。

最后预祝“新中国70年文化建设成就与经验”学术研讨会取得圆满成功，祝各位专家在皖期间身体健康，生活愉快！

谢谢大家。

（作者为中共安徽省委宣传部副部长、省新闻出版局局长）

# 新中国 70 年：社会主义的创新与发展[①]

武　力

中国新民主主义胜利和中华人民共和国成立，是中国共产党将马克思主义基本原理与中国具体实践成功结合的结果，并由此形成了毛泽东思想。但是在新中国成立后，则面临着如何快速发展生产力，实现从落后农业国向先进工业国转变这个艰巨任务；与此同时，还面临着如何建设社会主义这个马克思主义政党在新民主主义革命胜利后最重大的问题。新中国 70 年的历史，就是依据马克思主义生产关系一定要适应生产力、上层建筑一定要适应经济基础的基本原理，实事求是，探索出具有中国特色的社会主义基本制度、发展道路和理论体系的历史。

## 一、新民主主义革命：社会主义政治前提的创立

从 17 世纪资本主义制度首先在英国诞生到 19 世纪末，是资本主义国家依靠武力和商品向外扩张和建立殖民地的阶段。对于这些少数资本主义国家来说，也是“我为刀俎、人为鱼肉”的殖民主义扩张阶段。在

① 本文为中宣部交办的重大委托课题“新中国 70 年”的阶段性成果。

欧洲18世纪工业革命前，受生产工具和交通条件的限制，世界各地的交流是有限的，但是到19世纪中期，由于科技的发展和第二次工业革命的兴起，“资产阶级，由于一切生产工具的迅速改进，由于交通的极其便利，把一切民族甚至是最野蛮的民族都卷到文明中来了”[①]，“资产阶级在不到一百年的阶级统治中所创造的生产力，比过去一切世代创造的全部生产力还要多，还要大”[②]。但是，资本所固有的追逐利润最大化的本性，使得它的发展必须以市场需求为前提。在资本主义发展初期，为加速积累，只有广阔的国外市场，才能使资本家尽可能压低工人工资和消费而又不至于导致生产过剩的危机，因此开拓海外市场和寻求殖民地，及人口和商品的“出口导向”，是早期资本主义国家发展的普遍特点。在19世纪上半期之前，由于资本主义生产方式和制度只是在少数几个国家处于主导地位，广大的世界其他地区还可以为这些资本主义国家的发展提供丰富的资源和市场空间，因此资本主义国家内部（供给大于需求）、资本主义国家之间（争夺世界市场和资源）的矛盾还不突出。但是到19世纪下半期，随着第二次工业革命的完成和资本主义扩张，世界市场已经被瓜分完毕，而此时崛起的德国、日本等新兴资本主义国家，为了寻求新的发展空间和资源，就要求重新瓜分世界资源和市场。1900年帝国主义列强在中国《辛丑条约》中的表现以及随后爆发的日俄战争，标志着资本主义自由发展时代的结束。

在整个19世纪，如果说1840年的鸦片战争是中国与资本主义全球化的第一次正面冲突，那么随后的60年里，面对“三千年未有之变局”，清王朝对资本主义采取了“师夷长技以制夷”和“中学为体，西学为用”的战略，无奈这种移植技术、不变制度的战略却导致了国家不

① 《马克思恩格斯文集》第2卷，人民出版社2009年版，第35页。
② 《马克思恩格斯文集》第2卷，人民出版社2009年版，第36页。

断衰落和解体，陷入困境。从鸦片战争到“戊戌变法”前的 50 多年间，中国面对内忧外患，在“中学为体，西学为用”的观念下，试图将发展近代工商业依然包容在原有的封建政治体制之内，采取了“官办”、“官督商办”、限制民间发展资本主义工商业的政策。对于政府经济职能，也是采取改革局部、维持整体的政策，其标志就是“洋务运动”。

从 19 世纪末，第二次工业革命使少数资本主义国家国力大增，资本主义开始进入由少数发达资本主义国家对世界资源和市场瓜分完毕并不断重新瓜分的阶段。这种以战争的形式、以殖民地和半殖民地为掠夺对象的重新瓜分，导致由局部战争演化为世界大战，而两次世界大战的间隔不到 20 年（如果以 1919 年巴黎和会算一战结束，以 1937 年日本全面侵华战争作为二战开始），第二次世界大战的规模、时间和死亡人数都大大超过了一战。其间还爆发了严重的世界性的 1929 年经济危机。这些都充分暴露出资本主义的严重弊病，列宁提出的“帝国主义是资本主义的垂死阶段”的结论，被越来越多的人接受。

当世界资本主义发展到帝国主义阶段，即依靠武力来重新瓜分世界资源和世界市场的时候，社会主义作为制止这种资本主义灾难的一种新生力量应运而生。如果从世界范围看，到第一次世界大战前，资本主义制度只是在少数国家取得胜利，资本主义生产方式和工业化只是在少数几个国家得以实现，而大多数国家仍然处于这些资本主义国家的剥削和奴役下，国内的资本主义经济没有处于主导地位，资产阶级也没有获得统治地位，一句话，资本主义经济基础和上层建筑都还没有在这些落后国家建立起来。在这种状况下，当帝国主义国家发动重新瓜分世界资源和市场的世界大战后，因这些帝国主义国家同时又是发达的资本主义国家，是资本主义生产方式和社会制度的代表，因此，无论是殖民地、半殖民地人民，还是帝国主义国家的人民，其反对帝国主义的斗争和革命就必然包含有反对和否定资本主义的因素，这也是列宁为什么将帝国主义视为无产阶级革命的前夜，将帝国主义时代的民主革命纳入社会主义世界革命范畴的原因，这一点也被历史事实所证明。

因此，当第一次世界大战爆发后，帝国主义国家之间、帝国主义国家内部、帝国主义国家与殖民地人民之间的矛盾，就自然被社会主义革命者所利用，从而掀起一场反对资本主义的社会主义革命。第一个社会主义国家苏联的诞生，就是列宁领导的布尔什维克利用俄国战争期间国内矛盾的激化和资产阶级“二月革命”后的社会动荡和人民不满，迅速进行了“十月革命”。可以说，第一个社会主义国家的诞生，虽然内部条件是人民对沙皇的封建军事帝国主义的抛弃，但是从整个大背景来看，却是广大人民通过第一次世界大战，对资本主义制度已经失去了信心，认为这是一个“恶”的制度，不愿意再建立这种制度。同样的，第二次世界大战以后，新产生的社会主义国家，与其说是因为资本主义充分发达基础上的无产阶级与资产阶级的矛盾，不如说是因为这些国家是资本主义世界的受害者，这些国家的人民不愿意再选择资本主义制度。

从19世纪末世界资本主义进入帝国主义阶段到第二次世界大战结束的近半个世纪，中国正处于倍受欺凌、社会动荡的危亡时期。

辛亥革命以后，清王朝被推翻，中国名义上建立了资产阶级共和国，但是这个政权却把持在带有封建性质的军阀手中。以“巴黎和会”中国政府“丧权辱国”为标志，先进的知识分子开始寻找比资本主义更有效的制度和改造中国的道路。在这种背景下，俄国的“十月革命”对中国产生了巨大的影响，不仅导致了中国共产党的诞生，也改变了中国民主革命的领导力量和发展方向，开始了旧民主主义革命向新民主主义革命的转变。

由于以蒋介石为首的国民党统治集团的腐败，其独裁统治不仅遭到了以中国共产党为代表的工人和农民反对，也遭到了小资产阶级和民族资产阶级的反对，因此在抗战胜利后爆发的内战中，貌似强大的国民党很快被中国共产党打败，并被赶出大陆。历史最终选择了中国共产党，建立了中华人民共和国。这一切都为中国向社会主义过渡奠定了政治前提和经济基础。

## 二、“一化三改”：向社会主义过渡的创新

新中国成立以后，首先完成了民主革命任务，在推翻了长期压在中国人民头上的帝国主义、封建主义和官僚资本主义的三座大山后，迅速建立起中国共产党领导的、广大人民群众充分参政议政的各级民主政府。

从1949年9月召开的第一届中国人民政治协商会议通过《共同纲领》，到1954年召开第一届全国人民代表大会通过《中华人民共和国宪法》，仅仅用了5年的时间，新中国就确立起人民当家做主的人民代表大会制度、政治协商制度和民族区域自治的基本政治制度，彻底扫除了旧中国“官以贿成，刑以钱免”的政治黑暗、法治窳败，从而为新中国的经济发展、社会安定和文化繁荣提供了政治前提和保障。

在经济方面，根据《共同纲领》的规定，中国实行的是新民主主义经济体制和方针政策，即在所有制结构上，实行国营经济领导下多种经济并存发展，“分工合作，各得其所”；在经济运行上，实行政府计划管理与市场调节相结合；发展经济的总方针为“公私兼顾、劳资两利、城乡互助、内外交流”。首先，通过彻底的土地改革，消灭了封建剥削制度，实现了孙中山提出而没有实现的“耕者有其田”，这也是广大农民几千年的梦想。与此同时，人民政府还通过没收“官僚资本”，建立起

真正为国家和全体人民所有的国营企业（后来也被称为全民所有制企业），这些企业掌握了国家的经济命脉，主要集中于现代工业、交通和金融、外贸方面。对于广泛存在于城乡中的私营工商业，政府则采取了保护、利用和限制的政策，即保护民族工商业，利用和鼓励那些有利于国计民生的企业及经营，限制和改造那些不利于国计民生的企业及经营。

在社会治理方面，人民政府通过乡村“清匪反霸”和土地改革，清除了寄生于封建经济上的土豪劣绅和地痞流氓；通过“城市民主改革”和“镇压反革命”，清除了长期形成的“盗匪横行”和黑社会组织猖獗；同时清除了诸如吸毒、嫖妓、赌博、纳妾等陋习和丑恶现象，使得社会风气和人民的精神面貌焕然一新。

在外交政策方面，由于以美国为首的西方大部分国家对新中国采取了敌视政策，特别是朝鲜战争爆发后对中国实行了经济“封锁”和“禁运”，因此新中国采取了“一边倒”的政策，即坚定地站在以苏联为首的社会主义和民主国家阵营里，但是仍然愿意与同中国发展友好关系的国家发展政治、经济和文化交流关系。

但是，1950年6月爆发的朝鲜战争，使得中国的国家统一和安全受到威胁，加快工业化，尤其是加快重工业发展，成为关系到国家安全和统一的最重大也是最紧迫的问题。1952年，中国经济从战争创伤中走出来，开始转入史无前例的大规模建设。但是此时国内温饱问题尚未解决，每年春荒时节全国尚有两千多万人食不果腹，国内资本积累能力非常低。

在这种条件下，中国共产党面对当时的国情、世情、党情，选择了可以发挥政府优势、集中有限财力和保证社会稳定的社会主义工业化道路，这就是1953年中共中央提出的“党在过渡时期的总路线”。这是中国共产党在新中国成立后的第一次重大思想和理论创新。

由于中国共产党的号召力和领导能力，中国共产党从国情出发，提出了不同于苏联的社会主义改造方式，从保护和发展生产力的目的出发，以解决人民内部矛盾的理念，通过示范、自愿、引导、说服的方式，对一亿多户、五亿个体农民，实行了从互助组到初级社，再到高级社的方法，实现了农业合作化；在城镇，对私人资本主义工商业，则实行了单个企业公私合营到全行业公私合营的方法，实行发放“定息”的赎买方式，实现了对资本主义工商业的社会主义改造；同时对数量众多的个体手工业者，也通过互助组、合作社的方式，实现了社会主义改造。从 1953 年中共中央提出“党在过渡时期的总路线”到 1956 年底基本完成社会主义改造任务，向社会主义过渡的时间远低于预期，原来准备在 10—15 年完成的社会主义改造，在中国这样一个人口多、底子薄、发展非常不平衡的经济落后大国，仅用了 3 年多的时间就顺利实现了，既是社会主义在中国实践的胜利，也是世界社会主义理论和方法上的重大创新。

这种急剧的社会经济变迁，使得原来就缺乏经验的中国共产党，对如何建设社会主义就显得更加准备不足了，因此，在探索什么是社会主义、怎样建设社会主义方面，1957 年以后走了一段弯路。但这期间取得了不少成绩，也积累了宝贵的经验教训。

## 三、改革开放：创立中国特色社会主义

1976 年“文革”结束以后，国际、国内环境都发生了很大变化，“什么是社会主义，怎样建设社会主义”这个重大而紧迫的问题再次摆在了中国共产党和中国人民面前。1978 年，在经历了“真理标准大讨论”和

中共十一届三中全会确立了正确的思想路线、政治路线和组织路线以后，中国开启了改革开放的大门。

“文化大革命”10年中，国民经济增长缓慢。1967—1976年（考虑到“文革”在1966年年中虽已开始，但经济尚未受到严重冲击，当年不计入内），社会总产值年平均增长6.8%，其中1967年、1968年出现倒退，分别比上年下降9.9%和4.7%，1974年和1976年比上年分别只增长1.9%和1.4%。工农业总产值年平均增长7.1%，国民收入（净产值）年平均增长4.9%。10年中，国民经济收入总额虽然有增加，但是企业管理制度的破坏和比例失调也使消耗、浪费现象严重，经济效益降低。以1966年和1976年的全民所有制独立核算工业企业各项指数相比，每百元资金实现的税金和利润由34.5元下降到19.3元，减少44.1%。1976年我国人均年消费粮食只有381斤，低于1952年的395斤。住宅、教育、文化、卫生保健等方面也造成了严重欠账。“文革”前经过三年调整，供应的商品本来已经有不少取消了配给票证，“文革”时期又不得不恢复甚至增加。住房紧张，老少三代同居一室甚至“四世同堂”的现象十分普遍。

与此同时，20世纪60年代以来，新加坡、韩国、中国香港、中国台湾快速崛起，被称为“亚洲四小龙”。这些国家和地区在60年代到80年代经济飞速增长，在这之前，它们只是以农业和轻工业为主的发展中国家和地区。它们利用西方发达国家向发展中国家转移劳动密集型产业的机会，吸引外地资本和技术，利用本地的劳动力优势，适时调整经济发展战略，使得经济迅速发展，人民生活水平显著改善。

上述这种差距，在1974年邓小平恢复工作并主抓外事工作时就已经看到了。1974年，他到美国参加联合国大会并路经法国，就看到了中国与世界发达国家的差距在拉大，因此他在1975年主持开展了全面整顿工作，其中的重要内容就是清除科技和教育工作中的极左错误。因此，当邓小平 1977 年恢复工作以后，首先就于当年恢复了中断 10 年的高等教育入学考试，开通了公平选拔和培养人才的通道，随后又召开了新中国第一次全国科学大会，提出“科学技术是第一生产力”，并做出“知识分子是中国工人阶级的组成部分”的论断。这在当时被称为“科学的春天”。

随后，在 1978 年上半年，邓小平又支持开展了“真理标准的讨论”。他在外出视察黑龙江、辽宁、广东、四川时，也鼓励地方干部解放思想、积极探索。关于“真理标准”的大讨论，使得中国共产党恢复了“实事求是”的思想路线，从而为年底召开的中共十一届三中全会奠定了思想基础。

1978 年 11 月 10 日—12 月 15 日，中共中央在北京召开工作会议。邓小平在闭幕会上作题为《解放思想，实事求是，团结一致向前看》的讲话。他指出：“首先是解放思想，只有思想解放了，我们才能正确地以马列主义、毛泽东思想为指导，解决过去遗留的问题，解决新出现的一系列问题。”① “一个党，一个国家，一个民族，如果一切从本本出发，思想僵化，迷信盛行，那它就不能前进，它的生机就停止了，就要亡党亡国。”② 他还提出改革经济体制的任务，语重心长地告诫全党：“再不实行改革，我们的现代化事业和社会主义事业就会被葬送。”③ 在中国面临向何处去的重大历史关头，这篇讲话是开辟新时期新道路的宣言书。它受到与会者的热烈拥护，实际上成为随后召开的中共十一届三中全会的主题报告。

① 《邓小平文选》第 2 卷，人民出版社 1994 年版，第 141 页。
② 《邓小平文选》第 2 卷，人民出版社 1994 年版，第 143 页。
③ 《邓小平文选》第 2 卷，人民出版社 1994 年版，第 150 页。

中共十一届三中全会后，针对社会上产生的怀疑马克思主义，怀疑党的领导，怀疑社会主义，怀疑人民民主专政的错误思潮，1979年3月，邓小平代表中共中央指出：在中国要实现四个现代化，必须坚持社会主义道路，坚持无产阶级专政即人民民主专政，坚持共产党的领导，坚持马列主义毛泽东思想。这四项基本原则“是实现四个现代化的根本前提”。他强调，一方面要继续肃清“四人帮”散布的极左思潮的流毒，另一方面也要同怀疑或反对四项基本原则的思潮作坚决斗争。这篇讲话表明，中国共产党所实行的改革开放，一开始就具有明确的社会主义方向。这既是对资产阶级自由化思潮的有力抵制，又是对中共十一届三中全会路线的进一步阐述。从此，四项基本原则同以经济建设为中心和改革开放一起，构成党的基本路线。

1978年以后的对外开放是建立在两个重要认识转变基础之上的。没有这两个重新认识和判断，就不可能有对外开放，也不可形成中国特色社会主义。

一是对社会主义的判断：社会主义的实质从根本上说是快速发展社会生产力。实际上，中国共产党建立社会主义制度的目的和合法性，就在于社会主义制度比资本主义制度优越，可以比资本主义创造出更快的经济发展速度。毛泽东在20世纪50年代末就曾经说：我就不相信，无产阶级取得政权以后不能取到副食品，如果结论真是这样的话，那就请蒋介石回来。[①] 三中全会前后，邓小平总结新中国成立以来的经验教训，特别是“文革”期间“四人帮”的破坏，多次强调社会主义最根本的任务是发展社会生产力。1977年12月26日，邓小平在会见澳大利亚共产党（马列）主席希尔和夫人乔伊斯时说：怎样才能体现列宁讲的社会主

① 转引自《李富春同志在各协作区办公厅主任座谈会上的讲话（纪要）》，1959年6月10日。

义的优越性，什么叫优越性？不劳动、不读书叫优越性吗？人民生活水平不是改善而是后退叫优越性吗？如果这叫社会主义优越性，这样的社会主义我们也可以不要。[①]1978年9月16日，邓小平在听取吉林省委汇报工作时指出："按照历史唯物主义的观点来讲，正确的政治领导的成果，归根结底要表现在社会生产力的发展上，人民物质文化生活的改善上。如果在一个很长的历史时期内，社会主义国家生产力发展的速度比资本主义国家慢，还谈什么优越性？"[②]

二是对战争问题的认识。仅有对社会主义本质的重新认识，对开放来说还是不够的，还有一个如何认识国际形势的问题。从列宁1917年创建第一个社会主义国家起，战争的阴霾就笼罩在社会主义国家的头上。中华人民共和国成立以后，中国也面临着战争的威胁，朝鲜战争，越南战争，中印边界战争，中苏边界战争，从50年代初到70年代前期，中国长期处于战争的威胁下，50年代至60年代，威胁主要来自以美国为首的西方，60年代末至70年代，威胁则主要来自苏联。当然，这也与我们自己的某些"左"的错误政策有关系。实际上，从60年代以后，随着社会主义阵营的破裂、民族解放和国家独立运动的兴起，第三世界的力量越来越强大，以欧洲为代表的和平力量也越来越大，世界性的战争爆发的可能性不是越来越大，而是越来越小。1972年尼克松访华打破了西方长达20多年的敌视和封锁，1975年越南战争的结束，都说明中国的国际环境正在向好的方向转变。能否正确认识这种国际形势的变化，改变从列宁、斯大林时期就形成的战争不可避免的结论，积极发展与西方发达国家的经济关系，利用国际市场和国际资源来加快发展，是马克思主义能否与时俱进的关键所在。正是在这个问题

① 《邓小平思想年谱（1975—1977）》，中央文献出版社1998年版，第51页。
② 《邓小平文选》第2卷，人民出版社1994年版，第128页。

上，邓小平再次作出重大决断，提出了和平和发展是世界主流的观点。1985年，邓小平回忆说："粉碎'四人帮'以后，特别是党的十一届三中全会以后，我们对国际形势的判断有变化，对外政策也有变化，这是两个重要的转变。"①

正是根据上述两个重要认识和判断，我们党认识到市场经济不是资本主义的专利，认识到和平和发展是世界主流，认识到与资本主义长期共存、共同发展将是一个相当长的历史时期，这才使得中国走上了改革开放的道路。从1978年的中共十一届三中全会到1987年党的十三大，中国共产党终于解决了什么是适合中国国情的社会主义这个最重大的问题，形成了中国特色社会主义理论和党的基本路线，由此中国实现了马克思主义在中国发展创新的第二次历史性飞跃。

## 四、中国特色社会主义在实践中进一步发展

### （一）市场经济：社会主义经济体制的创新发展

解决了中国特色社会主义这个重大问题并确立了党的基本路线以后，并不意味着完全解决了如何建设中国特色社会主义的问题。在事实证明了单一公有制和计划经济体制不能适应中国特色社会主义的发展要求后，建立什么样的经济体制就成为突出问题。邓小平南方谈话和党的十四大解决了这个问题，那就是建立多种经济成分并存发展的社会主义市场经济。

在20世纪后半期，苏联作为世界上第一个社会主义国家和社会主义阵营的领袖，对内没有解决好三个问题：公有制与私有制的关系，计

① 《邓小平文选》第3卷，人民出版社1993年版，第126页。

划与市场的关系，党和人民群众的关系，导致了经济衰退和党脱离了人民。在对外方面，也没有处理好三个问题：一是与社会主义国家的关系（中苏分裂），二是与发达资本主义国家的关系（冷战），三是与发展中国家的关系（侵略阿富汗）。因此苏联内外交困，终于在20世纪90年代初解体失败了。中国在平息了“北京风波”并经历了东欧剧变和苏联解体的过程中，虽然经受住严峻考验，站稳了脚跟，但是仍然面临着中国特色社会主义如何进一步发展的问题。

1992年1月18日—2月21日，邓小平先后视察武昌、深圳、珠海、上海等地。视察途中，他多次发表谈话强调，党的基本路线要管一百年，动摇不得。改革开放胆子要大一些，敢于试验。判断的标准，应该主要看是否有利于发展社会主义社会的生产力，是否有利于增强社会主义国家的综合国力，是否有利于提高人民的生活水平。计划多一点还是市场多一点，不是社会主义与资本主义的本质区别。社会主义的本质，是解放生产力，发展生产力，消灭剥削，消除两极分化，最终达到共同富裕。

上述谈话科学地总结了中共十一届三中全会以来的基本实践和基本经验，从理论上深刻回答了长期困扰和束缚人们思想的许多重大认识问题，是把改革开放和现代化建设推向新阶段的又一个解放思想、实事求是的宣言书。中共中央迅速将邓小平的南方谈话传达到全党，国务院也相继作出一系列加快改革开放和经济发展的决定。中国共产党以邓小平南方谈话精神为指导，进一步统一思想，为开好党的十四大作了充分准备。1992年10月，中国共产党召开了第十四次全国代表大会。这次大会作出三项具有深远意义的决策：一是确立了邓小平建设有中国特色社会主义理论在全党的指导地位；二是明确我国经济体制改革的目标是建立社会主义市场经济体制；三是要求全党抓住机遇，加快发展，集中精力把经济建设搞上去。

以邓小平南方谈话和党的十四大为标志，中国社会主义改革开放和现代化建设事业进入新的发展阶段。

### （二）“三个代表”：社会主义市场经济下党的建设创新

早在1983年10月，邓小平就提出新时期党的建设总目标和总要求，即“把我们党建设成为有战斗力的马克思主义政党，成为领导全国人民进行社会主义物质文明和精神文明建设的坚强核心”①。

1994年9月召开的中共十四届四中全会专门研究了新形势下党的建设问题，把党的建设提到“新的伟大工程”的高度，作出《关于加强党的建设几个重大问题的决定》，提出了加强党的建设的总目标和总任务。这就是：“把党建设成为用建设有中国特色社会主义理论武装起来、全心全意为人民服务、思想上政治上组织上完全巩固、能够经受住各种风险、始终走在时代前列的马克思主义政党。”②

根据这一目标和任务，《决定》要求在继续贯彻落实中央关于思想建设、作风建设部署的同时，要针对不少地方党组织涣散问题，着重解决好党的组织建设，特别是要解决好以下三个问题：一是坚持和健全民主集中制，特别要注重制度建设；二是加强和改进党的基层组织建设；三是培养和选拔德才兼备的领导干部特别是年轻干部。江泽民在会上指出：“这三个方面的工作做好了，党的组织就会更加坚强、更加巩固，就能够从组织上保证第二步战略目标的实现，使中国更好地迈入二十一世纪。”③

---

①《邓小平文选》第3卷，人民出版社1993年版，第39页。

②《十四大以来重要文献选编》中，中央文献出版社2011年版，第4页。

③《江泽民文选》第1卷，人民出版社2006年版，第410页。

1997年9月召开的党的十五大，把中共十四届四中全会提出的党的建设的总目标和总任务进一步概括为："把党建设成为用邓小平理论武装起来、全心全意为人民服务、思想上政治上组织上完全巩固、能够经受住各种风险、始终走在时代前列、领导全国人民建设有中国特色社会主义的马克思主义政党。"[①]党的十五大着重提出建设一个什么样的党、怎样建设党的问题，是面向21世纪加强和改进党的建设带有根本性的历史思考。根据世纪之交国内外形势的发展变化，江泽民又于2000年1月提出了"提高领导水平和执政水平、增强拒腐防变和抵御风险的能力"这两大历史性课题，要求全党加以认真研究和解决。

党的建设总目标和两大历史性课题的提出，适应了发展社会主义市场经济对党的建设的新要求，丰富了马克思主义建党学说和中国特色社会主义。

在党的十四大确立了建立社会主义市场经济体制改革目标后，社会主义市场经济很快显示出它的巨大活力，但是市场主体的多样化同时又催生了社会阶层和结构的变化，这又对执政的中国共产党的代表性提出了挑战。于是在改革开放和经济社会发展经验的基础上，2000年2月，江泽民在广东考察工作时提出："总结我们党七十多年的历史，可以得出一个重要结论，这就是：我们党所以赢得人民的拥护，是因为我们党在革命、建设、改革的各个历史时期，总是代表着中国先进生产力的发展要求，代表着中国先进文化的前进方向，代表着中国最广大人民的根本利益，并通过制定正确的路线方针政策，为实现国家和人民的根本利益而不懈奋斗。"并要求"所有共产党员和领导干部，都要深刻认识和牢牢把握这'三个代表'，用以指导自己的思想和行动"[②]。到党的十六大

① 《十五大以来重要文献选编》上，中央文献出版社2011年版，第39页。
② 《江泽民文选》第3卷，人民出版社2006年版，第2—3页。

上，正式确定“三个代表”重要思想，实现了对社会主义市场经济条件下“党的建设”这个关键问题的重大创新。

（三）“科学发展观”：社会主义如何全面发展的创新

1978年改革开放以来，中国经济实现了持续的快速增长，经过20多年的发展，到20世纪末，中国经济和人民生活已经达到了小康水平，实现了温饱，创造了令世界惊奇的伟大成就。但是，正如2002年召开的党的十六大政治报告指出的那样：“必须看到，我国正处于并将长期处于社会主义初级阶段，现在达到的小康还是低水平的、不全面的、发展很不平衡的小康，人民日益增长的物质文化需要同落后的社会生产之间的矛盾仍然是我国社会的主要矛盾。我国生产力和科技、教育还比较落后，实现工业化和现代化还有很长的路要走；城乡二元经济结构还没有改变，地区差距扩大的趋势尚未扭转，贫困人口还为数不少；人口总量继续增加，老龄人口比重上升，就业和社会保障压力增大；生态环境、自然资源和经济社会发展的矛盾日益突出；我们仍然面临发达国家在经济科技等方面占优势的压力；经济体制和其他方面的管理体制还不完善；民主法制建设和思想道德建设等方面还存在一些不容忽视的问题。”

而2003年抗击“非典”斗争的胜利，显示了社会主义制度的优越性，增强了中华民族的凝聚力。同时，也使党和人民认识到中国的经济发展和社会发展、城市发展和农村发展还不够协调；公共卫生事业发展滞后，公共卫生体系存在缺陷；突发事件应急机制不健全，处理和管理危机能力不强。防治“非典”斗争成为改进工作、更好地推动事业发展的一个重要契机，从而推动解决实现什么样的发展、怎样发展的问题。

2003年7月28日，胡锦涛在全国防治非典工作会议上提出：“发展绝不只是指经济增长，而是要坚持以经济建设为中心，在经济发展的基础上实现社会全面发展。我们要更好地坚持全面发展、协调发展、可持续发展的发展观。”[①]8 月底 9 月初，胡锦涛在江西考察时明确使用“科学发展观”概念，提出要牢固树立协调发展、全面发展、可持续发展的科学发展观。10 月，中共十六届三中全会通过的《关于完善社会主义市场经济体制若干问题的决定》提出要“坚持以人为本，树立全面、协调、可持续的发展观”，强调“按照统筹城乡发展、统筹区域发展、统筹经济社会发展、统筹人与自然和谐发展、统筹国内发展和对外开放的要求，更大程度地发挥市场在资源配置中的基础性作用，增强企业活力和竞争力，健全国家宏观调控，完善政府社会管理和公共服务职能，为全面建设小康社会提供强有力的体制保障”[②]。2004 年 3 月 10 日，胡锦涛在中央人口资源环境工作座谈会上全面阐述了科学发展观的深刻内涵和基本要求。[③]2004 年 9 月，中共十六届四中全会通过的《中共中央关于加强党的执政能力建设的决定》，把树立和落实科学发展观作为提高党的执政能力的重要内容。2005 年 10 月，中共十六届五中全会通过的《中共中央关于制定国民经济和社会发展第十一个五年规划的建议》强调，要坚定不移地以科学发展观统领经济社会发展全局，坚持以人为本，转变发展观念，创新发展模式，提高发展质量，把经济社会发展切实转入全面协调可持续发展的轨道。[④]2006 年 3 月，全国人大十届四次会议通过的《中华人民共和国国民经济和社会发展第十一个五年规划纲要》中指

---

① 《十六大以来重要文献选编》上，中央文献出版社 2005 年版，第 465 页。

② 《中共中央关于完善社会主义市场经济体制若干问题的决定》，《人民日报》2003 年 10 月 22 日。

③ 胡锦涛：《在中央人口资源环境工作座谈会上的讲话》，《人民日报》2004 年 4 月 5 日。

④ 《十六大以来重要文献选编》中，中央文献出版社 2006 年版，第 1063 页。

出，“十一五”时期促进国民经济持续快速协调健康发展和社会全面进步，关键是要牢固树立和全面落实科学发展观。2006年10月11日，中共十六届六中全会上提出“扎实促进经济又好又快发展”的经济发展方针，体现了科学发展的本质要求。

## 五、中国进入新时代和日益走近世界舞台中心

2012年党的十八大以后，中国特色社会主义开始进入新时代。中国经济经过60多年的发展，特别是改革开放30多年的高速发展，已经基本实现了工业化，不仅改变了贫穷落后的面貌，整体达到了小康水平，第一产业比重大幅度下降，第三产业比重超过第二产业；而且社会结构发生了很大变化，城市人口超过农村人口。从国际比较看，中国已经成为世界第二大经济体、第一制造业大国、第一外汇储备国、第一进出口货物贸易大国、第三对外投资国，中国提出的“一带一路”倡议成效显著，这些都标志着中国正日益接近世界舞台的中央，而以信息化、人工智能、新能源、新材料为代表的第四次工业革命兴起，则为中国的发展提供了新的机遇。

在这个背景下，以习近平同志为核心的党中央团结带领全党全国各族人民，开启了坚持和发展什么样的中国特色社会主义、怎样坚持和发展中国特色社会主义这个重大时代课题的新探索，提出了“两个一百年”奋斗目标和新的发展理念；科学界定了政府与市场关系；明确了“五位一体”总体布局，统筹推进经济建设、政治建设、文化建设、社会建设、生态文明建设；确定了“四个全面”战略布局，从而形成了习近平新时代中国特色社会主义思想，并取得了改革开放和社会主义现代化建设的历史性成就。

在对外方面，党的十八大以来，中国先后提出构建人类命运共同体和“一带一路”倡议，并积极发挥中国的主导作用，在合作共赢中日益走近世界舞台的中心，开始改变自第一次工业革命以来，西方资本主义文明自西向东传播并处于主导地位的世界政治、经济和文化格局。

2013 年 3 月 23 日，习近平在俄罗斯莫斯科国际关系学院发表的演讲中指出，这个世界，各国相互联系、相互依存的程度空前加深，人类生活在同一个地球村里，生活在历史和现实交汇的同一个时空里，越来越成为你中有我、我中有你的命运共同体。2015 年 9 月 28 日，习近平在纽约联合国总部出席第 70 届联合国大会一般性辩论时，发表题为《携手构建合作共赢新伙伴　同心打造人类命运共同体》的演讲，提出携手构建合作共赢新伙伴，同心打造人类命运共同体。党的十九大报告提出，我们呼吁，各国人民同心协力，构建人类命运共同体，建设持久和平、普遍安全、共同繁荣、开放包容、清洁美丽的世界。

在联系日益紧密、矛盾日趋复杂的国际形势下，中国所倡导的“人类命运共同体”理念，是对国际秩序观的创新和发展，开辟了国际关系新愿景，被越来越多的国家所接受。国际社会普遍认为人类命运共同体是一种取代西方模式的新型国际关系，它摒弃丛林法则，不搞强权独霸，超越零和博弈，开辟了一条合作共赢、共建共享的文明发展新道路。构建人类命运共同体理念，2017 年 2 月 10 日首次载入联合国决议，3 月 17 日首次载入联合国安理会决议，3 月 23 日首次载入联合国人权理事会决议。

2013 年 9 月和 10 月，习近平在出访中亚和东南亚国家期间，先后提出共建“丝绸之路经济带”和“21 世纪海上丝绸之路”，得到国际社会高度关注。2016 年 11 月，联合国 193 个会员国协商一致通过决议，欢迎共建“一带一路”等经济合作倡议，呼吁国际社会为“一带一路”建设提供安全保障环境。2017年3月，联合国安理会一致通过了第2344号决议，呼吁国际社会通过“一带一路”建设加强区域经济合作。

为推进共建“一带一路”倡议的实施，中国政府发布了《推动共建丝绸之路经济带和21世纪海上丝绸之路的愿景与行动》，明确以政策沟通、设施联通、贸易畅通、资金融通、民心相通为主要内容。

首届和第二届“一带一路”国际合作高峰论坛先后于2017年5月和2019年4月在北京成功召开。这是“一带一路”框架下最高规格的国际活动，也是由中国首倡、中国主办的层级最高、规模最大的多边外交活动，其成功举办标志着中国国际地位和国际影响力显著提升。“一带一路”国际合作高峰论坛成为推动全球发展合作的机制化新平台。仅第二届“一带一路”国际合作高峰论坛期间，各方达成共6大类283项成果，论坛筹备进程中和举办期间，签署总额640多亿美元的项目合作协议。

共建“一带一路”倡议成为中国参与全球开放合作、促进全球共同发展繁荣、推动构建人类命运共同体的中国方案。截至2019年4月底，中国政府已与127个国家和29个国际组织签署“一带一路”合作文件。事实证明，共建“一带一路”不仅为世界各国发展提供了新机遇，也为中国开放发展开辟了新天地。

（作者为中国社会科学院当代中国研究所副所长、研究员，
中国社会科学院研究生院博士生导师）

# 从大历史的角度审视中华人民共和国 70 年[①]

程美东

关于大历史（macro-history），黄仁宇先生有过这样的解释：“应当广泛的利用归纳法将现有的史料高度的压缩，先构成一个简明而前后连贯的纲领，和西欧史与美国史有了互相比较的幅度与层次，才能谈得上进一步的研究。”“为什么称为中国大历史？中国过去 150 年内经过人类历史上规模最大的一次革命，从一个闭关自守中世纪的国家蜕变而为一个现代国家，影响到 10 亿人口的思想信仰、婚姻教育与衣食住行，其情形不容许我们用寻常尺度衡量。”[②]“大历史”就是主张“从技术的角度看历史，不是从道德的角度检讨历史”。黄仁宇在用大历史的视角研究中国历史时，注重从小事件看大道理，从长远的社会、经济结构观察历史，注重从中西比较的角度研究中国历史问题。用大历史的观点来审视新中国 70 年，就是要避免西方政治道德主义来简单否定、污名中华人民共和国历史的认识误区，而要从新中国发展与近代世界现代化发展的内在要求和成效、新中国发展与中国历史发展的成效、新中国发展与国际共运发展的命运与前途这三个角度来加以审视。如此研究，我们方能

① 本文主要内容已发表在《厦门大学学报（哲学社会科学版）》2019 年第 5 期。
② 黄仁宇:《中国大历史》，生活·读书·新知三联书店 1997 年版，第 2、7 页。

得出相对客观公允的结论。

## 一、从后发现代化国家 70 年的历史发展角度考察新中国 70 年的成就[①]

进行比较研究是现在学术界很流行的一种研究方法，它有助于人们拓宽视野，形成动态的历史认识。但是比较研究要想获得科学的结论，其前提是必须要找到科学的比较对象，要遵循一定的科学规则。考察中华人民共和国的历史成就，简单地孤立地进行 70 年的纵向比较是不够的，需要横向地加以比较，从世界的发展大势中加以考察，这样才能更加准确地确定它的世界方位。现代化是近代以来人类发展的大势，现代化程度实现的高低是当今世界衡量一个国家和社会文明程度的基本尺度。所以，研究新中国 70 年的历史，应当置于现代化的视野之下。但是，世界各个国家发展现代化的模式和途径并不完全一样，原生型和后发型现代化国家发展模式就有很大差别。原生型现代化国家，主要是英国，世界上多数属于后发现代化国家，如德、日、俄，如拉美、非洲、亚洲国家。中国是在陷入半殖民地状态后走向现代化发展途径的，属于典型后发现代化国家。基于以上的认识，我在分析考察新中国 70 年的世界历史方位，选择了德、日和拉美、亚洲一些国家作为参照系，以这些国家建立独立民族国家 70 年的历史发展成效作为参照对象来加以研究。我想从以下几个方面来加以考察：

① 本节部分内容参见程美东：《现代化视野下的新中国六十年——以民族国家独立 60 年为视角》，《学习与探索》2009 年第 5 期。

### （一）民族国家独立对于后发现代化国家发展具有转折性关键意义

独立统一的民族国家对于这个国家社会现代化发展起着决定性的推动作用，无论是德国、日本、俄国这些已经走向世界现代化前列的国家，还是亚洲、非洲、拉美那些广大的处于现代化发展的中低级层次的国家，他们走上现代化发展道路都是在现代民族国家建立之后实现的。没有现代民族国家的独立，既不可能获得本国现代化发展所必需的安全的外部环境，也无法形成强大的整合各种社会资源所需的公共国家权力，那样就自然无法走上现代化道路。所以，实现民族国家独立，按照现代化的原则和思路重新组建民族统一的族国家是所有现代国家从落后走向发达的必由之路。

**表 1　1900—1940 年世界主要发达国家钢产量**

（单位：万吨）

| 时间＼国家 | 美国 | 德国 | 英国 | 沙俄（苏联） | 法国 | 日本 |
| --- | --- | --- | --- | --- | --- | --- |
| 1900 | 1035.2 | 664.6 | 498.0 | 221.1 | 159.0 | 0.1 |
| 1910 | 2651.4 | 1369.9 | 647.6 | 344.4 | 341.3 | 25.2 |
| 1913 | 3180.3 | 1893.5 | 778 | 479.0 | 468.7 | 38.2 |
| 1920 | 4280.9 | 853.8 | 921.2 | 16.2 | 270.6 | 81.1 |
| 1930 | 4135.3 | 1151.1 | 744.3 | 576.1 | 944.4 | 228.9 |
| 1940 | 6076.6 | 1914.1 | 1318.4 | 1900.0 | 441.3 | 685.6 |

资料来源：冶金工业部情报研究总所技术经济室编：《国内外钢铁统计：1949—1979》，冶金工业出版社 1981 年版，第 32—33 页。

**表2　1870—1914年德国若干经济发展数据**

| | | | |
|---|---|---|---|
| | 1871—1914 | | |
| 铁路 | 2.1万公里增至6.2万公里 | | |
| 轮船吨位 | 8.2万吨增至510万吨 | | |
| | | | |
| 诺贝尔奖获奖情况 | 1901—1920 | | |
| | 美国 | 2 | |
| | 英国 | 8 | |
| | 法国 | 11 | |
| | 德国 | 20 | |
| | | | |
| 世界重大科技成果 | 1750—1800 | 1801—1850 | 1851—1900 |
| 美国 | | | 33 |
| 英国 | 37 | 92 | 106 |
| 法国 | 54 | 144 | 75 |
| 德国 | | 榜上无名 | 202 |

| | | |
|---|---|---|
| 谷物产量 | 1870—1913 | |
| | 1500万吨增至3100万吨 | |
| | | |
| 文盲率 | 1865 | 5.25% |
| | 1881 | 2.38% |
| | 1895 | 0.33% |
| | | |
| 工业增长率 | 1860—1870 | 2.7% |
| | 1870—1880 | 4.1% |
| | 1880—1890 | 6.4% |
| | 1890—1900 | 6.1% |
| | | |
| 农业净产值 | 1889 | 工业国家 |
| | 1850—1870 | 50亿马克增长至67亿马克 |
| 煤炭开采量 | 1870—1913 | 3400万吨增加到27730万吨 |

资料来源：吴于廑、齐世荣主编：《世界史·近代史编》，高等教育出版社2001年版，第238—241页。

1871年1月德国实现统一前有300多个邦国，在当时的世界和欧洲均无地位。统一后的德国在40年间就一跃跻身欧洲和世界最强国家行列。1870—1913年德国谷物产量由1500万吨增至3100多万吨。1871—1914年，其铁路从2.1万公里增至6.2万公里，轮船吨位由8.2万吨增至510万吨。1901—1920年，诺贝尔奖获奖情况：美国2人次，英国8人次，法国11人次，德国20人次。1851—1900年间，世界重大科技成果中，美国有33项，法国75项，英国106项，而德国达202项，接近英法美的总和。[①]而在此前的1750—1800年间，世界重大科技成果：英国37项，法国54项；1801—1850年间在重大科技成果发明

① 丁建弘：《发达国家的现代化道路》，北京大学出版社1999年版，第438页。

中，英国 92 项，法国 144 项，德国榜上无名。[①]1889 年，德国工业总产值超过农业，成为工业国家。1850—1870 年德国农业净产值从 50 亿马克增长至 67 亿马克。1870—1913 年间，德国的煤炭开采量从 3400 万吨增加到 27730 万吨。1860—1870 年德国的工业增长率年均增长为 2.7%，1870—1880 年即达到 4.1%，1880—1890 年为 6.4%，1890—1900 年为 6.1%。文盲率，1865 年为 5.25%，1881 年为 2.38%，1895 年为 0.33%。

日本在 1887—1936 年的 50 年间，国民生产总额增长了近 20 倍。钢铁产量在明治维新后的 30 年才只有 5 万吨，40 年后达到 685 万吨，增长了 136 倍，尤其日本的教育现代化的发展速度要远远高于其他行业。日本在 1872 年就颁布了新《学制》，一方面规定了学习西方的教育制度，一方面规定了义务教育。其小学入学率在 1873 年为 28.1%，1891 年为 50%，1900 年为 80%，1902 年为 90%，1911 年为 98.2%。[②]

**表 3　1960—1970 年和 1970—1980 年若干发展中国家国内生产总值和制造业增值年均增长率**

| 国别 | 国内生产总值年均增长率 | | 制造业增值年均增长率 | |
|---|---|---|---|---|
| | 1960—1970 | 1970—1980 | 1960—1970 | 1970—1980 |
| 卢旺达 | 4.4 | 7.7 | 21.0 | 25.7 |
| 利比亚 | 23.0 | 3.1 | 0.1 | 24.3 |
| 加蓬 | 9.1 | 10.8 | 2.0 | 19.5 |
| 南朝鲜 | 8.6 | 9.5 | 17.6 | 16.6 |
| 孟加拉国 | 3.0 | 5.3 | 5.4 | 13.6 |
| 伊朗 | 9.4 | 2.8 | 10.6 | 12.8 |
| 印尼 | 3.0 | 7.7 | 3.0 | 12.5 |

资料来源：托尔本·M. 鲁普斯托尔夫:《印尼的工业发展：成就和前景》，强声棋译，《东南亚研究资料》1986 年第 2 期。

① 李宗发:《财富创造论——国民财富产生原理研究》，经济管理出版社 2006 年版，第 285 页。

② 冯昭奎:《日本经济》，高等教育出版社 1999 年版，第 38—96 页。

表 3 中列出的发展中国家基本上都是在二战之后实现独立的，虽然个别国家因为战乱等原因使得经济发展波动大，但它们在实现独立后的国内生产总值和制造业增值年均增长率总体上都呈现出高速增长的态势。

（二）新中国 70 年发展成效领先于后发现代化国家立国 70 年

据有关人士研究，1814—1936 年间，中国年均经济增长率在 2% 至 2.5% 左右，如无日本侵华战争，则 1933—1953 年间的中国的 GDP 应增加 1.63 倍（作者注：中国大陆的经济在 1952 年才恢复到抗战前的水平），而实际上只增加了 0.28%，而日本侵华战争给中国造成的财产损失和战争消耗，有 1000 多亿美元[①]。1949 年后新中国在获得国家独立后的 70 年，中国的年均经济增长率基本接近两位数。

表 4　1949—2018 年中国经济发展数据

| 类别＼年份 | 1949 | 1952 | 1976 | 1978 | 1999 | 2008 | 2018 |
|---|---|---|---|---|---|---|---|
| 钢铁（万吨） | 15.8 | 135 | 2046 | 3178 | 12426 | 50116 | 92800 |
| 煤炭（万吨） | 3200 | 6649 | 44000 | 61800 | 104363 | 271600 | 368000 |
| 粮食（万吨） | 11318，人均 239 公斤（1950 年数据） | 16392，人均 285 公斤 | 28631，人均 305 公斤 | 30477，人均 317 公斤 | 50839，人均 404 公斤 | 52850，人均 398 公斤 | 65700，人均 443 公斤 |
| 棉花（万吨） | 44.44 | 130.37 | 205.54 | 216.7 | 382.88 | 780 | 548.6 |
| 肉类（猪牛羊肉，单位：万吨） | 220 | 338 | 781 | 856 | 4762（肉类共 5949） | 7269 | 8517 |
| 石油（万吨） | 12 | 44 | 8716 | 10405 | 16000 | 19000 | 19000 |

① 罗荣渠、牛大勇：《中国现代化历程的探索》，北京大学出版社 1992 年版，第 226、218 页。

续表

| 类别\年份 | 1949 | 1952 | 1976 | 1978 | 1999 | 2008 | 2018 |
|---|---|---|---|---|---|---|---|
| 铁路（公里） | 26200（实际能运行的只有22600） | | 46262 | | 66400 | 80000 | 13.1 万公里（包含高铁 2.9 万公里） |
| GDP(亿元，人民币） | | 679，人均 119 元 | 2944，人均 316 元 | 3645，人均 381 元 | 89677，人均 7159 元 | 300670，人均 22674.92 元 | 900300，人均 66000 元 |
| 每万人中大学生人数 | 2.2 人 | | | 8.9 人 | | 46 人 | 192 人 |
| 出国留学生人数 | | 2763 | | 860 | 38989（2000 年） | 144000（2007 年） | 660000 |
| 人口（万） | 55196 | 57482 | 93717 | 96259 | 125786 | 132802 | 139000 |

材料来源：依据历年《中国统计年鉴》绘制。

上面的数字充分表明，新中国成立 70 年来的社会成就巨大，仅粮食一项而言，从 1949 年的 1.13 亿吨上升到 2018 年的 6.57 亿吨，70 年间增加到原来的 5.8 倍（这个时期人口增加到原来的 2.6 倍，耕地由人均 3 亩减少到 1.35 亩），人均粮食产量增加了 80% 多，这个成就是了不起的。钢铁增加到原来的 5873 倍，煤炭增加到 100 多倍，棉花增加到 12 倍。所以，从这个纵向的比较来看，新中国的成就还是非常辉煌的。即使是改革开放前 30 年我们曾经走过一些弯路，但总体来看，发展速度还是很快的。“毛泽东的经济记录无论在许多方面有多大的缺点，仍然是中国奠定现代工业化基础时代的纪录，实际上，这一纪录优越于德国、日本和俄国工业化的可比阶段。”①

1947 年，中国高校有 207 所（大学 55 所，独立学院 75 所，专科学校

① ［美］莫里斯·梅斯纳：《毛泽东的中国及其发展——中华人民共和国史》，张瑛等译，丘成等校，社会科学文献出版社 1992 年版，第 486—487 页。

77 所），在校生 155036 人；2018 年，全国普通高等学校和成人高等学校共计 2663 所，其中本科院校 1245 所，高职高专院校 1418 所，各种形式的在校生 3833 万。1978 年，中国的高等教育毛入学率只有 1.55%；1988 年为 3.7%；2001 年毛入学率达到 11%；2008 年，全国各类高等教育总规模达到 2907 万人，高等教育毛入学率达到 23.3%；2014 年，在校生规模达到 3559 万人，居世界第一，毛入学率达到 37.5%；2017 年，在校生总规模达到 3779 万人，毛入学率达到 45.7%；2018 年，达到 48%。1949 年，全国有小学 34.68 万所，学生 2439.1 万人；2000 年，中国的文盲率由 1949 年的 80% 下降到 6.72%；2001 年 1 月 1 日，中国向世界宣布：中国如期实现了基本普及九年义务教育和基本扫除青壮年文盲的战略目标。中国人均寿命由 1949 年的 35 岁增加到 2000 年的 71.4 岁、2008 年的 73 岁、2018 年的 74 岁。尤其值得一提的是，中国在最基层占 80% 人口的广大农村实行了村民自治制度，村民们在自己居住的地域实行民主选举、民主决策、民主管理、民主监督。

中国这 70 年的发展与同时期获得独立的其他发展中国家相比较，其经济发展的成就远远大于其他国家，具体情况可以参见下表：

**表 5　1960—2017 年部分国家和地区人均 GDP**

（单位：美元）

| 国别地区 / 年份 | 印度 | 印度尼西亚 | 菲律宾 | 撒哈拉以南非洲地区 | 东亚及太平洋地区（不包括高收入地区） | 拉美及加勒比海地区 | 海地 | 中国 |
|---|---|---|---|---|---|---|---|---|
| 1960 | 82 | 53（1967 年） | 254 | 129 | 90 | 369 | 70 | 89 |
| 2017 | 1979 | 3846 | 2988 | 1574 | 7201 | 9271 | 765 | 8836 |

资料来源：笔者根据世界银行发布的相关数据绘制。

印度在 1960 年的人均 GDP 是 82 美元，几乎与中国一样。到 2017 年底，他们是 1979 美元，而中国是 8836 美元，印度增长了 23 倍，而中国增长了 98 倍；同期印尼增长了 71 倍，菲律宾增长了约 11 倍，撒哈拉以南非洲地区增长了约 11 倍，东亚及太平洋地区增长了 79 倍，拉美及加勒比海地区增长了 24 倍，海地增长了约 10 倍。这个数据充分证明，在后发现代化国家，1949 年后的中国发展速度是领先的。

**表 6　1950—2000 年若干拉美国家、中国人均 GDP 同美国人均 GDP 之比**

| 国家＼年份 | 1950 | 2000 |
|---|---|---|
| 阿根廷 | 52% | 30% |
| 巴西 | 17% | 20% |
| 智利 | 40% | 35% |
| 哥伦比亚 | 23% | 18% |
| 墨西哥 | 25% | 26% |
| 中国 | 1.2%（1949 年） | 2.5%（2000 年）<br>14.7%（2017 年） |

资料来源：拉美国家数据参见［美］佛朗西斯·福山：《落后之源——诠释拉美和美国的发展鸿沟》，刘伟译，中信出版集团 2015 年出版，第 71 页。中国数据根据世界银行发布的数据计算得来。

从表 6 可以看出，除了巴西，拉美四个重要国家在二战后 50 年与美国发展相比是越来越慢，差距越来越大，只有墨西哥基本持平。而中国却呈现出越来越快、差距越来越小的趋势。1949 年我们人均 GDP 只有美国的 1.2%，到 2000 年提高到 2.5%，到 2017 年更是提高到 14.7%。这个数字就可以充分说明中国 70 年发展的速度，尤其是改革开放以来突飞猛进的发展情况。

新中国 70 年成功发展的事实对于世界的意义就是为人类美好追求提供了中国智慧和中国方案。“中国特色社会主义道路、理论、制度、文化不断发展，拓展了发展中国家走向现代化的途径，给世界上那些既希望加快发展又希望保持自身独立性的国家和民族提供了全新选择，为解决人类问题贡献了中国智慧和中国方案。”①

## 二、从中国历史发展审视新中国70年的历史发展

以大历史的视角来审视新中国的发展，需要从世界现代化历史发展的角度来加以横向的比较审视，也需要从中国历史的长时段中加以审视，那就是在中国历史上中华人民共和国历史应当居于何种地位？要作这方面的分析，一个直接简单的办法就是以中国历史上王朝建立70年前后的发展情况与新中国70年前后加以宏观比较，看看两者之间有哪些共同的特点。当然，从历史时间的角度来看，这种简单的历法时间的比较是不够科学的，因为不同历史时代的历法时间内历史发展的特点并不一样，古代世界人类社会发展的70年与近代社会发展的70年无论其内容和发展速度、取向都有不同的特点。但是，作为中国完整文明史的延续和发展，对于中华人民共和国历史的研究必须要放到整个中国历史当中加以考察，只有这样的研究和审视，才能突显其历史主体的价值和意义，才能更加明晰中华人民共和国的历史定位，才能更加明白中国未来的发展走向。选取中国历史上重要王朝建立70年的发展情况作为比较，主要是找到一个大致的历史比较点，而不是仅仅限于这个70年。其实就历史的发展内容来说，50年、70年、100年都是一个相对的参照系和发展趋势而已，真正的实质性内容往往并不停留于简单的固定的年份。所以，本节论述时所选取的资料也不仅仅限于中国历史上王朝建立70年的时机，而是以此作为标志，往上回溯和往下延伸。

40多年前，著名美籍华人历史学家何炳棣就对当时不到25岁的中

① 习近平:《在中国共产党十九次全国代表大会上的报告》，人民出版社2017年版，第10页。

华人民共和国的历史在中国历史上的地位作了宏观的比较，他从人民的真正解放、组织能力与思想教育、民族“武德”的重现、经济建设成就四个方面肯定了新中国的价值，认为：“综合中外古今之后，我深信新中国广义的建国，包括经济建国，一定会成功。最重要的理由是新中国有旷古未有的组织能力……这次民族生死存亡的革命斗争的成功，使得一个已有七千年历史的民族，脱胎换骨，返老还童了。这次革命的成功，是民族性格与灵魂的彻底澄清剂。试想：在我（生于一九一七年）受小、中、大学教育备尝国耻之苦之时，怎敢相信今生今世会看得到一个‘阿Q式’忍辱待毙的民族一变而为一个艰苦卓绝、坦诚果毅、忧思深远、勤朴武健的民族?！这才是人类史上最大的奇迹！能造成这种奇迹的民族，一定会胜利地完成建国工作，并且可以长期防范历史上一些制度、社会、经济等等弊端的重演。最后，根据我对古今中外历史的了解，我有勇气无条件地指出，人类自有史以来，从来没有比中国开国的气魄和规模更加宏远的。我并相信我的论断大体上能经得起未来历史的考验。”① 这篇结论至今读来，总体还是站得住脚的，对于我们认识国史的定位具有参考意义。

### （一）中华人民共和国历史 70 年发展与中国历史上王朝建立 70 年发展比较研究

之所以将新中国 70 年与中国历史上重要王朝建立 70 年发展进行比较，乃因为它们之间具有可以比较的类似性。这个类似性就是中国历史上重要王朝［寿命在 200 年以上的，如西汉（210 年）、唐（289 年）、宋（319 年）、明（277 年）、清（268 年）］在建立 70 年左右往往达到它的鼎盛期，经济、政治、文化、国防、人民生活都居于该朝代的上升

① 《从历史的尺度看新中国的特色与成就》（续完），《参考消息》1974 年 3 月 15 日。

期，与同时期的周边邻国比较，也居于明显的优势地位，整体上呈现出欣欣向荣的繁荣局面。

汉朝建立于公元前 202 年，其建立 70 年时的公元前 132 年正是汉武帝意气风发开始独立执政的时候。汉武帝生于公元前 156 年，公元前 141 年即位。而在其即位之初，汉朝经过 60 年的奉行黄老政策的休养生息，实行轻徭薄赋、宽刑正法，使得当时的国家出现了安居乐业的和谐场景："吏安其官，民乐其业，畜积岁增，户口寝息。"[①] 从汉初"至武帝之初七十年间，非遇水旱，则民人给家足，京师之钱累百钜万，贯朽而不可校。太仓之粟陈陈相因，阡陌之间成群，乘牸牝者摈而不得会聚。守闾阎者食粱肉，为吏者长子孙，居官者以为姓号。人人爱而重犯法，先行谊而黜媿辱焉。于是罔疏而民富，役财骄溢，或至并兼；豪党之徒以武断于乡曲；宗室有土，外事四夷，内兴功利，役费并兴。"[②]

汉武帝即位初期，不仅年幼缺乏经验，且受到其祖母窦太后的制约，不能充分施展抱负。公元前 132 年，汉武帝即位正好 10 年，而公元前 135 年其祖母去世使得他少了羁绊，又具有了独断乾纲的条件，使得他可以大展宏图。公元前 133 年，他就谋划打击匈奴这个对于当时的汉朝威胁最大的外部敌人，此后的 14 年间，他发动了对于匈奴的大规模打击，使得自汉初一直威胁汉朝的匈奴被逐出漠北，解除了北部最大的外患。紧接着，他遣使通西域，定闽粤，征高丽，拓蜀郡，使得国土北至贝加尔湖，南达海南岛，西至新疆，东至大海，中国疆域空前广阔。他同时设立太学，独尊儒术，任用贤能，改革币制，盐铁官营。可以说汉朝建立 70 年后的汉武帝时代达到了中国历史的一个国力空前强大的时期，虽然因为军事行动过于

① 《资治通鉴》，中华书局 1956 年版，第 496 页。

② 《汉书食货志集释》，金少英集释，李庆善整理，中华书局 2017 年版，第 94—98 页。

频繁，一度国库空虚，民众生活有所影响，但国家的强大是空前的了。

唐朝是公元 618 年建立的，70 年后的 688 年是武则天统治时期。武则天虽然在唐高宗时期就参与政事，但名正言顺地治理国家还是公元 683 年高宗去世之后，尤其是公元 690 年她改国号称帝之后。公元 688 年是武则天称帝前的两年，该时期可以说是唐高宗时期的延续，是唐朝经济社会持续发展繁荣的阶段，疆土广阔，社会稳定，国泰民安。武则天时期虽然朝内政治斗争激烈，武则天篡改国号，重用酷吏，大兴佛教，诛杀李姓宗室，但整个社会发展呈现持续上升时期，它上接贞观之治，下启开元盛世，是唐朝处于上升期的发展阶段。虽然时人批评武则天主政乃“奸人妒妇之恒态也”，但也认为她“犹泛延谠议，时礼正人。初虽牝鸡司晨，终能复子明辟，飞语辩元忠之罪，善言慰仁杰之心，尊时宪而抑幸臣，听忠言而诛酷吏。有旨哉，有旨哉！”[①] 可以说，唐朝建立 70 年前后，国家是很有生机和活力的，处于明显的上升阶段。

宋朝建立于公元 960 年，70 年后的 1030 年正是宋仁宗当政时期。这一年，年仅 20 岁的仁宗皇帝在崇政殿亲自主持“殿试”，录取了欧阳修、蔡襄，此时的宋仁宗很有大干一番的抱负。当时的北宋经过宋太祖、宋太宗、宋真宗三代皇帝的经营，到仁宗即位时，边境安定，经济发展，社会繁荣，社会总体上达到了此前宋朝前所未有的水准。宋仁宗即位后又宽刑仁慈，重视文化，发展农业，文化科技发展迅速，唐宋八大家其中六个都产生在他当政时期。后人对于宋仁宗时代评价很高，曾国藩曾将宋仁宗与汉武帝、唐太宗、元世祖并列，乾隆把宋仁宗视为自己最佩服的中国三个帝王之一。由此可见宋朝建立 70 年前后的宋仁宗时期在该朝代中的地位了。

---

① 《旧唐书》卷六《则天皇后纪》，中华书局 1975 年版，第 133 页。

明朝建立于1368年，70年后的1438年是明英宗统治的年代。英宗是1435年即位的，当时才8岁，1438年才11岁，自然只是挂名皇帝而已。但在即位前，经过太祖、成祖、仁宗、宣宗的努力，明朝已经进入该朝的盛世阶段。当时海外有郑和下西洋，北部的鞑靼和瓦剌、东北的建真、南部的交趾都归顺明朝，内部重视农业，发展工商，惩贪养民，出现了史称“仁宣之治”的大好局面。

清朝入关是1644年，70年后的1714年是康熙末年，这是清朝历史上有名的“康雍乾盛世”的开始阶段。当时康熙皇帝平三藩，收台湾，败沙俄，征服噶尔丹，内部重视农业生产，俭于用财，轻徭薄赋，与民休息，奖励垦荒，致力治河，重视科举，整个社会呈现出煌煌天朝大国的气象。有人认为“康乾盛世”中康熙最盛，他是英明的君主、伟大的政治家，是“千古一帝”。所以，清朝建立70年的时候是清朝最辉煌的时候。

从上述王朝建立70年的角度来审视新中国成立70年，我们发现，虽然其所处的时代差异大，各自的生产力内容有所差异，但是整体的发展趋势是有共同性的，那就是都呈现出总体上升的趋势，甚至在这个时间段前后达到了该制度体系下最高的发展水平。这也充分说明，中华人民共和国的历史发展与中国古代历史的发展具有内在动力和方向的一致性，从中国大历史的角度来看，这是对于中国历史发展的健康继承和更高层次的升华。中国古代这些王朝建立70年的时候往往也是该王朝由盛而衰的转折时期，这个事实应该引起我们的重视，需要我们汲取中国历史上王朝由盛而衰的经验教训。

### （二）不要机械、简单、静态地比较中华人民共和国70年与中国历史上王朝70年的历史发展

我之所以尝试将新中国70年与中国历史上的70年加以比较，主要

想从完整的中国历史的视角认识中华人民共和国历史在宏观上的定位，从中可以使我们更全面地认识中国历史发展的特点、趋势，对于人们更深刻了解和认识中华人民共和国史发展的必然性和规律性是有借鉴意义的。但是，在这个比较研究中，一定要注意用历史唯物主义的观点来加以审视，而不能机械、简单、静态地进行比较研究。

首先要防止循环史观的研究方法。中国古代史学研究注重史料的收集、整理，注重史实的考证辨伪，注重历史道德评价，这些都是非常有价值的方法和传统，但是也有一个不足，就是历史方法论中缺乏用进步的、生产力为基础的唯物史观来认识历史的发展趋势和发展规律。比如在认识历代王朝兴替更新的问题上，喜欢用循环史论来加以解释，喜欢用“三十年河东，三十年河西”来解释历史变迁的规律，以这样的史观来进行比较研究肯定无法得出科学的结论。用循环史观来比较中华人民共和国历史和中国王朝历史发展，很容易用中国古代历史上出现的问题来简单类比现代中国历史发展，那样不仅很容易得出悲观和消极的结论，更重要的在于其结论是非科学的。坚持这样的史观来进行比较研究，其危害往往比不研究危害更大，因为它是在科学研究的名义下进行的，具有迷惑一般群众的合理的资源背景。防止以循环史观来比较国史与中国古代王朝史研究的弊端，重点是防止以下几点：离开生产力决定论的观点来进行历史比较研究，离开特定社会关系来进行比较研究，离开人民的具体性来进行历史比较研究。中华人民共和国的历史发展与中国历史上的王朝史发展最大的区别就是，它是迎着世界现代化的潮流前进的，以社会主义为价值取向，以人民群众为中心，它走出了中国历史上王朝家天下循环的怪圈。

其次要防止静态的研究方法。比较历史研究，有时需要点对点、面对面、人对人、事对事的直接类比，但这种类比更多是一种研究视野、研究方法，它给我们深入研究问题提供一种认识取向，而绝不是就事论事、就人论人、就个别谈个别，它启发我们的是如何破解在这些貌似规律性的问题背后的原因和规律。把中华人民共和国成立70年与中国历史上王朝建立70年进行比较，如果采取静态的研究方法，就会把古代历史上发生的事情简单地移植到同时段的历史过程当中，比如把中国历史上王朝一般70年左右开始由盛而衰、王朝寿命一般200年左右的史实简单套用到对于中华人民共和国历史的预测和判断。这样的研究就是机械和静态的研究方法，它忽视了历史活动主体所具有的活跃性、发展性、能动性、动态性特点，使得生动丰富的历史研究变成了僵死的数学换算。

最后要防止离开历史时间和历史空间研究的弊端。历史时间与历法时间最大的区别在于其载体，历史时间的载体是特定的人类活动，而历法时间的载体是自然存在，离开历史时间去进行历史长度的比较研究，就是符号研究而已，活生生的历史内容被抽得一干二净。历史空间是历史主体活动得以产生的客观环境，忽视历史空间来进行历史比较研究，会出现移花接木似的魔术般的虚假成果，这样的研究成果与游戏没有本质上的区别。对于新中国70年与中国历史王朝70年的比较研究，如果离开了历史时间和历史空间的研究，其结论一定是荒唐的、南辕北辙的，哪怕这种研究在具体的逻辑和方法上多么严密和认真。比如，中国古代历史中的王朝活动空间基本不出亚洲大陆，而近代以来中国的历史尤其是中华人民共和国的历史活动空间是整个人类日益密切联系的地球；中国古代王朝的发展是以当时世界范围内农业社会生产力为基础的，而现代中国的发展是以世界范围的工业化、科技化为基础的。我们在对这不同历史时间和空间的历史活动进行比较研究时就需要具体地分析，需要寻找这不同历史活动背后的问题，离开了这特定的时空，就不可能进行科学的研究和得出客观的结论。

## 三、从国际共运历史发展的角度审视新中国 70 年的社会主义实践

人类历史进入 19 世纪中叶，出现了以马克思主义为指导的国际共产主义运动的历史潮流，尤其是十月社会主义革命之后，社会主义制度和国家由理想变为现实。苏俄支持下成立的第三共产国际有力地推动了世界共产主义运动的发展，“在其帮助下，世界五大洲先后建立了 70 多个共产主义政党。党员总人数约达 400 多万”①。20 世纪可以说是国际共产主义运动大发展的时期，到 80 年代“社会主义各国最繁荣时，其领土面积占世界陆地面积 1/4 以上，人口约占世界总人口的 1/3，工业产值约占世界的 2/5，国民收入约占世界的 1/3”②。中国共产党领导的共产主义运动是这风起云涌的社会主义运动中的一个，而且是在东欧剧变、苏联解体、国际共产主义运动遭受严重挫折后不仅继续高举社会主义大旗，并且使得社会主义呈现出勃勃生机的国家。所以，无论从哪个角度来说，研究坚持社会主义道路的中华人民共和国的历史，都必须要从国际共运历史发展的角度来加以审视。

### （一）中华人民共和国 70 年的发展是社会主义道路在落后国家成功发展的典型

社会主义作为一个严谨的概念术语产生于欧洲，但是作为一种追求自由、平等、幸福的朴素的思想，可以说东西方很多民族早已有之。人

---

① 肖枫主编：《社会主义向何处去》，当代世界出版社 1997 年版，第 31 页。
② 肖枫主编：《社会主义向何处去》，当代世界出版社 1997 年版，第 45 页。

类很多的宗教对于来世的向往其实就含有这种思想的价值追求，中国古代的大同思想从一定程度上看，就是一种朴素的社会主义思想。“社会主义”这个词语在欧洲比较早地出现在16世纪天主教的用语中，他们当时借以反对文艺复兴后个性解放带来的私欲膨胀、自私自利的个人主义现象的泛滥，它反对的是个人主义公开至上的价值取向，希望从全社会的角度来思考社会政策、引领社会发展方向。后来的空想社会主义者由批判当时西方社会发展过程中出现的普遍的自私自利现象而提出一种新的社会理想，只不过他们把实现这种社会理想的途径寄托在道德良心的改善和发现上。19世纪40年代马克思主义诞生后，社会主义才逐渐发展成为一场波及世界范围的革命实践运动。

但是，马克思、恩格斯一开始是把社会主义革命的首创权寄托在当时比较发达的欧美国家身上。1846年，马克思、恩格斯在《德意志意识形态》中指出：“共产主义只有作为占统治地位的各民族‘一下子’同时发生的行动，在经验上才是可能的。而这是以生产力的普遍发展和与此相联系的世界交往为前提的。”[①]恩格斯在1847年的《共产主义原理》一文中指出：“共产主义革命将不仅仅是一个国家的革命，而是将在一切文明国家里，至少在英国、美国、法国、德国同时发生的革命。在这些国家的每一个国家中，共产主义革命发展得较快或较慢，要看这个国家是否有较发达的工业，较多的财富和比较大量的生产力。因此，在德国实现共产主义革命最慢最困难，在英国最快最容易。共产主义革命也会大大影响世界上其他国家，会完全改变并大大加速它们原来的发展进程。它是世界性的革命，所以将有世界性的活动场所。”[②]1872年，马克思认为：“巴黎公社之所以失败，就是因为在一切主要中心，

① 《马克思恩格斯文集》第1卷，人民出版社2009年版，第539页。
② 《马克思恩格斯选集》第1卷，人民出版社2012年版，第306页。

如柏林、马德里以及其他地方，没有同时爆发同巴黎无产阶级斗争的高水平相适应的伟大革命运动。”[①] 实际上他把巴黎公社失败的原因归咎于欧洲没有同时爆发革命。1892 年，恩格斯在《社会主义从空想到科学的发展》的英文版导言中提出：“欧洲工人阶级的胜利，不是仅仅取决于英国。至少需要英、法、德三国的共同努力，才能保证胜利。在法国和德国，工人运动远远地超过了英国。在德国，工人运动的胜利甚至指日可待了。”[②] 恩格斯在 1893 年 6 月 27 日给保尔·拉法格的信中写道：“但是，无论是法国人、德国人或英国人，都不能单独赢得消灭资本主义的光荣。如果法国——可能如此——发出信号，那么，斗争的结局将决定于受社会主义影响最深、理论最深入群众的德国；虽然如此，不管是法国还是德国，都还不能保证最终的胜利，只要英国还留在资产阶级手中。”[③]

十月革命发展了马恩关于无产阶级的共产主义革命必须首先在发达国家同时爆发才能取得胜利的思想，使得帝国主义国家中最薄弱的落后国家成功取得了革命的胜利。但是十月革命刚刚胜利后的苏俄及其支持成立的第三国际一开始把推动世界共产主义运动的中心放在了欧洲，欧洲革命失败后，他们才把革命的中心放到了其他国家和地区，而在亚洲，他们把日本视为革命的希望。最后在日本革命迟迟没有动静时，他们才注意到了中国革命的重要性，才意识到了中国共产党领导的共产主义革命的重要意义。中国共产党领导的新民主主义革命又和苏联的城市中心论的革命模式不一样，独创性地开创了农村包围城市的道路，以此建立了中华人民共和国。所以，中华人民共和国从诞生之始就蕴含了马

① 《马克思恩格斯全集》第 18 卷，人民出版社 1995 年版，第 180 页。
② 《马克思恩格斯选集》第 3 卷，人民出版社 2012 年版，第 773—774 页。
③ 《马克思恩格斯全集》第 39 卷（上），人民出版社 1995 年版，第 87 页。

克思主义发展论的理论逻辑和实践逻辑。

二战后，世界上有16个国家的共产党、工人阶级性质的政党建立了社会主义国家。在这些社会主义国家中，欧洲的国家包括：苏联、捷克、南斯拉夫、保加利亚、波兰、匈牙利、罗马尼亚、民主德国、阿尔巴尼亚。亚洲的国家包括：中国、蒙古国、朝鲜、越南、柬埔寨、老挝。美洲的国家有古巴。虽然东欧剧变、苏联解体，多数社会主义国家在很短的时间内先后改旗易帜，国际共运遭受严重挫折，但中国的社会主义事业却呈现出格外繁荣的局面，其显示出来的生机和活力令世界瞩目。

中国坚持社会主义道路向世人表明，世界上至少还有四分之一左右的人民仍然高举马克思主义、社会主义的大旗，表明马克思主义没有过时，社会主义没有失败。而中国特色社会主义事业的蓬勃兴旺、领先于世界的发展速度，更是表明社会主义制度具有极大的优越性。同时，这个事实也表明，只要领导有方、措施得当、步骤合适，在落后国家建立起繁荣富强的社会主义国家完全是可能的。新中国70年的成功是以农民为主体的殖民地半殖民地落后国家进行民族革命、阶级革命、社会主义革命和建设的成功典范，这个成功给那些正在走社会主义道路的国家增添了无尽的信心和力量，尤其给那些落后国家发展社会主义提供了现实的经验和长远的方法借鉴。

### （二）中华人民共和国70年的发展丰富了社会主义的理论和实践

近代中国的先贤志士为了救国救民，从西方求得了马克思主义，进行了共产主义革命，使得中国走上日益实现中国梦的康庄大道。马克思主义给中国人民增添了新鲜的思想血液，使得中国人的思维方式、眼界、社会实践的方向产生了新的飞跃，同时中国共产党人以自己扎实的实践、深刻的思辨、智慧的选择，通过反复的共产主义实践和马克思主义的理论研究，不断地丰富着马克思主义。

新中国成立 70 年来，中国人民在中国共产党的领导下开创的社会主义伟大事业创造了一个又一个辉煌，这些辉煌的成就不仅仅体现在物质文明的超乎寻常的发展上，更体现在对于社会主义理论认识的更加清晰和自信上。新中国 70 年社会主义发展，从理论和实践两个方面大大丰富了社会主义的内涵和外延，使得社会主义的原则性和时代性、未来性结合得更好了。

前民主德国领导人克伦茨对于中国改革开放成功的原因作了这样的分析：中国的成功首先在于它在改革开放之初确定了四项基本原则，即坚持社会主义道路、坚持人民民主专政、坚持中国共产党的领导、坚持马克思列宁主义毛泽东思想。中国共产党从苏联解体中得出的教训不同于某些欧洲政党。历史证明，没有共产党的领导就没有社会主义。中国成功的另一条重要经验就是坚持理论联系实际，反对教条主义。尽管不利的国际环境对中国构成了巨大的挑战，但是中国领导层明确表示要坚持政策持续性和改革开放，坚持全民族的团结。①

中国改革开放成功的原因是多方面的，肯定不止以上两个方面，而最根本的原因在于我们善于将马克思主义基本原理与中国的具体实际结合起来，善于在理想和现实、原则性与灵活性之间把握平衡点，使得我们总体的方向正确、步骤稳妥。而且，不仅仅改革开放我们坚持了这个原则，可以说，整个新中国 70 年我们总体成功的原因都是坚持了这一个原则的结果，从而使得我们对于社会主义的理论和实践作了丰富和发展，这方面的贡献至少表现为以下的内容：

---

① 李瑞琴：《一位共产党前领导人眼中的中国特色社会主义新时代》，《光明日报》2019 年 6 月 21 日。

坚持走出了一条中国特色的工业化道路。富国强兵是近代中国梦的基本内容，富国强兵的重要物质基础就是工业化，而工业化建设需要大量的资金。帝国主义国家通过残暴的原始积累和海外扩张获得了大量的资金，而新中国作为社会主义国家不可能运用那样的手段，在这种背景下，我们搞现代化就只能自力更生了。新中国通过“三大改造”，为工业化的发展创造了公有制的基础，使得中国在二十几年的时间从一个农业大国、手工业大国迅速发展为工业门类比较齐全、工业体系比较完整的国家，不能不归功于我们独特的工业化道路。这个可以说是对马克思主义理论的一大贡献。

建立了一套中国特色、人民民主的社会主义政治制度，将人类政治文明的优势与中国特色的具体国情有机结合起来。我们在新中国成立初期就相继建立了多党合作与政治协商制度、人民代表大会制度、民族区域自治制度，改革开放后我们又建立了村民自治制度，确立了依法治国的方针，使得党的领导、依法治国、人民当家做主三者统一的政治制度在中国形成。这套制度把政治所要求的秩序性和效率性目标很好地落到实处，使得社会主义所追求的民主、公正和人民性有机结合起来，将民主的形式与民主的实质在现实条件允许的可能下结合得很是得体。没有这一套行之有效的政治制度的保障，中国的社会主义事业的兴旺发达是不可能的。而这一套制度的创造性则毫无疑问是古今中外没有的，它对于社会主义政治理论和实践无疑是极大地丰富和发展。

确立了社会主义市场经济理论和制度。过去，在一些社会主义国家，几乎都把计划经济和市场经济对立起来，以是否取舍其中之一作为判断姓“社”姓“资”的基本标准。改革开放之后的中国在对国际国内的经济发展的理论和实践进行了深入思考后，审慎而又决然地实行了社会主义市场经济，使得市场经济与社会主义结合在了一起，使得中国特色社会主义经济制度充满了生机和活力，这个理论和实践上的突破对于世界社会主义来说当然是个巨大的贡献。

### （三）中华人民共和国70年的发展使得社会主义制度大放异彩，提升了人们对社会主义的活力的认识

东欧剧变、苏联解体后，在一些人眼里，尤其是那些仇视社会主义的人士眼中，社会主义一度变成了一个敏感词，甚至是一个负面词语。在国内外，社会主义制度成为一些人嘲笑、贬低的对象，社会主义从一个当初令人憧憬向往的美好理想转而成为一切黑暗落后的象征。而今天中国特色社会主义流光溢彩的生机，以铁的事实粉碎了贴在社会主义上面的各种负面标签，使得人们对于社会主义的应有之义产生了更多的兴趣。有人说，一到中国，才感受到社会主义的活力；也有人说，100年前社会主义救中国，100年后中国救社会主义。这样的论调虽然不一定周密严谨，但是其中表达的意义是很明显的，就是中国社会主义道路的成功为社会主义重新正名，它让那些奉行资本主义、正陷入危机和困惑阶段的国家开始认真从社会主义的角度来思考其前途和命运问题。正是从这个意义上，我觉得新中国70年的发展使得社会主义制度大放异彩，使得人们对于社会主义的活力有了更多的期待和更深刻的认识。

（作者为北京大学马克思主义学院教授、博士生导师）

# 从“以经济建设为中心”到“以人民为中心”

钱念孙

中国改革开放的核心动力和显著标志，是1978年12月举行的中共十一届三中全会，决定把全国工作重心从“以阶级斗争为纲”转移到“以经济建设为中心”上来。党的十八大至今，以习近平同志为核心的党中央在坚持“以经济建设为中心”的同时，根据中国特色社会主义进入新时代的要求，又提出“以人民为中心”的发展思想和执政理念。

从“以经济建设为中心”到“以人民为中心”，是中国改革开放40年在不同发展阶段提出的重要思想指引，两者既各有侧重，又紧密关联；既一脉相承，又递进发展并互为因果。认识和体会两者的深刻内涵及辩证关系，不仅有助于把握改革开放40年中国特色社会主义道路的演进历程，也有助于理解习近平新时代治国理政思想的鲜明特色。

## 一

1949年10月1日，伴随天安门广场礼炮声的轰鸣和五星红旗的高高飘扬，中华民族彻底摆脱百年来外族欺凌和内部战乱的困厄，以挺直腰杆巍然站起的雄姿屹立于世界东方。新中国成立初期，以毛泽东同志为核心的党和国家第一代领导集体带领全国人民艰苦奋斗，社会主义建设各项事业取得欣欣向荣的突出成就。但在随后的发展过程中，由于对“什么是社会主义、怎样建设社会主义”等重大问题的探索出现失误，发生了“大跃进”“文化大革命”等历史悲剧，严重阻碍了社会生产力的发展和社会主义优越性的发挥，国家经济建设等各项事业发展一度处于停滞和崩溃的边缘。

扭转中国历史命运的中共十一届三中全会，提出一系列革故鼎新的重大方针政策：摈弃“两个凡是”，确立解放思想、实事求是的思想路线；决定党和国家的工作重心从“以阶级斗争为纲”转移到“以经济建设为中心”上来；提出改革、开放、搞活的战略决策，开启从僵化半僵化到全面改革、从封闭半封闭走向对外开放、从墨守成规走向大胆探索的历史性转变。这些决策拉开了一台精彩演出的大幕，在祖国960万平方公里大地上以波澜壮阔、高潮迭起的声势，上演了一部至今仍然异彩纷呈的改革开放的连台大戏。

中国改革开放40年的华彩乐章，坚持“以经济建设为中心”而取得的成就，无疑是其中最激昂、最动人的旋律。我国国内生产总值1978年仅为3679亿元，至2017年已高达90.03万亿元，占世界经济比重从当年的1.8%提高到如今的16%，对世界经济增长的贡献率超过30%。经济繁荣兴旺，人民生活水平自然随之提高。我国城镇居民人均可支配收入，1978年仅为343.1元，2017年为36396元，增长105倍；农村居民人均可支配收入1978年为133.6元，2017年为13432元，增长近100倍。如今的中国，不仅经济总量连续多年稳居世界第2位，而且人民群众已经解决温饱问题，正在整体迈入比较殷实的全面小康社会。

以经济建设为中心的工作方针，一方面在实践中有力推动经济风驰电掣般发展，使中国面貌发生翻天覆地的变化；另一方面也在全国上下形成了“发展是硬道理”的观念，为中国在任何情况下坚定不移用发展来解决矛盾和问题提供了可贵的思想共识。从邓小平理论中的名言“发展是第一要务”“空谈误国，实干兴邦”，到“三个代表”重要思想把“代表中国先进生产力的发展要求”排在首位；从科学发展观强调“一心一意谋发展、聚精会神搞建设”的重要作用，到党的十九大报告指出“发展是解决我国一切问题的基础和关键”，这些在我国改革开放历程中产生重大影响并深入人心的金言名句，既是以经济建设为中心工作思路的生动诠释和具体深化，又为我国经济持续高速增长提供了强大的精神动力和思想指引。

## 二

改革开放40年的峥嵘岁月，我们以经济建设为中心努力奋斗，走完了发达国家上百年走过的历程，不仅彻底丢掉贫穷落后的帽子，还在经济发展的快车道上突飞猛进，在中华民族伟大复兴的道路上取得了举世瞩目的成绩。然而，在中国实现从站起来、富起来到强起来的历史巨变之时，反观我们一路高歌、坚毅前行的旅程，不难发现也留下一些犹疑、凌乱、迷茫。

我们曾经片面地唯“GDP”论英雄，一味追求经济的高速增长，放任粗放式、揠苗助长式、竭泽而渔式发展，不惜破坏和牺牲生态环境，浪费和污染人类须臾不能离开的水、土地和空气。我们不少企业曾盲目追求数量与规模，而忽视更加重要的质量与效益；有些企业甚至信奉不讲规矩的野蛮发展方式，为了发展而不择手段地谋取不当利润，不惜以次充好、以假乱真，乃至假冒伪劣横行，坑蒙拐骗屡见不鲜。我们的经济发展曾一度每年以百分之十几的速度递增，财政收入每年以百分之二十几的速度增长，但用于劳动者收入分配的部分却远远低于这个水准，更没有保持同步增长。如此等等，无不提醒我们必须转变发展思路和方式，实现更高质量、更加公平、更可持续的发展。

正是看到这一点，自党的十六大以来，以胡锦涛同志为总书记的党中央在总结中国发展实践经验的基础上，提出了科学发展观的重要思想。胡锦涛同志在2003年10月召开的中共十六届三中全会指出：“坚持以人为本，树立全面、协调、可持续的发展观，促进经济社会和人的全面发展。”科学发展观的目的在于“统筹城乡发展、统筹区域发展、统筹经济社会发展、统筹人与自然和谐发展、统筹国内发展和对外开放”，因而在推进各项事业改革和发展中具有方法论的意义。党的十七大报告明确指出：“科学发展观第一要义是发展，核心是以人为本，基本要求是全面协调可持续性，根本方法是统筹兼顾。”报告同时指出：科学发展观是我们推动中国经济改革与社会发展的指导思想和根本战略。

党的十八大以来，以习近平同志为核心的党中央深入思考中国特色社会主义的实践成果和发展理念，进一步提出“以人民为中心”的发展思想。如果说科学发展观还是沿着以经济建设为中心的发展思路本身，着力解决如何进行经济建设即如何更好发展的问题，那么以人民为中心的发展思想，则是从发展目标上重新调整和规定了发展路径和发展方式。习近平同志特别指出：“着力践行以人民为中心的发展思想。这是中共十八届五中全会首次提出来的。”这表明“以人民为中心”问题并不是对旧有问题的老调重弹，而是在改革发展实践中显现并提出的新问题。如何看待和认识对这个新问题？中共十八届五中全会公报指出：“必须坚持发展为了人民、发展依靠人民、发展成果由人民共享，作出更有效的制度安排，使全体人民在共建共享发展中有更多获得感。”在中央政治局第二十八次集体学习时，习近平还说：“坚持以人民为中心的发展思想，这是马克思主义政治经济学的根本立场。要坚持把增进人民福祉、促进人的全面发展、朝着共同富裕方向稳步前进作为经济发展的出发点和落脚点，部署经济工作、制定经济政策、推动经济发展都要牢牢坚持这个根本立场。”

正因为“以人民为中心”的发展思想，解决的是发展为了谁、依靠谁、成果由谁享用的问题，是统领经济社会发展全局必须坚持的“根本立场”，所以党的十九大报告把“坚持以人民为中心”的发展理念，确定为新时代中国特色社会主义思想的“基本方略”之一，要求全党全国人民必须在各项工作中全面贯彻落实并长期坚持发展。党的十九大报告还强调：“新时代我国社会主要矛盾是人民日益增长的美好生活需要和不平衡不充分的发展之间的矛盾，必须坚持以人民为中心的发展思想，不断促进人的全面发展、全体人民共同富裕。”这是共产党人不忘初心牢记使命，把人民对美好生活的向往作为自己奋斗目标的充分体现。

## 三

以习近平同志为核心的党中央在一以贯之地坚持“以经济建设为中心”，强调“发展是解决我国一切问题的基础和关键”的同时，又提出“以人民为中心”的发展思想，这是适应新的时代要求，统筹推进创新、协调、绿色、开放、共享新发展理念的重大举措。如果说“以经济建设为中心”的论断解决的是把发展作为兴国富民的第一要务问题，为中国经济的快速发展和迅速壮大提供了强大的理论支撑与思想指引，那么“以人民为中心”的论断则是对盲目追求经济增长而破坏环境、忽视人民“获得感”等偏差的纠正，为新时代中国特色社会主义的发展路径建立了新的航标灯塔和价值遵循。如果说“以经济建设为中心”解决的是发展动力和物质基础问题，那么，“以人民为中心”解决的则是发展目的和价值指引问题。在这里，后者不是对前者的排斥和否定，而是在充分肯定“以经济建设为中心”重大作用的基础上，对其目标定位的进一步修正和补充。

中国特色社会主义理论，是生产力与生产关系的统一论者，既高度重视生产力的发展，也高度重视生产关系的调整和完善。如果说“以经济建设为中心”主要体现的是发展生产力的需求，那么“以人民为中心”则更多地表现为理顺生产关系的要求。习近平同志在贯彻实施“以经济建设为中心”的同时，强调“以人民为中心”的发展思想，就是为了坚持生产力与生产关系的有机统一，更好地解决发展必须依靠人民、为了人民、发展成果与人民共享这一关乎中国共产党的执政目的和执政根基的根本问题。党的十九大报告指出：“全党必须牢记，为什么人的问题，是检验一个政党、一个政权性质的试金石。带领人民创造美好生活，是我们党始终不渝的奋斗目标。必须始终把人民利益摆在至高无上的地位，让改革发展成果更多更公平惠及全体人民，朝着实现全体人民共同富裕不断迈进。”这是践行“以人民为中心”发展思想的铿锵誓言，更是共产党人为人民谋幸福、为民族谋复兴不变的初心和崇高的使命。

从“以经济建设为中心”到“以人民为中心”，这两个在改革开放不同时期提出的重大治国方略，不但精神实质一脉相通，都是为了更好地解决发展问题，而且突出体现了我们党紧跟时代前进步伐，不断改进和丰富执政理念，不断开拓进取，与时俱进的特征。在中国特色社会主义步入新时代的今天，我们需要把“以经济建设为中心”与“以人民为中心”作为一个整体统一起来，把高质量发展经济与人民共享发展成果有机结合起来，在奋力推动经济稳健发展的基础上，努力满足人民在经济、政治、文化、社会、生态等方面日益增长的需要，更好推动人的全面发展和社会全面进步。

这里尤其需要注意的是，习近平总书记提出“以人民为中心”的发展思路，并非只是一般号召和主张，而是其治国理政思想的主导观念和核心理念，是中国共产党作为执政党在新时代带领全国人民建设中国特色社会主义的出发点和落脚点。对此，习近平同志曾有许多醒人耳目的论述：“要把促进社会公平正义、增进人民福祉作为一面镜子，审视我们各方面体制机制和政策规定，哪里有不符合促进社会公平正义的问题，哪里就需要改革；哪个领域哪个环节问题突出，哪个领域哪个环节就是改革的重点。”“检验我们一切工作的成效，最终都要看人民是否真正得到实惠，人民生活是否真正得到了改善。”党的十九大报告还指出：“党的一切工作必须以最广大人民根本利益为最高标准。我们要坚持把人民群众的小事当作自己的大事，从人民群众关心的事情做起，从让人民群众满意的事情做起，带领人民不断创造美好生活。”

从“以经济建设为中心”到“以人民为中心”的演进轨迹，标志着中国共产党对社会主义建设规律和发展规律的认识从来没有止步不前，而是在不断探索、不断深化的过程中，逐步提升境界并达到新的高度。这启示和告诫我们：在致力于抓经济搞建设和制定各项政策的同时，必须把人民利益放在至高无上的地位，让改革和发展成果更多更公平地惠及人民群众，始终朝着实现全体人民共同富裕的方向迈进，这样我们的事业才能行稳致远，蒸蒸日上。

（作者为安徽省社会科学院文学所原所长、研究员）

# 中国特色社会主义文化发展道路的历史考察

张星星

2011 年 10 月，中共十七届六中全会通过的《关于深化文化体制改革 推动社会主义文化大发展大繁荣若干重大问题的决定》，全面总结了中国共产党领导文化建设的丰富实践和宝贵经验，第一次正式提出和阐述了中国特色社会主义文化发展道路。中国特色社会主义文化发展道路的提出，是中国特色社会主义道路、中国特色社会主义理论体系、中国特色社会主义事业总体布局的丰富和完善，体现了对中国社会主义文化建设发展规律的深刻认识。党的十八大报告指出："建设社会主义文化强国，必须走中国特色社会主义文化发展道路。"① 习近平在党的十九大报告中也强调："要坚持中国特色社会主义文化发展道路，激发全民族文化创新创造活力，建设社会主义文化强国。"② 本文主要以文本文献为依据，对中国特色社会主义文化发展道路的探索、形成、提出和发展作一历史考察。

---

① 《中国共产党第十八次全国代表大会文件汇编》，人民出版社 2012 年版，第 28 页。

② 《中国共产党第十九次全国代表大会文件汇编》，人民出版社 2017 年版，第 33 页。

## 一、中国特色社会主义文化发展道路的探索

中共十七届六中全会通过的决定指出：“改革开放特别是党的十六大以来，我们党始终把文化建设放在党和国家全局工作重要战略地位，坚持物质文明和精神文明两手抓，实行依法治国和以德治国相结合，促进文化事业和文化产业同发展，推动文化建设不断取得新成就，走出了中国特色社会主义文化发展道路。”[①] 这就指明，中国特色社会主义文化发展道路是在改革开放以来，特别是党的十六大以来探索和形成的。

1978年12月的中共十一届三中全会后，党和国家的工作重心转移到经济建设上来，与此同时，逐步提出了建设社会主义精神文明的任务，并将其作为社会主义的重要特征和社会主义现代化建设的战略方针。1979年9月，叶剑英在庆祝中华人民共和国成立30周年大会上的讲话中指出：“我们要在建设高度物质文明的同时，提高全民族的教育科学文化水平和健康水平，树立崇高的革命理想和革命道德风尚，发展高尚的丰富多采的文化生活，建设高度的社会主义精神文明。”[②] 同年10月，邓小平在中国文学艺术工作者第四次代表大会上发表祝词提出：“我们要在建设高度物质文明的同时，提高全民族的科学文化水平，发展高尚的丰富多彩的文化生活，建设高度的社会主义精神文明。”[③]1980年12月，邓小平在中央工作会议的讲话中对社会主义精神文明建设的内涵作了初步阐述，指出：“我们要建设的社会主义国家，不但要有高度的物质文明，而且要有高度的精神文明。所谓精神文明，不但是指教育、科学、文化（这是完全必要的），而且是指共产主义的思想、理想、信念、

① 《十七大以来重要文献选编》下，中央文献出版社2013年版，第559页。
② 《三中全会以来重要文献选编》上，人民出版社1982年版，第234页。
③ 《邓小平文选》第2卷，人民出版社1994年版，第208页。

道德、纪律，革命的立场和原则，人与人的同志式关系，等等。”[①]1982年9月，党的十二大报告依据邓小平的论述指出：“社会主义精神文明的建设大体可以分为文化建设和思想建设两个方面。这两个方面又是互相渗透和互相促进的。”并强调：“思想建设决定着我们的精神文明的社会主义性质。”[②]1986年9月，中共十二届六中全会讨论通过《关于社会主义精神文明建设指导方针的决议》，从社会主义现代化建设的总体布局高度，系统阐述了社会主义精神文明建设的战略地位、指导方针和根本任务，指出：“我国社会主义现代化建设的总体布局是：以经济建设为中心，坚定不移地进行经济体制改革，坚定不移地进行政治体制改革，坚决不移地加强精神文明建设，并且使这几个方面互相配合，互相促进。全党同志必须从这个总体布局的高度，正确认识社会主义精神文明建设的战略地位。”[③]

“1989年政治风波”过后，中共中央认真总结了在精神文明建设和思想政治教育方面的经验教训，把精神文明建设摆上更加突出的位置。1992年初，邓小平在南方谈话中指出：“不仅经济要上去，社会秩序、社会风气也要搞好，两个文明建设都要超过他们，这才是有中国特色的社会主义。”[④]同年10月，江泽民在党的十四大报告中强调：“坚持两手抓，两手都要硬，把社会主义精神文明建设提高到新水平。”指出：“物质文明和精神文明都搞好，才是有中国特色的社会主义。精神文明建设必须紧紧围绕经济建设这个中心，为经济建设和改革开放提供强大的精神动力和智力支持。”[⑤]1996年10月，中共十四届六中全会通过《关于

① 《邓小平文选》第2卷，人民出版社1994年版，第367页。
② 《十二大以来重要文献选编》上，人民出版社1986年版，第29、30页。
③ 《十二大以来重要文献选编》下，人民出版社1988年版，第1173—1174页。
④ 《邓小平文选》第3卷，人民出版社1993年版，第378页。
⑤ 《十四大以来重要文献选编》上，人民出版社1995年版，第30—31页。

加强社会主义精神文明建设若干重要问题的决议》，进一步阐述了“在发展社会主义市场经济和对外开放条件下建设社会主义精神文明”的重大问题。

1997年9月，党的十五大报告提出了建设有中国特色社会主义文化的基本纲领，指出：“建设有中国特色社会主义的文化，就是以马克思主义为指导，以培育有理想、有道德、有文化、有纪律的公民为目标，发展面向现代化、面向世界、面向未来的，民族的科学的大众的社会主义文化。”报告还指出：“有中国特色社会主义的文化，就其主要内容来说，同改革开放以来我们一贯倡导的社会主义精神文明是一致的。文化相对于经济、政治而言。精神文明相对于物质文明而言。只有经济、政治、文化协调发展，只有两个文明都搞好，才是有中国特色社会主义。”① “三个代表”重要思想提出后，江泽民围绕“始终代表中国先进文化的前进方向”进一步指出：“在当代中国，发展先进文化，就是发展有中国特色社会主义的文化，就是建设社会主义精神文明。”②

## 二、中国特色社会主义文化发展道路的提出

2002年11月，党的十六大提出了全面建设小康社会的奋斗目标，强调：“全面建设小康社会的目标，是中国特色社会主义经济、政治、文化全面发展的目标。”报告指出：“全面建设小康社会，必须大力发展社会主义文化，建设社会主义精神文明。当今世界，文化与经济和政治相互交融，在综合国力竞争中的地位和作用越来越突出。文化的力量，深深熔铸在民族的生命力、创造力和凝聚力之中。全党同志要深刻认识文

① 《十五大以来重要文献选编》上，人民出版社2000年版，第19、35页。
② 《江泽民文选》第3卷，人民出版社2006年版，第276页。

化建设的战略意义，推动社会主义文化的发展繁荣。”[①]

党的十六大之后，随着全面建设小康社会特别是经济建设的快速推进、财政实力的显著增强，党和国家把文化建设摆上更加突出的位置，对文化建设作出多方面探索和创新。2003 年 8 月，胡锦涛在中央政治局以“世界文化产业发展状况和我国文化产业发展战略”为主要内容的第七次集体学习时指出：“当今世界，文化赖以发展的物质基础、社会环境、传播条件发生了深刻变化。我们要深入研究新形势下我国文化建设面临的新情况新问题，善于在更加开放的环境中建设中国特色社会主义文化。”[②]10 月，中共十六届三中全会通过《关于完善社会主义市场经济体制若干问题的决定》，对“深化文化体制改革”作出重要部署，要求“按照社会主义精神文明建设的特点和规律，适应社会主义市场经济发展的要求，逐步建立党委领导、政府管理、行业自律、企事业单位依法运营的文化管理体制”[③]。2004 年 9 月，中共十六届四中全会通过《关于加强党的执政能力建设的决定》，把“坚持马克思主义在意识形态领域的指导地位，不断提高建设社会主义先进文化的能力”作为党的执政能力建设的重要内容，首次提出“解放和发展文化生产力”，要求“加强文化发展战略研究，抓紧制定文化发展纲要和文化体制改革总体方案”。[④]2005 年 12 月，中共中央、国务院出台《关于深化文化体制改革的若干意见》，明确了深化文化体制改革的指导思想、原则要求、总体思路和目标任务，成为推进文化改革、建设和发展的纲领性文献。2006 年 10 月，中共十六届六中全会通过《关于构建社会主义和谐社会若干重大

① 《十六大以来重要文献选编》上，中央文献出版社 2005 年版，第 15、29 页。

② 《胡锦涛在中共中央政治局第七次集体学习时强调　始终坚持先进文化的前进方向 大力发展文化事业和文化产业》，《人民日报》2003 年 8 月 13 日。

③ 《十六大以来重要文献选编》上，中央文献出版社 2005 年版，第 477—478 页。

④ 《十六大以来重要文献选编》中，中央文献出版社 2006 年版，第 283—284 页。

问题的决定》，提出："建设和谐文化，巩固社会和谐的思想道德基础"，"是构建社会主义和谐社会的重要任务"。胡锦涛在会上发表讲话指出："我们要构建的社会主义和谐社会，是经济建设、政治建设、文化建设、社会建设协调发展的社会，是人与人、人与社会、人与自然整体和谐的社会，要贯穿于建设中国特色社会主义的整个历史过程。"①

2007年10月，党的十七大报告对"中国特色社会主义道路"作出了明确界定和阐述，指出："中国特色社会主义道路，就是在中国共产党领导下，立足基本国情，以经济建设为中心，坚持四项基本原则，坚持改革开放，解放和发展社会生产力，巩固和完善社会主义制度，建设社会主义市场经济、社会主义民主政治、社会主义先进文化、社会主义和谐社会，建设富强民主文明和谐的社会主义现代化国家。"② 胡锦涛在会后的讲话中指出："这个界定，包括'一个中心、两个基本点'的基本路线，确定了巩固和完善社会主义制度的根本目的，涵盖了中国特色社会主义事业四位一体的总体布局，提出了我国发展的战略目标，揭示了我们党在实践中找到的这条道路的关键之点。"他还指出："中国特色社会主义道路是由诸多具体道路构成的我国发展的总道路。党的十七大在论述各项工作时，提出了中国特色自主创新道路、中国特色新型工业化道路、中国特色农业现代化道路、中国特色城镇化道路、中国特色社会主义政治发展道路、中国特色反腐倡廉道路等要求。这些具体道路，都需要我们在新的实践中继续探索和发展，从而不断丰富和发展中国特色社会主义道路这条我国发展的总道路。我们要坚持解放思想、实事求是、与时俱进，勇于变革、勇于创新，永不僵化、永不停滞，不为任何风险所惧，不被任何干扰所惑，使中国特色社会主义道路越走越宽

① 《十六大以来重要文献选编》下，中央文献出版社2008年版，第660、675页。
② 《十七大以来重要文献选编》上，中央文献出版社2009年版，第9页。

广。”[①] 党的十七大虽然尚未提出“中国特色社会主义文化发展道路”，实际已为这一道路以及后来“五位一体”总体布局的提出开拓了巨大理论空间。

2011 年 10 月，中共十七届六中全会通过《关于深化文化体制改革 推动社会主义文化大发展大繁荣若干重大问题的决定》，第一次正式提出和阐述了“中国特色社会主义文化发展道路”和“建设社会主义文化强国”的目标。胡锦涛在会上发表讲话指出：“全会通过的决定，全面总结党领导文化建设的成就和经验，深刻分析文化建设面临的形势和任务，在集中全党智慧的基础上，阐述了中国特色社会主义文化发展道路，确立了建设社会主义文化强国的战略目标，提出了新形势下推进文化改革发展的指导思想、重要方针、目标任务、政策举措，是当前和今后一个时期指导我国文化改革发展的纲领性文件。”“中国特色社会主义文化发展道路内涵丰富，具体体现在全会决定提出的指导思想、重要方针、目标任务、政策举措之中，要全面领会、全面贯彻。”[②] 中国特色社会主义文化发展道路的提出，丰富和发展了中国特色社会主义道路、中国特色社会主义理论体系、中国特色社会主义事业总体布局。

## 三、中国特色社会主义文化发展道路的拓展

党的十九大报告对党的十八大以来思想文化建设取得的重大进展作出了概括性总结，指出：“加强党对意识形态工作的领导，党的理论创新全面推进，马克思主义在意识形态领域的指导地位更加鲜明，中国特色社会主义和中国梦深入人心，社会主义核心价值观和中华优秀传统文

① 《十七大以来重要文献选编》上，中央文献出版社 2009 年版，第 97、99 页。
② 《十七大以来重要文献选编》下，中央文献出版社 2013 年版，第 97、99 页。

化广泛弘扬，群众性精神文明创建活动扎实开展。公共文化服务水平不断提高，文艺创作持续繁荣，文化事业和文化产业蓬勃发展，互联网建设管理运用不断完善，全民健身和竞技体育全面发展。主旋律更加响亮，正能量更加强劲，文化自信得到彰显，国家文化软实力和中华文化影响力大幅提升，全党全社会思想上的团结统一更加巩固。”“中国特色社会主义进入新时代，在中华人民共和国发展史上、中华民族发展史上具有重大意义，在世界社会主义发展史上、人类社会发展史上也具有重大意义。全党要坚定信心、奋发有为，让中国特色社会主义展现出更加强大的生命力！”①

首先，中国特色社会主义文化与道路、理论体系、制度共同纳入中国特色社会主义科学内涵。党的十八大报告在党的十七大报告提出中国特色社会主义道路、中国特色社会主义理论体系的基础上，提出了“中国特色社会主义制度”的概念，指出：“中国特色社会主义道路是实现途径，中国特色社会主义理论体系是行动指南，中国特色社会主义制度是根本保障，三者统一于中国特色社会主义伟大实践，这是党领导人民在建设社会主义长期实践中形成的最鲜明特色。”②党的十八大后，习近平也曾指出：“中国特色社会主义道路、中国特色社会主义理论体系、中国特色社会主义制度，全面揭示了中国特色社会主义的科学内涵”，“中国特色社会主义是由道路、理论体系、制度三位一体构成的”。③2016 年 10 月，习近平在纪念红军长征胜利 80 周年大会上的讲话中，阐述中

① 《中国共产党第十九次全国代表大会文件汇编》，人民出版社 2017 年版，第 4、10 页。

② 《中国共产党第十八次全国代表大会文件汇编》，人民出版社 2012 年版，第 12 页。

③ 习近平：《认真学习党章严格遵守党章》，《人民日报》2012 年 11 月 20 日；《习近平谈治国理政》第 1 卷，外文出版社 2018 年版，第 8 页。

国特色社会主义道路、中国特色社会主义理论体系、中国特色社会主义制度之后，第一次阐述了中国特色社会主义文化，指出："中国特色社会主义文化积淀着中华民族最深层的精神追求，代表着中华民族独特的精神标识，是中国人民胜利前行的强大精神力量。"[①]党的十九大报告进一步指出："中国特色社会主义道路是实现社会主义现代化、创造人民美好生活的必由之路，中国特色社会主义理论体系是指导党和人民实现中华民族伟大复兴的正确理论，中国特色社会主义制度是当代中国发展进步的根本制度保障，中国特色社会主义文化是激励全党全国各族人民奋勇前进的强大精神力量。"[②]中国特色社会主义道路、理论体系、制度、文化"四位一体"的概括和阐释，丰富了中国特色社会主义的科学内涵，成为习近平新时代中国特色社会主义思想的重要组成部分。

其次，从"三个自信"到"四个自信"的提出。2012年10月，党的十八大报告提出了"三个自信"，指出："只要我们胸怀理想、坚定信念，不动摇、不懈怠、不折腾，顽强奋斗、艰苦奋斗、不懈奋斗，就一定能在中国共产党成立一百年时全面建成小康社会，就一定能在新中国成立一百年时建成富强民主文明和谐的社会主义现代化国家。全党要坚定这样的道路自信、理论自信、制度自信！"[③]党的十八大之后，习近平也多次阐述了"三个自信"。2016年4月出版的《习近平总书记系列重要讲话读本（2016年版）》，仍然主要采用的"三个自信"，只是在"关于建设社会主义文化强国"部分单独讲到了"坚定文化自信，

① 《十八大以来重要文献选编》下，中央文献出版社2018年版，第399页。

② 《中国共产党第十九次全国代表大会文件汇编》，人民出版社2017年版，第14页。

③ 《中国共产党第十八次全国代表大会文件汇编》，人民出版社2012年版，第15页。

增强文化自觉”。[①]实际上，习近平在2014年10月的文艺工作座谈会上即讲道：“增强文化自觉和文化自信，是坚定道路自信、理论自信、制度自信的题中应有之义。”[②]2016年5月，习近平在哲学社会科学工作座谈会上比较深入地阐述了“文化自信”：“我们说要坚定中国特色社会主义道路自信、理论自信、制度自信，说到底是要坚定文化自信。文化自信是更基本、更深沉、更持久的力量。”[③]7月，习近平在庆祝中国共产党成立95周年大会上的讲话中，把“文化自信”与中国特色社会主义道路自信、理论自信、制度自信并列，完整提出“坚持中国特色社会主义道路自信、理论自信、制度自信、文化自信”，并强调指出：“文化自信，是更基础、更广泛、更深厚的自信。在5000多年文明发展中孕育的中华优秀传统文化，在党和人民伟大斗争中孕育的革命文化和社会主义先进文化，积淀着中华民族最深层的精神追求，代表着中华民族独特的精神标识。”[④]2017年10月，党的十九大报告进一步阐述了“四个自信”，指出：“全党要更加自觉地增强道路自信、理论自信、制度自信、文化自信，既不走封闭僵化的老路，也不走改旗易帜的邪路，保持政治定力，坚持实干兴邦，始终坚持和发展中国特色社会主义。”并把“坚定道路自信、理论自信、制度自信、文化自信”写入新时代中国特色社会主义思想的“八个明确”，成为必须长期坚持并不断发展的行动指南。[⑤]

---

① 《习近平总书记系列重要讲话读本（2016年版）》，学习出版社、人民出版社2016年版，第10、40、186页。

② 《十八大以来重要文献选编》中，中央文献出版社2016年版，第135页。

③ 《十八大以来重要文献选编》下，中央文献出版社2018年版，第323页。

④ 《十八大以来重要文献选编》下，中央文献出版社2018年版，第348、349页。

⑤ 《中国共产党第十九次全国代表大会文件汇编》，人民出版社2017年版，第14、16页。

## 四、坚持中国特色社会主义文化发展道路的思考

中国特色社会主义文化发展道路是中国特色社会主义道路的重要组成部分，与中国特色社会主义经济、政治、社会、生态文明等建设有着密切联系，必须全面、联系、辩证地认识中国特色社会主义文化建设与其他各项建设的关系。

第一，正确认识和处理文化与政治的关系，坚持文化建设的社会主义方向。文化从总体上说属于意识形态上层建筑，它既是由经济基础决定的，同时也与政治上层建筑和政治意识形态有着十分密切的联系。我们既要记取历史上混淆思想问题、学术问题、艺术问题与政治问题界限的教训，也要防止和克服忽视文化的意识形态属性、丧失政治警觉的倾向。推进社会主义文化建设，必须坚持以马克思主义为指导，以建设社会主义核心价值体系为根本任务。社会主义核心价值体系是兴国之魂，是社会主义先进文化的精髓，决定着中国特色社会主义发展方向。必须强化教育引导，把社会主义核心价值体系融入国民教育、精神文明建设和党的建设全过程，坚持用社会主义核心价值体系引领社会思潮，在全党全社会形成统一指导思想、共同理想信念、强大精神力量、基本道德规范。

第二，正确认识和处理文化与经济的关系，坚持文化建设与其他建设协调发展。文化产品既有意识形态属性，也有满足人民群众文化消费，通过市场交换获取经济利益，实现再生产的商品属性、经济属性和产业属性。目前，中国已成为世界上第二大经济体，但文化建设与发展同经济社会发展、人民文化需求的差距相当突出。在决胜全面建成小康社会的关键时期和加快转变经济发展方式的攻坚时期，文化发展越来越成为经济社会发展的重要支撑，越来越成为综合国力的重要因素。我们

必须在坚持以经济建设为中心的同时，自觉把文化繁荣发展作为坚持发展是硬道理、发展是执政兴国第一要务的重要内容，作为深入贯彻落实科学发展观的基本要求，进一步推动文化建设与经济建设、政治建设、社会建设、生态文明建设协调发展，积极开创社会主义文化建设新局面。

第三，正确认识和处理文化与市场的关系，坚持社会效益与经济效益相统一。在社会主义市场经济条件下，发展文化产业是满足人民多样化精神文化需求的重要途径。要推动文化产业跨越式发展，必须构建现代文化产业体系和文化市场体系，使文化产业成为新的经济增长点、经济结构战略性调整的重要支点、转变经济发展方式的重要着力点，成为国民经济的支柱性产业。同时，必须清醒地看到文化产品不同于一般商品的特殊性，高度重视其教育人民、引导社会的意识形态属性，坚持为人民服务、为社会主义服务的方向，坚持把社会效益放在首位，坚持社会效益和经济效益相统一，为继续解放思想、坚持改革开放、推动科学发展、促进社会和谐，提供坚强的思想保证、强大的精神动力和良好的文化条件。

第四，正确认识和处理文化与大众的关系，坚持以满足人民文化需求为基本任务。人民是推动社会主义文化大发展大繁荣最深厚的力量源泉，满足人民基本文化需求是社会主义文化建设的基本任务。要防止和克服文化发展中脱离群众的倾向，坚持以人为本，贴近实际，贴近生活，贴近群众，坚持文化发展为了人民、文化发展依靠人民、文化发展成果由人民共享。要加强文化基础设施建设，构建现代公共文化服务体系，缩小城乡文化发展差距，让群众广泛享有基本公共文化服务。要广泛开展群众性文化活动，积极搭建公益性文化活动平台，提高社区文化、村镇文化、企业文化、校园文化等建设水平，组织开展群众乐于参与、便于参与的文化活动，在全社会营造鼓励文化创造的良好氛围，引导群众在文化建设中自我表现、自我教育、自我服务，让蕴藏于人民中的文化创造力得到充分发挥。

第五，正确认识和处理文化与科技的关系，坚持以改革创新为根本动力。科技创新是文化发展的重要引擎。在科学技术特别是信息技术迅猛发展的新形势下，要推动文化大发展大繁荣，必须深入实施科技带动战略，发挥文化和科技相互促进的作用。要抓住一批全局性、战略性重大科技课题，加强核心技术、关键技术、共性技术攻关，加快科技创新成果转化，以先进技术支撑现代文化装备的研制和自主发展，增强文化产业核心竞争力。要健全以企业为主体、市场为导向、产学研相结合的文化技术创新体系，培育一批特色鲜明、创新能力强的文化科技企业。要根据网络设施和技术的快速发展，加快构建技术先进、传输快捷、覆盖广泛的现代传播体系，提高社会主义先进文化的辐射力和影响力。

第六，正确认识和处理文化繁荣与政府监管的关系，坚持文化建设健康有序发展。在社会主义市场经济条件下推动文化大发展，必须深化文化管理体制改革，创新党和政府对文化事业的领导与监管。要加强文化法制建设，制定和完善公共文化服务保障、文化产业振兴、文化市场管理等方面法律法规，提高文化建设法制化水平。要创新文化管理体制，加快政府职能转变，强化政策调节、市场监管、社会管理、公共服务职能，综合运用法律、行政、经济、科技等手段提高管理效能。要加强和改进舆论导向、舆论监督工作，坚持正面宣传为主，壮大主流舆论，提高舆论引导的及时性、权威性和公信力、影响力，推动解决党和政府高度重视、群众反映强烈的实际问题，维护人民利益，密切党群关系，促进社会和谐。

第七，正确认识和处理当代文化与传统文化的关系，坚持古为今用、推陈出新。文化作为意识形态上层建筑，有着自身的相对独立性。民族文化的历史传承和辩证扬弃是其相对独立性的重要方面。文化是民族的血脉，是民族凝聚力和创造力的重要源泉。在五千多年的文明发展历程中，中国各族人民共同创造出源远流长、博大精深的中华文化，为中华民族发展壮大提供了强大精神力量，为人类文明进步作出了不可磨灭的重大贡献。中华传统文化凝聚着中华民族自强不息的精神追求和历久弥新的精神财富，是发展社会主义先进文化的深厚基础，是建设中华民族共有精神家园的重要支撑。要警惕和反对厚古薄今与文化虚无主义两种错误倾向，加强对优秀传统文化思想价值的挖掘和阐发，取其精华、去其糟粕，古为今用、推陈出新，使优秀传统文化成为新时代鼓舞人民前进的精神力量。

第八，正确认识和处理中华文化与世界文化的关系，坚持推进文化交流和相互借鉴。当今世界，各种不同文化之间的交流、交融、交锋愈益发展。一方面，要坚持以我为主、为我所用，积极发展多渠道多形式多层次的对外文化交流，学习借鉴国外一切有利于加强当代中国文化建设的有益经验、一切有利于丰富人民文化生活的积极成果、一切有利于发展中国文化事业和文化产业的经营理念与管理机制；另一方面，要积极实施文化“走出去”战略，广泛参与世界文明对话，共同维护文化多样性，促进文化相互借鉴，增进国际社会对中国基本国情、价值观念、发展道路、内外政策的了解和认识，向世界展示中国文明、民主、开放、进步的崭新形象和中国人民自强不息、昂扬向上的精神风貌，不断增强中华文化的国际感召力和影响力。

习近平指出：“我们强调坚定道路自信、理论自信、制度自信、文化自信，不是说就固步自封、不思进取了，我们必须不断有所发现、有所发明、有所创造、有所前进，使中国特色社会主义永远充满蓬勃生机活力。同时，我们要永远记住，我们所进行的一切完善和改进，都是在既定方向上的继续前进，而不是改变方向，更不是要丢掉我们党、国家、人民安身立命的根本。”① 在坚持中国特色社会主义文化发展道路、坚定中国特色社会主义文化自信基础上，不断有所发现、有所发明、有所创造、有所前进，才能使中国特色社会主义文化发展道路越走越宽广。

（作者为中国社会科学院当代中国研究所原副所长、研究员，
中国社会科学院研究生院博士生导师）

① 《十八大以来重要文献选编》下，中央文献出版社 2018 年版，第 399 页。

# 新中国的社会主义文化建设及其经验[①]

欧阳雪梅

新中国成立70年来，中国共产党立足实际，领导全国人民不断回答时代和实践提出的问题，不懈探索繁荣发展社会主义先进文化之路，重点在构筑中国精神、中国价值，凝聚中国力量，丰富广大人民精神文化生活，促进人的全面发展方面着力，为新中国实现从站起来、富起来到强起来的伟大飞跃提供了重要支撑，也取得了文化建设的重要经验。

## 一、奠定社会主义文化基础，文化普及于人民大众

早在1940年1月，毛泽东同志就在《新民主主义论》中勾画了新中国的文化蓝图："我们不但要把一个政治上受压迫、经济上受剥削的中国，变为一个政治上自由和经济上繁荣的中国，而且要把一个被旧文化统治因而愚昧落后的中国，变为一个被新文化统治因而文明先进的中国。""建立中华民族的新文化，这就是我们在文化领域中的目的。"1949年9月，作为临时宪法性质的《中国人民政治协商会议共同纲领》规定：

① 本文已发表在《光明日报》2019年7月10日第11版。

中华人民共和国的文化教育为新民主主义的，即民族的、科学的、大众的文化教育。人民政府的文化教育工作，应以提高人民文化水平，培养国家建设人才，肃清封建的、买办的、法西斯主义的思想，发展为人民服务的思想为主要任务。

近代以来，中国国弱民穷，科学落后。新中国成立后，人民在政治上翻了身，第一次成为新社会、新国家的主人，而如何让广大工农劳苦大众在文化上翻身，如何普及文化，成为当务之急。为此，新中国有计划、有步骤地发展人民文化、人民教育、人民文艺：学校向工农开门，开展识字扫盲运动；大力建设公共图书馆、群众艺术馆、文化馆（站）、剧场以及广播、电影设施，以活跃基层群众文化；实行文字改革，简化汉字，颁布《汉语拼音方案》，推广普通话；保障少数民族文化的平等权利，积极在少数民族地区建立现代教育体系，大力培养少数民族人才，创制和改革少数民族语言文字。例如，在地广人稀的内蒙古牧区，出现了“把天空当成明亮的灯光，把草原当成移动的舞台”的红色文化工作队——“乌兰牧骑”，给牧民送去欢乐。在西藏的雪域高原，也建立起了第一所民办小学、第一所夜校、第一个识字班、第一个电影放映队……

同时，我们党逐步确立并坚持马克思主义在意识形态的指导地位。新中国成立后，积极改革旧的文化管理体制，出版马克思主义经典和毛泽东著作，并结合土地改革，反对封建文化；在抗美援朝运动中，反对帝国主义文化，反对盲目崇拜西方的民族自卑心理；在社会主义改造等运动中，宣传人民民主与社会主义观念；探索建立马克思主义指导下的中国当代哲学社会科学体系。马克思主义、毛泽东思想逐渐向全社会普及，极大地改变了人们的精神面貌。

针对我国生产资料的社会主义改造取得决定性胜利，正在调动一切积极因素建设社会主义，迅速发展我国的经济、科学和文化事业，而在科学文化领域内仍然存在着某些“左”的思想影响的情况，1956年，毛泽东提出了“在艺术方面的百花齐放”“学术方面的百家争鸣”的“双百”方针，并多次申明这是一个基本的、长期的方针。“我们信奉马克思主义是正确的思想方法，这并不意味着我们忽视中国文化遗产。”“推陈出新”“古为今用、洋为中用”是社会主义文化建设的路径：不仅对中国的文化遗产，应当充分地利用、批判地利用，而且“一切民族、一切国家的长处都要学，政治、经济、科学、技术、文学、艺术的一切真正好的东西都要学”。

新中国成立以来，中国共产党以为人民服务为宗旨，在全社会倡导“爱祖国、爱人民、爱劳动、爱科学、爱护公共财物”等道德规范，表彰劳动模范，讴歌艰苦奋斗、无私奉献及革命英雄主义精神；在教育方针上，培养“德、智、体”全面发展，有社会主义觉悟的有文化的劳动者，出现了一批如焦裕禄、王进喜、雷锋式的鞠躬尽瘁、死而后已的优秀党员干部；全体人民建设社会主义的热情高涨，形成了大庆精神、雷锋精神、“两弹一星”精神、红旗渠精神等，艰苦创业、奋发图强成为时代最强音，中华民族的精神面貌和社会风尚焕然一新。

新中国成立后的文化探索，回答了社会主义文化的地位任务、指导思想、价值内核、性质与发展方向等根本性问题，奠定了新中国社会主义文化的基石，也创造了中国历史上从未有过的崭新的人民文化。同时，由于认知的局限及当时东西方两大阵营对立，也存在将文化问题政治化、错误对待某些文化资源，尤其是“文化大革命”时期，对文化领域的判断出现了严重失误，对于文化建设的探索遭遇重大挫折。

## 二、探索中国特色社会主义文化

结束“文化大革命”后，中国共产党总结和反思新中国成立后文化建设正反两方面经验，坚持真理，修正错误，批评“两个凡是”的错误方针，开展真理标准大讨论，打破精神禁锢。中共十一届三中全会重新确立解放思想、实事求是的正确思想路线，拉开了改革开放的大幕。此后，中共中央调整文化政策，重建文化发展秩序，面向时代，面向现代化，探寻具有中国特色的社会主义文化发展与繁荣之路。

改革开放后，我们党在思想领域拨乱反正，纠正轻视教育科学文化和歧视知识分子的错误观念，提出“尊重知识、尊重人才”，更加自觉地、坚定不移地贯彻落实“双百”方针。1979 年 10 月，邓小平同志在第四次文代会上指出：“要继续坚持毛泽东同志提出的文艺为最广大的人民群众、首先为工农兵服务的方向，坚持百花齐放、推陈出新、洋为中用、古为今用的方针”，确立了“文艺为人民服务、为社会主义服务”的“二为”方向。在拨乱反正中，既批判“两个凡是”，又批判“崇拜西方资本主义国家的‘民主’‘自由’，否定社会主义”等违反四项基本原则的资产阶级自由化倾向，旗帜鲜明地提出坚持四项基本原则。1981 年，中共十一届六中全会通过了《关于建国以来党的若干历史问题的决议》，科学评价毛泽东的历史地位，概括了毛泽东思想的科学内涵，掌握了思想引领的主动权。

1982 年，党的十二大把努力建设高度的社会主义精神文明定为我国社会主义现代化建设的一大战略方针。精神文明建设的根本任务是培养“有理想、有道德、有文化、有纪律”（“四有”）的社会主义公民，提高整个中华民族的思想道德素质和科学文化素质。为适应现代化建设需要，文化的发展要求也从普及走向提高。

党的十四大确立了邓小平建设有中国特色社会主义理论的指导地位，强调“物质文明和精神文明都搞好，才是有中国特色的社会主义”。1991 年，江泽民同志在庆祝中国共产党成立 70 周年大会上的讲话中提出“有中国特色社会主义的文化”。党的十五大专题论述了“有中国特色社会主义的文化建设”。“三个代表”重要思想，把中国共产党“始终代表中国先进文化的前进方向”作为党的先进性要求之一，标志着我们党沿着中国特色社会主义文化发展道路又向前跨越了一大步。中共十五届五中全会提出将文化产业列入国家发展战略。区分公益性文化事业与经营性文化产业，深化对文化属性的认识，是党的文化建设理论的重大突破。

此后，政府重点支持和保障人民基本文化权益，建设覆盖城乡的公共文化服务体系，推动文化资源共建共享，改善文化民生；国有经营性文化单位转企改制为文化市场主体，转变政府职能，实行管办分离、政企分开、政事分开，极大地解放了文化生产力。胡锦涛同志指出，建设社会主义文化强国，必须走中国特色社会主义文化发展道路。中共十七届六中全会通过了《关于深化文化体制改革 推动社会主义文化大发展大繁荣若干重大问题的决定》，提出建设社会主义文化强国的目标。

改革开放新时期，从“五讲四美三热爱”活动到开展文明城市、文明村镇、文明行业创建活动，从培育“四有”公民、公民道德建设到社会主义核心价值体系建设，文化事业与文化产业双轮驱动发展，中国特色社会主义文化成果丰硕，不仅成为坚持与发展中国特色社会主义的强大精神力量，而且通过个性化、形态多样的文化产品，为广大人民群众提供了丰富多彩的精神食粮。

## 三、新时代坚持和发展中国特色社会主义文化

经过长期努力，中国特色社会主义进入了新时代，我们前所未有地接近实现中华民族伟大复兴的目标。党的十八大以来，以习近平同志为

核心的党中央坚持中国特色社会主义文化发展道路，以高度的文化自信、文化自觉与文化担当，激发全民族文化创新创造活力，铸造中国精神，满足精神需求，促进文明互鉴，丰富和发展了中国特色社会主义文化。

在新时代，我们更加坚定文化自信，坚持中国特色社会主义文化发展道路。从世界文明发展、中华文明生生不息、中国特色社会主义创造的“发展的世界奇迹”等角度出发，来认识和把握中华文化，从而激发文化自豪感。习近平总书记指出：“当今世界，要说哪个政党、哪个国家、哪个民族能够自信的话，那中国共产党、中华人民共和国、中华民族是最有理由自信的。”文化自信是对中华优秀传统文化、革命文化和社会主义先进文化等的自信。在“四个自信”中，文化自信是更基础、更广泛、更深厚的自信，是更基本、更深沉、更持久的力量。没有高度的文化自信，没有文化的繁荣兴盛，就没有中华民族伟大复兴。

意识形态决定文化前进方向和发展道路，面对社会思潮纷纭激荡，我们党坚持用马克思主义观察时代、解读时代、引领时代，用鲜活丰富的当代中国实践来推动马克思主义发展；坚持用习近平新时代中国特色社会主义思想武装全党、教育人民，巩固全党全国各族人民团结奋斗的共同思想基础。按照立足中国、借鉴国外，挖掘历史、把握当代，关怀人类、面向未来的思路，着力构建中国特色哲学社会科学。坚持党管媒体，坚持党性与人民性相统一的原则，提高新闻舆论传播力、引导力、影响力、公信力，敢于亮剑，批判各种错误思潮，营造风清气正的网络空间。完善意识形态工作责任制，加快文化领域立法，完善文化政策和法规，提高文化治理法治化水平，切实维护国家文化安全和意识形态安全。

培育和践行社会主义核心价值观。习近平总书记指出：“人心是最大的政治，共识是奋进的动力。”人民有信仰，国家有力量，民族有希望。社会主义核心价值观从国家、社会、公民三个层面表达了我们的社会理想和价值追求，体现了社会主义的本质要求。我们党坚持以培养担当民族复兴大任的时代新人为着眼点，强化教育引导、实践养成、制度保障，把社会主义核心价值观融入社会发展各方面，转化为人们的情感认同和行为习惯。

党的十八大以来，以习近平同志为核心的党中央高度重视中华优秀传统文化的继承和弘扬。习近平总书记指出：“中华优秀传统文化已经成为中华民族的基因，植根在中国人内心，潜移默化影响着中国人的思想方式和行为方式。”“一个国家、一个民族的强盛，总是以文化兴盛为支撑的，中华民族伟大复兴需要以中华文化发展繁荣为条件。”“中华优秀传统文化是我们最深厚的文化软实力，也是中国特色社会主义植根的文化沃土。”传承和弘扬中华优秀传统文化，要重点做好创造性转化和创新性发展，使之与现实文化相融相通。要讲清楚每个国家和民族的历史传统、文化积淀、基本国情不同，其发展道路必然有着自己的特色；讲清楚中华文化积淀着中华民族最深沉的精神追求，是中华民族生生不息、发展壮大的丰厚滋养；讲清楚中华优秀传统文化是中华民族的突出优势，是我们最深厚的文化软实力；讲清楚中国特色社会主义植根于中华文化沃土、反映中国人民意愿、适应中国和时代发展进步要求，有着深厚历史渊源和广泛现实基础。中华民族创造了源远流长的中华文化，中华民族也一定能够创造出中华文化新的辉煌。

党的十八大以来，以习近平同志为核心的党中央对文艺工作高度重视、积极推动。习近平总书记在文艺工作座谈会及中国文联十大、中国作协九大开幕式上都发表了重要讲话，社会主义文艺正在中华民族伟大复兴的征程上焕发着更加明亮的光芒。习近平总书记强调：“文艺不能当市场的奴隶，不要沾满了铜臭气。”始终坚持社会主义先进文化前进方向，始终把社会效益放在首位。一方面，补齐文化发展短板，解决好文化发展不平衡不充分的问题，建设现代公共文化服务体系，加强公共文化产品和服务有效供给，促进城乡、区域均衡发展。另一方面，要解决文化“产业化”“市场化”过程中产生的问题，强调文化产品的特殊社会属性，坚持以精品奉献人民。广大文化文艺工作者要走进实践深处，观照人民生活，表达人民心声，用心用情用功抒写人民、描绘人民、歌唱人民，传递向上向善的价值观，展示好当代中国发展进步和当代中国人的精彩生活。

提高国家文化软实力，讲好中国故事，传播好中国声音。习近平总书记强调，要“以文明交流超越文明隔阂、文明互鉴超越文明冲突、文明共存超越文明优越”。始终坚持不同文化和文明间的平等对话，不断提高文化开放水平，广泛开展文化交流，广泛参与世界文明对话，展示中华文化独特魅力；秉持普惠、平等、开放、包容的新型全球治理观念，提出“一带一路”倡议、人类命运共同体等中国方案。这些理念反映了求和平、谋发展的时代潮流，贯彻了中国“和而不同”、互利共赢的共生思维，超越了意识形态、价值观的对立，极富建设性和创新性。

在新时代，以习近平同志为核心的党中央把对社会主义文化发展规律的认识推进到新的境界，文化领域发生着广泛而深刻的变化，体现了我们党在举旗帜、聚民心、育新人、兴文化、展形象方面的积极努力，表现出建设社会主义文化强国的理念、胸襟、气魄，文化自信得到彰显，理论创新全面推进，主旋律更加响亮，正能量更加强劲，时代楷模、英雄模范不断涌现，文化艺术日益繁荣，网信事业快速发展，文化事业和文化产业蓬勃发展，人民的文化获得感、幸福感不断增强。

## 四、新中国70年社会主义文化建设的基本经验

新中国成立70年来，在实践创造中进行文化创造，在历史进步中实现文化进步，实现了文化领域从普及到提高、从服务中国人民到走向世界的翻天覆地的变化，取得了以下重要经验：

党对文化工作的领导是关键。党始终把文化改革发展摆在全局工作的重要位置，结合时代要求、围绕党的中心任务提出文化纲领、文化发展目标、文化政策，把握文化发展的正确方向，对出现的不足及时校准偏差，建立健全领导体制和工作机制，加强文化治理，发挥了政治领导、思想引领、制度安排、群众组织、社会动员、道德示范等重要作用，这是新中国社会主义文化不断开拓创新的根本保障。

坚持以马克思主义为指导是保持社会主义文化先进性的根本保证。马克思主义基本原理、马克思主义中国化形成的成果及其文化形态是中国特色哲学社会科学的主体内容和最大增量，也是中国社会主义文化的主体内容和最大增量。聆听时代的声音，回应时代的呼唤，及时总结党和人民在实践中创造的新经验和获得的新认识，不断推进马克思主义的发展与中国化进程，毛泽东思想、邓小平理论、“三个代表”重要思想、科学发展观和习近平新时代中国特色社会主义思想，都有力地回答了现实生活提出的、干部群众关心的重大思想理论问题，统一了思想，凝聚了共识。

人民性是社会主义文化的本质特征。“为了谁、依靠谁”是社会主义文化改革发展的根本问题。70年来，我们坚持文化发展为了人民，文化发展成果由人民共享。不断满足人民多层次、多样化、多方面的精神文化需求。文化发展依靠人民，充分尊重人民的首创精神，充分发挥人民的主体作用，使全社会文化创造活力竞相迸发。坚持把服务群众同教育

引导群众结合起来，把满足需求同提高素养结合起来，以促进人的全面发展为根本目的，不断提高人民的思想道德文明素养。

坚持社会主义核心价值体系，培育和践行社会主义核心价值观，发挥文化引领风尚、教育人民、服务社会、推动发展的作用。文化的核心和灵魂是价值理念，核心价值是一个国家的品格，也是一个国家文明和文化的精神标识。新中国成立后，爱国主义、集体主义、社会主义等精神广为弘扬，特别是党的十八大以来，社会主义核心价值观的培育和践行成为凝魂聚气、强基固本的基础工程，使我们始终保持着为“国家富强、民族振兴、人民幸福”而团结奋斗、改革创新的文化主旋律。

正确处理古今中外文化关系，推动中华文化守正创新。以马克思主义为指导，坚持不忘本来、吸收外来、面向未来，在继承中转化，在借鉴中超越，是中国特色社会主义文化发展的路径。“不忘本来”，就要坚持古为今用、推陈出新，全面认识中华优秀传统文化，深入挖掘中华优秀传统文化蕴含的核心思想理念、传统美德、人文精神，推动中华优秀传统文化实现创造性转化与创新性发展；继承“五四”运动以来形成的革命文化传统，发展社会主义先进文化，始终保持社会主义文化的民族性，体现时代性。“吸收外来”，就是放眼世界，吸收借鉴国外优秀文明成果，坚持“以我为主、为我所用”，以此丰富和发展中华文化，这是我国文化发展的重要原则与遵循。“面向未来”，指的是“中华民族创造了源远流长的中华文化，也一定能够创造出中华文化新的辉煌”，我们要传承中华优秀传统文化独一无二的理念、智慧、气度、神韵，同时准确判断世界文明发展趋势，善于融通古今中外各种资源，不断推进中华文化创新。

（作者为中国社会科学院当代中国研究所第三研究室主任、研究员）

# 论文化自信是推进全面深化改革的三大来源

贺培育　邓子纲

习近平总书记指出："文化自信，是更基础、更广泛、更深厚的自信。在5000多年文明发展中孕育的中华优秀传统文化，在党和人民伟大斗争中孕育的革命文化和社会主义先进文化，积淀着中华民族最深层的精神追求，代表着中华民族独特的精神标识。"[①]"历史和现实都表明，一个抛弃了或者背叛了自己历史文化的民族，不仅不可能发展起来，而且很可能上演一场历史悲剧。"[②]文化自信是一个民族、一个国家以及一个政党对自身文化价值的充分肯定和积极践行，并对其文化的生命力持有的坚定信心。全面深化改革是关系党和国家事业发展全局的重大战略部署，在我国改革进入攻坚期和深水区，面临的各种问题和深层矛盾千头万绪、错综复杂的关键期，探索文化自信的价值定力，对于保持改革韧劲，提振改革信心，不断推动党和人民的事业迈向新的成功具有重要意义。

---

① 习近平：《在庆祝中国共产党成立95周年大会上的讲话》，人民出版社2016年版，第13页。

② 习近平：《在哲学社会科学工作座谈会上的讲话》，人民出版社2016年版，第17页。

## 一、文化自信是推进全面深化改革的精神源起

习近平总书记曾经指出："文化自信是更基本、更深沉、更持久的力量。"① 文化，是国家、民族、社会兴旺发达、接继传承的精神内核与重要支撑。"我们走自己的路，具有无比广阔的舞台，具有无比深厚的历史底蕴，具有无比强大的前进定力。中国人民应该有这个信心，每一个中国人都应该有这个信心。"② 推动全面深化改革不断走向深入，需要激扬文化自信的强大精神力量，也是实现中华民族伟大复兴的必然选择。

### （一）推进改革深化升级，需要树立文化自信

改革是决定当代中国命运的关键一招，全面深化改革是当代中国发展的动力之源。从党的十八大提出深化改革开放，到中共十八届三中全会对全面深化改革作出总体部署，再到将全面深化改革纳入"四个全面"战略布局，以习近平同志为核心的党中央对于全面深化改革的立场坚定不移、认识不断深化，使改革呈现出全面发力、多点突破、蹄疾步稳、纵深推进的良好态势，激荡起经济社会发展的蓬勃动力。当前，改革已进入攻坚期和深水区，重点在于继续推进供给侧结构性改革，解决好当前经济发展中的主要矛盾，通过优化要素配置和调整产业结构提高供给体系质量和效率，激发市场活力，促进协调发展；继续创新体制机制，突破利益固化藩篱，全面推进依法治国，更好发挥市场在资源配置中的决定性作用，更好发挥政府作用。在任务重、阻碍多的情况下，更需要我们有壮士断腕的勇气、凤凰涅槃的决心，"敢于啃硬骨头，敢于涉

---

① 《习近平谈治国理政》第2卷，外文出版社2017年版，第339页。

② 习近平：《在纪念毛泽东同志诞辰120周年座谈会上的讲话》，人民出版社2013年版，第21页。

险滩”[①]，向积存多年的顽瘴痼疾开刀，触及深层次利益关系和矛盾，打破各类体制机制弊端和利益固化藩篱。这就需要坚定信念、深化认识、凝聚共识。社会主义先进文化是增强改革创新、干事创业的勇气的重要根基。正是因为对社会主义先进文化的坚定自信，我们党才能在各种艰难曲折面前临危不乱，充满定力，坚定不移走中国特色社会主义道路。只有以社会主义文化为指引，坚定中国特色社会主义的共同理想，才能深刻认识、理解全面深化改革的目标、保证和主体力量；才能引领社会思潮，凝聚社会共识，不忘初心，继续前行；才能汇聚战胜艰难险阻的强大精神力量，全体上下拧成一股绳，以攻坚克难、踏石留印的劲头，确保改革取得成功。

### （二）应对全面深化改革中的矛盾问题，需要树立文化自信

“改革开放是我们党在新的时代条件下带领人民进行的新的伟大革命，是当代中国最鲜明的特色”[②]，是决定当代中国命运的关键抉择，是党和人民事业大踏步赶上时代的重要法宝。改革开放以来，中国社会主义现代化建设取得了令人瞩目的成就。但同时要清醒地认识到，由于我国没有经历西方发达国家工业化、现代化的渐进式发展，而是现代化和工业化同时进行、工业化和信息化同步发展，加之经济转型和社会转轨的因素，西方发达国家几百年间所遇到的阶段式矛盾和困难在我国集中体现。当前的改革正在从渐进式改革转向深水区。诸如贫富差距拉大，经济社会之间、城乡之间、地区之间发展不平衡，自然资源紧缺，环境污染严重以及消极腐败现象多发等问题接踵而来，主体利益发生转变，价值追求日趋多元化。在这个过程中，追求利益和价值分化、重组、反

① 《习近平谈治国理政》第 1 卷，外文出版社 2018 年版，第 348 页。
② 《习近平谈治国理政》第 1 卷，外文出版社 2018 年版，第 86 页。

对，甚至对抗将更加突出。这些矛盾和问题错综复杂，新旧交织，盘根错节，缠绕叠加，我们面临的风险和挑战前所未有，进入发展“瓶颈期”。“在5000多年文明发展中孕育的中华优秀传统文化，在党和人民伟大斗争中孕育的革命文化和社会主义先进文化，积淀着中华民族最深层的精神追求，代表着中华民族独特的精神标识。”[①]站在新的历史节点上，作为应对新时期中国特色社会主义面临的风险和挑战、不断推进中国特色社会主义制度自我完善和发展的重大战略举措，全面深化改革是全球化和现代化双重背景下中国发展赢得发展新优势的新探索。这一重大举措需要重新定位和确认具有中国特色的社会主义思想的发展价值和核心理念，需要文化的引领与推动作用。能否在继承中华优良传统的基础上，营造开放包容、有利于锐意改革、转型创新的文化氛围；能否以优秀传统文化、革命文化和社会主义先进文化的深厚根基激发活力，凝聚队伍，提升信心，更好地起到对改革发展的引领和保障作用，这是增强全面深化改革底气的文化基因所在。特别是面对当前利益冲突和价值冲突不断涌现的极其复杂的情况，需要整合、重塑不同文化价值观及其利益的文化价值，从文化基因上寻求不同利益群体的最大公约数，协调不同社会阶层的各种利益和需求，“求同存异”，减少社会浮躁心理，更好地倾听社会心理的意愿，坚定改革的决心和信心。

### （三）应对全面深化改革面临的意识形态解构，需要树立文化自信

中国改革开放40年的巨大成就在短期内能为社会发展带来强大的推动力，但从可持续发展视角来看，在人口增长、资源减少、生态环境压力日益增加的背景下，高成本和高消费的发展模式不仅难以维系，而

① 习近平：《在庆祝中国共产党成立95周年大会上的讲话》，人民出版社2016年版，第13页。

且会给未来发展带来更多的竞争、阻力和风险。邓小平同志曾指出："改革的意义，是为下一个十年和下世纪前五十年奠定良好的持续发展的基础。"[①]中国的发展必须寻求新的、更科学的发展模式，寻求更好的切入点。全面深化改革战略布局，是与改革开放一脉相承而又与时俱进的历史进程，它应运而生，顺势而为，是客观现实发展的必然结果，深深植根于我国经济社会发展的实践基础之上。

随着中国社会主义现代化进程的快速推进，中国正在逐步从农业社会和熟人社会转向工业社会和陌生人社会。生活节奏加快，生活压力不断增加，生活环境不断变化，新旧观念的强烈碰撞使人们能够呈现自己的生活方式和思想，也增加了大众的焦虑和困惑，一系列社会文化心理问题，如价值观异化、信仰缺失等逐渐显现。文化交流的日盛、网络技术的普及在为我们带来信息便利的同时，也为各种不良文化与非主流意识形态思潮提供了新的传播渠道。全面深化改革战略也不可避免地受到西方现代文化模式、发展观念、社会心理学和思维观念的影响和挑战。如何避免改革发展偏离社会主义人文发展观念，陷入"劳动异化"和"物化"的发展模式；如何在马克思主义的指导下推进传统文化的现代化，有效避免"中国特色""马克思主义""社会主义现代化"被歪曲化、妖魔化；如何在多元化、复杂化的思想浪潮和话语交流中解释全面深化改革，是必须解决的重大问题。从历史经验来看，在社会快速变革期，人们常常从国家民族的文化中寻求信仰与精神支撑，这源于"文化自信是一个国家、一个民族对自身拥有的生存方式和价值体系的充分肯定，是对自身文化生命力、创造力、影响力的坚定信念，关乎民族精神状态和社会精神风貌，关乎国家发展进步的动力与活力"[②]。因此，树立具有

① 《邓小平文选》第3卷，人民出版社1993年版，第131页。
② 冯鹏志：《文化自信：本质属性与力量之源》，《学习时报》2017年7月12日。

战略高度、广度和历史厚度、现实深度的文化自信，以彰显中国特色社会主义的道路自信、理论自信和制度自信，是应对全面深化改革面临的意识形态解构风险的重要举措。

“改革开放是当代中国最鲜明的特色，改革开放是决定当代中国命运的关键抉择，是党和人民事业大踏步赶上时代的重要法宝。”① 在文化价值层面，必须弘扬中国优秀传统文化，发挥社会主义核心价值观的引领作用；着力增强中国话语体系的说服力和解释力，对于改革的质疑、批判、诘问之声，给予及时回应，扩大我国文化的影响力和凝聚力。以此，更好地坚定改革的信心和步伐，增强改革的精神动力，推动全面深化改革向纵深发展。

## 二、文化自信是推进全面深化改革的思想源泉

习近平总书记强调：“我们要增强政治定力，增强道路自信、理论自信、制度自信。我们要根据形势任务发展变化，通过全面深化改革，不断拓展中国特色社会主义道路，不断丰富中国特色社会主义理论体系，不断完善中国特色社会主义制度。我们要虚心学习借鉴人类社会创造的一切文明成果，但我们不能数典忘祖，不能照抄照搬别国的发展模式。”② 文化自信作为坚定改革道路定力、方向定力、制度定力的深层力量，承载着全面深化改革的战略力量，是全面深化改革的思想源泉。

### （一）全面深化改革的目标是文化自信的逻辑延伸

习近平说：“我们要把完善和发展中国特色社会主义制度、推进国

① 《习近平谈治国理政》第 2 卷，外文出版社 2017 年版，第 39 页。
② 《习近平谈治国理政》第 1 卷，外文出版社 2018 年版，第 30 页。

家治理体系和治理能力现代化作为全面深化改革的总目标，勇于推进理论创新、实践创新、制度创新以及其他各方面创新，让制度更加成熟定型，让发展更有质量，让治理更有水平，让人民更有获得感。”[①]全面深化改革不是“否定前路”“另辟道路”，而是“要使中国特色社会主义制度更好”“让我们的制度成熟而持久”[②]。在当前国内外环境纷繁复杂、思想观念利益诉求多元多变的情势下，制度模式与价值体系是否适合、能否长久最终是由历史与人民决定的。中国的“国家治理体系是在我国历史传承、文化传统、经济社会发展的基础上长期发展、渐进改进、内生性演化的结果”[③]。“没有坚定的制度自信就不可能有全面深化改革的勇气，同样，离开不断改革，制度自信也不可能彻底、不可能久远。”[④]因此，不以人的意志为转移，具有必然性、实践性、人民性的制度模式与价值体系选择构成全面深化改革的基础和底色，也是制度自信的底气所在。

习近平总书记强调：“我们走自己的路，具有无比广阔的舞台，具有无比深厚的历史底蕴，具有无比强大的前进定力。”[⑤]面对中国的飞速发展，西方发达国家从未停止颠覆中国特色社会主义制度的企图，它们利用文化渗透与话语霸权，质疑或曲解中国特色社会主义制度的性质。一方面，将中国特色社会主义制度曲解为“国家资本主义”“中国资本主义”“新官僚资本主义”“资本社会主义”，将改革开放曲解为“市场化、私有化、自由化、全球化”的说法甚嚣尘上；另一方面，又以西方政治体制作为衡量中国政治制度的标尺，通过出售“新自由主义”资本

① 习近平：《在庆祝中国共产党成立95周年大会上的讲话》，人民出版社2016年版，第16—17页。

② 《习近平谈治国理政》第1卷，外文出版社2018年版，第106页。

③ 徐伟新：《以坚定的制度自信推进全面深化改革——学习习近平总书记关于全面深化改革的重要论述》，《光明日报》2014年8月11日。

④ 《习近平谈治国理政》第1卷，外文出版社2018年版，第106页。

⑤ 《习近平谈治国理政》第2卷，外文出版社2017年版，第339页。

主义制度，试图改变中国特色社会主义的“颜色”。对此，我们“不能照抄照搬别国的发展模式，也绝不会接受任何外国颐指气使的说教”[①]。底气何来？文化自信是基础。任何的制度模式和价值体系都是孕育于特定的文化底蕴之中的，其选择、变迁都会深深打上文化基因的烙印，因此，文化自信是坚定社会主义制度自信的重要前提。中华民族根据自身历史、文化和社会的传统，选择适合自身发展的制度体系。这种经过自觉的文化选择的制度体系往往具有内在的稳定性与契合性，因而更容易坚定人们对于这一制度的自信。从这个意义上说，全面深化改革的目标是文化自信的逻辑延伸。

### （二）文化自信为坚定改革道路筑牢信仰基石

中国特色社会主义道路是马克思主义基本原理和中国实际相结合的产物，并根据当今时代特征变化而不断发展。在目睹“中国奇迹”之后，中国特色社会主义道路是什么，已成为许多学者讨论的现实主张。中国特色社会主义道路是近代以来中国人民经过艰辛探索最终选择的现代化道路，是中国共产党和中国人民在长期实践中逐步开辟出来的道路。它是人类文明史上的伟大创举，是中国对世界的历史性贡献。正如邓小平在苏联解体后所说的那样：“只要中国不垮，世界上就有五分之一的人口在坚持社会主义。”[②]中国特色社会主义道路，是中国人民近代以来求独立、求解放、求发展、求富强的必然选择。中国以生动的实践和巨大的发展成就证明了“中国道路”的优越性和可行性，宣告了“历史终结论”的终结。40年来，当代中国发展进步的事实雄辩地证明，改革开放“是

① 《习近平谈治国理政》第1卷，外文出版社2018年版，第30页。
② 《改革开放三十年重要文献选编》上，人民出版社2008年版，第537页。

坚持和发展中国特色社会主义、实现中华民族伟大复兴的必由之路”①。在实现中华民族伟大复兴的时代背景下，全面深化改革已成为当代中国的主旋律。

道路自信，就是对“中国特色社会主义道路是实现社会主义现代化的必由之路，是创造人民美好生活的必由之路”的坚定信念，是对发展方向和未来命运的自信。坚定改革道路就是要在推进全面深化改革的进程中坚持走中国特色社会主义道路。道路自信从深层次来说蕴含着文化自信。文化是人类活动的整个过程以及活动方式、活动手段的总和，是具有鲜明的民族特色、地域特色的独特的精神基因和价值符号。不同的国家有各自不同的发展道路，没有固定不变的发展模式，也不会有完美的普适性模式，西方发展道路是由西方国家的传统与文化所决定的。中华文明是中国的根本、根脉、根基，是我们的底蕴、底色、底细，如同一棵大树，长得再高，影子再长，根都必须在土里；中国特色社会主义再发展，道路再拓展，它的根也要在土里，5000年未曾断流的中华文明就是中国特色社会主义深植其中的沃土。习近平同志从历史发展规律、社会现实要求、党的历史使命与责任担当的高度，强调“增强文化自觉和文化自信，是坚定道路自信、理论自信、制度自信的题中应有之义”②，深刻揭示了文化与文化自信对于坚定改革道路的精神信仰力量。

### （三）文化自信是确保全面深化改革正确方向的思想保证

理论是实践的先导，思想是行动的指南。习近平总书记指出：“我们推进国家治理体系和治理能力现代化，要往什么方向走呢？这是一个

① 习近平：《在学习〈胡锦涛文选〉报告会上的讲话》，人民出版社2016年版，第13页。

② 习近平：《在文艺工作座谈会上的讲话》，人民出版社2015年版，第25页。

带有根本性的问题，必须回答好。考虑这个问题，必须完整理解和把握全面深化改革的总目标，这是两句话组成的一个整体，即完善和发展中国特色社会主义制度、推进国家治理体系和治理能力现代化。这里面有一个前一句和后一句的关系问题。前一句，规定了根本方向，我们的方向就是中国特色社会主义道路，而不是其他什么道路。”[①]科学理论是改革开放的行动指南，离开科学理论的指导和引领，改革将会失去精神灵魂，迷失前进方向。坚定改革方向和社会主义建设方向不能动摇，这是党和人民在当今世界安身立命、风雨前行的保障。

文化是生生不息流淌于民族血液的精神力量。中国特色社会主义理论体系不是凭空产生的，它厚植于5000多年中华优秀传统文化的长期积淀提供的理论沃土，是马克思主义基本原理同当代中国实际相结合的产物，系统地回答了“什么是社会主义、怎样建设社会主义，建设什么样的党、怎样建设党，实现什么样的发展、怎样实现发展”[②]等根本问题，“以全新的视野深化了对共产党执政规律、社会主义建设规律、人类社会发展规律的认识”[③]。习近平治国理政新理念新思想新战略则进一步回答了治理一个什么样的国家、怎样治理国家的时代课题，是指导当代中国发展的最鲜活的马克思主义。实质上，理论也是一种文化，只不过它是作为理论形态的文化。中国特色社会主义理论体系，本身也是中国优秀文化的重要组成部分。理论自信，就是对中国特色社会主义理论体系的科学性、真理性、正确性的自信，是对马列主义及其中国化马克思主义的自信，是对马克思主义基本理论、中国特色社会主义理论体系的正确性、真理性的坚定信念，

① 《习近平关于协调推进“四个全面”战略布局论述摘编》，中央文献出版社2015年版，第82页。

② 《习近平谈治国理政》第2卷，外文出版社2017年版，第343页。

③ 习近平：《决胜全面建成小康社会　夺取新时代中国特色社会主义伟大胜利——在中国共产党第十九次全国代表大会上的报告》，人民出版社2017年版，第18—19页。

是对中国特色社会主义实践的坚定回应。生发于中国实践中的民族心理结构和价值观是中国人独特的文化血脉，承继着5000年的中华文化基因。它与当代中国社会主义理论相结合、互动，是中国独特的民族灵魂，是抵制各种不良思想、扭曲改革方向言行的法宝，是文化的核心脉络和理论自信之根，成为确保全面深化改革正确方向的思想保证。

## 三、文化自信是全面深化改革方法论的智慧来源

### （一）全面深化改革的人民立场与文化自信的价值取向

历史唯物主义认为："人民，只有人民，才是创造世界历史的动力。"深刻地揭示了人民群众对于历史发展具有的决定性作用，全面地体现在社会生活的各个方面。我们的文化自信何来？既来自中华传统文化中"民惟邦本""民贵君轻""天下非一人之天下也，天下之天下也""水可载舟，亦可覆舟"等蕴含的以民为先的朴素唯物主义思想，也来自为国家民族人民独立富强的理想和信仰前仆后继、不畏牺牲的奋斗精神，来自以社会主义核心价值观为主导、以人民利益为中心、为了人民过上美好生活而不断奋进的社会主义先进文化。这些文化中凝聚着治国理政的经世智慧，将积贫积弱、落后挨打的中国建设成为世界第二大经济实体，带到世界政治舞台中心，彰显着中国道路、中国理论、中国制度取得的伟大成就。习近平总书记指出："当今世界，要说哪个政党、哪个国家、哪个民族能够自信的话，那中国共产党、中华人民共和国、中华民族是最有理由自信的。"①

人民立场是我们党的根本政治立场，也是改革的根本价值取向。人

① 《习近平谈治国理政》第2卷，外文出版社2017年版，第36页。

民群众是社会物质财富和社会精神财富的创造者，还是变革社会制度的决定力量。任何改革要取得成功，都必须得到人民群众的支持和参与。改革开放在认识和实践上的每一次突破和发展，改革开放中每一个新生事物的产生和发展，改革开放每一个方面经验的创造和积累，无不来自亿万人民的实践和智慧。在新的历史方位上，全面深化改革构成新时代坚持和发展中国特色社会主义的基本方略之一，“推进任何一项重大改革，都要站在人民立场上把握和处理好涉及改革的重大问题，都要从人民利益出发谋划改革思路、制定改革举措”[①]。全面深化改革战略布局推进与否、成败与否，都在于是否以人民为中心，回答好改革为了谁、依靠谁来改革、改革发展成果由谁享有等基本问题。由此，全面深化改革与文化自信在基本价值取向上实现了完全统一。

### （二）问题导向与文化自信的双重互动

习近平总书记指出：“我们要在迅速变化的时代中赢得主动，要在新的伟大斗争中赢得胜利，就要在坚持马克思主义基本原理的基础上，以更宽广的视野、更长远的眼光来思考和把握国家未来发展面临的一系列重大战略问题，在理论上不断拓展新视野、作出新概括。”[②]从这一论断可以看出，“问题导向”是贯穿其中的核心理念。问题，是理论内部的矛盾、理论与现实的矛盾、理论与实践的矛盾。

社会主义先进文化是中国优秀文化的重要组成部分，根源于马克思主义的思想谱系，脱胎于中华文化的丰腴沃土，内生于当代中国的历史性实践，契合于当今世界文化发展的康庄大道，具有融汇古今、融通中西的包容性特质和开放性特征。因此，文化自信来自坚持马克思主义的

① 《习近平谈治国理政》第1卷，外文出版社2018年版，第98页。
② 《习近平谈治国理政》第2卷，外文出版社2017年版，第62—63页。

指导，来自新的价值观念的崛起，来自中华文化的滋养，来自对人类文明的吸收借鉴，来自中国模式的成功实践。“坚持问题导向是马克思主义的鲜明特点”[①]，是“发现问题、筛选问题、研究问题、解决问题的过程”[②]。问题导向作为马克思主义世界观和方法论的重要体现，是全面深化改革的必然选择和基本遵循。习近平总书记多次强调，“改革是由问题倒逼而产生，又在不断解决问题中而深化”[③]。全面深化改革，是一场以问题为导向，统筹推进、重点突破的持久战。“要有强烈的问题意识，以重大问题为导向，抓住关键问题进一步研究思考，着力推动解决我国发展面临的一系列突出矛盾和问题”[④]，着力提高改革的针对性和实效性，着眼于解决发展中存在的突出矛盾和问题。这一论述指明了问题是改革的缘起，解决问题是改革的根本目的，对于全面深化改革具有重要的方法论意义。

### （三）全面深化改革的顶层设计与文化自信的时代引领

全面深化改革，是党中央在新的历史起点上作出的重大战略部署。作为一项复杂的系统工程，全面深化改革涉及面之广、变革之深、难度之大前所未有。“中国改革经过30多年，已进入深水区，可以说，容易的、皆大欢喜的改革已经完成了，好吃的肉都吃掉了，剩下的都是难啃的硬骨头。”[⑤]随着改革向纵深推进，改革面临的矛盾更加错综复杂，经济、政治、文化、社会、生态文明各领域改革和党的建设紧密联系、相

---

① 习近平：《在哲学社会科学工作座谈会上的讲话》，人民出版社2016年版，第14页。

② 《习近平谈治国理政》第2卷，外文出版社2017年版，第342页。

③ 《习近平谈治国理政》第1卷，外文出版社2018年版，第74页。

④ 《习近平谈治国理政》第1卷，外文出版社2018年版，第74页。

⑤ 《习近平谈治国理政》第1卷，外文出版社2018年版，第101页。

互交融，任何一个领域的改革都会牵动其他领域，同时也需要其他领域改革密切配合，如果各领域改革不配套，各方面改革措施相互牵扯，全面深化改革就很难推进下去，即使勉强推进，效果也会大打折扣。因此，必须从大局出发，“更加注重改革的系统性、整体性、协同性”[①]。这就要求加强顶层设计，注重各项改革的相互促进、良性互动，整体推进、重点突破，形成推进改革开放的强大合力。

世界各国发展历程表明，一个国家要通过变革而强大，一个民族要屹立于世界之林，都离不开文化的滋养。文化本质上是一套价值体系、行为准则和社会规范，蕴含着科学思想、科学精神、科学方法、科学伦理、科学规范、价值观念与思维方式，是人们自觉或不自觉遵循的生活态度和工作方式，并对一个国家和民族的现代化进程产生着越来越重要的影响。文化自信是对这种价值体系发自内心尊敬、信任和自觉遵循的共同心理反应。文化自信的时代精神诞生于特定时代的社会实践，凝聚了特定时空的主题，内化于中华民族的民族气质、价值追求和心理图式。在新时代指引全面深化改革进程中，文化自信不仅有助于回答推进各领域改革最终是为了什么、要取得什么样的整体效果这个问题，而且由于文化的交融性，更有助于在全面深化改革进程中，探索、彰显、呈现能从文化价值层面更为长远、更为全面地谋划和实现自身发展、区域发展、世界发展相互促进、紧密结合的战略思维。一言之，文化价值观不仅能够引领和支撑全面深化改革，更能以自身为纽带和主线，推动世界的整体发展、长远发展。

（作者贺培育为湖南省社会科学院副院长、研究员，

邓子纲为湖南省社会科学院研究员）

---

① 《习近平谈治国理政》第 1 卷，外文出版社 2018 年版，第 423 页。

# 美美与共，和而不同

## ——学习习近平总书记关于世界文明的重要论述

刘　仓

文明是人类在社会历史发展过程中所创造的物质财富和精神财富的总和，是反映社会发展程度和水平的标识。习近平关于世界文明的重要论述，包含世界文明的历史来源、分布概况、性质特征、规律方向、目标前景等观点，是对马克思主义文明观的继承和发展，是中国共产党世界文明观发展的新阶段，是马克思主义与中国实际和时代特征相结合的理论成果，是习近平新时代中国特色社会主义思想的有机组成部分。

### 一、习近平关于世界文明的重要论述的发展历程

#### （一）对中华文明和世界文明的思索

习近平对世界文明的关注和思考由来已久。早在 7 年知青岁月时，习近平饱读中外名著。他想方设法读到《仲夏夜之梦》《威尼斯商人》《罗密欧与朱丽叶》《哈姆雷特》《奥赛罗》《李尔王》等作品。受莎士比亚“生存还是毁灭”问题的引导，他“立下为祖国、为人民奉献自己

的信念”。[①] 在主政正定期间，习近平奉行“周而不比，和而不同”的观念。[②]1987 年，秦始皇兵马俑被列入世界文明遗产。法国总统希拉克参观兵马俑后说：“不看金字塔，不算真正到过埃及。不看秦俑，不算真正到过中国。”同年，在陕西法门寺的地宫中出土了 20 件精美绝伦的琉璃器，这是在唐代传入中国的东罗马和伊斯兰的琉璃器。习近平在欣赏这些域外文物时，一直思考如何对待不同文明、如何领略这些文物的人文精神和艺术表现等问题。在福建任职期间，习近平重视保护中国历史文化，支持武夷山、鼓浪屿、福建土楼、中国丹霞（泰宁）等申报世界文化遗产、世界自然遗产名录。这些显示了习近平向世界展示中华文明独特魅力的理念。

### （二）对人类文明和社会发展道路关系的回答

改革开放以来，中国成功走出不同于西方现代化模式的中国道路。党的十八大阐述了中国道路的内涵，强调在国际关系中要秉持平等互信、包容互鉴、合作共赢的精神，指出：“包容互鉴，就是要尊重世界文明多样性、发展道路多样化，尊重和维护各国人民自主选择社会制度和发展道路的权利，相互借鉴，取长补短，推动人类文明进步。”[③] 习近平阐述了中国道路和中华文明的关系，强调中国道路是从五千多年文明历史中走出来的，并指出：“独特的文化传统，独特的历史命运，独特的国情，注定了中国必然走适合自己特点的发展道路。”[④] 中国道路的成

① 习近平：《共倡开放包容　共促和平发展——在伦敦金融城市长晚宴上的演讲》，《光明日报》2015 年 10 月 23 日。

② 中共中央党校采访实录编辑室：《习近平在正定》，中共中央党校出版社 2019 年版，第 221 页。

③ 《十八大以来重要文献选编》上，中央文献出版社 2014 年版，第 36—37 页。

④ 习近平：《在布鲁日欧洲学院的演讲》，《人民日报》2014 年 4 月 2 日。

功推动了世界对中华文明的关注。

2013年3月25日，习近平在坦桑尼亚尼雷尔国际会议中心发表演讲，在谈到中非关系史和发展道路时说："世界上没有放之四海而皆准的发展模式，各方应该尊重世界文明多样性和发展模式多样化。"①把各国文明和发展模式联系起来。2014年3月27日，习近平在联合国教科文组织总部发表演讲，总结战争与和平、文明与进步的历史经验，阐述世界文明的多样、平等、包容等特征以及文明交流互鉴的态度和原则，强调"文明因交流而多彩，文明因互鉴而丰富。文明交流互鉴，是推动人类文明进步和世界和平发展的重要动力"②。这个演讲宣示了新时代中国共产党关于世界文明的基本观点。

2014年6月28日，习近平在和平共处五项原则发表60周年纪念大会上发表讲话，阐述"坚持包容互鉴"的理念，指出"文明多样性是人类社会的基本特征"，表示应该"树立双赢、多赢、共赢的新理念，摒弃你输我赢、赢者通吃的旧思维，'各美其美，美人之美，美美与共，天下大同'"。③这里把中华"和合"理念和中国特色外交理念结合起来，继承和实践费孝通关于民族文化的"十六字箴言"，表明习近平的世界文明观的中国特色和世界视野。2014年7月16日，习近平在巴西国会发表演讲，提出"维护世界文明多样性"是全球性主要议题，强调"尊重世界文明多样性和国家发展道路多样化"④，把文明的多样性与社会发展道路多样性联系起来。各国发展道路是各国文明的载体，各国文明是各

---

① 《习近平谈治国理政》第1卷，外文出版社2018年版，第307页。

② 《习近平谈治国理政》第1卷，外文出版社2018年版，第258页。

③ 习近平：《弘扬和平共处五项原则 建设合作共赢美好世界——在和平共处五项原则发表60周年纪念大会上的讲话》，《光明日报》2014年6月29日。

④ 习近平：《弘扬传统友好 共谱合作新篇——在巴西国会的演讲》，《光明日报》2014年7月18日。

国在自己发展道路中创造的物质和精神成果的总称。习近平关于世界文明的重要论述是思考中国道路、中华文明与世界文明关系的结果。

（三）提出正确处理不同国家和民族文明之间关系的重大课题

2014年9月24日，习近平在纪念孔子诞辰2565周年国际学术研讨会暨国际儒学联合会第五届会员大会开幕会发表讲话，再次阐述世界文明多样性、互相尊重、交流互鉴等特征和态度，强调“推进人类各种文明交流交融、互学互鉴，是让世界变得更加美丽、各国人民生活得更加美好的必由之路”，提出“正确对待不同国家和民族的文明，正确对待传统文化和现实文化”，是必须把握好的一个重大课题。[①]这阐述了世界文明发展的一般规律，提出了正确处理中华文明与世界文明的关系问题。

2014年10月15日，习近平在文艺工作座谈会上发表讲话，阐述人类文明的实践来源，从世界视野考察了人类文明的历史，介绍了出访期间领略古希腊、俄罗斯、法国、美国、印度等国家的文明成果，表示“世界文明瑰宝比比皆是”，强调“历史和现实都表明，人类文明是由世界各国各民族共同创造的”。他还分析了文化与文明的关系，指出文明和文化在中华民族伟大复兴进程中的作用，指出：“人类社会每一次跃进，人类文明每一次升华，无不伴随着文化的历史性进步。”[②]阐述不同文明在人类社会发展中的作用。2015年10月21日，习近平在伦敦金融城市长晚宴上演讲时，谈论中英文化交流问题，表示要坚持开放包容的心态，推进双方合作，“加强人文交流，共促东西方文明对话，共

① 习近平：《在纪念孔子诞辰2565周年国际学术研讨会暨国际儒学联合会第五届会员大会开幕会上的讲话》，《人民日报》2014年9月25日。

② 《十八大以来重要文献选编》中，中央文献出版社2016年版，第120、119页。

同维护开放型世界经济和促进世界文明多样化”[①]。2016年5月17日，习近平主持召开哲学社会科学工作座谈会并发表讲话，从中国和世界大历史进程中，概括了中西方哲学思想发展进程，阐述哲学社会科学和人类文明的地位、作用和发展，要求“推动中华文明创造性转化、创新性发展，激活其生命力，让中华文明同各国人民创造的多彩文明一道，为人类提供正确精神指引”[②]，阐述了中华文明和世界文明在人类进步发展中的地位和作用。这篇讲话是习近平阐述世界文明的重要经典文献。

### （四）着眼于构建人类命运共同体的人文关怀

2017年5月14日，习近平在“一带一路”国际合作高峰论坛开幕式上，阐述了以和平合作、开放包容、互学互鉴、互利共赢为核心的丝路精神，提出把“一带一路”建设成为和平之路、繁荣之路、开放之路、创新之路、文明之路，强调“‘一带一路’建设要以文明交流超越文明隔阂、文明互鉴超越文明冲突、文明共存超越文明优越，推动各国相互理解、相互尊重、相互信任”。[③]这里，习近平把文明交流互鉴与中国开放战略结合起来，与破解人类发展难题、探索全球治理模式联系起来，表明习近平世界文明观的世界关怀。

2017年10月18日，习近平在党的十九大报告中，从构建人类命运共同体高度，提出“建设持久和平、普遍安全、共同繁荣、开放包容、清洁美丽的世界”，强调“要尊重世界文明多样性，以文明交流超越文

① 习近平:《共倡开放包容 共促和平发展——在伦敦金融城市长晚宴上的演讲》,《光明日报》2015年10月23日。

② 《习近平谈治国理政》第2卷，外文出版社2017年版，第340页。

③ 《习近平谈治国理政》第2卷，外文出版社2017年版，第511—513页。

明隔阂、文明互鉴超越文明冲突、文明共存超越文明优越”。[①] 提纲挈领地阐述了人类命运共同体和世界文明交流互鉴的关系。构建人类命运共同体是文明交流互鉴的目标和导向，文明交流互鉴是构建人类命运共同体的条件和内容。

2017 年 12 月 1 日，习近平在中国共产党与世界政党高层对话会上发表主旨讲话，从当今人类社会发展大势背景下，系统地阐释构建人类命运共同体的理念，希望“凝聚不同民族、不同信仰、不同文化、不同地域人民的共识，共襄构建人类命运共同体的伟业”，强调“中国共产党将以开放的眼光、开阔的胸怀对待世界各国人民的文明创造，愿意同世界各国人民和各国政党开展对话和交流合作，支持各国人民加强人文往来和民间友好”。[②] 这篇讲话提出世界文明交流互鉴的目标、主体和建议，阐述了人类社会发展的中国方案和中国主张，是习近平关于世界文明的重要论述的代表性文献。

2018 年 6 月 10 日，习近平在上海合作组织成员国元首理事会第十八次会议上，从构建人类命运共同体视野，阐述中国的世界发展观、合作观、文明观和全球治理观，强调“要树立平等、互鉴、对话、包容的文明观，以文明交流超越文明隔阂，以文明互鉴超越文明冲突，以文明共存超越文明优越”[③]。言简意赅地阐述了世界文明观的基本内涵，是习近平关于世界文明的基本观点的标志性概括。

2019 年 5 月，亚洲文明对话大会在北京举办。大会的主题是“亚

① 《中国共产党第十九次全国代表大会文件汇编》，人民出版社 2017 年版，第 47 页。

② 习近平：《携手建设更加美好的世界——在中国共产党与世界政党高层对话会上的主旨讲话》，《人民日报》2017 年 12 月 2 日。

③ 习近平：《弘扬“上海精神” 构建命运共同体——在上海合作组织成员国元首理事会第十八次会议上的讲话》，《人民日报》2018 年 6 月 11 日。

洲文明交流互鉴与命运共同体”，展示多彩的亚洲文明和中华文明的独特魅力。亚洲文明对话大会是促进亚洲及世界各国文明开展平等对话、交流互鉴、相互启迪的新平台，是新时代中国推进世界文明交流互鉴的重要里程碑。5月15日，习近平出席亚洲文明对话大会开幕式并发表主旨演讲，从世界多极化、经济全球化、文化多样化、社会信息化深入发展的大背景下，阐述亚洲文明与世界文明的关系，号召加强世界上不同文化的交流互鉴，夯实共建亚洲命运共同体、人类命运共同体的人文基础。为此，他提出四点主张，即坚持相互尊重、平等相待，坚持美人之美、美美与共，坚持开放包容、互学互鉴，坚持与时俱进、创新发展。他还提出推动亚洲文明交流互鉴的若干具体计划。[①] 这篇演讲从历史到现实、目标到路径、方案到计划、理论到实践等方面，系统地阐述了世界文明交流互鉴的理念，反映了习近平关于世界文明的论述系统化。

党的十八大以来，在许多重大外交活动中，习近平阐述中国特色外交理念，传播中华文化独特魅力，推动不同文明的交流互鉴，倡导构建人类命运共同体，为中华文明和世界文明发展指明前进方向。习近平是中华文明的传播者，是文明交流的友好使者，是推动不同文明交流互鉴的倡导者、规划者和实践者，堪称人类文明未来发展的设计师。在经济全球化和社会信息化背景下，习近平从人类历史发展进程中，思考世界文明发展的特征、路径、方向，思考中华文明和世界文明的关系，思考人类社会未来前途的中国方案。这是新时代中国共产党世界文明观的生成逻辑。

---

① 习近平：《深化文明交流互鉴　共建亚洲命运共同体——在亚洲文明对话大会开幕式上的主旨演讲》，《人民日报》2019年5月16日。

## 二、习近平关于世界文明的重要论述的基本内容

### （一）世界文明是人类社会实践的客观成果

世界文明从来哪里来、怎么来的，这是必须回答的首要问题。从根源来说，世界文明是人们认识世界和改造世界的实践成果的总称。各国和各民族的文明成果都是这个国家和民族社会实践的产物，人类创造的各种文明都是劳动和智慧的结晶。习近平指出："一个国家和民族的文明是一个国家和民族的集体记忆。人类在漫长的历史长河中，创造和发展了多姿多彩的文明。从茹毛饮血到田园农耕，从工业革命到信息社会，构成了波澜壮阔的文明图谱，书写了激荡人心的文明华章。"[①]

社会生产力的发展是世界文明进步的动力。有什么样的生产力就有什么样的文明成果。习近平在谈到工程科学技术时指出："回顾人类文明历史，人类生存与社会生产力发展水平密切相关，而社会生产力发展的一个重要源头就是工程科技。""历史证明，工程科技创新驱动着历史车轮飞速旋转，为人类文明进步提供了不竭动力源泉，推动人类从蒙昧走向文明，从游牧文明走向农业文明、工业文明，走向信息化时代。"[②]发达国家在对外拓展与交流的过程中，可以给落后国家带来较为先进的文明因素，却代替不了所在国家和民族的文明创造。

实践创新是文明发展的源泉。文明随着人类实践的发展不断发展。在亚洲文明对话大会上，习近平提出"坚持与时俱进、创新发展"的文明观，指出："世界文明历史揭示了一个规律：任何一种文明都要与时偕行，不断吸纳时代精华。我们应该用创新增添文明发展动力、激活文明

① 《习近平谈治国理政》第1卷，外文出版社2018年版，第258页。

② 习近平：《让工程科技造福人类、创造未来——在2014年国际工程科技大会上的主旨演讲》，《光明日报》2014年6月4日。

进步的源头活水，不断创造出跨越时空、富有永恒魅力的文明成果。”①

（二）世界文明是各国各民族创造的多彩的文明

世界文明的多样性是由社会实践的多样性决定的。人们创造自己的文明，都是在一定的地理、环境、历史、文化中的创造。人类生产生活多样性决定文明成果的多样性。世界文明的多样性，来源于人类社会实践的多样化和不同道路的多样化。不同国家和民族的文明成果共同构成地球上多姿多彩的世界文明。习近平在谈到不同国家和民族的工程科技成果时说，古往今来，人类创造了无数令人叹为观止的工程科技成果，“见证着人类文明编年史。如古埃及金字塔、古希腊帕提农神庙、古罗马斗兽场、印第安人太阳神庙、柬埔寨吴哥窟、印度泰姬陵等古代建筑奇迹，如中国的造纸术、火药、印刷术、指南针等重大技术创造和万里长城、都江堰、京杭大运河等重大工程，都是当时人类文明形成的关键因素和重要标志，都对人类文明发展产生了重大影响，都对世界历史演进具有深远意义”②。

世界文明多样性是不以人的意志为转移的客观存在。当今世界，地球上约有200个国家和地区，2500多个民族，有以五大宗教为核心的多种宗教，形成各具特色的多种文明，共同构成地球上人类生存发展的源泉。如果世界只有一种生产生活方式、一种语言文字、一种音乐美术、一种服装头饰、一种宗教心理，世界文明就失去发展的生机活力。维护世界文明的多样性，是人类社会发展的源泉。习近平指出：“文明差异

① 习近平：《深化文明交流互鉴　共建亚洲命运共同体——在亚洲文明对话大会开幕式上的主旨演讲》，《人民日报》2019年5月16日。
② 习近平：《让工程科技造福人类、创造未来——在2014年国际工程科技大会上的主旨演讲》，《光明日报》2014年6月4日。

不应该成为世界冲突的根源，而应该成为人类文明进步的动力。”①

文明的多样性成就丰富多彩的世界文明百花园。“一枝独秀不是春，百花齐放春满园。”人类文明的多样化，成就多姿多彩的百花园。打造人类文明百花园，也需要各种文明求同存异、和谐共处、交流互鉴，共同描绘绚烂多彩的世界文明。习近平指出：“历史呼唤着人类文明同放异彩，不同文明应该和谐共生、相得益彰，共同为人类发展提供精神力量。我们应该坚持世界是丰富多彩的、文明是多样的理念，让人类创造的各种文明交相辉映，编织出斑斓绚丽的图画，共同消除现实生活中的文化壁垒，共同抵制妨碍人类心灵互动的观念纰缪，共同打破阻碍人类交往的精神隔阂，让各种文明和谐共存，让人人享有文化滋养。”②

文明的多样性与各国发展道路多样性是统一的。社会发展道路是文明形态的载体，不同的社会发展道路承载不同的文明。承认文明的多样性，也就承认社会发展道路的多样性。世界不同国家和民族的不同社会发展道路，成就了文明形态和文明形式的多样性。习近平在巴西国会演讲时强调：“我们应该提倡尊重各国主权和领土完整，尊重世界文明多样性和国家发展道路多样化，尊重和维护各国人民自主选择社会制度的权利，反对各种形式的霸权主义和强权政治。”③

### （三）世界各国文明是地位平等的文明

坚持“美人之美”“各美其美”的原则。文明是一个国家和民族安身

① 《习近平谈治国理政》第2卷，外文出版社2017年版，第544页。

② 习近平：《携手建设更加美好的世界——在中国共产党与世界政党高层对话会上的主旨讲话》，《人民日报》2017年12月2日。

③ 习近平：《弘扬传统友好　共谱合作新篇——在巴西国会的演讲》，《光明日报》2014年7月18日。

立命的精神支柱，是一个国家和民族延续发展的精神纽带。每一种文明都是其国家和民族创造的文明成果，体现着这个国家和民族的智慧、经验和精神、价值追求。习近平指出：“文明特别是思想文化是一个国家、一个民族的灵魂。无论哪一个国家、哪一个民族，如果不珍惜自己的思想文化，丢掉了思想文化这个灵魂，这个国家、这个民族是立不起来的。”[①]否定一个民族的文明，意味着否定这个民族的精神，意味着否定这个民族生存发展的价值和意义，也就意味着毁掉一个人类的种族。尊重各国各民族的文明，也是尊重各国各民族的生存和发展权。这要求既要尊重和珍惜本民族的思想文化和文明形态，也要尊重其他民族的思想文化和文明形态。习近平在和平共处五项原则发表60周年纪念大会上重申费孝通“十六字箴言”，也是基于这个道理。

尊重文明多样性需要具有和平共处、互相尊重的包容精神。“万物并育而不相害，道并行而不相悖。”习近平指出：“要尊重文明多样性，推动不同文明交流对话、和平共处、和谐共生，不能唯我独尊、贬低其他文明和民族。人类历史告诉我们，企图建立单一文明的一统天下，只是一种不切实际的幻想。”[②]2015年9月28日，习近平在第七十届联合国大会一般性辩论时指出：“文明相处需要和而不同的精神。只有在多样中相互尊重、彼此借鉴、和谐共存，这个世界才能丰富多彩、欣欣向荣。”[③]尊重文明多样性，推动不同文明和平共处、和谐共生，不搞妄自尊大、唯我独尊。

不同文明和平共处的前提，是不同文明的平等地位。地位平等才能

① 习近平：《在纪念孔子诞辰2565周年国际学术研讨会暨国际儒学联合会第五届会员大会开幕会上的讲话》，《人民日报》2014年9月25日。

② 习近平：《弘扬和平共处五项原则　建设合作共赢美好世界——在和平共处五项原则发表60周年纪念大会上的讲话》，《光明日报》2014年6月29日。

③ 《习近平谈治国理政》第2卷，外文出版社2017年版，第524页。

和平共处，居高临下、唯我独尊造成对冲态势。和平共处、平等相待，要求不同文明互相尊重。各种文明在国际地位上是平等的，有思想内涵之差，没有高低贵贱之分；各种文明在价值上也是平等的，有审美风格之别，没有好坏优劣之分；各种文明在表现上也是平等的，有姹紫嫣红之异，没有黑白美丑之分。习近平指出："每一种文明都扎根于自己的生存土壤，凝聚着一个国家、一个民族的非凡智慧和精神追求，都有自己存在的价值。人类只有肤色语言之别，文明只有姹紫嫣红之别，但绝无高低优劣之分。"[①] 文明多样性和平等性是统一的。坚持不同文明平等原则，才能保证文明的共生共荣，才能维系文明的多样性。文明的多样性和文明的平等性互为前提和条件。

和而不同是不同文明之间的相处之道。处理本国文明同他国文明的关系，应该承认文明差异的客观性，也应该承认文明的特殊性。每一种文明都有自己的独特之处，都有自己的长处和短处。既要看到各自文明的优势和劣势，也要看到文明交流互鉴的趋势。这样坚持求同存异的原则，取长补短，扬长避短，才能促进本国文明和其他文明的共同发展。如果只看到异质文明之间的对立而看不到其统一，只看到其矛盾而不看到互补，将难免陷入文明冲突的窠臼。习近平指出："历史和现实都表明，傲慢和偏见是文明交流互鉴的最大障碍。"[②]

### （四）世界文明是不同文明间交流互鉴的文明

各种文明相互尊重、相互借鉴、求同存异、融合创新，才能衍生出丰富多彩的文明。文明的多样性和交流互鉴是辩证统一的。各种文明的

① 习近平：《深化文明交流互鉴　共建亚洲命运共同体——在亚洲文明对话大会开幕式上的主旨演讲》，《人民日报》2019 年 5 月 16 日。

② 《习近平谈治国理政》第 1 卷，外文出版社 2018 年版，第 259 页。

多样性是交流互鉴的基础；不同文明之间的交流互鉴，也是维护文明多样性和丰富性的动力。和而不同是交流互鉴的前提，文明之间的交流互鉴是不同文明和而不同的延伸。2014年3月27日，习近平在联合国教科文组织演讲时，较为系统地阐述了世界文明的基本特征："文明是多彩的，人类文明因多样才有交流互鉴的价值"，这是世界文明交流互鉴的客观基础；"文明是平等的，人类文明因平等才有交流互鉴的前提"，这是世界文明交流互鉴的地位认定；"文明是包容的，人类文明因包容才有交流互鉴的动力"，这是世界文明交流互鉴的内在要求。文明交流互鉴是世界文明发展的内在动力，也是习近平关于世界文明的重要论述的核心理念。

2014年9月24日，习近平在纪念孔子诞辰2565周年国际学术研讨会暨国际儒学联合会第五届会员大会开幕会上讲话时指出："应该维护各国各民族文明多样性，加强相互交流、相互学习、相互借鉴，而不应该相互隔膜、相互排斥、相互取代，这样世界文明之园才能万紫千红、生机盎然。"①2015年9月28日，习近平在美国纽约联合国总部举行的第七十届联合国大会一般性辩论时强调："文明之间要对话，不要排斥；要交流，不要取代。人类历史就是一幅不同文明相互交流、互鉴、融合的宏伟画卷。我们要尊重各种文明，平等相待，互学互鉴，兼收并蓄，推动人类文明实现创造性发展。"②

文明交流互鉴是世界文明发展的基本规律，也是弘扬和创新人类文明的必由之路。习近平指出："文明因交流而多彩，文明因互鉴而丰富。任何一种文明，不管它产生于哪个国家、哪个民族的社会土壤之中，都

① 习近平：《在纪念孔子诞辰2565周年国际学术研讨会暨国际儒学联合会第五届会员大会开幕会上的讲话》，《人民日报》2014年9月25日。

② 《习近平谈治国理政》第2卷，外文出版社2017年版，第524—525页。

是流动的、开放的。这是文明传播和发展的一条重要规律。”[①] 中华文明是植根于中国大地的文明，也是同其他文明不断交流互鉴的文明。

世界文明之间的交流互鉴是各种文明共性和个性辩证发展的客观要求。不同文明是人类认识世界和改造世界的产物，具有相同或相似的目标追求、政策取向、价值观念和哲学思想等。这是世界文明交流互鉴的基础。例如，习近平说，和平共处五项原则之所以在亚洲诞生，是因为它传承了亚洲人民崇尚和平的思想传统。中华民族崇尚“和为贵”“和而不同”“协和万邦”“兼爱非攻”等理念。印度、缅甸等国家崇尚仁爱、慈善、和平等价值观。他指出：“和平共处五项原则作为一个开放包容的国际法原则，集中体现了主权、正义、民主、法治的价值观。”[②]

和实生物、同则不济是自然和社会发展的基本规律，是文明交流互鉴的哲学基础。左丘明在《左传》中记录齐国上大夫晏子关于“和”的一段话：“和如羹焉，水、火、醯、醢、盐、梅，以烹鱼肉。”“声亦如味，一气，二体，三类，四物，五声，六律，七音，八风，九歌，以相成也。”“若以水济水，谁能食之？若琴瑟之专壹，谁能听之？”习近平指出：“要倡导交流互鉴，注重汲取不同国家、不同民族创造的优秀文明成果，取长补短，兼收并蓄，共同绘就人类文明美好画卷。”[③]

### （五）世界文明交流互鉴的价值指向

文明交流互鉴是推动人类社会前进的动力。人类创造的理论和实践

---

① 习近平：《在纪念孔子诞辰 2565 周年国际学术研讨会暨国际儒学联合会第五届会员大会开幕会上的讲话》，《人民日报》2014 年 9 月 25 日。

② 习近平：《弘扬和平共处五项原则　建设合作共赢美好世界——在和平共处五项原则发表 60 周年纪念大会上的讲话》，《光明日报》2014 年 6 月 29 日。

③ 习近平：《弘扬和平共处五项原则　建设合作共赢美好世界——在和平共处五项原则发表 60 周年纪念大会上的讲话》，《光明日报》2014 年 6 月 29 日。

知识是人类创造性前进的重要基础。文明交流互鉴是人类知识创新发展的重要路径。只有不断发掘和利用一切优秀思想文化，才能更好地认识和改造世界，更好地开创人类社会的未来。当今世界，人类面对的是全球性的共同挑战，没有一个国家能够单独解决这些问题。文明交流互鉴可以为解决全球性问题提供智慧和思路。解决全球性问题是人类文明进步的阶梯。推动文明交流互鉴，是弘扬人类优秀文明成果的具体路径。习近平说，对人类创造的各种文明成果，无论是中华文明、希腊文明、罗马文明、埃及文明、两河文明、印度文明等，还是亚洲文明、非洲文明、欧洲文明、美洲文明、大洋洲文明等，“都应该采取学习借鉴的态度，都应该积极吸纳其中的有益成分，使人类创造的一切文明中的优秀文化基因与当代文化相适应、与现代社会相协调，把跨越时空、超越国度、富有永恒魅力、具有当代价值的优秀文化精神弘扬起来”[①]。

文明交流互鉴是增进各国人民友谊的桥梁。文明承载着各民族安身立命精神追求和价值意义。不同文明的交流是不同国家和民族情感、精神、意志的交往。习近平说：“我们应该推动不同文明相互尊重、和谐共处，让文明交流互鉴成为增进各国人民友谊的桥梁、推动人类社会进步的动力、维护世界和平的纽带。”[②]2017年1月18日，习近平在联合国日内瓦总部发表演讲时，提出建设持久和平、普遍安全、共同繁荣、开放包容、清洁美丽的世界。[③]2019年5月15日，习近平在亚洲文明对话大会开幕式上强调指出：“文明因多样而交流，因交流而互鉴，因互鉴而发展。我们要加强世界上不同国家、不同民族、不同文化的交

① 习近平：《在纪念孔子诞辰2565周年国际学术研讨会暨国际儒学联合会第五届会员大会开幕会上的讲话》，《人民日报》2014年9月25日。

② 《习近平谈治国理政》第1卷，外文出版社2018年版，第262页。

③ 《习近平谈治国理政》第2卷，外文出版社2017年版，第537—545页。

流互鉴，夯实共建亚洲命运共同体、人类命运共同体的人文基础。”①

习近平关于世界文明的重要论述是马克思主义世界文明理论与中国国情和时代相结合的产物，是中国共产党站在时代潮流前列，把握世界历史发展大势，顺应人类社会发展规律，尊重文明发展规律而创造的理论成果，是新时代中国对人类文明发展的根本看法和根本主张。

## 三、习近平关于世界文明的重要论述的来源

### （一）马克思主义是习近平关于世界文明的重要论述的理论基础

人类文明是人们认识和改造客观世界的成果。人们创造自己的历史，是在既定的物质条件和精神条件中创造。马克思主义不是故步自封的学说，而是开放的科学，它是吸收了人类历史上文明成果的结晶。列宁指出：“马克思主义同‘宗派主义’毫无相似之处，它绝不是离开世界文明发展大道而产生的一种故步自封、僵化不变的学说。恰恰相反，马克思的全部天才正是在于他回答了人类先进思想已经提出的种种问题。他的学说的产生正是哲学、政治经济学和社会主义极伟大的代表人物的学说的直接继续。”②习近平指出：“一部马克思主义发展史就是马克思、恩格斯以及他们的后继者们不断根据时代、实践、认识发展而发展的历史，是不断吸收人类历史上一切优秀思想文化成果丰富自己的历史。”③不断探索时代发展中的课题，关注人类经济技术变革，回应人类社会面临的新挑战，是马克思主义永葆生机的源泉。人类的未来在于实践，实

① 习近平：《深化文明交流互鉴　共建亚洲命运共同体——在亚洲文明对话大会开幕式上的主旨演讲》，《人民日报》2019年5月16日。

② 《列宁选集》第2卷，人民出版社2012年版，第309页。

③ 习近平：《在纪念马克思诞辰200周年大会上的讲话》，《人民日报》2018年5月5日。

践的导向在于理论，理论的生命在于创新，创新的方向在于正道。习近平指出，要用马克思主义观察时代、解读时代、引领时代，用当代中国的实践推动马克思主义发展，“吸收人类创造的一切优秀文化成果，不断深化对共产党执政规律、社会主义建设规律、人类社会发展规律的认识，发展21世纪马克思主义、当代中国马克思主义，续写马克思主义中国化新篇章”①。

（二）中国共产党的历史使命是习近平关于世界文明的重要论述的直接来源

改造中国和世界，是“五四”时期中国先进分子的追求。毛泽东赞成新民学会“改造中国与世界”的方针，指出：“世界主义，就是四海同胞主义，就是愿意自己好也愿意别人好的主义，也就是所谓社会主义。”②中国共产党成立时，在第一个纲领上规定：“承认无产阶级专政，直到阶级斗争结束，即直到消灭社会的阶级区分。”“党的根本政治目的是实行社会革命。”并把“共产主义——人类的解放者万岁”作为口号。③共产主义事业是无产阶级及其政党的国际性事业，在推进社会革命进程中，消灭阶级和阶级差别，谋求全人类的自由和解放。这种历史使命贯穿于中国共产党领导革命、建设和改革的全过程。习近平在党的十九大报告中强调：“中国共产党是为中国人民谋幸福的政党，也是为人类进步事业而奋斗的政党。中国共产党始终把为人类作出新的更大的贡献作为自己的使命。”④习

① 《习近平在中共中央政治局第五次集体学习时强调　深刻感悟和把握马克思主义真理力量 谱写新时代中国特色社会主义新篇章》，《人民日报》2018年4月25日。

② 《毛泽东书信选集》，中央文献出版社2003年版，第2页。

③ 《建党以来重要文献选编（1921—1949）》第1册，中央文献出版社2011年版，第1、24页。

④ 《中国共产党第十九次全国代表大会文件汇编》，人民出版社2017年版，第46、47页。

近平在构建人类命运共同体目标下，提出倡导世界文明交流互鉴的中国主张。他指出："中国共产党历来强调树立世界眼光，积极学习借鉴世界各国人民创造的文明成果，并结合中国实际加以运用。"[①] 习近平关于世界文明的重要论述是对新时代中国共产党历史使命的接续回答。

（三）中华文明发展历程和经验是习近平关于世界文明的重要论述的历史来源

中华民族是一个爱好和平的民族，也是奉行亲善友好的民族，不仅关注本民族兴衰命运，还关注其他民族的冷暖安危。中华民族崇尚大道之行、天下为公的理想，奉行"民胞物与""亲仁善邻，国之宝也""四海之内皆兄弟也""远亲不如近邻""亲望亲好，邻望邻好"等观念，赞同"协和万邦"、求同存异、和而不同的理念，警示"国虽大，好战必亡"等训诫。中华文化中关于道法自然、天人合一的思想，关于以民为本、安民富民乐民的思想，关于集思广益、博施众利、群策群力的思想等，对解决全球性问题有启示意义。习近平关于世界文明的重要论述是中华优秀传统文化在当代延续发展的结果。

中华文明是与外来文明交流而融合发展的文明。华夏文明是人类古代文明的东方典型。中华民族历史上，曾经有三次思想引入高潮：汉唐时期佛教的传入，明清时期的西学东渐和新中国成立初期的学习苏联。中华文明是植根于中国沃土的文明，也是同其他文明不断交流互鉴而融合发展的文明。习近平强调："中华文明在5000多年不间断的历史传承中兼容并蓄、创新升华。中华人民共和国成立70年来，中国坚持保护和传承中华优秀传统文化，推动中外文明交流互鉴，为人类文明进步作

① 习近平：《携手建设更加美好的世界——在中国共产党与世界政党高层对话会上的主旨讲话》，《人民日报》2017年12月2日。

出了积极贡献。”[①] 中华文明与世界文明交流互鉴的历史，是习近平关于世界文明的重要论述形成的历史来源。

### （四）习近平关于世界文明的重要论述是回应世界历史发展大势的思想成果

当今世界正处于大变革大发展大调整时期。世界多极化、经济全球化深入发展，文化多样化、社会信息化持续推进，新兴市场国家和发展中国家整体实力增强，新的科技革命和产业革命孕育新突破，使社会生产和消费从工业化向自动化、信息化转化，将带动世界生产力的发展和劳动生产率的提高。习近平指出，包含工程科技在内的科技革命，“都会催发社会生产力的深刻变革，都会推动人类文明迈向新的更高的台阶”[②]。任何国家都不可能脱离世界文明而闭关自守。任何民族和国家只有主动融入全球化，迎接新的全球性变革，才能拥有其文明的未来。人类社会发展走势和世界历史走向，是习近平关于世界文明的重要论述的历史导向。

当今世界正在经历深刻复杂变革，和平、发展、合作、共赢已经成为时代潮流。整个世界逐渐形成你中有我、我中有你的地球村。封闭导致落后，开放带来进步。推动各国各民族各文明的交流融通，是世界各国的必然选择，也是人类文明发展的必然趋势。构建人类命运共同体是习近平关于世界文明的重要论述的目标导向。当今世界也面临全球性问题和挑战。和平和发展问题仍然是两大主要问题，国际金融危机的影响

① 李伟红、王远：《习近平和彭丽媛欢迎出席亚洲文明对话大会的外方领导人夫妇及嘉宾》，《人民日报》2015年5月15日。

② 习近平：《让工程科技造福人类、创造未来——在2014年国际工程科技大会上的主旨演讲》，《光明日报》2014年6月4日。

仍不容乐观，世界经济增长不稳定、不确定因素不断增多，全球发展不平衡加剧，两极分化、南北分化更加严重，霸权主义、强权政治和新干涉主义有所上升，局部战争和地区冲突从未停止，恐怖主义、极端主义、分裂主义时有发生，粮食安全、能源安全、环境安全、资源安全、网络安全等全球性问题更加突出。习近平指出："推动世界多极化、国际关系民主化，实现世界经济可持续发展，维护世界文明多样性，成为全球性主要议题。"①世界各种文明都有其存在的意义和价值，也包含解决人类自身问题的基因和密码。不同文明只有贡献自己的智慧和力量，才能解决全球问题。习近平说："我们应该从不同文明中寻求智慧、汲取营养，为人们提供精神支撑和心灵慰藉，携手解决人类共同面临的各种挑战。"②解决世界性难题是习近平关于世界文明的重要论述的问题导向。

## 四、习近平关于世界文明的重要论述的战略意义

### （一）强调人类文明发展的一般规律

人类文明史，是一部交流互鉴的历史。希腊文明借鉴古埃及文明，罗马帝国借鉴希腊文明，阿拉伯国家借鉴罗马文明，中世纪的欧洲又仿效阿拉伯文明，文艺复兴的欧洲学习拜占庭文明。西方有识之士推崇中国孔孟之道。古代丝绸之路联结罗马文明和中华文明。中国的四大发明推动了西方工业革命和全球扩张。像奥斯曼帝国、俄罗斯帝国，都是东西文明交流碰撞的桥梁。近代西学东渐过程中，中国向西方学习近代科学技术和社会思想，并在西方思想启蒙发展进程中，找到了马克思主义

① 习近平：《弘扬传统友好　共谱合作新篇——在巴西国会的演讲》，《光明日报》2014年7月18日。

② 《习近平谈治国理政》第1卷，外文出版社2018年版，第262页。

科学真理。习近平关于世界文明的重要论述是对人类文明发展历史经验的科学总结。

20世纪90年代，费孝通在研究少数民族文化保护基础上，提出“各美其美，美人之美，美美与共，天下大同”的“十六字箴言”。他把“文明冲突论”归结为“自我中心主义”，提出用“和而不同”的文化观来超越东、西方中心论，建构自我民族文明和其他文明之间的关系，回应全球化进程中的挑战。他认为：“文化上的唯我独尊、固步自封，对其他文明视而不见，都不是文明的生存之道。只有交流、理解、共享、融合才是世界文明共存共荣的根本出路。不论是‘强势文明’，还是‘弱势文明’，这是唯一的出路。”[①] 习近平关于世界文明的重要论述继承了费孝通的基本思想，强调文明交流互鉴是世界文明发展的一般规律。习近平指出：“交流互鉴是文明发展的本质要求。只有同其他文明交流互鉴、取长补短，才能保持旺盛生命活力。”[②]

### （二）为人类社会文明发展指明前进方向

习近平关于世界文明的重要论述是反对种族优越论、西方文明优越论、文明冲突论和普世价值论等陈旧理念的锐利武器。例如亨廷顿曾认为：“文明间全球军事的变化可能导致核心国家的战争。”他根据西方文明兴衰和“霸权战争”史，认为中国与美国之间的基本冲突，不在于台湾、西藏或是人权问题，而是在霸权地位的矛盾。“中国的崛起则是核心国家大规模文明间战争的潜在根源。”[③] 这种文明冲突论成为部分美国

---

① 费孝通:《中国文化的重建》，华东师范大学出版社2014年版，第295—296页。

② 习近平:《深化文明交流互鉴　共建亚洲命运共同体——在亚洲文明对话大会开幕式上的主旨演讲》，《人民日报》2019年5月16日。

③ ［美］塞缪尔·亨廷顿:《文明的冲突与世界秩序的重建》（修订版），周琪等译，新华出版社2010年版，第185—186页。

人处理中美关系的基本教义。2019年5月，美国国务院政策规划事务主任基伦·斯金纳抛出带有种族主义色彩的“对华文明冲突论”，宣称“当前中国的制度不是西方哲学和历史的产物”，“我们首次面对一个非白色人种的大国竞争对手”，“这是一场与一种完全不同的文明和不同的意识形态的斗争”。习近平在亚洲文明对话大会上回应了斯金纳的谬论，告诫说：“认为自己的人种和文明高人一等，执意改造甚至取代其他文明，在认识上是愚蠢的，在做法上是灾难性的！如果人类文明变得只有一个色调、一个模式了，那这个世界就太单调了，也太无趣了！我们应该秉持平等和尊重，摒弃傲慢和偏见，加深对自身文明和其他文明差异性的认知，推动不同文明交流对话、和谐共生。”[①] 韩国亚洲研究所所长伊曼纽尔·帕斯特莱克说：习近平认为所有文明从根本上都是平等的看法，为“文明冲突论”提供了一个令人信服的替代选择。[②] 习近平关于世界文明的重要论述超越“文明冲突论”，为世界看待各国文明提供了一个全新的文明理念和认知方式。

习近平关于世界文明的重要论述引领人类文明发展方向。长期以来，西方文明以自由、民主、平等、人权等价值观为核心，并宣称其为“普世价值”。特朗普上台以来，掀起贸易保护主义和逆全球化风潮，暴露了自由的双重标准；美国枪击事件等糟糕记录消解人权至上理念；难民问题和移民问题折磨着西方开放社会；英国脱欧尴尬境地考量着民主的权威和效力；美国单方退出伊朗核协议吞噬国际规则和信誉；崇尚科学的信条在极限围剿华为的案例面前黯然神伤。基于此，尼泊尔特里布万大学比姆·布

① 习近平：《深化文明交流互鉴　共建亚洲命运共同体——在亚洲文明对话大会开幕式上的主旨演讲》，《人民日报》2019年5月16日。

② 《韩国亚洲研究所所长文章　中国“海纳百川”化解“文明冲突论”》，《参考消息》2019年5月30日。

特尔教授认为，西方正在抛弃“理性思维、自由市场资本主义、人权、民主、法治以及基于规则的全球治理、科学世界观、多元主义和开放社会”，“废除它们自己的领导人在整个历史进程中确立的规则”。[①]未来世界文明怎么走？这是金融危机以来谋求和平与发展的国家和民族的追问。习近平站在时代前沿，顺应社会历史发展规律，把握世界发展大势，提出多样、平等、对话、互鉴、包容、创新的世界文明观，倡导共建人类命运共同体，为人类社会发展提出中国方案。这种文明观逐渐得到世界人士的赞同。泰国前副总理、泰中文化促进委员会主席披尼·扎禄颂巴认为，文化、文明是一座桥梁，通过这座桥梁促进相互了解，共同构建亚洲命运共同体、人类命运共同体，才能实现多方共赢。[②]

### （三）继承和发展了马克思主义世界历史理论

工业革命和资本主义扩张，推动工业文明向全球扩展，打破了各民族的原始封闭状态，并且因生产和交往的扩大，不同民族之间的分工也会逐渐消灭，于是各民族的历史越来越成为世界历史。在世界历史进程中，各国各民族的文明也就逐渐形成世界性的文明。马克思、恩格斯指出：“过去那种地方的和民族的自给自足和闭关自守状态，被各民族的各方面的互相往来和各方面的互相依赖所代替了。物质的生产是如此，精神的生产也是如此。各民族的精神产品成了公共的财产。民族的片面性和局限性日益成为不可能，于是由许多种民族的和地方的文学形成了一种世界的文学。”[③]生产和交往的全球化，带来不同文明之间的联系越

① 《西方正在抛弃“文明”》,《参考消息》2019年5月31日。

② 《“为促进亚洲文明对话带来清新之风”——习近平主席主旨演讲在与会外国嘉宾中引发热烈反响》,《人民日报》2019年5月16日。

③ 《马克思恩格斯选集》第1卷，人民出版2012年版，第404页。

来越紧密，越来越形成具有共性的世界文明。

当今世界，世界多极化、经济全球化、社会信息化深入发展，各国经济社会文明联系越来越紧密，人类逐渐形成一荣俱荣、一损俱损的利益共同体和命运共同体。习近平指出："马克思、恩格斯当年的这个预言，现在已经成为现实，历史和现实日益证明这个预言的科学价值。"[①] 人类文明向何处发展，如何对待不同民族的文明，如何处理中华文明与世界各国文明的关系，这都是中国共产党应该谋划的全球性问题。站在世界历史高度，审视当今世界发展趋势和重大问题，坚持和平发展道路，坚持互利共赢的开放战略，同各国人民一道努力构建人类命运共同体，把人类社会建设得更加美好。习近平关于世界文明的重要论述继承了马克思主义世界历史和世界文明理论，在当今全球化和社会信息化条件下，为人类文明进步提供了中国方案和中国主张，为构建人类命运共同体提供了路径选择。

习近平关于世界文明的重要论述内容丰富，思想深邃，回答了建设什么样的世界文明、如何构建世界文明、如何处理中华文明与世界文明的关系等全球性战略问题，符合人类社会发展规律，为发展中国家选择现代化发展道路提供了参考，为世界文明交流互鉴提供了方向，是推进世界文明多样化、反对文化霸权主义的理论武器，是中国为世界文明发展作出的理论贡献。

（作者为中国社科院当代中国研究所文化史研究室研究员）

① 习近平：《在纪念马克思诞辰200周年大会上的讲话》，《人民日报》2018年5月5日。

# 习近平关于中华传统文化的系统论述

邵　明

21世纪以来，文化建设受到党和国家前所未有的重视。在“三个代表”重要思想中，强调“中国共产党要始终代表先进文化的前进方向”，党的十六大、十七大、十八大都将文化建设作为“小康社会”建设的一个战略性任务。自十八大以来，习近平总书记关于文化建设发表了一系列重要论述，并逐步提炼出“文化自信”的关键概念，特别是在2016年7月1日建党95周年的讲话中，明确强调“文化自信是更基础、更广泛、更深厚的自信”[①]，体现了更为深邃的文化观念。

在中国共产党第十九次全国代表大会的报告中，习近平总书记进一步强调指出：“中国特色社会主义文化，源自于中华民族五千多年文明历史所孕育的中华优秀传统文化，熔铸于党领导人民在革命、建设、改革中创造的革命文化和社会主义先进文化，植根于中国特色社会主义伟大实践。”[②]这一表述明确地将“中华优秀传统文化”界定为当前我们正

① 习近平：《在庆祝中国共产党成立95周年大会上的讲话》，《人民日报》2016年7月2日。

② 习近平：《决胜全面建成小康社会　夺取新时代中国特色社会主义伟大胜利——在中国共产党第十九次全国代表大会上的报告》，《人民日报》2017年10月28日。

在着力建设的“中国特色社会主义文化”的源头、渊源，从而凸显了中华优秀传统文化对于确立“中国特色社会主义文化自信”的重大意义。

值得追问的是，如何从体系博大、内容浩瀚的中华传统文化中继承弘扬优秀价值传统，使之成为中国特色社会主义文化建设的源头活水？自党的十八大以来，习近平总书记就中华传统文化发表了大量的、具有重要意义的讲话，已经形成关于中华传统文化具有系统性的论述，对于我们继承弘扬中华优秀传统文化具有重大的指导性意义，我们可以从以下五个方面学习把握：

## 一、对待中华传统文化的基本原则

中华传统文化是一个复杂的价值体系，既有正面价值，也有负面价值，我们以何种原则对待这一复杂的价值体系呢？习近平总书记指出：“对历史文化特别是先人传承下来的价值理念和道德规范，要坚持古为今用、推陈出新，有鉴别地加以对待，有扬弃地予以继承。”[①] 从而明确了对待中华传统文化的基本原则，即“古为今用、推陈出新”。

自近现代以来，对待中华传统文化，始终有两种截然对立的、具有严重片面性的态度，即全盘否定和全盘肯定，并严重地影响了我们处理与自身数千年传统文化的关系。

首先是全盘否定的态度。有论者指出：“20 世纪中国思想史的最显著特征之一，是对中国传统文化遗产坚决地全盘否定的态度的出现与持续。”[②] 何谓“全盘否定”？也就是说彻底否定数千年传统文化，认为数千年传统

① 《“习近平谈核心价值观”——民族的根与魂》，《人民日报（海外版）》2014 年 7 月 31 日。

② 林毓生：《中国意识的危机》，贵州人民出版社 1986 年版，第 2 页。

文化没有创造出任何正面的有益的价值。这一态度最典型地体现在“五四”运动时期主要依托《新青年》等杂志的“新青年”派的文化主张之中。

例如，陈独秀提出：“要拥护那德先生（民主），便不得不反对孔教、礼法、贞节、旧理论、旧政治。要拥护那赛先生（科学），便不得不反对旧艺术、旧宗教，要拥护那德先生又要拥护那赛先生，便不得不反对国粹和旧文学。”[①] 对于中国传统文化一言以蔽之：“旧”，态度则是“不得不反对”。吴虞提出：“一部历史里面，讲道德、说仁义的人，时机一到，他就直接间接的都会吃起人肉来了。”[②] 文学家鲁迅也提出与此相同的判断：“所谓中国的文明者，其实不过是安排给阔人享用的人肉的筵宴；所谓中国者，其实不过是安排这人肉筵宴的厨房。”[③] 并在小说《狂人日记》中借狂人之口说道：“我翻开历史一查，这历史没有年代，歪歪斜斜的每页都写着‘仁义道德’几个字。我横竖睡不着，仔细看了半夜，才从字缝里看出字来，满本都写着两个字是‘吃人’！”[④] 甚至有人提出：“欲废孔学，不可不先废汉字”，“中国文字，自来即专用于发挥孔门学说”。[⑤]

对于中华传统文化的全盘否定态度，发轫于“五四”新青年派的文化主张，对 20 世纪中国文化发展产生了深远的影响，一直延续到“文化大革命”时期。

其次，则是全盘肯定的态度。在“五四”新文化运动期间，刘师培、黄侃、林琴南、胡先骕、梅光迪、吴宓、章士钊等依托《国故》《学衡》《甲寅周刊》等杂志，严厉批判新青年派的文化主张，并体现出对于传统

---

① 陈独秀：《本志罪案之答辩书》，《新青年》1919 年 1 月，6 卷 1 期。
② 吴虞：《吃人与礼教》，《新青年》1919 年 11 月 1 日，6 卷 6 期。
③ 鲁迅：《灯下漫谈》，载《鲁迅全集》第 1 卷，人民文学出版社 1973 年版，第 201 页。
④ 鲁迅：《狂人日记》，载《鲁迅全集》第 1 卷，人民文学出版社 1973 年版，第 281 页。
⑤ 钱玄同：《中国今后之文字问题》，《新青年》1918 年 4 月 15 日，4 卷 4 期。

文化的全盘肯定态度，提出要“昌明国粹”“护圣卫道”[①]，“道德上复旧的必要，必甚于开新”[②]。此外，杜亚泉、陈嘉异、梁启超、梁漱溟等人，则将第一次世界大战视作西方文化全面破产的历史标志，要全盘复归传统文化，“确信吾社会中固有之道德观念，为最纯粹最中心者”[③]，甚至以此拯救西方：“可爱的青年啊，立正、开步走！大海对岸那边有好几万万人，愁着物质文明的破产，哀哀欲绝喊着救命，等着你来超拔他哩！”[④]

全盘肯定的态度，即便在当代也有其社会文化回响，例如蒋庆、陈明、张祥龙、康晓光、秋风等被称为“大陆新儒学”的代表人物及其回归传统文化的理论主张。至于近年来层出不穷的所谓“女德班”“国学班”“读经班”则是这一态度在大众文化领域内的折射。

毋庸讳言，中华传统文化形成于中华民族数千年历史发展过程中，的确包含着产生于特定历史时期的价值局限。自鸦片战争以来，中国落后挨打，遭遇巨大历史挫折，除了器物、制度层面的原因之外，应当说在文化方面也存在严重问题，需要有一个清醒的反省意识。习近平总书记曾经指出：“传统文化在其形成和发展过程中，不可避免会受到当时人们的认识水平、时代条件、社会制度的局限性的制约和影响，因而也不可避免会存在陈旧过时或已成为糟粕性的东西”，所以，“不能一股脑儿都拿到今天来照套照用”。[⑤]就此而言，全盘肯定、全盘复兴传统文化，的确不合于社会现代化的要求，甚而至于成为历史发展的障碍。这也就

① 胡先骕：《〈学衡〉杂志简章》，转引自王瑶：《中国新文学史稿》，上海文艺出版社1982年版，第39页。

② 章士钊：《新时代之青年》，《东方杂志》1919年，第16卷第11号。

③ 杜亚泉：《战后东西文明之调和》，《东方杂志》1919年，第14卷第4号。

④ 梁启超：《欧游心影录》，转引自宋仲福等：《儒学在现代中国》，中州古籍出版社1991年版，第76页。

⑤ 习近平：《在纪念孔子诞辰2565周年国际学术研讨会暨国际儒学联合会第五届会员大会开幕会上的讲话》，《人民日报》2014年9月25日。

意味着，“五四”新青年派的传统文化批判，指出了传统文化存在的弊端，的确发挥了促进中国文化现代转型的历史意义。

然而，从另一方面看，中华传统文化凝聚了中华民族在数千年历史行程中创造的文明精髓，塑造了中华民族独特的思想、精神、道德风貌，即便对于今天的文化建设而言，依然具有价值资源的意义。习近平总书记曾经说过：“中华优秀传统文化中很多思想理念和道德规范，不论过去还是现在，都有其永不褪色的价值。”[①] 就此而言，全盘否定、全盘打倒传统文化，毫无疑问是片面的、偏颇的，直接导致我们无法从数千年历史实践中汲取经验和价值，可谓坐拥宝山而不知。

因此，对待体系庞大、内容丰富的中华传统文化，要本着“古为今用、推陈出新”的原则，实现创造性转化、创新性发展，使之成为当代中国社会文化建设的价值宝库、源头活水。正如2014年10月13日习近平总书记主持中共中央政治局第十八次集体学习时所说：“我们要对传统文化进行科学分析，对有益的东西、好的东西予以继承和发扬，对负面的、不好的东西加以抵御和克服，取其精华、去其糟粕，而不能采取全盘接受或者全盘抛弃的绝对主义态度。”

## 二、当代中国社会对于传统文化的传承状况

虽然自近现代以来，中国社会存在对于传统文化全盘否定和全盘肯定两种态度，相较而言，前者对中国社会的影响更大、更显著、更深入。

在“五四”新文化运动时期，对于传统文化秉持严厉批判态度的“新青年”派所倡导的反传统思潮，毫无疑问是社会文化主潮、时代最强

① 习近平：《在文艺工作座谈会上的讲话》，《人民日报》2015年10月15日。

音，特别是通过新文学运动，以文艺作品的方式对全社会产生了广泛的影响。从20世纪50年代末期直到“文化大革命”时期，对传统文化长时期非理性地极端批判，造成了更为严重的社会后果。不同于“五四”新文化运动主要以社会文化思潮的形式在知识界发生影响，“文化大革命”对于传统文化的批判，实质上是在主导性政治话语的权威背书之下，广泛而深刻地作用于社会大众意识。

尽管“全盘否定”传统文化的意识形态在20世纪的中国社会造成了极为严重的破坏性后果，导致了我们在社会显意识层面、社会政策层面对传统文化持续性的否定与批判，但是，这并不意味着中华传统文化价值已经从当代中国人的意识深处被彻底抹杀。事实上，对于当代中国的社会个体而言，即便未曾系统地阅读、学习、研究过中国传统文化典籍，但是其为人处世、待人接物、判断人和事的是非曲直，往往符合传统文化的价值要求。如同习近平总书记所说：“我们生而为中国人，最根本的是我们有中国人的独特精神世界，有百姓日用而不觉的价值观。”[①]不过值得追问的是，何以如此？

对于以上问题，习近平总书记的一个观点可以很好地回答：“中华优秀传统文化已经成为中华民族的基因，植根在中国人内心，潜移默化影响着中国人的思想方式和行为方式。”[②]在这里，习近平总书记使用了生物学概念“基因”。事实上，习近平总书记曾经多次在同样的意义上使用这一概念，例如，“中国优秀传统思想文化，体现着中华民族世世代代在生产生活中形成和传承的世界观、人生观、价值观、审美观等，其

① 习近平：《青年要自觉践行社会主义核心价值观——在北京大学师生座谈会上的讲话》，《人民日报》2014年5月5日。

② 习近平：《青年要自觉践行社会主义核心价值观——在北京大学师生座谈会上的讲话》，《人民日报》2014年5月5日。

中最核心的内容已经成为中华民族最基本的文化基因”[①]，“中华文化是中华儿女共同的精神基因”[②]，等等。

这就意味着中华民族在数千年文化创造中凝聚的价值，已经内化为民族的文化遗传基因，如同生物性遗传基因一样，可以在代际之间传承。奥地利心理学家荣格曾经提出过类似的观点，他认为一个民族在数百年、上千年的共同生活中所形成的思维模式、价值模式，往往会积淀为该民族的集体无意识，在代际之间传承。换句话说，虽然我们有时在社会意识和政策层面否定批判传统文化，但传统文化会以一种文化基因传承、无意识心理传承的方式，把传统文化的价值在一定程度上保留了下来。

当然，我们也可以将此理解为习近平总书记对于我们当前如何更好地传承传统文化提出更高的要求。为什么这么说呢？因为我们必然不能满足于始终以基因传承的方式，在无意识领域内实现对于传统文化的传承。因为以此方式传承，其过程必然是自发的、无意识的、未经选择的，因而也必然是泥沙俱下的。我们固然会在无意识中以基因传承的方式，把传统文化的优秀价值传承下来，也会在无意识当中以基因传承的方式，把传统文化的负面价值传承下来。当前，我们强调营造良好的党内政治生态、发展良好的党内政治文化，反对码头文化、圈子文化、帮派文化，反对潜规则、官场术、厚黑学等，关键的问题是，这些东西是从哪里来的？事实上，它们也有着数百年、上千年的传统，是我们以基因传承的方式，无意识传承下来的传统文化负面的、病态的甚至是黑暗的内容。当前，我们已经彻底摆脱了“五四”一代总是担心亡国灭种、被开除球籍的焦虑，完全可以冷静、客观和全面地进入传统文化，有意

① 习近平：《在纪念孔子诞辰2565周年国际学术研讨会暨国际儒学联合会第五届会员大会开幕会上的讲话》，《人民日报》2014年9月25日。

② 《习近平谈文化自信》，《人民日报（海外版）》2016年7月13日。

识地梳理传统文化，目的明确地继承传统文化的优秀价值。

## 三、中华优秀传统文化的历史与现实意义

习近平总书记对中华优秀传统文化的历史和现实意义作出了充分的阐述，从而明确了继承弘扬中华优秀传统文化的重要性、必要性，具体而言，主要包括以下几个方面：

### （一）促进个体完善的价值资源

中国传统文化自来强调“以文化人”“以文化育”，即以承载美善之德、人伦与政治秩序的礼乐制度、文书典籍、诗文技艺教化世人，使之崇德向善。所谓“观乎天文，以察时变，观乎人文，以化成天下”[①]“远人不服，则修文德以来之”[②]等。

习近平总书记曾经深入阐释中华优秀传统文化在促使当代社会个体实现自我完善方面的丰富意义：“中国传统文化博大精深，学习和掌握其中的各种思想精华，对树立正确的世界观、人生观、价值观很有益处。学史可以看成败、鉴得失、知兴替；学诗可以情飞扬、志高昂、人灵秀；学伦理可以知廉耻、懂荣辱、辨是非。”[③]总体而言，中国传统文化的价值精髓有助于个体树立正确的世界观、人生观、价值观。具体而言，学历史，能够总结历史经验教训，提高治国理政、为人处世的能力；学诗，实际上就是学习中国古代文学艺术，则是对个体的人文教

---

① 《周易正义·贲卦·彖传》，载阮元校刻：《十三经注疏》，中华书局 1980 年版，第 37 页。

② 《论语注疏·季氏》，载阮元校刻：《十三经注疏》，中华书局 1980 年版，第 2520 页。

③ 习近平：《在中央党校建校 80 周年庆祝大会暨 2013 年春季学期开学典礼上的讲话》，《人民日报》2013 年 3 月 3 日。

育，可以提升个体人文素养，使其情怀开阔、志存远大、气质灵动；学伦理，可以使个体树立正确的伦理观念、道德观念；等等。

### （二）中华民族的精神命脉

习近平总书记曾经指出："中国是有着悠久文明的国家。在世界几大古代文明中，中华文明是没有中断、延续发展至今的文明，已经有5000多年历史了。"[①]中华文明历经数千年而始终薪火相传、绵延不绝，值得全体中国人为之自豪、骄傲，不过值得追问的是，中华文明何以能够创造出这一人类文明史上的奇迹？

若就其内在原因，固然多种多样，不过最值得强调的就是中华优秀传统文化作为中华民族的精神命脉所具有的价值凝聚作用。正如习近平总书记所说："中华优秀传统文化是中华民族的精神命脉"，"经过几千年的沧桑岁月，把我国56个民族、13亿多人紧紧凝聚在一起"。[②]正是基于文化价值的凝聚作用，作为文明主体的中华民族深刻认同"我们共同经历的非凡奋斗""我们共同创造的美好家园""我们共同培育的民族精神""我们共同坚守的理想信念"[③]，使得中华民族成为一个牢不可破的文化共同体，从而能够传承文明薪火千万年不绝。

### （三）最深厚的文化软实力

文化软实力是综合国力的重要组成部分，主要基于无形的思想、精神和价值资源。习近平总书记强调："中华优秀传统文化是中华民族的突出

① 习近平：《在布鲁日欧洲学院的演讲》，《人民日报》2014年4月2日。
② 习近平：《在第十二届全国人民代表大会第一次会议上的讲话》，《人民日报》2013年3月18日。
③ 习近平：《在第十二届全国人民代表大会第一次会议上的讲话》，《人民日报》2013年3月18日。

优势，是我们最深厚的文化软实力。”[①] 作为“突出优势”“最深厚的文化软实力”，值得格外强调的有以下两个方面：

首先，在国内治理中，中华优秀传统文化记载了中华民族数千年历史经验，对当前推进国家治理和社会治理而言，具有宝贵的借鉴意义。习近平总书记指出：“治理国家和社会，今天遇到的很多事情都可以在历史上找到影子，历史上发生过的很多事情也都可以作为今天的镜鉴。”[②] 例如，传统小康社会的理想与当前全面建成小康社会的目标，传统法治思想与当前的全面依法治国实践，传统民本思想与当前的以人民为中心的方略，传统廉政文化与当前的反腐斗争和廉政建设，传统吏治思想与当前的全面从严治党，等等，无不体现出“古为今用”的借鉴意义。其次，在国际交往中，数千年传统文化是中国最靓丽的名片，是在全世界范围内讲好中国故事的重要内容，我们并可以借此传达中国人爱好和平、追求共赢的理念，以争取世界人民理解与认同，从而为中国开拓和平发展的良好国际空间。例如，当前“一带一路”倡议的提出与实施、推进构建人类命运共同体的理论与实践等，无不体现中华传统文化的智慧闪光。

### （四）中国特色社会主义的深厚土壤

习近平总书记明确指出：“中国特色社会主义这条道路来之不易，它是在改革开放 30 多年的伟大实践中走出来的，是在中华人民共和国成立 60 多年的持续探索中走出来的，是在对近代以来 170 多年中华民族发展历程的深刻总结中走出来的，是在对中华民族 5000 多年悠久文明

① 习近平：《把宣传思想工作做得更好》，参见《习近平谈治国理政》第 1 卷，外文出版社 2018 年版，第 155 页。

② 习近平：《在中共中央政治局第十八次集体学习时的讲话》，参见王成宪编：《宪法学习大参考》，国家行政学院出版社 2016 年版，第 128 页。

的传承中走出来的，具有深厚的历史渊源和广泛的现实基础。”[①]这就意味着，中国特色社会主义深刻植根于中华优秀传统文化的沃土之中，是马克思主义中国化过程中与中华优秀传统文化相结合而创造的成果。事实上，中华优秀传统文化包含着大量与马克思主义可以相互融通的价值，这也是近现代中国能够接受马克思主义的重要原因之一。

例如，中国传统文化以物质化的“气”作为世界的本质，并且认为事物处在永恒的发展变动中，所以，“苟日新、日日新、又日新”[②]；进而，事物内部的矛盾（阴、阳）推动了事物的发展，“言阴阳相薄也”[③]，“刚柔相推而生变化”[④]；最后，变化分为“化”（“渐渐消磨”“无痕迹”“人不觉”，即“量变”）和“变”（“忽然而变”“截断处是变”，即“质变”）的不同过程[⑤]；等等。可以看到，在世界的“物质”本质、世界以“变化”为特征的存在方式、变化的原因在于事物的“内在矛盾”、变化是由“量变”到“质变”的过程等诸多方面，中华传统文化作出了与马克思主义辩证唯物主义和唯物辩证法具有内在一致性的哲学判断。尽管由于科学认识水平的限制，中国传统文化的本体论哲学更多侧重于直观感悟，但是毕竟在总体上形成了对于世界的正确理解方法。

## 四、中华优秀传统文化蕴含的思想观念、人文精神、道德规范

习近平总书记正面肯定了中华优秀传统文化的思想观念、人文精神

① 习近平：《在第十二届全国人民代表大会第一次会议上的讲话》，《人民日报》2013年3月18日。

② 《礼记正义》，参见阮元校刻：《十三经注疏》，中华书局1980年版，第1673页。

③ 《周易正义》，参见阮元校刻：《十三经注疏》，中华书局1980年版，第92页。

④ 《孟子注疏》，参见阮元校刻：《十三经注疏》，中华书局1980年版，第76页。

⑤ 《朱子语类·易七》卷七十一，转引自赵吉惠等：《中国儒学史》，中州古籍出版社1991年版，第595页。

和道德规范，表现为中华优秀传统文化的核心概念、表述与判断等，是中华民族数千年文明创造所凝聚的智慧结晶。

### （一）中华优秀传统文化蕴含的思想观念

春秋战国时期，中国历史上就涌现出灿若星辰的思想巨人，孔子、老子、墨子、孟子、庄子、管子、荀子、韩非子等。他们在总结社会实践经验教训、历史发展兴衰成败的基础上，创造出辉煌的思想文化成果，使中华民族成为世界“文明轴心”之一。在此后 2000 年的文明进步历程中，儒家文化确立了中华文化主体内容的地位，在融和会通佛、道思想观念的过程中，不断推进自身的发展进步，为中华民族辉煌灿烂的文明创造奠定了深厚的思想观念基础。习近平总书记在多次讲话中，正面肯定了中华优秀传统文化所蕴含的丰富思想观念，诸如讲仁爱、重民本、守诚信、崇正义、尚和合、求大同，诸如道法自然、天人合一、中和泰和、天下为公、革故鼎新、与时俱进、自强不息、厚德载物、经世致用、知行合一、为政以德、勤勉奉公、俭约自守、力戒奢华、以民为本、安民富民、博施众利、群策群力、以德立人、讲信修睦、安不忘危、居安思危、存不忘亡、治不忘乱等，涉及处理天人关系（即自然与人的关系）、政治与社会治理、人际关系协调等诸多方面，对我们今天认识改造世界和治国理政具有广泛的启迪和借鉴意义。

### （二）中华优秀传统文化蕴含的人文精神

中华文化最为显著的特点是深厚浓郁的人文精神，以人作为世界、社会的尺度，而不是信奉虚无缥缈的上帝神仙、彼岸来世，所以“子不语怪力乱神”[①]，“未知生，焉知死？”[②]进而，士大夫以家国天下为己任，

---

① 《论语注疏》，参见阮元校刻：《十三经注疏》，中华书局 1980 年版，第 2483 页。
② 《论语注疏》，参见阮元校刻：《十三经注疏》，中华书局 1980 年版，第 2499 页。

以身许国、安邦定国、无我忘我、不避生死的精神情怀，则是中华优秀传统文化人文精神所包含的最可宝贵、最为辉煌的内容。习近平总书记对此作过总结："古人所说的'先天下之忧而忧，后天下之乐而乐'的政治抱负，'位卑未敢忘忧国'、'苟利国家生死以，岂因祸福避趋之'的报国情怀，'富贵不能淫，贫贱不能移，威武不能屈'的浩然正气，'人生自古谁无死，留取丹心照汗青'、'鞠躬尽瘁，死而后已'的献身精神等，都体现了中华民族的优秀传统文化和民族精神，我们都应该继承和发扬。"①

（三）中华优秀传统文化蕴含的道德规范

中国传统文化最突出的价值取向就是崇德成德，例如，作为中华传统文化主体内容的儒家文化，其念兹在兹的价值目标，就是要把自然个体塑造为认同儒家道德规范的士君子、道德主体。《大学》开宗明义为学八条目：格物、致知、诚意、正心、修身、齐家、治国、平天下，在这一包括认知、成德、事功的人生历程中，最重要的内容则是完善个体道德的"修身"环节，它是认知的目的、事功的前提，所以，"自天子以至于庶人，壹是皆以修身为本"②。对于中华优秀传统文化蕴含的道德资源，习近平总书记作出了多方面的梳理与总结，在多次讲话中明确肯定了诸如"己所不欲，勿施于人""与人为善""以己度人""推己及人""君子忧道不忧贫""不义而富且贵，于我如浮云""俯仰无愧""止于至善""见贤思齐焉，见不贤而内自省也""见善如不及，见不善如探汤""莫以善小而不为，莫以恶小而为之""言必信，行必果""德不孤，

① 习近平：《在纪念孔子诞辰2565周年国际学术研讨会暨国际儒学联合会第五届会员大会开幕会上的讲话》，《人民日报》2014年9月25日。

② 《礼记正义·大学》，参见阮元校刻：《十三经注疏》，中华书局1980年版，第1673页。

必有邻”“兼善天下”“利济苍生”“修身齐家治国平天下”等大量中华优秀传统文化所蕴含的道德规范，阐明其对于当代社会个体提高道德修养的资源性意义。

## 五、继承弘扬中华优秀传统文化的途径

如何更好地传承弘扬中华优秀传统文化，使得5000多年文明智慧能够在当前推动中国特色社会主义事业进步、实现两个百年目标的伟大历史进程中发挥作用？习近平总书记对此也作出了大量的论述，成为当前我们落实此项工作的思想指南，接下来本文着重讨论五个方面。

### （一）深化理论阐释

将中华优秀传统文化所蕴含的丰富的思想观念、人文精神、道德规范充分挖掘出来、阐释清楚，是推进继承弘扬中华优秀传统文化工作的前提。习近平总书记指出，要“讲清楚中华文化积淀着中华民族最深沉的精神追求，是中华民族生生不息、发展壮大的丰厚滋养；讲清楚中华优秀传统文化是中华民族的突出优势，是我们最深厚的文化软实力”[①]，要“讲清楚中华优秀传统文化的历史渊源、发展脉络、基本走向，讲清楚中华文化的独特创造、价值理念、鲜明特色，增强文化自信和价值观自信”[②]。中华传统文化体系宏伟、博大精深，约略举其要者，则有经史子集，典籍浩瀚如云海；文学艺术，奇珍瑰丽如星河，大量文化价值内

---

① 习近平：《把宣传思想工作做得更好》，参见《习近平谈治国理政》第1卷，外文出版社2018年版，第155页。

② 习近平：《培育和弘扬社会主义核心价值观》，参见《习近平谈治国理政》第1卷，外文出版社2018年版，第164页。

容尚且“养在深闺人未识”，作为中华传统文化的当然传承者、弘扬者，我们要遵循“古为今用、推陈出新”的原则，实现对中华优秀传统文化的创造性转化、创新性发展，为当代中国哲学社会科学创造中国特色的学科体系、学术体系、话语体系提供宝贵的文化价值资源，为推进中国特色社会主义的宏伟事业提供传统智慧和精神支撑。

### （二）依托学校教育

学校教育是最具体系化、持续性的知识和价值传播的阵地，学校教育伴随个体思想、情感的发展而开展知识和价值的教育，更能将教育内容融入个体生命成长的过程，所以，其于传承弘扬中华优秀传统文化的作用与意义值得格外重视。习近平总书记指出，要通过学校教育，加大对“中国人民和中华民族的优秀文化和光荣历史”的正面传播。2014年9月11日，习近平总书记在前往塔吉克斯坦的飞行途中聊传统文化时饶有兴趣地指出：我们现在一说话就蹦出来的那些东西，都是小时候记下的。语文课应该学古诗文经典，把中华民族优秀传统文化不断传承下去。自党的十八大以来，教育部先后于2014年、2017年、2018年印发了《完善中华优秀传统文化教育指导纲要》《关于实施中华优秀传统文化传承发展工程的意见》《教育部关于开展中华优秀传统文化传承基地建设的通知》等一系列文件，对于通过学校教育传承弘扬中华优秀传统文化的工作，作出了全面细致的部署，明确了工作的总体目标、指导思想、方针原则、内容任务、载体措施等，使得该项工作进入了实际操作层面，意义重大，影响深远。

### （三）注重文艺传播

包括文学、戏剧、电影、电视、音乐、舞蹈、摄影、书法、曲艺、杂技以及民间文艺、群众文艺等多样化文学艺术产品，可以满足人民群众日益增长的精神文化需求，为人民群众所喜闻乐见，在知识和价值的传播上具有天然的优势。习近平总书记曾经援引鲁迅先生的话强调文艺作品的价值："鲁迅先生说，要改造国人的精神世界，首推文艺。举精神之旗、立精神支柱、建精神家园，都离不开文艺。"[①]他强调，要把中华优秀传统文化"以人们喜闻乐见、具有广泛参与性的方式推广开来"[②]。例如中国古代的《三国演义》《水浒传》《隋唐演义》《杨家将演义》《说岳全传》《包公案》《狄公案》《儿女英雄传》等大众文化作品，往往传达着儒家文化忠、孝、节、义、仁、智、勇、廉等价值观念，并因为通于俗而流传四方、化成天下，对于社会底层民众的意义尤为重要。当前，世界各文化产业大国也都高度重视利用文化产品传达自身价值观念，特别是好莱坞，其影视企业所制作的《花木兰》《功夫熊猫》等影片，甚至利用中国传统文化资源以表达、言说其自身的价值观念。因此，我们更要有意识地通过多样化的文艺产品，表现好、阐释好中华优秀传统文化价值，使之广为传播、深入人心。

### （四）加强文物保护

历史文物是传统文化的物态化遗存与历史见证，凝结着民族智慧、精神、价值、审美等多重要素，保护好文物就保护好连接过去与未来的精神桥梁。习近平总书记指出："文物承载灿烂文明，传承历史文化，维系民族精神，是老祖宗留给我们的宝贵遗产，是加强社会主义精神文明建设的深厚滋养。保护文物功在当代、利在千秋。"从而深刻地诠释了

---

① 习近平：《在文艺工作座谈会上的讲话》，《人民日报》2015 年 10 月 15 日。

② 习近平：《提高国家文化软实力》，参见《习近平谈治国理政》第 1 卷，外文出版社 2018 年版，第 161 页。

文物保护工作的重大意义，极大地深化了我们的认识与理解。为了进一步做好文物保护工作，习近平总书记要求各级地方党委和政府一定要“树立保护文物也是政绩的科学理念”，这一重要指示精神对于我们统筹经济社会发展与文物保护的关系，避免高速的社会现代化进程与文物保护工作形成矛盾，具有重大的指导意义。习近平总书记强调要全面贯彻“保护为主、抢救第一、合理利用、加强管理”的文物保护十六字方针，既要使文物保护成果惠及广大群众，也要广泛动员群众参与文物保护工作，从而“努力走出一条符合国情的文物保护利用之路”。[①]这一重要指示精神对于我们开展各种文物保护工作的创新，推动文物保护与人民群众日常生活相结合，具有重大的指导意义。

### （五）发挥礼俗功能

礼仪规范、民俗节庆，是特定社会共同体成员在长期共同生产、生活的过程中逐渐形成的有关人际交往、衣食住行、婚丧嫁娶、节庆祭祀等方面具有集体性、一致性的规范，这些规范实际上是该社会主导性价值的仪式化体现，它周而复始地建构了社会成员的日常生活，并以其内在价值形成了对于社会成员意识与肉身的双重规训。[②]就中国传统社会而言，包括儒道释在内的社会文化价值，自然而然地成为礼俗文化的内在价值主导。与此同时，礼俗文化也成为传统文化价值进入社会成员内在意识并规范其社会行为的重要途径。习近平总书记指出，“礼仪是宣示价值观、教化人民的有效方式”，能够很好地“传播主流价值，增强人们的认同感和归属感”，所以，“一些重大礼仪活动要上升到国家层面，

① 新华社：《习近平对文物工作作出重要指示》，《中国文物科学研究》2016年第1期。

② 乌丙安：《民俗学原理》，辽宁教育出版社2001年版，第50—64页。

以发挥社会教化作用。这就是‘道之以德，齐之以礼，有耻且格’”。[①]毋庸讳言，中国社会现代化进程对于中国传统礼仪节庆、民俗文化形成了巨大的冲击，在一定程度上难以充分发挥其知识传播和价值教化的功能，因此，当前要格外注重以政府主导、专家与民众参与的方式，重新激活传统的礼仪民俗，使之与现代价值、现代生活相适应，从而在重新走入人民群众日常生活的过程中，发挥对于社会个体的价值塑造功能。

中华民族在数千年文明行程中，以无限的智慧和勇气创造了辉煌灿烂的古代文化，为人类文明进步作出了巨大的贡献。近代以来，因封建王朝的自我封闭而落后并遭到西方列强的野蛮侵略，逐步沦落为半殖民地半封建社会，民族心理亦遭受重创，应当说 20 世纪产生的全盘反传统思想是这一心理在文化上的反映。今天，站在全新的时代起点上回顾历史，我们应当能够得出更为全面的认知，深刻体悟中华数千年传统文化固然有其来自特定历史时期的局限性内容，但是，也包含着更为丰富的正面价值，并且在与马克思主义相结合的过程中被重新激活了生命力，成为中国新民主主义革命、社会主义建设和改革的浑厚价值支撑。新中国成立以来，特别是改革开放以来，中国特色社会主义实践取得伟大成就、辉煌成功，毫无疑问包含着中华优秀传统文化的积极贡献。习近平总书记关于中华传统文化的系统化论述，特别是关于中华优秀传统文化的深入阐释，是对于上述历史过程内在经验的明确提炼，为我们在新的历史条件下进一步继承好、弘扬好中华优秀传统文化，推动中国特色社会主义文化建设指明了方向。

［作者为中共安徽省委党校（安徽行政学院）科学文化教研部主任、教授］

① 习近平：《在十八届中央政治局第十三次集体学习时的讲话》，参见《习近平关于社会主义文化建设论述摘编》，中央文献出版社 2017 年版，第 110 页。

# 多元资本对于中国现代文化市场体系的建构

魏鹏举

40年来中国改革开放的基本国策，就是实现中国社会经济快速并健康发展的最伟大制度供给。中国现代文化市场体系的形成和发展主要得益于两种供给侧的建构性力量，一个是制度，一个是资本。从改革开放的大语境进行关照，中国现代文化市场体系的制度性建构主要表现为两个方面：一是承认市场在文化经济发展中的积极作用并对之进行积极规制，二是通过文化体制改革，重塑文化事业与产业主体。资本作为中国改革开放的关键性变量，绝不仅仅是资金或生产性资金的意义，更主要是社会主义市场经济探索发展的度量衡，是市场化程度的关键指标。就现代文化市场体系的建构而言，资本的地位与作用力按重要程度分依次为国有资本、民营资本和境外资本。市场的现代性，按照社会主义市场经济基本原则，主要指统一、竞争、开放、有序适应经济现代化的市场格局。由于文化的特殊性，中国的文化市场的现代性指涉显得更为复杂和多样。以公有制为主体、多种所有制共同发展的文化产业总体发展布局指导下，国有资本在文化市场准入方面具有最大优先性和便利性，民营资本、境外资本等非公资本则是随着改革开放的深入而按规定逐步在某些文化领域具有或部分具有准入资格。也就是说，中国现代文化市场并非一般现代市场，是具有鲜明中国特色社会主义文化特征的特定文化市场，非公资本的准入程度及其地位是观测中国现代文化市场体系建设的关键性指标。

中国的改革开放实践已经充分证明，市场是一种有效的资源配置的机制，资本市场是一种更高效、更强有力的资源配置机制。资本在当代中国的改革开放和市场经济的极大繁荣进程中发挥了伟大的力量，在中国现代文化市场系统的建构进程中同样意义非凡。

## 一、公有资本与文化市场的互动与成效

在改革开放初期，公有资本的文化传媒运营主体就开始成为中国文化市场的弄潮儿。以事业单位的身份探索开展文化市场活动，利用市场机制改善传统文化生产的低效与短缺问题，同时也形成解放和发展文化生产力的有效激励。《人民日报》等首都多家新闻单位在1978年末就提出尝试实施“事业单位，企业化管理”的经营方式，其后很快，国内主流媒体，无论是报纸还是电视台，都开始尝试开展有偿的商业广告业务，拥有垄断性文化市场资源的公有文化单位成为中国改革开放的直接受益者，因此也成为推进文化市场化的开路急先锋。可以说，公有资本是当代中国文化市场体系建构的最早也是最有力的开创者。这一方面是由于其时非公资本在文化领域几乎不存在，即便有也非常弱小；另一方面是由于公有资本在推动文化市场发展的过程中收益巨大而几乎没有任何损失。公有资本进入文化市场，既享有事业单位的体制性垄断地位，同时也可以获得企业化运营带来的竞争性收益与激励。可以从政府和市场两端左右逢源，文化传媒事业单位的集团化发展的冲动自然也就顺理成章了。不过，如果没有这样的双重红利，如果主流的文化事业单位没有市场化的动力与热情，中国文化市

场的发展繁荣不但会大大放缓，而且也极有可能会因为这些有着主流话语权的事业单位的反对而举步维艰。

随着文化体制改革的推进，公有资本的市场化获益途径由一般商品与服务市场逐步进入专门的资本市场。“自1994年上海东方明珠股份有限公司成功上市，迈出国有文化企业走向资本市场的第一步以来，……截至2016年底，我国A股市场共有国有控股文化上市公司40家，总股本合计517亿股，总市值合计约8000亿，国有控股文化上市公司已成为我国文化市场上的重要力量。”① 由于国有文化企业主要是通过文化体制改革，由事业单位转制形成，带有垄断性的文化资产和政策扶持优势，虽然很多并未严格达到上市的一般标准，但也可以乘着改革的东风和文化特殊性的话语权而顺利登陆属于典型稀缺资源的A股资本市场。② 国有文化企业的这种示范效应不仅为非公资本的文化企业进入资本市场闯开了路子，也让资本市场对于文化传媒行业刮目相看，在普遍的政策市场环境中，政策红利也就是资本红利。

国有文化企业的经营涉及一般合法的所有文化领域，这既是它们的政治优势，也是其进入权益资本市场的最大困惑。权益资本涉及对进入企业的经营管理控制权的问题，而中国的文化产业领域有一些是明确不得有非公资本进入并参与经营管理。既要确保文化的政治安全，又要借助资本市场做大做强，通过资产重组或剥离以及内部治理的特定制度安排，国有文化企业在解决上述关键问题的方案选择中，逐渐形成了借壳上市、剥离上市和整体上市三种基本上市模式，为中国文化资本要素市

① 兰培：《国有文化企业资本运作》“前言”，中信出版集团2017年版。

② 2007年12月21日在上海证券交易所挂牌的辽宁出版传媒的“整体上市”模式是中国文化体制改革“特事特办”的典型产物，为此甚至突破了中国证监会对上市公司设立3年的时限要求。出版传媒从辽宁出版集团正式脱离、完成工商注册的时间是2006年8月29日，距其上市时间不过1年有余。

场的形成作出了创造性贡献。[①]

在中国文化市场体系的建构进程中，公有资本不仅作为文化产业主体有效地推动了文化市场的建立乃至发展，而且也成为文化投融资的资本主体，引领带动了中国文化金融体系的建立，促进了非公资本的文化投资活动。从文化产品与服务市场，到文化资本要素市场，公有资本都作为先行先试的供给端力量，非常有效且有力地促进了中国现代文化市场体系的快速建立与迅猛发展。由于政府性投资基金有强大的政府资源和政策支持，政府主导的文化产业投资基金因此也能发挥重大的创新带动效益。比如在上海成立于2009年的华人文化产业投资基金，在短短几年内即完成了收购新闻集团的华文传媒资产、引入美国的梦工厂、合资香港电视广播有限公司（TVB）等一系列重大的文化产业资本运作。在文化体制改革的推动以及资本市场的拉动下，由政府主导的文化产业投资基金的类型和规模也越来越庞大。2011年7月，由财政部投入并发起的中国文化产业投资基金的募集规模200亿，首期即成功募集了41亿。如今几乎每个省、直辖市都有公有资本主导的文化产业投资基金或投资公司，由于有强大而稳定的财政资金保障，其在文化传媒领域的投资几乎没有政策壁垒，投资扩张很迅猛，这也构成了文化产业体系与文化市场体系的中国特色。

由于进入竞争性市场领域的公有文化资产规模日益壮大，基于文化特殊性、有别于一般经济领域的国有资产管理模式的国有文化资产管理体制也逐步建立了起来。在重庆、上海、深圳等地方政府的探索基础上，2009年，中央决定成立中央文化企业国有资产监督管理领导小组，成员单位包括中宣部、财政部、文化部、广电总局和新闻出版总署，在

① 魏鹏举关于“国有文化企业的上市融资模式”的分析，参见魏鹏举：《中国文化产业投融资体系研究》，云南出版集团2014年版，第228—233页。

财政部设立独立的司局级规格的领导小组办公室，简称“中央文资办”。到2016年，全国有18个省份设立了国有文化资产管理专门机构。[①]文资管理属于特殊类型，强调“管人、管事、管资产、管导向”。在实践中，“导向”问题成为实际的主导原则，在地方层面往往倾向于由宣传部门统筹领导。

总体来看，公有资本在中国文化市场体系建立与发展进程中的主导性特征塑造了文化特殊性优先于市场一般性的特定模式。在这个过程中，公有资本借助市场机制做大做强，同时，整体文化市场格局也深深打上了公有资本的烙印。

## 二、非公资本在中国现代文化市场体系建设中的角色与作用

1942年，延安文艺座谈会上，毛泽东很有说服力地论述了“文艺为政治服务”的合理性，其后这就成为中国文化政策内核。文化发展的底线是政治正确和意识形态安全，因此文化建设属于政治属性显著的意识形态领域的工作，即便在改革开放的大潮中，文化的市场属性得到了认可，文化的意识形态属性依然是首位的。在文化市场逐步发展的进程中，对于非公资本的准入限制始终都很严格。中国的文化市场体系中，公有资本是主角，是大红花，非公资本是配角，是小绿叶。从改革开放的实践来看，公有资本和非公资本合作演出的文化发展大戏事实上是成功的。公有资本是中流砥柱，保障了文化市场不偏离社会主义的大方向，也保障了文化市场在改革创新中实现又好又快发展；非公资本则是跬步细流，不断丰富和壮大着文化市场的主流，同时成为文化创新发展

① 兰培:《国有文化企业资本运作》，中信出版集团2017年版，第38页。

的活力之源。

在文化体制改革的实践进程中，文化产业的投融资也随之有了进一步的发展和突破，逐渐改变了长期以来过分依赖政府的文化投融资体制，打破了投资主体单一的局面，民营资本与外资在文化发展中的比重和作用越来越显著。2003 年 12 月 31 日，国务院颁发了《文化体制改革试点中支持文化产业发展的规定（试行）》。文件明确鼓励各类社会资本对文化产业进行投资经营，对于那些关系文化安全和意识形态的重要文化产业领域，也降低了投资准入门槛。文件提出："党报、党刊、电台、电视台等重要新闻媒体经营部分剥离转制为企业，在确保国家绝对控股的前提下，允许吸收社会资本；国有发行集团、转制为企业的科技类报刊和出版单位，在原国有投资主体控股的前提下，允许吸收国内其他社会资本投资；广播电视传输网络公司在广电系统国有资本控股的前提下，经批准可吸收国有资本和民营资本。鼓励、支持、引导社会资本以股份制、民营等形式，兴办影视制作、放映、演艺、娱乐、发行、会展、中介服务等文化企业，并享受同国有文化企业同等待遇。通过股份制改造实现投资主体多元化的文化企业，符合条件的可申请上市。" 2005 年国务院 10 号文件《非公有资本进入文化产业的若干规定》（见表 1）具体明确了非公资本的准入范围，成为中国文化产业投融资体系建设的纲领性文件。

**表 1　非公资本进入文化产业的政策规定**

| | 相关政策 | | |
|---|---|---|---|
| | 鼓励 | 限制（国有资本控股 51% 以上） | 禁止 |
| 文体领域 | 文艺表演团体<br>演出场所<br>博物馆和展览馆 | 出版物印刷、发行<br>新闻出版单位的广告、发行 | 通讯社<br>报刊社<br>出版社 |

续表

| | 相关政策 | | |
|---|---|---|---|
| | 鼓励 | 限制（国有资本控股51%以上） | 禁止 |
| 文体领域 | 互联网上网服务营业场所<br>艺术教育与培训<br>文化艺术中介<br>旅游文化服务<br>文化娱乐<br>艺术品经营<br>动漫和网络游戏<br>广告<br>电影电视剧制作发行<br>广播影视技术开发运用<br>电影院和电影院线<br>农村电影放映<br>书报刊分销<br>音像制品分销<br>包装装潢印刷品印刷<br>文化产品和文化服务出口业务<br>文艺表演团体和演出场所等国有文化单位的公司制改建<br>有线电视接入网社区部分业务 | 广播电台和电视台的音乐、科技、体育、娱乐方面的节目制作<br>电影制作发行放映<br>有线电视接入网建设和经营<br>有线电视接收端数字化改造 | 广播电台（站）<br>电视台（站）<br>广播电视发射台（站）<br>转播台（站）<br>广播电视卫星<br>卫星上行站和收转站<br>微波站<br>监测台（站）<br>有线电视传输骨干网<br>利用信息网络开展视听节目服务以及新闻网站经营报刊版面<br>广播电视频率频道和时段栏目<br>书报刊、影视片、音像制品成品等文化产品进口业务<br>国有文物博物馆 |

虽然非公资本在文化产业领域的作为很有限，但是在高度竞争的开放性文化市场领域却有着大作为。中国文化市场发展的实践表明，凡是非公资本积极作为的文化行业，增长就会提速，活力就会提升，竞争力也会增强。以电影行业为例。在改革开放后，电影市场复苏，国有电影制片厂也开始有了活力。但随着改革开放的深入，老百姓可以成本很低地接触到来自境外的大量文化产品，国内优质电影供给的能力缺陷无法适应文化市场的问题日益凸显，国有电影体系逐渐陷入无法自拔的停滞状态。和出版行业类似，政策默认非公资本可以从事文化产品生产，但

必须拿到国有单位授予的“书号”“龙标”等特许资质后才可以进入市场流通成为文化商品。在非公资本的参与下，中国电影实现了大发展大繁荣。在国务院 2005 年发布《非公有资本进入文化产业的若干规定》之际，那年生产的 260 部影片中，国有制片厂出品 65 部，社会资本出品 96 部，国有和社会联合出品 62 部，中外合资出品 37 部，社会资本与外资参与生产的影片占 75%。在当年票房前 10 名的国产影片中，社会资本出品的占了大多数。在电视节目内容制作方面，民营资本更是主力军。在每年一万部集的电视剧中，民营公司投资 20 多亿元；制播分离以来，80%的节目制作是由民营资本运作的。[①] 民营影视业的代表性企业华谊兄弟于 1994 年从广告业干起，1999 年，王氏兄弟与太合集团各持股一半，成立了华谊兄弟太合影视投资公司（以下简称华谊兄弟太合），其后，通过引入了 TOM 集团和信中利投资集团公司两大股东注资并回购了此前华谊兄弟太合中的太合集团所持股份，2004 年，华谊兄弟传媒集团正式成立。2009 年 10 月，华谊兄弟在 A 股创业板成功上市，成为首家在国内公开发行股票的民营文化传媒公司。从成立到上市的 15 年间，华谊兄弟的资本增长了 1567.75 倍，成为中国民营文化企业的标杆。民营文化企业和资本市场的对接虽然没有体制障碍，但民营文化企业的战略性资本扩张却有着显著的体制壁垒，无法按照迪斯尼等国际文化传媒公司的成功经验实现内容生产到媒体传播的全产业链并购整合。中国难以形成类似于美国文化传媒集团那样的典型全产业链的旗舰文化产业航母，与非公资本的文化市场准入壁垒有很大的关系。

失之东隅，收之桑榆，非公资本在传统文化产业领域存在制度壁垒，而在新兴的互联网数字内容产业方面风生水起，促发了中国数字创

① 北京大学文化产业研究所主编：《中国文化产业年度发展报告（2006）》，湖南人民出版社 2006 年版，第 275 页。

意产业的迅猛发展，推动了中国文化产业的结构升级，也成为中国文化产业最有国际竞争优势的部分，带动了中国文化市场的国际化拓展。以网络视频业为例。中国的网络视频业基本与世界同步并行[①]，这一方面得益于信息技术的同步发展，另一方面也是非公资本大力作为的成效。国际上最早的互联网视频业态是从传统媒体的网络化起步的，中国也是如此，1996 年中央电视台就建立了央视网，2009 年进而成立了中国网络电视台（CNTV）。但中国网络视频产业的真正起步是从非公资本开始的。在 2005 年 YouTube 上线两个月后，中国的“土豆网”开始运营，随之大量风险资本涌入，2006 年就有 200 多家网络视频公司出现。互联网基因加资本市场，让非公资本的网络视频产业超常规发展，很快将国有主流媒体的视频网站甩在身后。2010 年 8 月，乐视网成功登陆深交所创业板融资 7.3 亿元。2010 年 12 月，优酷网在美国纽交所上市，融资 2.03 亿美元，2011 年 5 月又增发融资 5.93 亿美元。2011 年 2 月，PPLive 获日本软银 2.5 亿美元投资。2011 年 8 月，土豆网在美国纳斯达克上市融资 1.74 亿美元。如今，阿里巴巴、腾讯、百度等中国最大的非公资本的互联网企业都参与到了网络视频产业的竞争中来，网络平台加内容产业的新文化全产业链模式在传统媒体之外蔚为大观。非公资本推动的中国新兴文化产业的崛起，从一开始就是全球化的格局，内容全球化，资本全球化，市场全球化。

中国的非公资本正在以独特的力量推动中国文化产业的国际化，打通长期以来政策壁垒森严的国内外文化市场。根据《中国文化投资报告》的相关统计，2013—2014 年，国内文化企业海外并购 25 起，涉及金额 39 亿美元，主要覆盖软件网络及计算机服务、游戏动漫、广播影

① 参见王晓红、谢妍：《中国网络视频产业：历史、现状与挑战》，《现代传播》2016 年第 6 期。

视、新闻出版和教育培训等领域。[①]商务部新闻发言人高峰2017年7月27日透露，2016年，我国文化产品和服务进出口总额达1142.1亿美元，文化体育和娱乐业对外直接投资39.2亿美元。2016年，影视、动漫、网游等新兴文化产品出口同比增长25%，版权输出达到1万种。[②]

综上所述，本文的结论如下：公有资本是中国文化产业发展的一种主导性力量，是中国现代文化市场体系中最为基础的结构性要素。随着改革开放的不断深化，国有企业成为社会主义市场经济的重要市场主体，公有资本成为开放竞争的资本市场重要组成部分。文化产业中的公有资本不仅具有一般市场领域的功能，同时还担负着保障意识形态安全、支撑国家文化发展战略的重要责任。

非公资本是中国文化产业发展中最有活力的一种市场力量，是中国现代文化市场结构优化的基本动能。非公资本虽然缺乏公有资本在文化产业运营中的部分特许权益，但有着更强的市场敏锐度和更大的竞争活力。绝大多数中小微文化市场主体为非公资本，不仅为中国的传统文化产业注入了市场活力，带来了电影、音乐等领域的市场繁荣，也成为文化新业态、文化产业国际化的生力军、探路者和创新者。非公资本可以进入的文化产业领域，比如绝大多数的数字创意产业，其产业结构升级往往最见成效，通过不断的兼并重组，文化市场结构的优化也最为显著。

从趋势上来看，公有资本与非公资本的合作，既是健全中国特色文化市场体系的重要契机，也是对于文化体制改革深化的最大考验之一。

（作者为中央财经大学文化与传媒学院院长、教授）

① 参见刘德良：《中国文化投资报告》，社会科学文献出版社2016年版。

② 陈恒：《去年我国文化贸易额达1142.1亿美元》，《光明日报》2017年7月28日。

# 新媒体语境下文化治理路径探析

袁维海　杨木庆

习近平总书记在党的十九大报告中明确指出，文化是一个国家、一个民族的灵魂。文化兴国运兴，文化强民族强。要坚持中国特色社会主义文化发展道路，激发全民族文化创新创造活力，建设社会主义文化强国。[①] 同时习总书记也在不同场合多次强调新媒体的重要性，指出要推动融合发展，主动借助新媒体传播优势。[②] 要加强国际传播能力建设，增强国际话语权，集中讲好中国故事，同时优化战略布局，着力打造具有较强国际影响的外宣旗舰媒体。[③] 随着互联网的迅速发展，如何更好地利用新媒体手段，发挥新媒体优势，在激发全民族文化创新创造活力、建设社会主义文化强国和促进文化建设与治理等方面至关重要。目前学术界关于文化治理路径的探讨主要集中在区域文化治理路径研究、单个领域的文化治理路径研究以及文化治理路径的理论建构等方面，本文拟从新媒体语境下文化治理路径面临的挑战、机遇和现实意义，以及如何充分

---

① 习近平:《决胜全面建成小康社会　夺取新时代中国特色社会主义伟大胜利》,《人民日报》2017 年 10 月 18 日。

② 习近平:《推动媒体融合向纵深发展　巩固全党全国人民共同思想基础》,《中国广播》2019 年第 2 期。

③ 吴凡:《习近平文化治理思想研究》，江西农业大学 2017 年硕士学位论文。

利用新媒体实现文化治理效果的最大化的视角，探讨新媒体语境下文化治理的路径。

## 一、新媒体语境下文化治理的价值与意义

文化治理是指对文化进行的治理，对象为文化中的可治理性内容，在治理过程中，文化本身也充当了治理工具。在文化治理场域的形成发展中，对象是复杂多样的。出于对文化治理的正确认识，文化治理对象分为文化发展外部表现和精神层面的文化影响。前者着重体现在文化的物质性、制度性等方面，包括物质文化产品的生产、治理场域中的文化关系；后者指通过具体举措有意识引导文化建设，将文化信息内化为对象的精神力量，是文化治理由治理到文化的有效反馈。[①]文化本身具有多层次的丰富内涵，很难从某一角度进行量化评价，也正因如此，文化治理的内容十分广泛。广义的文化在于人类生存发展实践过程中形成的一切精神与物质财富的综合，其内容之广泛体现在多样化的文化载体、多层次的文化影响、多元化的文化表现。在文化载体方面，如文化设施、文化场所等；在文化影响方面，如综合国力、国民幸福感等；在文化表现方面，如道德、知识、信仰、风俗等，都属于我国文化治理的主要内容。[②]

在当前建设服务型政府的背景下，文化治理呈现出多元化特征。一方面，体现在政府在文化治理层面的地位转变，政府对文化事务不再是全面绝对的把控，而是转变为主导和引导；另一方面，文化治理的主体不再仅仅局限于政府本身，还涉及社会组织、经济组织和公民个体等。

---

① 吴凡：《习近平文化治理思想研究》，江西农业大学 2017 年硕士学位论文。

② 潘雁：《文化治理，关键在“治”》，《人民论坛》2018 年第 30 期。

政府赋予多元化主体参与权利，对各方关系进行合理配置与责任协调。

### （一）新媒体语境下文化治理顺应了信息时代的新要求

随着信息社会的不断发展，新媒体影响力越来越大。我国网民达到 8.02 亿，其中手机网民占比 98.3%。新闻客户端和各类社交媒体成为很多干部群众特别是年轻人的第一信息源，而且每个人都可能成为信息源。以前是“人找信息”，现在是“信息找人”。因此，推动媒体融合发展、建设全媒体就成为我们面临的一项紧迫课题。充分、合理、科学地利用新媒体手段传播中华文化，是增强文化自信不可缺少的时代特色。

### （二）新媒体语境下文化治理有利于弘扬社会主义核心价值观

信息时代人人都是媒体人，对新媒体语境下的文化治理研究有利于探讨和推广社会主义核心价值观，有利于弘扬优秀的中华文化。对于现代人来说，互联网的使用频率极高，政府若能占领新媒体时代的主动权，主动出击，引领风尚，这对于发挥新媒体优势、传播优秀文化和打造文化强国意义重大。

### （三）新媒体语境下文化治理有利于决胜全面建成小康社会

小康社会的建设是物质文明与精神文明的复杂工程，任何一个层面都不可或缺，否则建设小康社会都是不完整的。当前我国正处于全面建设小康社会的决胜阶段，探索新媒体语境下的文化治理，有助于扩大民主政治的普及和深入，使人民的合法权益得到更有效的保障，实现权利更加平等，促进文化事业和产业的繁荣；有助于推动文化环境的改善，形成良好的文化氛围并推进生态文明建设，符合“五位一体”的全方位建设理念。

## 二、新媒体语境下文化治理路径面临的挑战

习近平总书记多次强调，没有网络安全就没有国家安全；过不了互联网这一关，就过不了长期执政这一关。随着全媒体的不断发展，出现了全程媒体、全息媒体、全员媒体、全效媒体。信息无处不在、无所不及、无人不用，也带来了舆论生态、媒体格局、传播方式发生深刻变化，当前我国的新闻舆论工作面临新的挑战。

新媒体作为一个新生事物，其发展的道路是螺旋式上升的，所谓机遇与挑战共存，在此过程中不免出现一系列问题，对于文化治理产生一定的负面影响。一部分别有用心的人为谋取自身的利益或将引导舆论向着不健康、不道德的方向去发展，破坏新媒体存在的自身规律性。

### （一）新媒体时代违背道德准则的信息满天飞，扭曲了价值观念

由于新媒体的即时性以及交互性，人人都是媒体人，人人都是信息的接收者又是信息的传播者，互联网鱼龙混杂，什么信息都能够被以某种形式传送到新媒体客户端，使受众接收这样或者那样的不良信息，信息的接收者有时也难以辨别信息的真伪就进行传播，严重破坏了互联网的秩序，给优秀文化的传播带来了一些影响。

### （二）新媒体时代花样百出的电信诈骗，加重了社会负担

近年来，随着新媒体技术的发展，一些不法分子利用技术对互联网的使用者进行诈骗，电信诈骗案屡屡发生，有的人失去了钱财，有的人失去的是生命。一个生命的陨落不仅仅是一个生命，可能就是一个家庭的毁灭。新媒体技术为传播风清气正的社会环境带来挑战。

### （三）新媒体时代眼花缭乱的负面舆情发布，扰乱了社会秩序

新媒体时代各种信息无处不在、无所不及、无人不用，导致舆论生态、媒体格局、传播方式发生深刻变化，使新闻舆论工作面临新的挑战。人人都是媒体人，几分钟之内，一件小事就能够传遍大江南北，这在传统媒体时代想都不敢想，新媒体时代信息的传播达到了惊人的速度，对于一些群体性事件规模的扩大化、矛盾的复杂化、冲突的剧烈化都起到了一定的不可阻遏的影响。

### （四）新媒体时代缺乏传统信息的真实权威性，减少了公众热情

由于新媒体平台的自主性和信息来源的广泛性，打破了信息只能由报社、机构来发布的局面，使得人人都可以发布信息，不同地位、不同视角的人对于同一件事的不同看法，影响了真实信息在流传过程中的失实，让受众的主观判断和客观发生的事实之间的鸿沟越来越大，甚至有的信息流传到最后完全变成一则假消息，这就使得新媒体信息的真实性和权威性不及传统媒体。

### （五）新媒体时代信息传播接收的形式局限性，降低了广泛参与

新媒体信息以其传播的快速性、方便性让人们感受到科技发展带来的愉悦，但是新媒体时代信息的接收形式又存在着很大的缺陷。公众在获取信息时需要拥有一定的能够使用的新媒体客户端，比如手机或者电脑。同时，信息高速发展，科技飞速进步，人们的思想未必同速发展，这些高新技术成果不能够被年纪稍长的老年人所接纳和使用，这就制约了老年人对于参与公共决策的积极性。

## 三、新媒体语境下文化治理的机遇

### （一）新媒体为文化治理提供了公共平台

新媒体在为公众参与文化治理提供路径的同时，也为政府服务群众提供了新的渠道。政府决策可以通过公共平台进行一对多的方式，有效降低政府信息发布的成本。通过新媒体的公共平台，及时发布政府决策信息，向公众发布通知的同时也可以进行统一答疑解惑。这样就使得政府的行政决策行为完全在公众视野开放，保障了公众的知情权，有利于全方位开放行政决策和提高政府决策的透明度。

### （二）新媒体为文化治理提供了科学信息

新媒体信息的快捷性和完整性，使政府的决策更加科学。新媒体时代，信息收集是否完整是影响政府决策是否正确的关键性因素。在传统媒体的背景下，政府需要通过多次访问、来函收集公众信息，收集的速度不仅缓慢，而且可靠性也值得怀疑。通过对新媒体信息的快速全面收集，政府可以在短时间内从各个区域收集公众的反馈，政府的决策更加科学。新媒体技术提供丰富、及时的信息，使人们能够更全面地了解文化信息。新媒体平台可以快速便捷地对党和国家的路线方针进行很好的宣传，让人们快速了解国内外的政治新闻，具有传播速度快、覆盖面广的优势。新媒体的虚拟性也能够为现实生活中的人服务，让人们有一个进入虚拟世界，发泄对生活不满情绪的场所，同时也可以为人们提供一个远程交流的平台，针对生活中的问题做到及时处理，不出家门便可晓知天下事。新媒体将全球形成一个真正的“地球村”，信息的普及和共享缩短了人们与外界的空间距离，有利于扩大人们的国际视野。

（三）新媒体的利用降低了文化治理成本

新媒体平等和广泛的信息源为公众提供了便利的渠道，政府在行政决策过程中运用新媒体，增加了公众的政治参与度。新媒体利用互联网形成一个庞大的整体，使信息的接收者不再是孤立的，而是你中有我、我中有你。在新媒体的背景下，通信方式成为点对点，每个人都可以发布信息，并从其他人那里获得信息。关于新媒体和广泛的信息来源，每一个公众都可以不受任何限制地使用新媒体来了解国家、政府的文化政策和优秀的文化。新媒体节约了文化治理的时间成本。新媒体的全时段性和传播速度的快速性，为大众了解和参与文化治理带来了时间上的便利。大众的政治参与从以前的“有目的地游走于各大相关部门”转变成为现在的“指尖文化”，大众只需要在空余的时间动动手指，就可以便捷地参与到文化治理的过程中。新媒体的便捷性打破了原有的时间限制，在短时间内进行文化传播，避免了许多大众在信息传播过程中不必要的奔走和等待，节约了公众的时间，公众政治参与的积极性得以提高。新媒体手段降低了文化治理的成本。一方面，新媒体有效降低了政府文化治理的经济成本。新媒体移动终端设备的使用，已经在公众生活中形成了一种根深蒂固的习惯，习惯一旦形成，将很难改变，它会逐渐替代以往的传统，公众将习惯使用新移动终端设备进行交流。人们对于新媒体移动终端设备的使用，使公众可以便捷地进行信息的交流和传播，既不需要花费大量的物质财富，也不需要从一个地方到另一个地方。另一方面，新媒体节约了公众参与文化治理的行动成本。新媒体传播速度大大超过传统媒体，新媒体可以使信息快速、有效地传播，不仅如此，信息的制作发布更加简单方便。在新媒体背景下，只需要几秒钟，只要动动手指，发生在一个名不见经传的小地方的小事情就可以完全暴露在世界各个地区的接收者的新媒体设备终端。新媒体使信息的传播速度大大加快，使得信息接收者能在最短的时间内得到信息，并参与其中，发表自己的意见。不管何时何地，公众都可以及时地参与到行政决策的过程中，节约了公众在政治参与中的行动成本。

## 四、新媒体语境下文化治理的路径探索

新媒体语境下的文化治理需要把握大势，做到因势而谋、应势而动、顺势而为。我们要加快推动媒体融合发展，使主流媒体具有强大传播力、引导力、影响力、公信力，形成网上网下同心圆，使全体人民在理想信念、价值理念、道德观念上紧紧团结在一起，让正能量更强劲、主旋律更高昂。

### （一）加快推进新媒体融合发展的紧密度

一方面，科学处理新媒体与传统媒体的关系。传统媒体和新兴媒体不是敌对关系，而是相互依赖，优势互补的关系；不是谁主谁次，而是此长彼长；不是谁强谁弱，而是优势互补。从目前情况看，我国媒体融合发展的整体优势还没有充分发挥出来。新媒体融合发展的方向是一体化，加速推进从相加阶段迈向相融阶段，通过技术优化、平台再造，实现各种媒介资源、生产要素的有效整合，实现信息内容、技术应用、平台终端、管理手段共融互通，通过政府领衔，着手打造一批在市场中具有强大影响力和竞争力的新型主流媒体。

另一方面，加快构建全媒体传播格局。信息化为我们带来了难得的机遇，我们要运用信息革命成果，加快构建融为一体、合而为一的全媒体传播格局。正能量是总要求，管得住是硬道理，用得好是真本事。把

公共文化资源、社会治理大数据、政策制定权的制度优势转化为巩固壮大主流思想舆论的综合优势。要抓紧做好顶层设计，打造新型传播平台，建成新型主流媒体，扩大主流价值的影响力，让党和政府的好声音传得更开、传得更广、传得更深入人心。

### （二）全面掌握新媒体信息传播的主动权

各种各样的新媒体平台已经成为信息传播主要渠道。随着5G、大数据、云计算、物联网、人工智能等高新技术的不断发展，移动媒体将进入高速发展的阶段。要坚持移动优先策略，建设好自己的移动传播平台，管好用好商业化、社会化的互联网平台，让主流媒体借助移动传播，牢牢占据舆论引导、思想引领、文化传承、服务人民的传播制高点。

同时，要增强新媒体技术的创新能力。从全球范围看，媒体智能化进入快速发展阶段。政府部门要增强紧迫感和使命感，推动关键核心技术不断实现突破，探索将人工智能运用在新闻采集、生产、分发、接收、反馈中，用主流价值导向驾驭“算法”，全面提高引导舆论导向的能力。无规矩不成方圆。无论什么形式的媒体，无论网上还是网下，无论大屏幕还是小屏幕，都没有法外之地、舆论飞地。主管部门要履行好监管责任，依法加强新兴媒体管理，使我们的网络空间更加清朗。

### （三）不断强化新媒体舆论引导的权威性

网络是一把双刃剑，一张图、一段视频经由全媒体几个小时就能形成爆发式传播，对舆论场造成很大影响。这种影响力，用好了造福国家和人民，用不好就可能带来难以预见的危害。要旗帜鲜明地坚持正确的政治方向、舆论导向和价值取向。在信息生产领域，要通过理念、内容、形式、方法、手段等创新，使正面宣传的质量和水平有一个明显提高。准确、权威的信息不及时传播，虚假、歪曲的信息就会搞乱人心；积极、正确的思想舆论不发展壮大，消极、错误的言论观点就会肆虐泛滥。这方面，主流媒体守土有责，更要守土尽责，及时提供更多内容真实客观、观点鲜明的信息，把舆论的主动权和主导权牢牢掌握在主流媒体手中，主流媒体要敢于引导、善于疏导，原则问题要旗帜鲜明、立场坚定，一点儿都不能含糊。

新媒体舆论监督功能更加突出和具有优势。传统媒体大多只是单向的传播，而且“宣传”的意味更深，而新媒体时代，人们在接收信息的同时也可以立即对信息作出反馈，真正体现了“新闻”的“新”，更加的及时和便捷。新媒体为大众提供了更多表达自己的想法和意见的平台，如评论栏、微博。这样你来我往的互动过程有利于彼此的调整。当前，信息接收者的品位已经逐渐成为影响媒体报道风格的因素之一。

### （四）大力增强新媒体合规运行的使命感

要使全媒体传播在法治轨道上运行，对传统媒体和新兴媒体实行一个标准、一体管理。主流媒体要准确及时发布新闻消息，为其他合规的媒体提供新闻信息来源。要全面提升技术治网能力和水平，规范数据资源利用，防范大数据等新技术带来的风险。我们要主动把握国际传播领域的大趋势，在构建对外传播话语权上下功夫，在乐于接受和易于理解上下功夫，让更多国外受众听得懂、听得进、听得明白，不断提升对外传播效果。新媒体的一大功能就是传播新闻，那就应该让新媒体肩负起自己的历史使命，发挥它特有的、能够发挥的社会价值。新媒体应对新闻进行筛选和鉴别，多一些理性分析，为大众提供有营养、有价值的信息。信息的真实性和准确性是不可或缺的，要杜绝虚假信息和妖言惑众，维护新闻的纯净性和权威性。如果每条信息都充满了正能量，新媒体就成了“真媒体”。我们要会用并用好新媒体，要“理直气壮，敢于发声，传递正能量、弘扬主旋律，驳斥歪理邪说”，为风清气正的互联网环境做出应有担当。

### （五）努力提升新媒体从业人员的文化力

现如今网络经常出现恶搞历史人物、戏说英雄人物，对传统文化中的精华部分进行“攻击”，调侃和嘲弄传统美德。对待这样的现象，媒体应该敢于发声，敢于揭露，发现一起处理一起，发现一批处理一批，对于社会上的不良信息，坚决处理，从严处理，决不姑息，守护最后的精神家园。主流媒体的权威性是在大是大非面前必须守住的底线，对正确意识的弘扬和褒奖，对错误意识的纠正和引导。新媒体从业人员应努力提升文化素质，完善自我，制作更多具有亲和力、竞争力的产品，形成充满希望、活力的社会主义特色文化传媒体系，成为传播软实力的主力军。

## 五、结语

新媒体语境下的文化治理路径的研究是对习近平总书记关于新媒体发展一系列重要论述的更进一步学习，利用新媒体手段传递正能量，利用好新媒体，让优秀文化、政府决策飞入寻常百姓家，为建设社会主义现代化国家，为全面建成小康社会，增强文化自信，传播优秀文化。

文化治理中新媒体的应用，对我国文化治理体制机制创新极为重要。如果文化治理体制不能做到现代化，将直接影响到文化治理的高效进行，公众的文化需求也就难以得到有效保证，文化治理相关政策的实施也会层层受阻。新媒体手段的应用，将推动文化治理体制机制创新，促进由单一治理向多元共治转变。提高地方文化部门的自主权，增强公众的文化参与度，重视地区差异，尽最大可能满足公众文化的需求。

文化治理作为一种柔性的力量和隐形的因素，与人民群众对美好生活的体验感、归属感、获得感息息相关，是中华民族在精神上重新崛起及民族文化复兴的重要保证，关系加快推进社会主义现代化，关系党和国家事业的兴衰成败。“没有文明的继承和发展，没有文化的弘扬和繁荣，就没有中国梦的实现。”[①] 新媒体语境下文化治理需要实践基础上的合目的性与合规律性的辩证统一，需要文化自觉、文化自信、文化自强的战略支撑。只有科学把握和建构文化治理体系的立场、观点和方法，才能实现文化治理体系和治理能力的现代化，才能增强全民族文化创新创造活力，才能不断夯实国家文化软实力的根基，进而引领人民美好生活实现不断跨越。

［作者袁维海为中共安徽省委党校（安徽行政学院）副校（院）长、教授，
杨木庆为中共安徽省委党校（安徽行政学院）科研处副处长］

① 《习近平总书记系列重要讲话读本之六：创造中华文化新的辉煌——关于建设社会主义文化强国》，《人民日报》2014 年 7 月 9 日。

# 新时代背景下培育乡风文明的紧迫性及路径

鲁书月

在党的十九大报告中，习近平总书记向全党和全国人民庄严宣告：中国特色社会主义进入新时代。伴随着新时代的脚步，乡村振兴战略进入实施阶段。但目前有些乡村仍然存在的诸如高价彩礼之风、聚众赌博之风、封建迷信之风、厚葬薄养之风等陈规陋习，不仅严重影响新时代乡风文明的培育和社会主义核心价值观的落实，也严重阻碍了全面建成小康社会的步伐和乡村振兴战略的实施。因此在中国特色社会主义已经进入新时代的广大乡村，开展一场触及灵魂的移风易俗行动，弘扬时代新风，势在必行。

## 一、新时代背景下乡村陈规陋习的表现及危害

改革开放四十多年来，我国农村发生了翻天覆地的变化，多数乡村摆脱了往日的贫困，正昂首阔步奔向小康社会。但物质和精神并不是同步的，经济的发展不一定带来人们精神面貌的必然提高，乡村陈规陋习也不会自然消失，社会主义核心价值观更不会自然而然地在农村落地生根。正因如此，目前在部分乡村，虽然生活水平有了极大的提高，但陈

规陋习仍大行其道，危害极深。

### （一）天价彩礼之风及危害

旧社会，婚姻大多建立在包办基础上，年轻人遵循的是父母之命、媒妁之约；新社会，提倡婚姻建立在爱情基础上，适龄男女，要两情相悦，连理永结。特别是在新时代的今天，随着物质生活水平的不断提升，婚姻更应该建立在感情的互相吸引上。因为婚姻是一场漫长的旅途，只有靠双方的感情和彼此的责任和担当才能维系长久。但遗憾的是，目前在一些乡村，天价彩礼之风仍很盛行。有些女孩谈婚论嫁，不看感情，不论人品，只看彩礼和地位。而男方则往往因婚姻背上沉重的负担，有的家庭因此债台高筑，导致因婚返贫。“一婚穷十年”成为当下不少农村年轻人婚姻的写照。

实事求是地讲，合理的彩礼作为一种仪式交流，有其存在的合理性，在一定程度上，也有利于情感表达。但在新时代背景下，将婚姻明码标价，将感情置之一旁，是与时代精神完全不相适应的。这种行为不仅使婚姻变得脆弱不堪，还会形成攀比心理，既违背了良俗，也扭曲了人心，从而败坏了社会风气，影响了老百姓的幸福感，延缓了全面建成小康社会的步伐。

### （二）赌博之风及危害

赌博之事在我国古来有之，禁赌限赌之制，中国亦古来有之。特别是在新中国成立后，中国共产党和政府对于赌博一直予以严厉打击。但近些年来，随着农业机械化的普及，农民的农闲时间相对多了，再加上乡村文化的缺失，赌博之风大有蔓延之势。

在乡村，人们经常会看到，在道路边商店旁，赌博近乎公开化。特别是逢年过节，聚众赌博人数尤多。参与赌博之人既有常年赋闲在家的老人，也有外出打工偶尔回家的年轻人。输者心疼得愁眉苦脸，一心要赢回来；赢者春风得意，还想再赢。时间和金钱就这样被消磨殆尽。也有的人利用农村闲置的农宅在地下设流动赌场。为避人耳目，频繁更换赌场的时间和地点，或一周或半月。更为严重的是，有些执法者也被“腐蚀”，拿到赌场行贿的钱后便不闻不问，甚至暗中保护。这样的赌场在农村的存在，堪称公害。还有一种跨地区的网络赌博，在青少年中也比较流行，不少农村青少年在网络赌博中寻求刺激，成为网赌的主要群体之一。①

赌博之风，助长了懒汉，侵蚀了乡风文明。参赌之人，大多不是靠勤劳致富，而是幻想靠赌博赢钱，一夜暴富。赌博之风，也腐蚀了执法人员，纵容了违法行为，长期下去，很容易衍生基层黑恶势力，助长乡村黑势力的形成。

### （三）封建迷信之风及危害

在新中国成立 70 年的今天，农村的封建迷信活动仍有较大市场，假和尚、假道士、神汉巫婆忙个不停。他们牵头集资建“神坛”、建庙宇，“算命先生”生意火，“巫婆神汉”生意忙。很多村庄供奉着“奶奶”“菩萨”“关公”等各种神灵，每天都有人到庙里烧香磕头，求子消灾，祈求平安，祈求发财致富。“大仙”们“看风水”“治病”在有些地方竟成为一种很赚钱的“职业”，这些人每天走村串户，赢得财源滚滚。

封建迷信腐蚀了人民的心灵，致使并不十分富裕的村民把大量钱财用于进香还愿、祭祖建庙，而不是创业致富上。封建迷信污染了农村社

---

① 程士华、王林园：《豪赌、网赌，赌掉乡风文明》，《半月谈》2018 年第 8 期。

会风气，削弱了农村基层党组织的领导。神汉、巫婆利用宗族势力、封建迷信在群众中发号施令，与政府对着干，严重干扰了党的农村政策的贯彻落实，扰乱了正常的社会秩序。

### （四）薄养厚葬之风及危害

俗话说，百善孝为先。赡养父母，让老人老有所居，老有所养，老有所乐，安度晚年，既是子女的责任与义务，也是社会主义核心价值观使然，更是乡风文明的主要内容之一。生命作为承载意识的唯一载体，一旦不存在了，一切也就无法感知了。所以，尽孝要在生前。生前不孝，去世后花再多的钱，丧事办得再阔气，也是伪孝，也带不来老人的幸福感！但有些人恰恰相反，生前不关心，死后大操大办。祭祀品奢侈豪华，甚至死后还要举办三年、十年、三十年祭奠，重摆宴席，重请亲朋好友，而参加宴请的人则要再凑份子，上祭礼，致使农民负重累累，苦不堪言。

客观公正地说，长辈谢世，子女操办丧事，是寄托哀思的一种形式。但豪华办丧事实不可取。“薄养厚葬”与“厚养薄葬”，表面上看只是词序排列不同，实际上折射出的却是一个人的价值取向。孝敬老人关键看平时。生前孝是真情，死后孝是假意；生前孝是为老人，死后孝是为自己。在老人生前不尽孝，死后下功夫的行为让人唾弃。“厚葬”这股不正之风，不仅延缓了农民奔小康的步伐，也助长了攀比、浪费之风，造成了社会财富的极大浪费，加重了广大群众的负担，与当前党和政府倡导的构建节约型社会，实现可持续发展大相径庭。

## 二、大力开展移风易俗，培育文明乡风的紧迫性

新时代要有新气象，新时代亟待人们摒弃陈规陋俗，弘扬时代新风。

### （一）移风易俗，培育文明乡风，是全面建成小康社会的迫切需要

2012年12月底，习近平总书记在河北省阜平县考察扶贫开发工作时讲：全面建成小康社会，最艰巨最繁重的任务在农村，特别是在贫困地区。习总书记还讲：全面建成小康社会的“全面”，不仅体现在覆盖的人群是全面的，还体现在涉及的领域是全面的。也就是说，全面建成小康社会，不仅仅有经济方面、政治方面、生态方面的目标，也有精神文明建设包括乡风文明的具体要求。提高乡村群众的思想道德素质、科学文化素质和健康素质，使社会主义核心价值体系深入人心，培育良好的乡风，是建成全面小康社会的重要标志之一。

如果农村经济发展了、生活富裕了、生态环境改善了、乡村变美了的同时，陈规陋习泛滥，思想道德堕落，高价彩礼风不除，聚众赌博风不铲，封建迷信当道，厚葬薄养成风，那就不能说是全面实现了小康。只有新农村，形成了新风尚，既有富裕的生活，也有高尚的情操、文明的乡风，那才是真正意义上的全面小康社会。所以，在农村大力开展移风易俗活动，培育文明乡风，不仅是时代的召唤，也是全面实现小康社会必须要完成的紧迫任务。

### （二）移风易俗，培育文明乡风，是实施乡村振兴战略的题中之义

习总书记在党的十九大报告中从产业兴旺、生态宜居、乡风文明、治理有效、生活富裕五个方面提出了乡村振兴战略，因此，移风易俗，培育文明乡风既是实施乡村振兴战略的重要内容之一，也是实现农村治理现代化的重要支撑。移风易俗，培育文明乡风，有利于营造宽松、文明、充满活力的经济发展环境，增强对各种生产要素的吸引力；有利于凝聚精气神，点燃干事创业的热情，增强农民群众团结一致、努力拼搏

的信心。对于贫困地区而言，文明乡风能够激发内生动力，进一步调动农民群众参与脱贫攻坚的积极性、主动性、创造性，为打赢脱贫攻坚战、加快推进农业农村现代化提供强大精神力量。

随着农村经济的发展，广大农民物质生活水平有了普遍的提高，他们对精神文化也有了更高更多的需求。而农村这些陈规陋习的存在，严重影响着一部分农民群众的思想和行为，制约着农村的全面发展。移风易俗，破除陈规陋习，育文明乡风，筑牢广大农民群众的精神家园，才能为实现乡村振兴奠定坚实基础。

2017 年 12 月 12 日，习近平总书记在江苏省徐州市贾汪区马庄村考察时讲话强调："农村精神文明建设很重要，物质变精神、精神变物质是辩证法的观点，实施乡村振兴战略要物质文明和精神文明一起抓，特别要注重提升农民精神风貌。"新时代，要求乡村文明有新提升；新时代，要求乡村文明有新突破；新时代，要求乡村文明有新内涵。提升农民精神风貌，培育文明的乡风、良好的家风、淳朴的民风，是乡村振兴的重要任务之一，也是乡村振兴战略实施的重中之重。

### （三）移风易俗，培育文明乡风，是社会主义核心价值观在农村落地生根的重要抓手

核心价值观是最持久最深沉的力量。从提升当代农民的精神境界看，社会主义核心价值观是精神支柱，是行动向导，它对丰富人们的精神世界、建设农村的精神家园，具有基础性、决定性作用。一个人、一个民族能不能把握好自己，很大程度上取决于核心价值观的引领。要振奋起农村人的精气神，要加快脱贫攻坚，就必须通过移风易俗，积极培育和践行社会主义核心价值观，铸就新时代农民的新风貌。以移风易俗为抓手，推动农村文明行为的培育，使社会主义核心价值观在农村落地

生根。新时代的新农村，不仅要房子新、马路新，经济方面有新发展，还要有新风貌、新境界、新风俗、新风尚。新时代的广大农民，应该不信鬼神信科学，不打麻将学文化；不要彩礼要感情，不要嫁妆要人品；善事老人，敬养双亲，让年迈的父母住有所居、老有所养、病有所医，安享晚年，一旦谢世，新事新办，厚养薄葬。新时代的乡村，应该干群和谐，邻里互帮，摈弃了赌博、迷信之风，铲除了高价彩礼、薄养厚葬等陋习。而这些文明乡风的实现，必须通过移风易俗才能实现。所以，移风易俗，培育文明的社会风气，是社会主义核心价值观在农村落地生根的重要抓手。

### （四）移风易俗，培育文明乡风，是广大农民群众的心声和热切期盼

陈规陋习不仅严重污染了社会空气，也使农民深受其害。高价彩礼之风，破坏了多少美好的姻缘，致使多少家庭因婚致贫，降低了多少老人的幸福指数，加剧了多少婆媳之间的矛盾。聚众赌博，多少人赌输了家产，毁掉了家庭，丧失了奋斗创业的志气，养就了不少懒汉、二流子。而封建迷信，拜神拜鬼，既助长了人们的愚昧，也花了不少冤枉钱。有的人，病后不问医生求鬼神，为此丢掉了性命，迟缓了乡村振兴的进程。而厚葬薄养之风，致使多少老人老无所依，老无所养，孤苦伶仃地走完人生的苦难旅程。广大农民对这些陈规陋习憎恨无比，然单凭个人力量又无能为力，只好随大流，做不愿意不情愿甚至厌恶之事。因此，移风易俗，铲除陈规陋习，是广大农民的心声，是他们的热切期盼。

习近平总书记说过："人民对美好生活的向往，就是我们的奋斗目标。"[①] 移风易俗，破除陈规陋习，让社会主义核心价值观内化于心，外

① 《习近平谈治国理政》第1卷，外文出版社2018年版，第3页。

化于行。把社会主义核心价值观落到实处，这既是实现全面建成小康社会的需要，是乡村振兴的需要，也是广大农民的热切期盼。

## 三、移风易俗，培育文明乡风的路径

风俗，是人们在日常生活中长期相沿积久而形成的风尚、习惯。风俗一旦形成，就会在大众中普遍流行，不管是谁，都或多或少要受其影响，受其约束。风俗的这种大众的普遍的日常的性质，决定它的影响力的广泛性。风俗习惯作为人类的一种精神活动，其社会意识起到塑造人们世界观的作用，其社会行为给人以示范的力量，其社会舆论的特性又起到一定的导向作用，从而在潜移默化中对人们产生深刻影响。风俗习惯一旦形成，就具有持久性。不管合理与否，要改变它绝非易事，必会受到来自家庭、亲朋、邻居、同事的阻拦，受到社会的抵制。所以，开展移风易俗活动，要根据风俗具有广泛、深刻和持久性的三大特点，有针对性地开展工作。

### （一）提高党员干部对开展移风易俗、培育文明乡风重要性的认识

要做好一件事情，首先要提高认识，特别是党员干部的认识。目前，在一些乡村之所以陋习仍存，原因之一是有些干部认识不到位。他们往往把主要精力放在发展经济上，而忽略移风易俗、乡风文明建设，把高价彩礼、迷信活动和薄养厚葬等，看作村民个人的事，把玩玩牌、赌点钱看作农民的个人喜好。他们对一些陋习明明知道其危害，但仍视而不见，有的还带头参与。因此，加大对党员干部的教育培训，提高他们对移风易俗重要性的认识十分重要。通过培训要使他们认识到乡风陋习不是小事，它严重影响小康社会的建设步伐，严重延缓乡村振兴战略

的实施，严重影响农民群众的幸福生活。对农村存在的“四害”决不能懈怠、应付和不作为。除此之外，还要使其率先垂范、以上率下。村看村，户看户，群众看的是干部。党员干部要带头移风易俗，新事新办，才能推动移风易俗工作的开展。

### （二）强化对农民的教育，提高其自身认识，使其自觉抵制陈规陋习

“凡教化之不立，而万民不正也。”治理以教化为本，说服教育任何时候都不能放松。要把移风易俗工作做深做实，做出成效，首先要广泛深入、毫不松懈地开展思想教育工作。要结合农民的特点，用农民听得懂的语言、喜欢的方式，强化社会主义核心价值观的教育，加大传统文化和科学文化知识教育以及良好家风教育，要使农民群众从心里认识到高价彩礼、聚众赌博、封建迷信、薄养厚葬等陈规陋习的危害，认识到破除这些陋习的重要意义。特别是要让习近平总书记关于“幸福都是奋斗出来的”等重要思想家喻户晓、入脑入心，使大家真正明白，无论是脱贫还是致富，“绝不是轻轻松松、敲锣打鼓就能实现的”，必须付出更为艰巨、更为艰苦的努力，从而点亮农民的精神世界，激发其内生动力；还要开展科学精神和无神论教育，抓好农村科技普及工作，由此遏制农村封建迷信活动。加强社会治安综合治理，依法取缔封建迷信活动，严厉打击各种制造传播封建迷信的违法犯罪分子。把广大农民对美好生活的追求，转化为崇尚文明、艰苦奋斗的动力；把乡村振兴过程中经济发展向上向好的景气，转化为社会风气向善向美的景象；把农耕文明的优秀遗产，转化为“仓廪实而知礼节、衣食足而知荣辱”的道德基石。

### （三）开展移风易俗活动，培育文明乡风，要在制度建设上下功夫

没有规矩，不成方圆。一县、一乡、一村庄，甚至一个家庭，要管

理好、建设好，一定要靠制度、有规矩。要把移风易俗，培育文明乡风这项工作做好，同样要在制度建设上下功夫。

1．抓好村规民约建设

“百里不同风，十里不同俗。”农村基层干部要根据自己村庄的实际，动员广大村民，在广泛征求意见的基础上，制订和完善符合本村实际的村规民约。要让农民自己说事、议事、主事，利用乡规民约铲除陈规陋习，把农村的好风气固定下来、坚持下去。在制订村规民约时，要与时俱进，按照核心价值观的要求，增加体现新时代特征的内容，强化正确价值导向，使农民群众内心有尺度、行为有准则。要引导群众自觉与高价彩礼之风、封建迷信之风、赌博之风和薄养厚葬之风作斗争。要告诉群众，哪些事可以做，哪些事不能做，哪些事倡导做，哪些事在任何情况下坚决不做。

2．抓好乡风文明载体建设

有了村规民约，还要在创建文明活动载体上下功夫，以便把乡规民约变成农民的实际行动。首先，要发挥农村“三会”的作用：三会即红白理事会、道德评议会、禁毒禁赌会。要让威望高、作风正派的人主持“三会”工作，由“三会”来监督村民中存在的攀比、迷信、赌博之风。要让“三会”起到定纷止争、调谐邻里、制止红白事大操大办的作用，提高农民群众自我约束、自我管理、自我服务、自我提高能力。比如，村里的所有红白事，都交红白理事会按照统一的标准办理。不管你多有钱，其标准不能突破。这样就使红白喜事大操大办的人没有了市场，陈规陋习失去了存在的土壤。其次，要注重地域特色，深入开展“传家训、立家规、扬家风”活动，广泛开展“星级文明户”“五好文明家庭”“身边好人”“好媳妇好婆婆好妯娌”等特色评选活动，营造崇德向善、孝老爱亲、爱国爱乡的浓厚氛围。通过培树一批群众看得见、摸得着、信得过的身边典型，激励人们比学赶超、向上向善，使讲文明、树新风成为农民群众的自觉追求。

3．加快农村公共文化服务体系建设

精神文化生活单调、科学知识贫乏、文化程度不高是造成陈规陋习泛滥的原因之一。尽管农村每年都有文化下乡活动，但一年一两次的“文化下乡”，根本就不能满足农民对文化的渴求。贫乏的业余生活，使村民多以打牌、打麻将、喝酒猜拳打发空闲时间。所以，政府要加大农村文化建设投入力度，加快农村公共文化服务体系建设，进一步扩大农村公共文化服务的覆盖面。有条件的地方，要成立农民文化站、宣传队，特别是农闲时要把大家组织起来，用社会主义新文化占领农村阵地。让村民在社会主义核心价值观教育中，潜移默化中树立正确的人生观和价值观，自觉移风易俗，抵制陈规陋习。

### （四）开展移风易俗活动，培育文明乡风，要在锲而不舍、久久为功上下功夫

一定的风俗习惯，一经形成，便有一定的持久性。所以，移风易俗无法一蹴而就，不能一劳永逸。各级领导干部必须树立久久为功、锲而不舍的思想。要把培育文明乡风当成一项长期的系统的工程来抓，认真规划，常抓不懈。并把培育文明乡风纳入干部年度考核，形成长效机制。只要我们咬定青山不放松，久久为功，就一定能够在新时代让乡村文明焕发出新气象。

总之，一个社会的风俗习惯，是这个社会文明程度的一种反映和标志。现实表明，那些至今在农村还存在或死灰复燃的旧风陋习，不仅束缚着人们的思想，腐蚀着人们的灵魂，阻碍着社会的进步，而且伤风败俗，诱发大量的违法犯罪行为，影响社会的安定、人民的团结、家庭的

幸福，还给广大农民带来严重损害。只有克服它们，移易它们，才能提高人们的思想境界，树立良好的道德风尚，形成安定团结的社会环境，从而助推全面建成小康社会和乡村振兴战略的实施。

（作者为邯郸学院教授）

# 以人民为中心

## ——新时代文艺方针指导下的中国文艺

孙　丹

让人民当家做主，成为国家的主人，是中国共产党人的初心。党的十八大把“必须坚持人民主体地位”作为“新的历史条件下夺取中国特色社会主义新胜利”必须牢牢把握的基本要求之一。“坚持以人民为中心”是新时代文艺工作指导方针的表述，是在“双百”方针、“二为”方向，弘扬主旋律与提倡多样化的文艺工作方针基础上的创新发展。党的十九大报告中把“坚定文化自信，推动社会主义文化繁荣兴盛”作为全面建成小康社会的重要任务之一，“中国特色社会主义文化”作为“五位一体”总体布局的维度构成，不仅与经济、政治、社会、生态文明建设相并列，而且与社会主义道路、理论体系、制度相并列，作为中国特色社会主义基本内涵的重要组成部分，写入了党章。新时代文艺创作贴近人民、贴近生活，以浓墨重彩刻画描摹追逐中国梦的时代新人，讴歌中华民族接续奋斗阔步走向世界舞台中央的时代精神，在文学、影视、美术、摄影、舞台艺术等各个艺术门类，在现实、历史、科幻、少儿等题材方面，产生了一大批精品力作。以传统文化为依托自主创新、广受欢迎的文艺类文化综艺节目，成为具有高科技时代特征的重要文艺现象。

中国文学家以零的突破相继获得诺贝尔文学奖[①]、“北极光”杰出文学翻译奖[②]、雨果文学奖[③]、国际安徒生奖[④]等具有世界影响力的国际文艺奖项，成为文化建设的标志性成果。同时，直面现实、贴近生活的文艺创作，也为引导风清气正的社会文化环境发挥了独特作用。

## 一、全面深化改革的新时代文艺应具有承载复兴梦想的思想价值

文学艺术是文化百花园里的奇葩，优秀的文艺作品以穿越时空的魅力，以真、善和美浸润滋养不同时代人们的心灵。因此，文艺家及其作品，肩负着状写伟大时代、追寻崇高价值、塑造时代新人、引领时代风尚的重大职责。但是，在社会持续转型、深化改革处于攻坚推进的时期，各种社会思潮和社会矛盾叠加对既有价值观、人生观所造成的冲击，也曲折深刻地反映在文艺创作中。一段时期，一部分文艺创作脱离人民，疏离社会生活，丧失文艺的精神风骨、人文情怀和审美旨趣，唯票房、收视率是尊，以天价投资、问题明星、话题制造、离奇剧情、低俗趣味等失德失范之举刺激大众神经，公然挑战社会秩序、伦理道德、法律法规，出现碎片化、虚无化，甚至追求娱乐至死的浮躁恶俗之风，庸俗、低俗、媚俗之作泛滥，抄袭、翻拍、穿越、恶搞、无厘头的胡编乱造霸屏，扭曲、丑化、虚构、解构中华民族的历史、人物和文化之风蔓延，电视上一些文化类综

---

① 2012 年，莫言获得诺贝尔文学奖。

② 2014 年，许渊冲获国际翻译界的最高奖项——国际译联“北极光”杰出文学翻译奖。

③ 2015 年，刘慈欣的科幻小说《三体》获雨果文学奖最佳长篇奖，2016 年，郝景芳的科幻小说《北京折叠》获雨果文学奖最佳中短篇小说奖。

④ 2016 年，曹文轩获国际安徒生奖。

艺节目成为各路明星、富豪炫富的竞技场。而部分文艺批评沦为帮闲、吹捧，学术研究脱离创作实际，媒体舆论丧失立场地热衷炒作，严重地污染和损害了社会文化生态。种种文化乱象极大地混淆了文艺创作中美与丑、真与假、善与恶的界限，甚至严重扭曲了年轻一代对文艺想象、对历史和现实关系、对审美价值的认知。思想理论界和学术界有识之士对此始终持坚定的反对态度，发表文章进行理性、严肃地批驳。2011年7月15日，《人民日报》发表长篇评论，直指阻碍文艺创作健康发展的一些顽疾和新症，引起社会各界广泛持续的关注和讨论。[①]

2014年10月15日，习近平主持召开文艺工作座谈会，各领域文艺工作者代表70余人参加，7位作家、艺术家发言。习近平在会上发表讲话，要求广大文艺工作者不能在市场经济大潮中迷失方向，要关注人民大众的精神文化需求，把人民作为文艺表现的主体，以充沛的激情、生动的笔触、优美的旋律、感人的形象创作生产出人民喜闻乐见的优秀作品，让人民精神文化生活不断迈上新台阶。习近平在讲话中阐述的文艺工作若干理论问题，回答了关于文艺繁荣发展一系列带有根本性、方向性的重大命题，体现了中国共产党对新时代文艺与时代、文艺与政治、文艺与社会生活关系的思考和总结，是马克思主义文艺理论中国化、时代化、大众化的最新成果。2015年10月14日，讲话由新华社公开发表。

“当代中国作家的时代角色和历史使命是……为当代中国现代化的历史进程立传，为人民立言立德，为建设者、创业者、新人形象和英雄人物塑像，为普通百姓的生活开新天。”[②] 国家富强、民族振兴、人民幸

① 文艺创作十大恶俗即回避崇高、情感缺失、以量代质、近亲繁殖、跟风炒作、权力寻租、解构经典、闭门造车、技术崇拜、政绩工程。参见李舫：《让文艺复归心灵 让创作贴近现实 十大恶俗阻碍文艺健康发展》，《人民日报》2011年7月15日。

② 陆贵山：《担时代使命　攀文艺高峰》，《人民日报》2017年4月21日。

福的“中国梦”不仅成为新时代实现中华民族伟大复兴的表征，也为文艺创作提供了极为丰富深厚的源泉。2013年以来，中国文联多次组织音乐、美术、舞蹈、民间文艺、摄影等艺术门类的文艺家，深入老少边穷地区开展“追寻中国梦——文艺家采风创作基层行”系列活动，并举办作品汇报展览。2014年初，又组织在全国开展“我们的中国梦”文化进万家活动。

党召开文艺工作座谈会以后，2014年11月，中宣部、文化部、新闻出版广电总局、中国文联、中国作协联合印发通知，决定在全国文艺战线广泛开展“深入生活、扎根人民”主题实践活动。2015年10月15—23日，中国文联在北京推出6场“深入生活、扎根人民”文艺创作成果展演，分别为社会主义核心价值观组歌交响音乐会、文质兼美优秀基层书法家创作成果汇报展、文艺创作成果展演舞蹈专场、文艺创作成果展演曲艺专场、当代十五位美术家作品展和著名摄影家“深入生活、扎根人民”作品展览，集中展示了广大文艺工作者主题实践活动的丰硕成果。其中在清华大学新清华学堂首演的社会主义核心价值观组歌由王晓岭、徐沛东等著名词曲作家和制作团队创作，运用交响组歌的音乐形式，推出涵盖社会主义核心价值观24字内容的13首原创歌曲。截至2015年末，中国文联及所属各文艺家协会深入基层，组织各类主题活动100多场，1000多位文艺工作者足迹遍布全国17个省区市66个基层活动点。各级文联组织超过2.5万名文艺家深入300多个城市基层，开展内容丰富的服务采风活动，直接服务基层群众280万人。中国文联、中国文艺志愿者协会在2015年5月23日第二个中国文艺志愿者服务日时，在全国范围发起“到人民中去”文艺志愿服务主题活动。各级文联、文艺志愿者协会组织开展主题实践活动2000多场次，参与文艺志愿者人数近7万人，直接受益群众达300多万。中国剧协、中国音协、中国美协、中国曲协、中国舞协、中国民协、中国摄协、中国书协8家全国文艺家协会在11个省份实施开展了文艺培训项目，组织160名文艺志愿者面向基层文艺工作者进行辅导培训，在基层留下一支不走的文艺工作者队伍，丰富基层群众的文化生活。中国作协组织了多批次、上百名作家，深入乡镇社区、革命老区、工矿企业及高科技创新产业园区等重点生产建设一线体验生活，进行主题采访写作。广大文艺工作者通过基层实践，见证并摄取了深藏于民间最朴素的真理和最丰沛的情感，描绘出最鲜活生动的社会场景和最朴实动人的故事，文艺创作氛围和评论氛围日趋平和、沉静。此外，中国美协每年都举办“向人民汇报——‘深入生活、扎根人民’主题实践活动成果汇报展”，收获了大量反映时代精神与风貌的美术作品。

## 二、全面深化改革的新时代文艺创作需要主流思想价值的引领

科学化、制度化的文艺创作评价体系和评价标准是党领导的文艺创作价值引领的重要风向标。能否把握好文艺创作生产价值导向，直接关系到我们党的文艺路线、方针、政策的贯彻执行。新一届党中央将文艺繁荣发展上升到国家战略层面，为文艺健康发展提供制度环境和价值引领。针对文艺、文化评奖过多、过滥，获奖作品却频频引发社会争议等问题，中共十八届三中全会作出“健全文化产品评价体系，改革评奖制度，推出更多文化精品”的部署。2014年2月，中央全面深化改革领导小组第二次会议通过的《深化文化体制改革实施方案》中，将“制定改革文化评奖的指导性意见”列为重点改革目标。2015年10月出台的《中共中央关于繁荣发展社会主义文艺的意见》进一步提出要不断深化改革，完善体制机制，加强和改进文艺评奖管理，切实提高评奖公信力和影响

力。2015 年 12 月 28 日，中共中央办公厅、国务院办公厅公布《关于全国性文艺评奖制度改革的意见》，共 10 部分，27 条。《意见》批评了文艺评奖中存在的评奖过多过滥、重复交叉，以及评奖标准、程序、监督机制不尽完善，个别作品只为评奖而创作的现象，明确举办主体，规范审批流程，提出改革措施，以及完善标准、提高质量、严格纪律、规范程序、加强监督、抓好落实等具体措施，并大幅压缩奖项数量，对常设和非常设奖项的设置以及颁奖晚会规模均作出严格规定，纠正扭转各种评奖晚会中的铺张奢靡浮夸之风，强化文化生活中的价值引领和健康审美导向。

2015 年 10 月，“扶持优秀文化产品创作生产”“加强文化人才培养”“繁荣发展文学艺术”作为中国特色社会主义文化建设的重要目标，写入《中共中央关于制定国民经济和社会发展第十三个五年规划的建议》，在“十三五规划”正式文件中进一步明确提出要“推出更多传播当代中国价值观念、体现中华文化精神、反映中国人审美追求的精品力作。……建设德艺双馨的文艺队伍”。2016 年 1 月，中宣部和中国文联出台《2016—2017 年全国文艺骨干和管理干部培训工作规划》，共同举办深入学习贯彻习近平总书记文艺工作座谈会重要讲话专题培训研讨班。至 2017 年 10 月，共举办 241 期培训班，面对面培训会员 5 万多人，安排邮寄教材培训会员 2.6 万人。2016 年 10 月 20 日，中国文联文艺工作者职业道德建设委员会成立，通过了《中国文联文艺工作者职业道德建设委员会章程（草案）》，推举中国曲艺家协会主席姜昆为委员会主任。姜昆在成立大会上说，文艺工作者肩负弘扬先进文化、推动社会进步的神圣职责，只有坚守艺术理想和艺术良知，把德艺双馨作为自己的毕生追求，才能内化于心、外化于行，用优秀作品赢得人民赞誉，用人格力量赢得社会尊重，用自身的艺术才华和创造实践为社会公众作出表率，为推动社会文明进步作出新贡献。

2016年11月30日，中国文学艺术界联合会第十次全国代表大会、中国作家协会第九次全国代表大会在北京举行。习近平总书记出席大会并再次就文艺工作发表讲话，要求广大文艺工作者要坚持以人民为中心的创作导向，坚持为人民服务、为社会主义服务，坚持百花齐放、百家争鸣，坚持创造性转化、创新性发展，高擎民族精神火炬，吹响时代前进号角，把艺术理想融入党和人民事业之中，做到胸中有大义、心里有人民、肩头有责任、笔下有乾坤，推出更多反映时代呼声、展现人民奋斗、振奋民族精神、陶冶高尚情操的优秀作品，努力铸就中华民族伟大复兴时代的文艺高峰。习近平总书记还指出，实现中华民族伟大复兴，需要物质文明极大发展，也需要精神文明极大发展。中华民族生生不息绵延发展、饱受挫折又不断浴火重生，都离不开中华文化的有力支撑。中华文化独一无二的理念、智慧、气度、神韵，增添了中国人民和中华民族内心深处的自信和自豪。实现中华民族伟大复兴，是一场震古烁今的伟大事业，需要坚韧不拔的伟大精神，也需要振奋人心的伟大作品。为此，习近平向广大文艺工作者提出四点希望：1. 希望大家坚定文化自信，用文艺振奋民族精神；2. 希望大家坚持服务人民，用积极的文艺歌颂人民；3. 希望大家勇于创新创造，用精湛的艺术推动文化创新发展；4. 希望大家坚守艺术理想，用高尚的文艺引领社会风尚。

2017年，《关于支持电视剧繁荣发展若干政策的通知》正式出台，紧随其后召开的全国电视剧工作座谈会对推动电视剧事业持续繁荣发展提出进一步要求。为落实上述二者要求，随后出台的《关于电视剧网络剧制作成本配置比例的意见》中明确提出“全部演员的总片酬不超过制作总成本的40%”，对抵制不合理高片酬等不良行业风气具有重要意义。

除了思想引领，还通过政策扶持，通过国家艺术基金、国家出版基金、全国影视重点资助项目、国家工程、政府购买等形式，支持戏剧、电影、电视、音乐、舞蹈、美术、摄影、书法、曲艺、杂技等艺术门类创新发展，鼓励戏曲流派创新，推动交响乐、歌剧、芭蕾舞等艺术品种的中国化、民族化，培养优秀文艺队伍成长壮大，促进更多传播当代中国价值观念、体现中华文化精神、反映中国人审美追求的优秀文学、剧本、乐曲等精品力作脱颖而出，为人民群众提供更多高品质的精神食粮。各省市也出台各项扶持政策，通过重大题材选题引导和鼓励创作。

2017 年 3 月，历时 6 年、中央财政专项资金 1.5 亿元资助的中华文明历史题材（1840 年以前）美术创作工程完成，人民美术出版社出版了历史文献集。中国美术馆代表国家确认收藏作品 146 件，包括国画 61 件、油画 42 件、版画 17 件、雕塑 26 件。藏品在国家博物馆举办了“中华史诗美术展”。同年又启动新一轮国家重大题材美术创作工程。2018 年 8 月 1 日，中宣部、中国文联、财政部、文化和旅游部与中国美术家协会启动了“不忘初心 继续前进——纪念中国共产党成立 100 周年大型美术创作工程”。该工程依托丰富的历史素材和研究史料，运用绘画、雕塑等艺术形式，再现 1921—2021 年中国共产党成立 100 年来各个历史时期的重大历史事件、杰出历史人物和优秀共产党人，艺术化地展现中国共产党光辉历程和不朽功勋。2019 年 1 月，工程办公室收到 1252 位作者提交的 2192 件（组）电子版创作草图，并完成对四个历史时期[①]的 200 多个选题草图的评审工作。

北京市设立宣传文化引导基金、文化艺术基金、影视出版基金，每年投入 4 亿元，扶持重大题材创作。在重大题材创作上，大力实施文化

① 四个时期即新民主主义革命时期（1919—1949 年），社会主义革命和建设时期（1949—1977 年），改革开放和社会主义现代化建设时期（1977—2012 年），中国特色社会主义新时代（2012 年至今）。

精品工程。在抗战胜利70周年、建党95周年、长征胜利80周年等重要时间节点，面向全市征集发布精品工程项目，引导各类文艺机构和文艺工作者关注重点题材、认领重点选题。通过“一剧两星”、鲁迅文学奖评奖机制改革，确定“群众评价、专家评价、市场检验”相统一的评价标准，将“草根需求”“精英诉求”和“市场要求”相结合等措施，强化科学合理地设置反映市场接受程度的发行量、收视率、点击率、票房收入等量化指标，改变“专家叫好”与“市场叫座”错位的尴尬局面，旗帜鲜明地倡导社会主义核心价值观念，弘扬真善美，引导和满足人民的需要，从而影响、引导文艺创作生产者的立场和态度，从而切实改进文化产品评价激励示范机制。

## 三、全面深化改革的新时代文艺创作的发展和繁荣

随着不断改革与时代发展不相适应的文化管理体制机制，不断加大对具有示范性、引领性作用的文艺原创精品的扶持力度，不断完善文艺创作生产、流通、传播引导机制，中国文艺迎来了繁荣发展的新时代。

中国电影电视经过十余年的探索，已由外延式的数量增长型转变为内涵式的质量提高型，成为名副其实的影视剧生产大国、消费大国，并频频“出海”。

在多年探索、借鉴海外影视产业发展经验的基础上，2017年3月，《电影产业促进法》颁布施行。为更好地发挥电影在宣传思想和文化娱乐方面的特殊重要作用，发展和繁荣电影事业，2018年3月，中共中央在《深化党和国家机构改革方案》中规定，中央宣传部统一管理电影工作，将国家新闻出版广电总局的电影管理职责划入中央宣传部，中国电影迎来了发展的新阶段。仅2018年，全年生产电影故事片902部，动

画电影 51 部，科教电影 61 部，纪录电影 57 部，特种电影 11 部，总计 1082 部。全国电影总票房为 609.76 亿元，比上年 559.11 亿元增长 9.06%，城市院线观影人次为 17.16 亿，比上年 16.2 亿人次增长 5.93%。2018 年全年国产电影票房为 378.97 亿元，占票房总额的 62.15%；全年票房过亿元影片 82 部，其中国产电影 44 部，在与进口大片的市场竞争中，国产电影无论从票房数字还是社会口碑上，均占据优势。截至 2018 年，中国银幕总数达到 60079 块，其中 2018 年新增 9303 块，银幕总数稳居世界第一。

由于国家文艺政策的强力引导以及市场秩序得到规范清理，文化生态环境明显好转，生产创作者责任担当意识不断增强，文艺作品的价值导向更加契合时代与人民的需要，思想性、艺术性、观赏性俱佳的精品力作频现，现实主义精神强势回归。同时，随着观众审美品位和观赏水平日益提高，曾经喧嚣一时的玄幻剧、悬浮剧、炫富剧风光不再，贴近人民生活、关注社会现实、有筋骨、有厚度、有温度的作品更受青睐。《战狼 2》《建军大业》《冈仁波齐》《二十二》等，以乾坤正气、深厚文化内涵与历史底蕴跻身中国电影发展史殿堂。

2018 年适逢改革开放 40 周年，艺术家们以透视这段历史的精品力作致敬伟大的年代和伟大的创业者，把推动中国持续前进的无数平凡人的奋斗故事呈现在影视屏幕上。如《片警宝音》《春天的马拉松》《照相师》《一个人的课堂》《中国合伙人 2》《热土》《红盾先锋》等影片，刻画了普通民众在伟大时代里的非凡人生。而具有中国特色、日趋成熟的主流影片在创新发展中，培育起忠实的观众群体。继 2017 年上映《战狼 2》之后，军事题材电影《红海行动》《中国蓝盔》《浴血广昌》再放异彩。这些影片继承又突破传统功夫片的窠臼，以现代观念诠释传统类型片，以强情节的叙事模式和强动作场面、全新的电影语言和中国式英雄形象，标志着中国主流军事大片类型范式的形成。《唐人街探案 2》《幕后玩家》《西虹市首富》等，使国产喜剧片成为电影市场上观众喜闻乐见的电影类型。

与此同时，从 2017 年到 2018 年，IP 影视剧[①]热潮全面消退，一些曾经叫卖出天价的“大 IP”被滞留在项目评估阶段。一些已经实现影视转化的热门 IP，其口碑和收视率全面滑落，标志着影视艺术的文学属性和审美价值重新得到重视，为影视艺术向着更高的目标迈进奠定了基础。由网络写手创作并首次在网上发布的网络小说是网络时代的必然产物。与传统写作和阅读方式相比，网络小说门槛低、内涵复杂，题材被归纳为玄幻、武侠、仙侠、奇幻、科幻、都市、言情、历史、军事、游戏、体育、灵异、同人、二次元等。从按照类型归纳划分题材这一点来看，网络小说是传统通俗小说的流脉，至今并未产生主旋律作品。但从付费阅读群体庞大这一点来看，网络小说的影响不可小觑，早已经成为具有时代特征的文化现象。2010 年以后，在资本的推动下，网络小说与影视结盟，一些网络小说被改编为影视。但是，IP 剧作为互联网时代文化产业链条上的重要环节，发展方向是不可阻挡的，需要给予更多的研究。

电视剧《人民的名义》《彭德怀元帅》《琅琊榜》《伪装者》《北平无

① IP 剧是指在有一定粉丝数量的国产原创网络小说、游戏、动漫等基础上创作改编而成的影视剧。热播热映的有网络小说改编的《步步惊心》《何以笙箫默》《花千骨》《甄嬛传》《我是特种兵》《致我们终将逝去的青春》《裸婚时代》《鬼吹灯之九层妖塔》《琅琊榜》《诛仙·青云志》《一路繁花相送》《幻城》《芈月传》《云中歌》《秦时明月》《锦衣夜行》《诛仙》《爵迹》《云之凡》《三生三世　十里桃花》《微微一笑很倾城》《欢乐颂》《翻译官》《匆匆那年 2》等。快速崛起的 IP 剧成为 2015 年前后几年里的重要文化现象，被视为泛娱乐时代“互联网 +”技术和金融资本推动的产物。在过度追逐利润的资本狂热搅动下，IP 剧迅速泡沫膨胀，“小鲜肉”“天价片酬”“抄袭”“版权纷争”等问题不断。缺乏精彩故事和精神内核的概念炒作营销模式终难以持续，《莽荒纪》《凤囚凰》等风评不佳，收视惨淡。IP 剧也是这几年学术研究关注的热点。

战事》《大秧歌》《安居》等无疑是这一时期“有筋骨”“有道德”“有温度”的作品。《老农民》首次以编年体的形式为农民树碑立传，《安居》是中国棚改第一剧，《琅琊榜》则以史诗品格与正剧品质一扫多年来戏说成风的古装剧，树立了历史剧的新标杆。《他来了，请闭眼》创新了互联网反向输出到电视台的发行模式。

这一时期的电视政论专题片焕发生机，不仅数量激增，而且在全面推进深化改革进程中梳理改革开放历史进程、描绘中国现实图景、展望中国未来发展趋势等方面，发挥出独特作用。《将改革进行到底》《法治中国》《大国外交》《巡视利剑》《强军》《辉煌中国》《不忘初心 继续前进》等收视率和社会关注度高企。电视文化综艺节目则实现从引进到自主创立的跨越。2017 年，被誉为“收视率与口碑齐飞”的文化综艺类节目《中国诗词大会》《见字如面》《朗读者》《中国戏曲大会》等一经开播，便成为“文化传播”“综艺价值”“自主创新”的风向标，获得了很好的社会效益。

作为文学创作的重要类型，小说创作取得了令人瞩目的成就。近 10 年来，标志着当代文学创作最高水准的长篇小说持续繁荣，2015 年超过 5000 部，2018 年突破了 8000 部。2016 年网络小说为 434 部，2017 年达 466 部。60 后、70 后、80 后作家成为当前文学创作的中坚力量，85 后甚至 90 后新生代作家崭露头角，科幻文学、网络文学等新型文学形式成为一股不容忽视的力量并影响整个文学生态发展。《黄冈秘卷》《考工记》《极花》《独药师》《望春风》《下弦月》《重庆之眼》《梁光正的光》《平原客》《劳燕》《应物兄》《牵风纪》《人世间》《艾约堡秘史》《借命而生》《北上》等长篇小说，在诠释现实主义文学优良传统中实现了继承与突破。作家们扎根生活、对话时代，以强烈的激情与现实主义关照，呈现出强烈的主体意识与年轻化、多元化的创作态势，取得了新的艺术成就，产生了广泛的社会影响。

这一时期，中国戏剧舞台也精彩纷呈。2016年，中国举办了一系列的文化活动，以纪念著名剧作家、“东方莎士比亚”汤显祖（1550—1616）逝世400周年。“中国戏剧梅花奖获奖演员优秀剧目数字电影工程”持续推进，并在城乡放映，借助电影院线的优势还戏于民，将优秀的舞台艺术以数字电影的方式实现城乡共享，既抢救和保护了珍贵的艺术资源，为普及戏剧戏曲文化开拓了更广阔的空间，同时丰富了电影类型和文化生活，是传承和弘扬中华优秀传统文化的有力举措。

影视艺术不断拓展海外市场，“出海”战果丰硕，中华文化世界影响力不断增强。2018年，《国家宝藏》《朗读者》《经典咏流传》《声临其境》等九大中国原创电视节目模式亮相法国春季戛纳电视节。此后，中国首次作为主宾国携《皓镧传》和原创综艺节目《这就是灌篮》参与戛纳秋季电视节。原创节目《我就是演员》与美国IOI签署模式销售协议。2018年，中国影视内容产品和服务出口产值超过4亿美元。中国青春网剧《致我们单纯的小美好》正式登陆Netflix，在全球超过190多个国家和地区播出。《延禧攻略》版权销售到约90个国家。纪录片《孔子》《故宫》《透视春晚：中国最大的庆典》《舌尖上的中国》等在海外热播。《中国好歌曲》等节目模式被海外订购，不仅成功实现了国际传播，所表达的东方美学意境、中华文化的悠久历史和独特的人文情怀，也正在引起不同文化族群的关注。

2018年12月18日，在庆祝改革开放40周年大会上公布的表彰100名改革开放杰出贡献人员名单中，歌唱家李谷一、演员李雪健、作曲家施光南、作家蒋子龙和路遥、导演谢晋、考古学家樊锦诗等文化艺术界人士获得改革先锋奖章。

在“互联网+”时代，网络文学、网络剧、微电影等新兴文艺类型发展势头如虹，正在极大地改变国人，特别是年轻一代的文化生产、消费方式和文化生活方式。推动传统文艺与网络文艺创新性融合，促进优秀作品多渠道传输、多平台展示、多终端推送，培养优秀的网络文艺创作、生产、传播和评论人才，健全网络文艺思潮研究分析机制，加大对网络文艺引导力度等，成为新时代文化建设亟待解决的新问题。

（作者为中国社会科学院当代中国研究所第三研究室副研究员）

# 强军伟业持续长久的支撑力量

## ——新中国70年军事文化建设的回顾与思考

胡耀武　潘　丰

“文化兴国运兴，文化强民族强。”文化是一个民族强盛的根脉，更是一支军队强大的支撑。习主席强调指出：“一个没有精神力量的民族难以自立自强，一项没有文化支撑的事业难以持续长久。”[①]70年前，作为中国共产党缔造和领导的人民军队，在波澜壮阔的革命战争实践中创造的中国乃至世界军事史上崭新的军事文化，为劳苦大众的解放和保证革命战争胜利作出了巨大历史贡献。新中国成立后，伴随着党的中心工作的转变，我军职能使命不断拓展，军事文化建设步入系统化、制度化、常态化的轨道。在这70年中，我国军事文化建设在军事斗争、经济建设和国防科技的发展中发挥着重要作用，成为中国特色社会主义文化建设的重要创造者和践行者。站在新时代的发展起点上，回顾和总结我国军事文化建设的历程和经验，思考新时代军事文化建设的路径，对于进一步贯彻落实习主席“打造强军文化”的战略思想，实现党在新时代的强军目标，把人民军队全面建成世界一流军队，具有重大的现实意

① 《习近平谈治国理政》第1卷，外文出版社2018年版，第52页。

义和长远的战略意义。

## 一、70 年来我国军事文化建设的重要历程

一部军史，就是一部军事文化的建设和发展史。我国军事文化建设是以包括理论武装、思想教育、新闻出版、文艺体育以及军营文化等方式感染人、引导人、塑造人、鼓舞人的过程，渗透和体现于军队建设的各个领域，促进官兵全面发展，为国防和军队建设提供人才、智力和精神支撑。新中国 70 年来，军事文化建设经历了三个发展阶段，掀起了三次发展高潮，实现了历史性转变和飞跃。

### （一）站起来阶段：开启军事文化建设的新航程

站起来阶段（从 1949 年新中国成立至 1978 年中共十一届三中全会召开），这一阶段军事文化建设面临的形势极为复杂，我军使命任务呈现多样化特点。军队建设随之向现代化、正规化的方向迈进，军事文化建设紧紧围绕国防和军队的正规化、现代化建设全面展开，虽历经挫折却仍能逆势而上，保持蓬勃发展的良好势头。其主要标志有：

1. 打好意识形态领域主动仗。我党一贯重视意识形态领域的工作，把意识形态建设作为统一思想、动员社会力量的传统优势，作为中国革命和建设顺利进行的有力武器。新中国成立后，我军的现代化、正规化建设，要求干部具有较高的政治理论水平，能够科学地处理面临的复杂问题和担负的繁重工作，而我军又具备了系统学习基本理论的条件。因此，在全军加强干部战士的马克思主义教育，加强官兵意识形态的建设，就成了军事文化建设的一项重要内容。一方面大力学习宣传马列主义、毛泽东思想，一方面肃清封建的、买办的、帝国主义的各种非无产

阶级的思想，从而保证了官兵意气风发地建设部队，对于部队官兵改造思想、提高觉悟、增强斗志、改进工作作风都起到了很好的作用。

2．精心实施“精神支柱工程”。具有典型性的代表是开展学雷锋和“南京路上好八连”活动，通过宣扬先进个体与集体两个层面，促进了军事文化的建设。雷锋是毛泽东思想哺育下成长起来的伟大的共产主义战士。雷锋牺牲后，毛泽东等老一辈革命家先后为雷锋题词，号召大家向雷锋同志学习。部队中见义勇为、助人为乐的好人好事层出不穷，蔚然成风。这顺应了时代需求、国家建设形势和人民群众美好的道德向往，丰富了军事文化内在的精神品格。“南京路上好八连”，在繁华的南京路上执行警卫任务，始终保持了全心全意为人民服务和艰苦奋斗的优良传统。通过宣传好八连先进事迹，树立了科学理论武装官兵，正确对待荣誉、发扬艰苦奋斗优良作风等导向，赋予了军事文化建设鲜明的时代特征和科学内涵。

3．重视军事科学体系建设。抓好了军事科学的创新发展，就抓住了军事文化建设的核心内容。在老一辈革命家的带领下，全军边展开研究，边组建队伍，边总结经验，边探索规律，围绕学习和研究毛泽东军事思想、总结我军革命战争经验和借鉴外军建设经验，掀起了群众性的军事科研活动。全军各大军区、海军、空军和各兵种司令部先后组成了战史研究编写机构，各军以上单位分别成立了研究编写战史和条令条例的组织。各军事院校陆续开设了军事理论研究的有关课程，翻译了一批外军的军事著作和有关资料，根据部队建设和发展的需要，组织编写了我军的部分基础性的规章制度和教范。这些开创性工作，为我国军事文化建设和发展打下了坚实基础。

4．积极开展对外宣传工作。这对于树立新中国和人民解放军在国际上的良好形象，加强人民军队同世界各国军队的交往，为国防现代化建设创造有利的国际条件，有着重要意义。经过多年实践，对外军事宣传形成布局合理、内容较丰富、手段相对多样化的格局。不论是有计划地组织各类代表团到国外参观访问，还是接待外国军队来华访问代表团，都适时地介绍中国社会主义建设和解放军现代化建设的成就等。此外，建立人民解放军福建前线广播电台，向国民党军政人员进行专题广播宣传，广播覆盖面可达整个台湾地区及附近海域。特别是人民解放军对国民党军队的宣传，紧紧围绕着统一祖国这个中心，多年来取得了很好的成效。

### （二）富起来阶段：迈向军事文化建设的新里程

富起来阶段（从 1978 年中共十一届三中全会召开到 2012 年党的十八大召开），这一阶段军事文化建设走向开放、对外交流，呈现继承发扬、快速发展的良好态势。特别是世纪之交以来，我军积极推进中国特色军事变革，着眼推动社会主义文化大繁荣大发展，军事文化建设在新的起点上更加自觉、更加明确、更有成效。其主要标志有：

1. 有力推动社会文明进步。面对严峻形势，中央强调要在加强物质文明建设的同时，加强社会主义精神文明建设。我军响应号召，积极投身军民共建社会主义精神文明和“双拥”模范城（县）的活动，既密切了军政军民团结，又促进了地方建设，推动了改革开放和社会进步。着眼新的形势发展，中央要求“把符合党和人民利益、符合时代要求的优良新风尚倡导起来”，全军高度重视，以军队精神建设的成果促进、推动和带动全社会精神文明建设的需要。特别是以“听党指挥、热爱人民、报效国家、献身使命、崇高荣誉”为主要内容的当代革命军人核心价值观，作为社会主义核心价值观的重要内容，对于引领社会文化发展、提升国家软实力、推动社会进步具有重要的价值功能。

2．有效保证了使命任务履行。在南疆保卫战中，我军加强军队的宗旨教育，积极用英雄典型开展工作，开展战场鼓动和杀敌立功运动，在广大参战官兵中牢固树立了“亏了我一人，幸福十亿人”的崇高思想，军事文化对于我军赢得保家卫国战争胜利发挥了强有力的服务保证作用。1989年春夏的政治风波，各执行任务部队坚决抵制资产阶级自由化思潮的侵袭，开展了以弘扬“共和国卫士”精神为中心内容的立功创模活动，顺利完成了戒严平暴任务，赢得“考试合格”的赞誉。进入21世纪新阶段，我军承担的非战争军事行动日益繁多。在执行任务过程中，我军高度重视军事文化建设，围绕统一思想、激励士气、树好形象，重视发挥军事文化的功能作用，有效地保证了我军多样化任务的完成。

3．积极实施科技强军战略。随着我军建设由准备打赢常规战争向打赢高科技条件下局部战争的转变，实行“两个根本性转变”，即由数量规模向质量效能型的转变、由人力密集型向科技型的转变，已经成为我军刻不容缓的任务。为了实现“两个根本性转变”，中央军委于1995年及时提出了“科技强军”的战略思想，果断地把军队建设重点转移到依靠科技进步和提高军人素质上来。全军上下形成讲科学、学科学、用科学的风气，普及科学文化教育，提高官兵的科学文化素质，用高科技知识武装和培养高素质军事人才，加强研制发展“撒手锏”武器，同时通过严格的教育训练，开展科技大练兵，使高素质的人才与高科技武器实行最佳结合，最大限度地发挥科学技术对我军现代化的动力作用。

4．配套法规制度更加规范。主要表现为依据法规制度指导军事文化建设的意识、能力更强。我军先后出台了多部法规性文件，或以专门法规的形式，或以综合性法规形式，对军事文化建设进行规范和指导，军事文化建设的正规化、制度化水平不断跃升。如，随着基层官兵精神文化需求日益强烈，加强基层文化建设成为政治工作的重要组成部分，为此及时下发《关于进一步加强军队基层文化建设的意见》，对军队基层文化建设给予科学指导。特别是贯彻落实依法治军方略以来，军事文化的法规建设驶入快车道，初步建立了较为完善的军事文化建设法规体系，为依法开展军事文化建设提供了强大的法规保障。

### （三）强起来阶段：踏上军事文化建设的新征程

强起来阶段（2012 年党的十八大召开至今），这一阶段军事文化建设主要以党的十八大以来为起点，表现为高度的文化自信，成为全军上下普遍共识。在古田全军政工会上，习主席鲜明提出“打造强军文化”的战略思想，标定了我国军事文化建设的时代新坐标，谱写了我国军事文化的崭新篇章。其主要标志有：

1. 推进强军兴军的基础工程。习主席在视察部队时以及不同场合多次谈到，要适应强军目标要求，着力培养“有灵魂、有本事、有血性、有品德”的新时代革命军人，立体地描摹“文化壁画”。此后，全军把培养“四有”新时代革命军人作为强军兴军的基础工程来抓，深入开展“学习践行强军目标，做新一代革命军人”主题教育，广泛组织“革命军人样子”大讨论，区分不同类型部队建立教育联系点。为了确保军队优良作风永不变色，又按照党的十九大精神要求，全军广泛开展“传承红色基因，担当强军重任”主题教育，制定《传承红色基因实施纲要》，组织开展“读经典、学原著”和“学传统、爱传统、讲传统”等活动，确保军队在剧烈的改革重塑中保持人民军队本色，继续发扬人民军队的优良传统。

2. 大力弘扬时代主旋律。面对复杂形势，军事文化顺应形势，唱响正气歌，与歪曲党的领导、唱衰中国发展、抹黑英雄模范等作斗争，取得较好效果。同时，推出“大功三连”和林俊德、张超等一批重大先进典型。军事文艺始终以崇高的品格、战斗的风格，赢得全军官兵和全国人民的喜爱和赞誉。推出了电影《刘老庄八十二壮士》、电视剧《火蓝刀锋》、话剧《兵者·国之大事》、歌曲《强军战歌》等一批富有兵味、集思想性艺术性为一体的优秀作品。全军部队“兵写兵、兵演兵、兵唱兵”蔚成风气，特别是广泛开展“军魂永驻”读书活动、“强军战歌”歌咏活动、“强军故事会”主题实践活动等一批深入官兵精神世界、真正触及灵魂、引起强烈共鸣的文艺作品竞相绽放。

3. 加强基层文化建设。伴随我军的奋进步伐，紧紧围绕强军目标，成为全军官兵开展基层文化工作的重点。2014年以来，为落实习主席重要指示，广大文化工作者开展“文化服务万里行”活动，累计行程32万余公里，为部队赠送文体器材5.72万台（件）、图书7.29万册、影视光盘13.2万张，维修器材5400台（件），培训文化骨干6743名，慰问演出1182场，受到基层部队好评。各部队积极运用全军开通的强军网，打造特色频道，建设精品栏目，突出网络文化的军味兵味，广泛开展阅读交流、影视欣赏、游戏竞技等网上群众性文娱活动。积极推动军事文化产品数字化网络化，普及数字图书馆、网上军史馆，开设军营博客、强军论坛、网上课堂，构筑“网上文化乐园”，开辟精神文化新空间，对官兵思想行为和审美情趣产生越来越大的影响。

4. 不断扩大军事文化交流。军队的形象就是国家和民族的形象，是一个国家的名片。随着使命任务的拓展，中国军队越来越多地走出国门，参与国际合作交流，执行人道主义援助、国际维和、亚丁湾护航、海外医疗救援、保护境外资产等任务，展示中国军人的一流素质和良好形象。以抗战胜利为主题举行的阅兵式中，我国自主研发的高端武器装备首次亮相，人民军队的发展壮大令世界瞩目，受阅部队气势雄壮、斗志高昂，展示了全国人民弘扬抗战伟大精神、聚力实现中国梦强军梦的豪迈意志。在上海合作组织成员国两届军乐节、APEC峰会，在中俄、中巴等备受瞩目的军事演习中，人们通过那些昂扬的旋律、精彩的节目、嘹亮的歌声来感受中国军人的形象，了解中国军队的风貌。

## 二、70年来我国军事文化建设的基本经验

历史是一面镜子，也是一部深刻的教科书。新中国70年，是强国强军的70年，也是我国社会主义文化、军事文化繁荣发展的70年。军事文化建设作为中国特色社会主义文化建设的重要内容，深深扎根于强国强军的伟大实践，不仅为军队发展提供了强大的精神力量，而且对统一中华民族的思想意志，凝聚中华民族的智慧力量，产生着巨大的精神影响，也积累了极为宝贵的历史经验。

### （一）坚持正确的政治方向是首要前提

国无魂不立，军无魂不强，人无魂不生。充分认识军事文化的战略价值、始终坚持科学理论的指导地位和坚决贯彻党对军队绝对领导的根本要求，这是我军保持人民军队性质和正确政治方向的根本保证，也是加强军事文化建设的首要前提。

1. 充分认识军事文化的战略价值。一个民族的生机与活力离不开文化的影响，同样，一支军队的作风与士气离不开文化的塑造。在长期的奋斗历程中，我们党高度重视军事文化建设，并将其作为军队建设根本性、全局性、长远性的战略任务，作为核心工程纳入军事建设规划之中。从“以提高文化作为首要任务，使军队形成一个巨大的学校”①到

① 《毛泽东年谱（1949—1976）》第1卷，中央文献出版社2013年版，第167页。

“把部队建设成为正义之师、文明之师、威武之师”，从“军队精神文明建设要始终走到社会的前列”到“高举中国特色社会主义伟大旗帜，大力发展先进军事文化”，再到“加强军事文化建设，打造强军文化”，所有这些思想和实践要求，都充分表明我们党对军事文化建设的认识上升到了一个战略高度，凸显了时代价值意义，指导着军事文化建设始终保持正确方向。

2．始终坚持科学理论的指导地位。我军作为执行革命政治任务的武装集团，决定了军事文化的政治属性。只有始终坚持科学理论的指导地位，才能使军事文化建设更好地抓住“关键”。在军事文化领域，坚持科学理论的指导地位，就是坚持与马克思主义军事理论一脉相承而又与时俱进的毛泽东军事思想、邓小平新时期军队建设思想、江泽民国防和军队建设思想、胡锦涛国防和军队建设思想和习近平强军思想。它们深刻阐明了中国军事和军事文化发展的一般规律，科学回答了军事领域的一系列重大问题，为国防和军队现代化建设提供了科学指南，而且为军事文化建设保持正确方向提供了思想武器。

3．坚决贯彻党对军队绝对领导的根本要求。党对军队绝对领导解决了新型人民军队如何创立、建立和发展的重大问题，这是军事文化的最主要特征。进行军事文化建设，把党对军队绝对领导摆在首位，坚持党统领军事文化建设的方针政策。持续用党的科学理论武装官兵，统一思想认识。坚持党委统一的集体领导下的首长分工负责制、政治委员和政治工作机关制、支部建在连上等党领导军队的基本制度。大力加强军队各级党组织领导文化建设的能力，充分发挥党委的核心领导作用、党支部的战斗堡垒作用和共产党员的先锋模范作用。同时，坚决抵制和批驳“军队非党化、非政治化”和“军队国家化”等错误政治观点，确保人民军队正确方向不偏离。

### （二）坚持为提高战斗力服务是根本指向

战斗力是一支军队打赢战争的决定力量，关系其兴衰成败。作为反映战争和军队建设实践的军事文化而言，必须始终着眼于战斗力的提高，而且必须始终为这一根本指向服务。

1．推动军事训练转型。军事训练是实现战斗力生成和提高的基本途径，也是彰显着军事文化的战斗属性。无论是20世纪60年代的群众性大练兵大比武，还是80年代的诸军兵种合成训练；无论是90年代的科技练兵，还是21世纪新阶段的复杂电磁环境下训练，以及新时代联合作战训练，我军始终以党的军事指导理论的创新成果武装官兵头脑，不断端正军事训练的指导思想，紧紧围绕“打什么仗、仗怎么打”这个重大问题，广泛开展革命英雄主义、强化战斗精神、提高打赢能力、履行使命任务的教育活动，广大官兵为中华民族根本利益而战的坚定意志不断强化，不怕牺牲、一往无前的英雄气概充分激发，为推动军事训练的转型提供了强大的精神动力。

2．满足军事人才需求。军事文化始终把培养大量军事人才作为重要内容。军事人才是战斗提高的决定因素。新中国成立以来，我军始终把培养大批军事人才作为保证战斗力提高的根本，进行了不懈的努力：从不断兴起全军学习科学文化运动的新高潮、不断提高广大官兵科技文化素质到加强军队院校的思想政治建设、不断调整改革院校专业设置、培训任务，从全军广泛开展“三手”“一专多能”活动到干部队伍的革命化、年轻化、知识化、专业化，从走依托国民教育培养军队干部的路子到实施人才战略工程，军事人才的培养工作不断深入，造就了大批适应现代战争条件下作战任务的高素质新型军事人才，有效地保证了战斗力提高的人才需求。

3．实现国防和军队改革。伟大的变革离不开强大的精神凝聚，强大的精神凝聚离不开深厚的文化认同。在新中国成立后的历次国防和军队改革中，通过舆论宣传形成共识，通过教育引导强化认识，通过建章立制规范行为，通过纠风正气凝聚人心，通过典型示范激励士气，促进了国防和军队改革顺利进行。尤其是最新一轮划时代的军队改革，不仅仅是规模数量上的调整，更是结构上的重构重塑，其改革的程度之深、难度之大、面积之广，在我军历史上十分罕见。军事文化围绕大局，聚焦中心，广泛宣传造势，深入思想发动，主动作为，有力地推动了号称“史上最牛军改”落到实处，使人民军队实现了凤凰涅槃、浴火重生。

### （三）坚持统筹“软”“硬”文化关系是内在要求

通常来说，物质文化是军事文化中的“硬文化”，精神文化是军事文化中的“软文化”。在军事文化建设的过程中，必须始终坚持“两手抓”的方针，促进军事“软”“硬”协调发展，充分发挥军事文化功能作用，推动军事文化向战斗力转化。

1．以“软文化”推动“硬文化”。长期以来，我军高度重视“软文化”建设，并善于把“软文化”转化为“硬文化”。社会主义全面建设时期形成的“两弹一星”精神，有效激励广大科技工作者的热情，在很短时间内研制成功原子弹、导弹、人造地球卫星，有效提升了军队“硬文化”水平，也奠定我国在国际上的大国地位。改革开放后，军队大力弘扬“五种革命精神”“载人航天精神”等，激发了广大科技工作者的积极性和创造性，使我军武器装备现代化取得了举世瞩目的成就，有力地推动了军队“硬文化”建设。在进入新时代的今天，我国进一步加强“软文化”建设，凝聚起强军兴军的巨大能量，推动了“硬文化”的建设。

2．以“硬文化”催生“软文化”。新中国成立后，我军通过缴获、引进等途径加强“硬文化”建设时，促使人员素质的提升，实现军事“硬文化”催生军事“软文化”。进入 20 世纪 90 年代，适应高技术局部战争需要，实施科技强军战略，大力发展高技术武器装备，尤其是大力发展“撒手锏”武器，军队现代化水平迅速提高。在 21 世纪新阶段，我军坚持“两手抓”，强调强化战斗精神等“软文化”，同时也加大武器装备的投入，取得巨大进步。进入新时代，我军物质“硬文化”得到大幅度加强，倒逼官兵素质的提高，促进了“软文化”的建设。

3.“硬文化”和“软文化”并重。战争是综合实力的比拼，既离不开“硬实力”的对抗，也离不开“软文化”的较量。抗美援朝战争让我们看到精神“软文化”的巨大作用，也让我们进一步认识到武器装备的重要地位，更加坚定了“软文化”与“硬文化”并重的决心，在继续强化官兵战斗精神的基础上，扩大炮兵、装甲兵等兵种比例，研发“两弹一星”。实行改革开放后，军事文化坚持“两手抓”，把思想政治建设摆在首位的同时，大力加强武器装备建设，推动了军队的全面发展。进入新时代，实现党在新时代的强军目标、全面建成世界一流军队成为共识，人民军队坚持“软”“硬”并重，在加强思想政治建设的同时，大力提高军队现代化水平，军队全面建设取得更大进步。

### （四）坚持促进官兵全面发展是最终目的

我军是一个由先进分子组成的集体，因而对官兵的全面素质也有着更高的标准和要求。必须把促进官兵全面发展作为军事文化建设的重要内容来抓，把感染人、引导人、塑造人、鼓舞人作为根本发力点，实现官兵的全面发展。

1. 坚持了人民利益主体的价值取向。对军队来说，最重要的是必须坚持人民军队的根本性质，坚决维护人民群众的根本利益。新中国成立以来，我军时刻把保持人民军队的根本性质和全心全意为人民服务的宗旨贯穿于军队建设的方方面面，培养和造就了一批批像雷锋、王杰、“南京路上好八连”等为代表的全心全意为人民服务的模范个人和集体，先后有30多万名官兵为保卫祖国和人民的利益献出了宝贵的生命。从唐山抗震救灾、抗洪抢险到抗击南方冰冻雨雪灾害再到汶川抗震救灾，从军队停止经商到军民共建社会主义精神文明，从边境自卫还击战到平息“1989年政治风波”，为确保人民军队始终保持和发扬老红军本色，坚决做到服务人民、为了人民，永远做人民利益的忠实捍卫者。

2．尊重官兵的主体地位和首创精神。适应发展社会主义民主和部队建设发展的新要求，积极探索政治民主、经济民主、军事民主的有效实现形式，使官兵的主体地位得到充分尊重，意愿诉求得到充分表达，正当权益得到充分保障，创新活力得到充分激发。突出抓好党内民主建设，坚持完善民主集中制，依据党章保障党员的民主权利，重视发挥全委会作用，落实重大决策征求意见和党内通报制度。制定颁发《军人委员会工作条例》《军人代表大会规范》，进一步健全建强基层群众组织，为开展三大民主提供制度和组织保障。坚持和完善基层事务公开制度，严格落实《关于军队领导机关工作人员插手基层敏感事务的处理规定》，从制度机制上保证敏感事务的处理公开公正公平。

3．关注官兵内在价值的实现。坚持把官兵的发展作为价值衡量尺度，不断提高官兵的综合素质。广泛开展创建学习型军营、培育知识型军人的活动，引导官兵确立知识是重要战斗力、学习是提高能力素质的根本途径的理念，自觉把学习掌握现代科学技术知识作为加强自身建设的基础工程来抓。满足官兵成长成才的需要，根据各类岗位客观需求，突出抓好院校教育与部队训练、军事教育与依托国民教育、国内培养与国外培训等联合培养举措，切实通过军队人力资源的有效开发和充分利用，把官兵军事专业素质提升到新水平。认真组织官兵学习心理科学知识，熟悉心理学基本原理，掌握分析心理现象、维护心理健康和解决常见心理问题的方法，培养良好的心理素质，提高心理承受能力。

## 三、新时代军事文化建设的路径选择

历史是继续前进的基础，也是开创未来的路标。新中国 70 年来，为军事文化的发展搭建了广阔的平台，注入了勃勃生机与活力。今天，新时代军事文化建设，是与国防和军队伟大事业相适应的强军文化，这是一项政治要求高、思想内涵深刻的复杂系统工程，必须适应形势发展和任务要求，努力探索出一条具有我军时代特色的军事文化建设路子，为实现强军伟业提供强有力的内在支撑。

### （一）必须以聚焦党在新时代的强军目标为制高点

目标指引方向，目标昭示未来。习主席指出，建设一支听党指挥、能打胜仗、作风优良的人民军队，是党在新时代的强军目标。这一目标蕴含着军事文化的根本属性，构成了军事文化的鲜明特质，标志着我国军事文化站上了时代新高地，成为引领发展的精神旗帜和动力源泉。

1. 用军事文化“铸魂”，确保人民军队始终听党指挥。听党指挥是强军之魂，是党和人民对我军的最高要求。坚持不懈地用习近平强军思想武装官兵头脑，教育引导官兵把思想和行动统一到党中央和中央军委的决策指示上来；坚持不懈地抓好当代革命军人核心价值观的培育和引领，进一步坚定理想信念，打造忠诚文化，让听党指挥成为自觉意识，确保军队绝对忠诚、绝对纯洁、绝对可靠；坚持不懈地发挥军事文化的渗透力和影响力，不断矫正官兵价值取向，自觉抵制各种错误的政治思潮和政治观点，用先进的思想占领阵地，夯实高举旗帜、听党指挥的思想根基。

2．用军事文化“励志”，确保人民军队始终能打胜仗。能打胜仗是强军之要，反映军队的根本职能和建设的根本指向。军事文化建设向强军目标聚焦，就是要突出战斗属性，把战斗文化元素融入部队教育管理、训练执勤和非战争军事行动之中，不断培育战斗精神、战斗意志、战斗作风。大力培育武德，引导官兵胸怀国家民族大义习武强身，着眼中国梦握好手中枪；大力锻造血性，用深深根植于战史、战例、战将中的血性风采熏染，用从难从严从实战需要出发的训练锻造，让我军的烈烈血性、虎虎生气在新时代军人身上植根光大；大力讴歌英武，搞好营区打仗文化的营造，切实以浓郁的打仗氛围，不断磨炼军人的剑胆，焕发军人的锐气。

3．用军事文化“强基”，确保人民军队始终作风优良。实现强军目标，作风优良是保证，关系我军性质、宗旨和本色。新时代，培养优良作风，就是要继承并弘扬党和军队优良传统，运用历史经典和红色资源教育熏陶官兵，永葆人民军队本色；通过学传统强作风，把保持并发扬党和军队优良传统作为作风建设的重要标准，特别是在抓工作上，真正体现求真务实的态度。狠抓法规落实，严明纪律，把军事文化建设的“鼓点”敲在依法治军、从严治军这个强军之基上；常抓不懈，把作风培育作为军事文化的重要内容，通过理论引导、教育培训、参观见学、具体实践等活动，使优良作风不断得到保持和发扬。

### （二）必须以培育和践行军人核心价值观为关键点

军人核心价值观是社会主义核心价值观的重要体现，是我国军事文化的内核，对军人思想道德和行为方式起着主导作用。积极培育军人核心价值观，必将有力地推动军事文化的建设。因此，抓住了军人核心价值观，就抓住了军事文化的关键；抓住了军人核心价值观建设，就抓住了军事文化建设的突破口。

1．以军人核心价值观为核心内容，彰显军事文化深刻的思想道德内涵。军人核心价值观，是反映我军官兵与党、人民、国家、军队的关系以及官兵相互关系最基本、最核心的价值观念，体现了我军优良传统、时代发展要求和官兵价值追求的统一。军事文化建设，从思想道德内涵讲，就是彰显忠诚至上，充分表现官兵爱党爱国爱人民政治立场和思想情感的文化；彰显使命至上，充分表现官兵恪尽职守、甘于奉献、英勇善战崇高品格的文化；彰显荣誉至上，充分表现官兵革命英雄主义和集体主义精神风貌的文化。抓住了这些本质属性和特征，军事文化就有了深刻的政治意蕴和丰富的时代内涵。

2．以培育军人核心价值观为基本要求，贯穿军事文化建设的全过程。军事文化建设，要以军人核心价值观为基本要求，体现到军事文化建设的各个方面，贯彻到军事文化建设的整个过程。要把文化熏陶与思想教育、舆论引导、典型示范、实践养成、制度保障紧密结合起来，形成培育工作的合力。要善于运用各种形式表现军人核心价值观的深刻内涵和精神实质，展示广大官兵践行军人核心价值观的生动实践和先进事迹。要形成舆论宣传态势，生产更多优秀作品，把积极的人生追求、高尚的情感境界、健康的生活情趣传递给官兵。文化活动要突出培育军人核心价值观这个鲜明主题，让官兵在寓教于乐中得到陶冶、获得启迪。

3．以军人核心价值观为精神旗帜，充分发挥军事文化的导向作用。军事文化建设，必须以习近平新时代中国特色社会主义思想为“本”，以军人核心价值观为“魂”，以我党我军优良传统为“源”，弘扬主旋律，唱响正气歌，保持高格调。坚持思想性、艺术性、观赏性的有机统一，始终注重精神内涵，同时不降低艺术标准，不搞空洞说教；坚持高品位、通俗化、大众化的有机统一，高雅而不玄奥，通俗而不媚俗；坚持军事效益、社会效益的有机统一，始终牢记军事文化的职责使命，弘扬时代主旋律。军事文化作为中国特色社会主义文化的重要内容，要更加主动地承担建设中国特色社会主义文化的历史重任，当好先锋队和排头兵。

（三）必须以实现中外优秀文化“两创”为根本点

文化需要传承，更需要创新，文化的生命力在于传承与创新的统一。军事文化作为中国特色社会主义文化的重要组成部分，本身就是传承与创新的产物。因此，要着眼实践发展，大力弘扬中华传统武德文化，继承发展我党革命文化，善于扬弃外军优秀文化成果，努力推进其“两创”（创造性转化、创新性发展），使其焕发出新的生机活力，从而不断增强文化自信。

1. 大力弘扬中华武德文化。中华民族有着源远流长的武德文化，始终是以“仁”为核心，以外行“义战”、内施“人和”为主线展开的。它是军队战斗力生成的内在依据和文化基因，所蕴含的“辞不忘国，先国后己”的爱国主义情操，“图国忘死，贞之大”的民族气节，“位卑未敢忘忧国”的强烈忧患意识，“临军约束，则忘其亲”的大局意识和奉献精神，哺育了历代忠贞为国铮铮将士和民族英雄，熔铸了伟大中华民族和中国军人之“魂”。不仅如此，中华武德文化所蕴含的历代军人所提倡和弘扬的国防爱国主义、军事民本主义、军事人道主义，以及忧国舍家、以身殉国、抗敌御侮等优良品质和高尚品德，也都积淀于人类的伟大军事文明之中。

2．继承发展我党革命文化。革命文化是中国共产党带领人民在血与火的革命岁月中创造出的文化形态，拥有着深厚的思想内涵和无穷的价值。在新时代，我们要继承发展我党革命文化，须立足实现中国梦强军梦这个目标。要把红色资源的挖掘运用作为一项基础性工作来抓，使之真正成为涵养官兵的精神沃土和传承红色基因的坚实依托。要建好史馆这个重要阵地，用厚重史料展陈历史，用重大事件打造亮点，用独特精神展现内涵，用时代元素激活记忆，努力提升建设质量层次。要把部队建设和履行使命的实践沃土，作为传承涵养红色基因的最好平台，使官兵在实践中感悟传统真谛、升华思想境界，真正内化于心、外化于行。

3．善于扬弃外军优秀文化成果。全球化时代，不同文化之间的相互学习和借鉴是文化发展的必要条件。外军优秀文化成果扎根于西方军事斗争实践，有其历史发展和文化积淀的过程，是人类社会发展进步的结晶。我军自诞生以来，始终以海纳百川、开放包容、兼容并蓄的胸怀和视野，坚持以我为主、为我所用，批判吸收、择善而从的原则，科学对待外军军事文化，不断扩大对外军事文化交流，积极吸收借鉴外军军事文化建设的有益经验、积极成果和管理理念，不断拓展军事文化的外部资源。

### （四）必须以提升对外文化传播能力为着重点

军事文化的影响力，不仅取决于其内容是否具有独特魅力，而且取决于是否具有先进的传播手段和强大的传播能力。只有大力提升我军对外文化传播能力，才能展示和塑造我军良好形象，扩大我军文化海外的感召力、吸引力和影响力。

1．改进文化传播手段策略。军事文化传播的方法是多样的，关键在于我们的传播者能否审时度势，选择和创造有针对性的传播手段策略。在传播语境上，坚持“我军文化、世界话语”的理念，区分对内传播和对外传播，根据不同国度和地区受众的文化背景、心理特点、思维方式和认知习惯，把准角色定位，以本土化的民族话语体系传播军事文化。在传播方式上，坚持“和风细雨、润物无声”，多用事实说话，少用政治语言，淡化“宣传”色彩，营造传播氛围，通过客观真实、生动活泼的宣传形式，渗透军事文化，防止刻板、枯燥、说教式的政治宣传和理论灌输，增强宣传的亲和力和感召力。

2．注重与国家软实力配合。国家软实力是军事文化对外传播的根基，军事文化对外传播是国家软实力的重要组成部分。我们应自觉把军事文化纳入国家软实力建设的视野和框架，除主动依托国家主流媒体外，还要充分借助国家软实力资源，开展军事文化对外传播。国家软实力特别是文化软实力，是军事文化对外传播的重要资源，对军事文化对外传播效果具有直接影响，必须在军事文化对外传播活动中积极加以借用。为此，我们要加强与国家对外宣传领导机关和新闻机构的信息沟通。要把军事文化对外宣传与国家外宣传更加紧密地结合起来，在国家软实力建设这个大舞台上找到位置和发挥作用。

3．用好新兴媒体平台。随着新媒介技术的迅猛发展，网络等已成为思想文化信息的集散地和社会舆论的放大器，成为部队官兵获取信息的主要渠道和生活时尚，成为影响官兵价值观念的重要阵地。谁占有了网络阵地，谁就拥有了受众和影响。必须深刻认识信息技术给军事文化建设带来的新课题、新挑战。要积极利用现代传媒技术，主动占领思想文化阵地，努力增强军事文化的时代性和感染力。要及时吸纳现代科技发展的最新成果，按照全媒体时代的特点，在信息获取、知识传播、思想教育、文化生活等方面，充分发挥网络、电视、报纸等现代信息技术和大众传媒作用，加快构筑传输快捷、覆盖广泛的军事文化现代传播体系，为文化软实力的生成打造良好平台。

（作者胡耀武为国防大学军事文化学院兼职教授、大校，
潘丰为陆军勤务学院基础部讲师、上校）

# 论新中国成立以来我国军旅电影的发展

王　征

军旅电影在新中国电影发展的里程中占有难以取代的重要位置，先辈们在革命战争年代里的英雄事迹，激发了几代观众尤其是热血青年的革命英雄主义和理想主义、爱国主义精神。曾经，“八一电影制片厂”五星闪耀的厂标伴随着《中国人民解放军进行曲》的雄壮旋律在银幕上一出现，就会使全场观众条件反射般地产生一种感奋激越的情绪，战争题材的故事片尤其为男孩子们所钟爱，对英雄的崇仰成为日后他们在战场上奋不顾身的重要精神来源。“为了新中国，前进”“为了胜利，向我开炮”成为几代中国人不可磨灭的精神记忆。毫不夸张地说，70 年来军旅电影曾伴随着中国人的心路历程一路同行。这些影片中的插曲《我的祖国》《英雄赞歌》《等待出航》《我们是共产主义接班人》《娘子军连歌》《毛主席的话儿记心上》《红星照我去战斗》《年轻的朋友》等，已经成为久唱不衰的艺术经典。

## 一、“十七年”里，军旅电影备受青睐

随着中华人民共和国的成立，中国人民开始了新生活。刚刚获得解

放的人民沉浸在当家做主的喜悦之中，对新中国电影有一种热切的渴望，那就是用电影来表现自己的新生活，包括回顾刚刚过去的战争经历。因而在这一时期的电影中，军旅电影占有相当大的比重。1949—1966年，是新中国军旅电影的萌芽和快速发展时期。这时期，新中国军旅电影从无到有，并且占据着其他题材电影难以匹敌的地位，“打仗的”电影深受欢迎，尤其被青少年观众所偏爱。因距离革命战争年代时间较近，许多创作人员都亲身经历过战争生活甚至本人就来自于部队，所以那时军旅电影无论从影片内容还是人物塑造都格外真实，涌现出了许多军旅电影的经典之作，其中有些成为当代电影至今难以逾越的高峰。从新中国成立到“文革”前夕，军事题材电影创作经历了17年快速发展的时期。据统计，“十七年”电影中，每年观众普及率排名前三位的都是军事题材影片。[①]

中国军旅电影的创作正是在对革命战争历史的回顾与再现中拉开帷幕的。早在1949年5月新中国成立前夕，在“新中国电影的摇篮”东北电影制片厂，就诞生了人民电影事业的第一部译制片《普通一兵》，这部描写苏联战斗英雄马特洛索夫的军旅战斗片，日后鼓舞培育了黄继光等战斗英雄。在新中国成立伊始的1950年，“东影”又推出了优秀战斗故事片《钢铁战士》，该片于1951年荣获第六届卡罗维发利国际电影节和平奖。1951年3月，为了鼓励“新电影”的拍摄，也为了用电影鼓舞人们参加社会主义建设，全国20个城市的60家电影院举行了“国营电影厂出品新片展览月”活动。这是新中国国产电影的第一次大检阅。在展览月放映的26部国产新片中，就有《新儿女英雄传》《胜利重

① 邢建毅：《新中国不同历史时期电影的观众接触度与影响力研究》，参见《新中国电影与观众的变迁——中国电影博物馆2009学术年会论文集》，中国电影出版社2010年版，第102页。

逢》《陕北牧歌》《大地重光》《保卫光荣祖国》《翠岗红旗》《上饶集中营》《人民的战士》等军旅题材电影，其数量约占参展影片的三分之一。20世纪五六十年代成为中国军旅电影故事片生产的黄金岁月，一大批优秀军旅电影如雨后春笋般涌现出来。影片《南征北战》成为这一时期军旅电影拍摄的典范，并对之后战争影片的发展提供了宝贵经验和创作模板。《上甘岭》《智取华山》《渡江侦察记》《平原游击队》《铁道游击队》《黑山阻击战》《扑不灭的火焰》《三进山城》等影片以战争惊险片、游击队片等各种新的样式呈现在观众面前。影片《董存瑞》将英雄战士形象塑造推向一个高峰。《柳堡的故事》《战火中的青春》《冰山上的来客》《英雄儿女》《苦菜花》《英雄小八路》等战斗题材故事片在表现战争残酷和艰难中，展示了人民军队指战员面对强敌的战斗精神和对美好生活的强烈渴望，塑造的人物个性和对情感生活的渲染更为动人。《雷锋》《关连长》《霓虹灯下的哨兵》《哥俩好》等军营生活片，着重展现了和平建设时期的军人生活，因而也更贴近时代和生活。《女飞行员》《长空比翼》《海鹰》《赤峰号》表现了以往比较少见的空军和海军题材。《停战以后》《东进序曲》《兵临城下》《逆风千里》《野火春风斗古城》《长虹号起义》《海魂》难得地将笔触伸向了军事统战工作以及对国民党起义官兵和俘虏生活的描写。此外，《地雷战》《地道战》等军教片，也共同为这一时期军旅电影创作确立了难以忘怀的标本，成为一代中国人难以忘怀的集体记忆。这批具有经典意义的军旅电影在“十七年”电影中占有相当大的题材优势与创作数量，成为新中国电影最具代表性和最有分量的片种。

“十七年”军旅电影的艺术形态在很大程度上适应了绝大多数观众的观赏习惯，因而有广泛的群众性。创作者的生活也深深影响着影片的创作思维。生活的传奇成为艺术的传奇，许多影片中的英雄人物都来源于生活，这也是这个时期军旅电影受到观众青睐的一个重要原因。

## 二、特殊年代里军旅电影成为支撑精神生活的亮点

“文革”10年中，自1966年下半年到1973年末，全国没有生产一部故事片，只有部分纪录片、科教片和阿尔巴尼亚、朝鲜、越南等少数社会主义国家的译制片以及“文革”前译制的苏联影片《列宁在十月》《列宁在1918年》能够上映。国产故事片只有《南征北战》(1952年黑白版)、《地雷战》、《地道战》、《小兵张嘎》等几部“文革”前的老故事片允许放映，这些影片全部都是军旅题材的电影。在首批摄制的8个样板戏的舞台艺术片中，除《海港》之外，几乎都属于军旅题材或者涉及军旅题材。值得一提的是，1970年秋纪念中国人民志愿军赴朝参战20周年的时候，经周恩来总理指示，“文革”前摄制的《打击侵略者》《英雄儿女》《铁道卫士》和《奇袭》4部黑白故事片经重新制作片头，在全国再次上映。这4部影片中，《打击侵略者》《英雄儿女》和《奇袭》都是正面表现战斗生活的,《铁道卫士》虽然属于“反特片”，但也是以“抗美援朝”战争作背景，而且其中也有不少表现战争的场面。由于当时全国处于精神饥渴年代，这4部影片重映的社会影响比其在“文革”前的首轮上映要大得多。据报道，在后来的对外战斗中就有战士学习《英雄儿女》中王成的壮举，壮烈牺牲。

自1974年1月底到1976年10月初，全国共上映故事片76部[①]，其中就有21部影片属于军旅题材或者涉及军旅题材，包括《侦察兵》《长空雄鹰》《第二个春天》《闪闪的红星》《难忘的战斗》《车轮滚滚》《长城新曲》《碧海红波》《南海风云》《烽火少年》《黄河少年》《南海长城》等新摄制的影片和重新摄制的彩色版的《南征北战》《平原游击队》《渡江侦察

① 皇甫宜川:《中国战争电影史》，中国电影出版社2005年版，第187页。

记》等，以及相关题材的舞台艺术片如《长征组歌》《沂蒙颂》《红云岗》《磐石湾》等。这些影片的基本内容都是展现了革命战争的胜利，歌颂了毛泽东思想和毛主席革命路线对人民战争的指导作用。《闪闪的红星》是这类影片中最为出色的一部。这部既有教育意义又有审美价值的儿童题材战争片的成功，得益于创作者把革命现实主义和浪漫主义有机地结合起来，通过一个个紧张的战斗场面和优美而寓意深刻的镜头，以及动人心弦的歌声，展示一个儿童团员如何在艰苦的对敌斗争中逐渐成长为一名红军战士。因为是从孩子的角度来写战争，使影片具有较强的艺术感染力，受到了观众好评，有人连看十几遍。在 1994 年中宣部等单位联合举办的“百部爱国主义影视片”展映活动中，《闪闪的红星》依然入选。

## 三、改革开放初期，军旅电影题材得到极大拓展

粉碎“四人帮”之后的最初两年里，复映了大批“文革”前的优秀故事片，包括大批军旅题材影片。同时在新摄制的影片中，还涌现出了一大批革命战争题材的影片和反映部队生活的影片，如《万水千山》（重拍）、《我们是八路军》、《豹子湾战斗》、《延河战火》、《风云岛》、《蒙根花》、《走在战争前面》等，这些影片大致呈现出了我国军旅影片从传统艺术风格向新形式过渡的承上启下的色彩。

1978 年 12 月 18—22 日在北京召开的中国共产党第十一届中央委员会第三次全体会议，将全党工作重点转移到社会主义现代化建设上来，开启了改革开放和社会主义现代化建设的宏伟历程。1979 年 10 月邓小平在中国文学艺术工作者第四次代表大会上发表的祝词，贯穿了“解放思想，实事求是”的思想路线，明确提出了“文艺为人民服务，为社会主义服务”的总方针，标志着我国文艺事业包括电影事业进入了一个历

史新时期。电影界随后开展的思想解放、理论创新、观念更新大讨论使得电影创作出现了历史上少有的创新浪潮，涌现出一大批视角独特、形式新颖的优秀作品。在这场创新浪潮中，军旅电影熠熠生辉。影片《小花》以电影语言运用的新颖性引起广泛关注。《归心似箭》《曙光》《啊，摇篮》《从奴隶到将军》《四渡赤水》《大渡河》《风雨下钟山》《赣水苍茫》《贺龙军长》《梅岭星火》《今夜星光灿烂》《大刀记》《山菊花》《两个小八路》《女兵》《济南战役》《攻克石门》《挺进中原》《祁连山的回声》等一批全方位展示革命战争全貌影片的出现，昭示着我国军旅电影题材多样化的新成就。《南昌起义》《西安事变》《血战台儿庄》等影片，对重现重大历史事件做出了开拓性的探索；《将军与孤女》《一个美国飞行员》《零点起飞》《奸细》等影片，则拓展了军旅片在展现社会生活方面的广度。

现代战争也在军旅题材电影中得到了及时的反映，并且成为当代年轻人爱国主义和英雄主义教育的生动教材，在这些影片中担任角色的不少青年演员日后都成了中国电影表演队伍的骨干力量。此类影片主要有《高山下的花环》《年轻的朋友》《花枝俏》《铁甲零零八》《自豪吧，母亲》，相关题材的影片还有《不该凋谢的玫瑰》《印有金锚的飘带》等。这一时期还有一个引人注目的文艺现象，就是“第五代电影人”的军旅题材电影异军突起。《一个和八个》改变了军事题材影片传统的矛盾构成规则，着重反映人物真实复杂的内心斗争；《喋血黑谷》将惊险性情节与真实性造型相融合，创造了浓郁的历史氛围感，在战争美学方面丰富了中国故事片的表现手法，给后续的军旅电影创作以有益的艺术启迪。

这一时期，中国电影工作者在肩负“表现工农兵生活，反映工农兵观点，满足工农兵政治上、文化上的需要，同时也要以社会主义、共产主义思想教育工农兵，向他们宣传党和政府的各项方针、政策，最终鼓舞起他们参加社会主义革命和建设的热情”[①]重任的同时，多方面丰富了中国军旅电影的题材和内容，使得我国军旅电影的面貌显得更加丰富多彩，人物画廊更加绚丽多姿。像《天山行》《索伦河谷的枪声》《飞行交响乐》等影片则对和平时期的部队生活进行了成功地展现。

## 四、与“娱乐电影”在交锋中对话

20世纪80年代中后期以后，社会生活的变化不仅深刻地影响了人们的生活方式，也导致了人们的价值观念和审美倾向的转变。1987年，中国明确提出娱乐片概念，电影生产上出现第一个娱乐片高潮。电影发行统购包销做法的废除，使得观众的欣赏口味对电影选题的话语权加大。观众的观影选择也会反作用于军旅电影创作者的拍摄理念，军旅电影开始转向将厚重的深刻内涵与娱乐性、时尚性适当结合起来，以期使得军旅题材的影片更加适应市场，更加具有观赏性，更加贴近人民群众的愿望。很多军旅片导演开始尝试将“主旋律”题材的军旅片作品通过类型化的手法，增添了一些娱乐化的元素，以求将影片的政治性与观赏性、教化功能与娱乐功能、艺术价值与商业价值之间的关系有机地结合起来。这其中带有战争惊险情节和动作片色彩的影片最受观众青睐，诸如《鞘中之剑》《智斗美女蛇》《秘密小道》《湘西剿匪记》，以及带有动作片特点的影片《闪电行动》《烈火金刚》《喋血嘉陵江》《蛇谷奇兵》等，都很受观众欢迎。这使得传统英雄主义内容的表现手法更加多样，更加具有亲和力，更加容易被观众尤其是青少年观众所接受，并且在接受的基础上重塑英雄崇仰，在尊重消费市场的情况下实现了寓教于乐。

① 胡菊彬：《新中国电影意识形态史：1949—1976》，中国广播电视出版社1995年版，第4页。

## 五、重大革命历史题材影片扛起军旅电影大旗

20 世纪 90 年代以来，一批描写重大革命历史事件和历史人物的重头作品问世，揭开了重大革命历史题材影片及战争史诗巨片创作的帷幕。重大革命历史题材影片为军旅电影的创作注入了新的活力。在表现主题上，它不再关注一些小型战斗与局部战争，而是把焦点聚焦全局性、更大规模的战争以及重大历史事件上，通过全景式的视点，再现历史风貌，客观审视与评价重要历史人物，其审美形态具有一定的典型性与代表性。在叙事风格上，这批影片既有“史”的一面，能够客观捕捉时代氛围和典型历史细节，着力描绘双方指挥作战的战略战术，也有“诗”的一面，向人们展示战争过程，生动丰富地刻画特殊时代环境中的人物心灵，波澜起伏般地“渲染”硝烟散尽后的场景，令人荡气回肠。这些电影以叙事中渲染的历史情绪、历史精神作为内在驱动力去推动情节的发展，不断寻找与观众情绪的切合点，在人物塑造上，集中刻画与描绘战略决战中的领袖和将帅形象，用电影特有的手法努力表现其决策状态、情绪状态与情感状态。而如此全面集中地展示一系列伟人形象，在中国电影史上也是前所未有的。其中代表性作品当属包括《辽沈战役》（上、下）、《淮海战役》（上、下）、《平津战役》（上、下）3 部 6 集的解放战争系列史诗巨片《大决战》以及之后同一系列的《大转折》《大进军》，这一组全景式、史诗般的革命战争史巨片所投入的人力财力之巨、花费时间之长，在新中国电影史上都是空前的。

## 六、与进口大片竞技

自从 1995 年《亡命天涯》开始，我国每年引进 10 部美国分账大片，这

不但刺激了中国电影市场，刺激了中国电影观众，刺激了中国电影创作者，也刺激了中国军旅电影发生越来越多样的变化。进口大片在中国电影市场上取得了丰厚的票房，也给中国军旅电影创作者着实地上了一课。好莱坞军事题材大片为美国及全世界的电影观众提供娱乐观赏休闲的同时，占领了世界文化市场，获取了丰厚利润，更在娱乐化的外包装下，传播了美国的意识形态和价值观念，潜移默化地影响了各国观众。境外大片对观众欣赏口味和眼光的培养，反过来倒逼中国电影包括军旅电影提高创作水平，好莱坞电影的制作模式也在一定程度上影响了中国军旅电影的制作。《红河谷》《紫日》《黄河绝恋》《云水谣》《革命到底》等影片借鉴了好莱坞战争爱情片的模式，《惊涛骇浪》《惊心动魄》等国产抢险救灾片则加入了国外灾难片的元素。《惊涛骇浪》用电脑特技模拟出百年一遇的特大洪水对人民群众生命财产的无情伤害，使场面更加触目惊心。这种情节的设置，增加了观众观影的紧张度，增加了影片的可观赏性。《绝境逢生》《举起手来》《追击阿多丸》等抗日题材的战争喜剧片，则拓宽了“主旋律”电影的表现手法。

## 七、文化政策给力“主旋律”军旅电影

1987年3月，在全国故事片创作会议上，电影主管部门明确提出“突出主旋律”的口号。其后，国家电影主管部门采取一系列举措，推进了“主旋律”电影包括军旅电影的创作。[①]1996年，中央在长沙召开电

① 1987年9月，广播电影电视部和财政部联合发出《关于设立摄制重大历史题材故事片资助基金的联合通知》，明确规定：“专向资金使用范围和原则首先是对重点影片的资助，包括表现党、国家、军队重大历史事件，或描写党、政、军重要领导人业绩为主要内容的重大历史故事片；从鸦片战争以来，特别是1921年中国共产党成立以来的革命斗争为题材的重点历史故事片；反映新中国成立后社会主义建设和改革的重点故事片；以及国家电影专项资金管委会确定的重点纪录片、科教片和美术片。”

影工作会议，确立实施精品战略，从政策和资金上扶植“主旋律”电影的制作，国家广播电视系统还专门拿出广告收入的3%给予资助。这一系列扶持措施和优惠政策的出台，使得“主旋律”军旅电影的创作得到了强有力的保障。

历史时空的跨度，气势磅礴的画卷，崇高理想的坚守，激情时代的奋斗，这一时期大手笔、大制作的军旅题材影片激荡着时代的新声，叩响当代人的心灵。如果说《开国大典》《巍巍昆仑》等影片的出现标志着重大题材电影创作开始迈向史诗境界的话，那么在随后的十余年间，以《长征》《八月一日》为标志的重大革命历史题材影片，又取得了长足的进步，出现了新的视点，展现了新的辉煌。其创作转变最突出的一点是开始从宏大历史叙事进入历史回眸，进而增强对历史的审视意味。“现实时空与历史时空的交织融合使影片产生一种历史与现实、真实人物与片中角色相互观照的距离美，为观众提供了一个超越传统故事片意味和形态的独特的欣赏视角。”[①] 这些影片不但故事精彩，绝大部分还加入了电脑高科技的成分，《冲天飞豹》中的电脑特技镜头长度达到20分钟以上。军事题材电影创作质量的提高也使其得到了更多关注。在1997年国产影片票房收入排行榜上，多部军事题材影片占据前10名：《鸦片战争》（第1名）、《红河谷》（第2名）、《大转折》（第3名）、《大进军》（第10名）。其中前5名影片票房逾千万。[②] 毋庸置疑，文化政策让中国军旅电影的发展如虎添翼。进入21世纪之后，《建国大业》《建军大业》等一批革命战争题材的国产大片将史诗风格与现代艺术元素实行了很好的对接，而近年上映的最后一部挂“八一厂”厂标的故事片《芳华》，则

① 韦廉：《导演话语：画一个别致的句号》，载煊逸编：《银幕上的解放战争》，解放军文艺出版社2002年版，第242页。

② 舒克：《97年中国银幕谁主沉浮》，《电影艺术》1998年第3期。

在社会资本涉足军旅电影制作方面作出了成功的探索。

## 八、影视融合助推军旅电影发展

在新形势下，影视融合对助推军旅电影发展的作用也不可忽视。电影与电视的关系曾经从互补走向竞争，在影视融合的新形势下，二者又找到了互动互进的新路径。1996年1月1日，中央电视台电影频道正式开播。作为国内唯一一家覆盖全国，以宣传电影、培养电影观众、传播影视文化为宗旨的中央级专业电影频道，它成为中国电影特别是军旅电影与观众见面的又一重要对接窗口。电影频道自开播以来，已陆续向国内观众播出大量的军事题材电影。在这个免费的收视平台上，影片得到更好的推广。同时，电影频道向各制片厂支付的影片播映权费也成为制片部门创作经费来源之一。此外，为支持国产优秀影片的拍摄，电影频道还向《横空出世》《冲天飞豹》《冲出亚马逊》等军事题材影片进行定向投资，确保了这批影片的创作质量。央视电影频道节目中心还与八一电影制片厂共同推出了数字电影系列——《共和国名将系列》。这些真实反映为中国人民解放事业作出突出贡献的开国元勋影片，穿越历史时空，回顾烽火岁月，表现戎马生涯，书写辉煌历史，描绘战争壮举，讴歌英雄品格，彰显名将风范，再现传奇色彩，突出将领们最具震撼力与感染力的独特人格魅力，产生了一批如《曾克林出关》《杨得志围城打援》《夜袭》《萧锋血战陈庄》《徐海东喋血町店》《杨成武强攻东团堡》《彭雪枫纵横江淮》等富有特色的专题传记片，以影像形式为开国元勋们的戎马生涯树碑立传，也成为革命传统教育的形象教材。最近，曾经引领军旅电影潮流的八一电影制片厂正式改组为中国人民解放军影视制作中心，这标志着中国军旅电影在影视融合的道路上进入了一段新的里程。

纵览新中国成立 70 年来我国军旅电影的发展历程，可以看到，它对于塑造人民军队的坚强形象、推进爱国主义教育和革命传统教育、树立革命理想主义和革命英雄主义精神、倡导社会正能量、传播时代精神、凝聚民族意志等方面都居功至伟。为了进一步弘扬社会主义核心价值观，鼓舞各族儿女为实现中华民族伟大复兴的中国梦而奋斗，中国军旅电影还需再接再厉，坚持正确的政治方向，紧贴时代，创新发展，创作出更多更好的传世之作。

（作者为济南社会科学院经济研究所所长、研究员）

# 情感史与中国当代史研究刍论[①]

王凛然

自20世纪70年代开始，“情感转向”逐渐在多个学科中生根发芽。数十年来，一些历史学家积极参与情感史研究，促使“情感的历史研究”终成国际史学界的一个重要潮流。但目前为止，国内史学界的情感研究才刚起步，党史国史研究对情感史还较少涉及。拙文围绕研究意义、研究内容、研究方法等，对当代情感史研究提出一点浅见，抛砖引玉，希冀获得更多党史国史工作者对情感史研究的关注。

## 一、当代情感史研究的意义

文化不仅受人类理智和有序领域的影响，也被情感所影响。情感是文化的基本要素。[②] 从事文化史甚或整个历史研究，都不能忽略情感因素。“全部人类历史的第一个前提无疑是有生命的个人的存在。”[③] 作为

① 论文部分内容以《情感史视野下的改革开放史研究》为题发表在《中共党史研究》2019年第8期。

② 参见［美］罗尔：《媒介、传播、文化：一个全球的途径》，董洪川译，商务印书馆2012年版，第155—156页。

③ 《马克思恩格斯选集》第1卷，人民出版社2012年版，第146页。

一门人文科学，历史学研究的基础就是人和人的活动，而人是由理性和情感所构成的复杂生命体。[①]情绪和情感是“人对事物的态度的体验，是人的需要是否得到满足的反映”[②]，“是维持或改变社会现实的能量”[③]。“没有情感，人们不能把握选择的效价或效用。”[④]神经科学的研究业已证明，情感和理性之间并非决然对立，相反，彼此间还常有互动。道由情始，只要是人（群）留下的历史痕迹，大都经历过人类理性和情感共同的斧凿。情感心理学研究认为，情感具有动力、调节、疏导、协调等诸多功能。马克思在研究革命斗争的参与问题时就暗含有对革命者情感的讨论。列宁更是直接指出：“没有‘人的感情’，就从来没有也不可能有人对于真理的追求。”[⑤]不过，阅读史学史却发现，虽然“年鉴学派”创始人之一的吕西安·费弗尔于1941年就提出了“情感史”的概念，但情感的历史研究却一波三折。[⑥]长期以来，由于理性的笼罩性地位，情感被认为是历史研究中剩余的、不甚重要的因子。这直接导致了历史学家们所拼接的历史图像并不十分完整，而完整性又恰是历史科学念兹在兹的追求。自20世纪60年代始，美国史学界方才重新将“情感”纳入研究视域。此后，一批情感史著述陆续发表，一些情感史研究机构先后设立。在情感史运用较为成熟的欧洲史领域，历史学家已然发现，如果缺失情感因素的分析，

① 情感研究中的“情感”从一开始就被定义为一个总括词，它包括所知的多种“情绪”现象，以及身体过程和心理过程，“可以包括身体反应、主观感觉、认知信念等，他们共同作用于情感状态与情感反应”。参见［加］郝拓德、［美］安德鲁·罗斯：《情感转向：情感的类型及其国际关系影响》，柳思思译，《外交评论》2011年第4期。

② 《中国大百科全书》第18卷，中国大百科全书出版社2009年版，第196页。

③ ［美］乔纳森·特纳：《人类情感——社会学的理论》，孙俊才、文军译，东方出版社2009年版，第159页。

④ ［美］乔纳森·特纳、简·斯戴兹：《情感社会学》，孙俊才、文军译，上海人民出版社2007年版，第18页。

⑤ 《列宁全集》第25卷，人民出版社2017年版，第117页。

⑥ 更宽泛意义上，孟德斯鸠曾试图撰写的《嫉妒的历史》（后改名为《嫉妒的思考》）或可作为情感史研究更古老的学术渊源。

法国大革命的历史就很难被完整理解。[①]2015年，第22届国际历史科学大会在中国济南市举行，“情感的历史研究”被列为大会四大主题之一。[②]经过数十年的沉淀，今日的国际史学界出现了“情感转向”，情感史研究终于迎来了“快速的发展态势”。[③]借助情感史的视野，我们可以了解历史中的情感如何影响了历史中的决策（和非决策），如何触发了历史中的行为（和非行为），而这些决策、行为以及影响下的社会嬗替又导致了怎样的情感演化，“情感史阐述了自我与社会之间的关系以及人类感知、动机和行为的来源”[④]。概而言之，情感史研究不仅将情感作为一种态度体验和需求反映，且将其历史化，实现了史学研究视野的扩大。一般认为，横向上研究视野的扩大和纵向上研究时限的延展都表征着史学研究的新突破。现在看来，中国当代史研究的兴起无疑已成为中国史学科极为重要的学术增长极。但目力所及，国史学界还鲜有从情感视角切入的研究成果。事实上，无论是中华人民共和国的重大历史事件、党和政府的工作方式方法，还是人民群众的日常生产生活，都可能含有不应忽视的情感因子。情感史研究可以加强当代史研究的全面性，具有重要的史学价值。

从现实价值看，习近平总书记在党的十九大报告明确提出：“增强群众观念和群众感情，不断厚植党执政的群众基础。”“把社会主义核心价值观融入社会发展各方面，转化为人们的情感认同和行为习惯。”[⑤]习近

① Jan Plamper, *The History of Emotions: An Introduction*, United Kingdom: Oxford University Press, 2015, pp.49–59;［美］谭旋:《情感史视野下的法国大革命》,《世界历史》2016年第4期；孙一萍:《情感表达：情感史的主要研究面向》,《史学月刊》2018年第4期；等等。

② 《第22届国际历史科学大会议程简介》,《文史哲》2015年第3期。

③ Susan J.Matt and Peter N.Stearns, eds., *Doing Emotions History*, Urbana, Chicago, and Springfield: University of Illinois Press, 2014, p.3.

④ Frank Biessetal, "History of Emotions," *German History*, 28.1（2010）: 67–80.

⑤ 习近平:《决胜全面建成小康社会 夺取新时代中国特色社会主义伟大胜利——在中国共产党第十九次全国代表大会上的报告》，人民出版社2017年版，第66、42页。

平总书记在“不忘初心、牢记使命”主题教育工作会议上强调：“为民服务解难题，重点是教育引导广大党员干部坚守人民立场，树立以人民为中心的发展理念，增进同人民群众的感情。”[①]我们有必要思考，70年的新中国历史上，情感如何参与了这一伟大进程？情感经历了怎样的历史演进？情感与外部社会环境与结构间又构建了怎样的联结？要回答这些问题，俱待当代情感史研究的缕析。毫无疑问，当代情感史研究对推进国家治理体系和治理能力现代化、加强新时代党的建设、推进党的建设新的伟大工程等都具有重要的资政价值。

## 二、当代情感史研究的主要内容

我们认为，当代情感史是研究1949年以来中华人民共和国时空范域内情感参与、情感工作、情感演化，以及情感与社会互动关系的历史。

我们需要研究新中国成立后情感参与的历史。“研究情感的作用是一个历史学问题。”[②]例如，20世纪70年代末80年代初的公众层面情感在改革开放各项政策过程中的参与问题。时任广东省委书记的习仲勋回忆这段历史时说：“当时广东省委的同志分头到各地去调查研究，深感三中全会精神传达贯彻后，农村形势一片大好，广大干部、群众心情舒畅，‘稳定，高兴，充满希望’——这就是当时形势的概括。”[③]心理学认为：“对于任何时代的大多数人来说，获得、保持、恢复快乐是他们做所

① 《习近平在“不忘初心、牢记使命”主题教育工作会议上强调 守初心担使命找差距抓落实 确保主题教育取得扎扎实实的成效》，《人民日报》2019年6月1日。

② ［美］谭旋：《情感史视野下的法国大革命》，孙一萍译，《世界历史》2016年第4期。

③ 《习仲勋文选》，中央文献出版社1995年版，第480页。

有事情的内在动机。”[①]我们发现，这一时期史料中出现频度极高的多是“心情舒畅”“满意”“高兴”“充满希望”等由“快乐”派生出来的情感性表达。[②]如时任四川省南充县委书记的康咸熙回忆当年在乡村推行改革时说：“过去对双包顾虑重重，现在迎刃而解。中央文件指出‘包产、包干都是责任制形式，允许搞’，真是大快人心，农民高兴。两个长期不变，农民特别满意。”[③]情感传导动机，动机传导行为，行为影响历史。“换言之，情感、特别是公众层面情感的激发和波动，影响了历史的进程。”[④]邓小平曾指出：“农村搞家庭联产承包，这个发明权是农民的。农村改革中的好多东西，都是基层创造出来，我们把它拿来加工提高作为全国的指导。”[⑤]这些公众性情感既由中央和地方的政策所激发，也会转化为人们的动机和行为，从而或巩固、或加速了改革政策的创发、批准与执行。普通公众外，精英群体的情感在这一历史过程中也具有重要作用。如，深圳、珠海、汕头等经济特区的创建离不开邓小平、叶剑英、李先念、聂荣臻、习仲勋、杨尚昆、谷牧等杰出政治家们“杀出一条血路”“拼老命我们也要干”等情感的促推。[⑥]实际上，不仅是农村改革和创立特区，包括抗美援朝、国民经济“一五”计划的编制与实施、“向

① ［美］戴维·迈尔斯：《心理学》，黄希庭等译，人民邮电出版社2013年版，第476页。

② 斯宾诺莎认为，情感分为“快乐、痛苦、欲望，和一切由这三种情感组合而成的情感”，“以及从这三种情感派生出来的情感”。见［荷兰］斯宾诺莎：《伦理学》，李健编译，陕西人民出版社2007年版，第153页。

③ 全国政协文史和学习委员会编：《改革纪事》，中国文史出版社2011年版，第102页。

④ 王晴佳：《为什么情感史研究是当代史学的一个新方向？》，《史学月刊》2018年第4期。

⑤ 《邓小平文选》第3卷，人民出版社1993年版，第382页。

⑥ 李岚清：《突围——国门初开的岁月》，中央文献出版社2008年版，第88页；《习仲勋传》下，中央文献出版社2013年版，第456页；谷牧：《谷牧回忆录》，中央文献出版社2004年版，第313—331页；等等。

科学进军”热潮、“两弹一星”的研制与生产、1976 年唐山抗震救灾斗争等共和国史上的重大历史事件中都有着公众、领袖等的群体性情感共振。当然，情感史研究不能满足于对过往情感的确认性和描述性研究。我们不仅需要考察人们在具体历史事件中所经历的各种情感，还要具体分析这些情感在上述历史事件中产生的原因、占有的分量、扮演的角色，以及不同地区、不同群体在相同历史事件中对情感的体认程度。

我们需要研究新中国成立后情感工作的历史。哈佛大学教授裴宜理在论文《重访中国革命：以情感的模式》中提出：“中国的案例确实可以读解为这样一个文本，它阐明了情感能量如何可能（或不可能）有助于实现革命宏图。”[①] 裴文提出了之前在中共党史研究中可能被长期忽略的一个重要问题，即情感或曰带有情感的工作方式在促进群众的情感认同上起到了怎样的作用，并如何加强了党的工作效能。笔者的研究发现在 1949 年天津接管过程中，党就通过情感工作强化了市民群众对新政权的认同。[②] 新中国成立后，毛泽东曾深刻指出：“党群关系好比鱼水关系。如果党群关系搞不好，社会主义制度就不可能建成；社会主义制度建成了，也不可能巩固。”[③] “鱼水情深”“骨肉相连”等形象反映出中国共产党的群众路线、群众观点和群众立场。对群众有感情，带着感情做群众工作是新中国成立后我们党开展工作的宝贵经验。改革开放后，针对部分党员中出现的群众感情淡薄的问题，党更加强调党员“带着感情做群众工作”“增进与人民群众的感情”的重要性，并提出党员“要坚持权为民所用，情为民所系，利为民所谋”的号召。2004 年，《人民日

① ［美］裴宜理：《重访中国革命：以情感的模式》，《中国学术》2001 年第 4 期。

② 参见王凛然：《革命与认同：1949 年中共对天津的接管》，《党史研究与教学》2014 年第 2 期。

③ 《建国以来毛泽东文稿》第 6 册，中央文献出版社 1992 年版，第 547 页。

报》为此撰文指出，“这个情”是“对人民群众的无限深情，领导干部尤其应当对人民群众充满感情”，要求各级党员领导干部警惕“感情缺乏症”。[①]2013年，习近平在甘肃考察时特别强调：“要褒奖和重用对群众感情真挚、深得群众拥护的干部。”[②]当代情感史研究的情感工作不仅包括党对群众的情感工作，还包括党对党员的情感工作。“感情上信赖组织，是党员干部强化组织观念的情感纽带和强大动力。”[③]习近平指出：“每个党员特别是领导干部都要强化党的意识和组织观念，自觉做到思想上认同组织、政治上依靠组织、工作上服从组织、感情上信赖组织。”[④]事实上，新中国成立后，党为了增强党员对组织的感情信赖做了大量工作。如组织党的理论学习，开展系列主题教育，利用歌曲、诗词、影片等多角度宣传形塑党员群众对党的情感认同。如，1963年创作的广为传颂的三部曲式结构的《唱支山歌给党听》，其歌词“唱支山歌给党听，我把党来比母亲，母亲只生了我的身，党的光辉照我心”以强烈的情感诉求感染与教育了几代共产党人。2019年5月印发的《中国共产党党员教育管理工作条例》第六条要求：“组织党员读原著、学原文、悟原理，深入学习领会习近平新时代中国特色社会主义思想的核心要义、基本精神、实践要求，掌握贯穿其中的马克思主义立场观点方法，增强政治自觉、理论自信、情感融入。”当代情感史研究有必要细致考察新中国成立70年来，党是如何不断增强群众对党的情感认同，党是如何不断增强党员干部对党组织的情感信赖。历史研究是做变化的研究，更是对经验的总结。研究当代情感工作史，我们要分析这一时间段情感工作的动力、形

① 《警惕“感情缺乏症”》，《人民日报》2004年7月26日。
② 《对群众要有真挚感情》，《中国组织人事报》2013年6月7日。
③ 《感情上信赖组织》，《解放军报》2018年8月27日。
④ 习近平：《在全国组织工作会议上的讲话》，《当代党员》2018年第19期。

式、内容、效能的衍化，以及这些衍化背后的结构性因素。这种考察既需要大样本分析，也要有针对性的正反两方面的个案呈现。

我们需要研究新中国成立后情感自身变化的历史。情感不仅参与了历史，“情感自身有其历史”①。根据马克思主义情感心理学理论，“由于人是社会生活的产物，是历史的产物，所以人的情感问题应从历史的观点提出：人的情感在反映社会存在的同时在人类社会生活变革过程中是如何发生变化的”②。概而言之，社会存在决定人们的情感，情感受到社会结构的支配。“由此可见，谁和什么东西与我有关，以及我应爱谁和爱什么或拒绝它们的问题，在一定程度上是由社会预制的。”③社会主义革命、建设、改革等都是宏大的社会变迁。情感史理论认为：“随着社会的变迁，情感自身也会发生演化。”④如，新中国成立后，城市由过去松散的陌生人社会，逐渐变成紧合的单位熟人社会。在这一变迁过程中，流民被遣返回乡，市民个体在单位和组织中获得统合、认同，情感组织化，一个新型的城市社会联结模式得以成形。⑤在计划经济时代，这种联结模式中的绝大部分单位同事都会在各自职业生涯中（甚至退休后）长久相伴。如是之，横向上，人们通过单位这一联结体实现了彼此间的情感联结；纵向上，人们通过单位实现了个体—单位—国家的感情联结，强化了社会主义的平等观。如，由于城市化的推进，改革开放时

① Susan J.Matt and Peter N.Stearns，eds.，*Doing Emotions History*，Urbana，Chicago，and Springfield: University of Illinois Press，2014，p.2.

② ［俄］Π·M. 雅科布松：《情感心理学》，王玉琴等译，黑龙江人民出版社 1997 年版，第 14 页。

③ ［匈］阿格妮丝·赫勒：《日常生活》，衣俊卿译，重庆出版社 2010 年版，第 251 页。

④ Nicole Eustaceetal，“AHR Conversation: The Historical Study of Emotions，” *The American Historical Review*，117.5（2012）: 1487—1531.

⑤ 田毅鹏、吕方：《单位社会的终结及其社会风险》，《吉林大学社会科学学报》2009 年第 6 期；吕方：《单位社会变革与社会基础秩序重构》，吉林大学哲学社会学院 2010 年博士学位论文，第 59—63 页。

期出现了大规模的城乡人口流动，产生了农民工群体。从偏同质化、“熟人社会”的乡村进入强流动性、偏异质化的城市社会，农民工的情感表达和情感体验也会表征出相应的变化。[①]再如，由于市场经济、收入差距等原因，以“红眼病”为代指的嫉妒性情绪在社会上也有所弥散。从1983年1月20日《先富起来的人又有新苦恼：政策有保证，只怕“红眼病”》至2014年10月9日《群体“红眼病”，使不得》，三十余年间《人民日报》共刊发了二百余篇与此类情感有关的报道。无论是“寂寞”还是“嫉妒”，作为情感史研究者，我们需要深究这些情感是在哪些时间段由哪些群体所生发，之后又发生了从形式到强度怎样的流变，且这些流变的情感又如何溢出或固守于本群体边界，并对社会稳定、结构调整与群众对党和政府的情感认同造成了何种程度的反馈，以及政府对此又是如何感知与因应的。

## 三、当代情感史研究的史料与方法

新的研究视野意味着新的研究内容，新的研究内容也往往标示着史料样态和研究方法的新向度。坦率地说，相较于传统史学领域，情感史在史料层面面对着更具挑战性的可操作性问题，呼唤更为多元且开放的研究方法。“我们应该清楚，我们只能处理表达出来的情感——通过口头或书面语言表达，通过音乐或视觉材料表达。”[②]当然，我们依然应重视档案、报刊等传统史料。新中国成立后报刊出版发行的几何级增长也

① 如2004年浙江省的一份调查显示，20—40岁年龄段的外来打工者中“感到寂寞孤独”的占90%，“难以适应环境”的占65%，“担心受欺负”的占48%，“为感情困扰”的占35%。参见《调查显示90%外来农民工“感到寂寞孤独” 农民工心理健康问题已成为一个不容忽视的社会问题》，《新华每日电讯》2004年2月21日。

② Frank Biessetal, “History of Emotions,” *German History*, 28.1 (2010): 67—80.

大为便利了从这一时期传统史料中搜集和整理情感史信息。如，通过超过50年历史、1962年创办的《中国少年报》“知心姐姐”栏目的史料搜集，就可以对相关群体的情感代际传递和变化进行具有扎实史料基础上的全样本分析。[①]其次，日记、信件、回忆录、口述史等更易流露出情感因子的史料应是重点搜集对象。特别是普通人的日记，因其私密性，更易让作者流露出真实情感。但在采用日记、书信等个人史料时，也应注意多重史料互证，并征得当事人同意，注意学术伦理。又次，我们不应忽略小说、诗歌等充满时代情感表达的史料。诗歌是时代精神的体现，是个体或群体情感的文学化再现，折射出大时代的精神气质，具有较强的情感史史料价值。如1949年底到1951年初诗人胡风创作的大型交响乐式长诗《欢乐颂》，其第一乐章《时间开始了》中所激荡的是一代知识分子对新中国成立所饱含的期待与热情。再次，视听史料（如照片、影像、录音）因其所披露的关于情感的信息更具直观性、外显性和立体感，也应获得我们的重视。最后，我们要高度关注心理学、社会学、神经科学等学科的已有调查研究成果。改革开放后，我国各级心理学研究和实务机构做了大量的情感调查，积攒了较为丰富、较长时段、包含有不同人群多维情感的描述性统计数据资料（如PAD情绪量表、SCL-90量表等情绪量表）。由中国社科院和部分地方社科院分年度连续发布的系列出版物《社会心态蓝皮书》也涉及相当部分的情感材料。近年来民国时期社会调查资料的大量发现、整理和汇编，为中国近代社会史研究打下了很好的史料基础。同样，上述情感调查材料亦可作为改革开放时期情感史史料的重要资取对象。补充一点，由于人工智能等科技的发展，今天人们在网络上的交互行为已能被各种大数据读取，今后的历史学家们

① 施瑞婷：《情感体制视阈下情感社会化话语的嬗变——基于一个情感教育栏目的研究》，南京大学2018年博士论文。

若想进行改革开放时期特别是网络时代的情感史研究，完全有可能通过内容分析研究网络中留存的时代文本，甚至通过留存网络使用时表征情感状态的各种生理系统变化的信息来进行情感分析。①

阅读史学史还可以发现，历史研究的进步时常通过史料倒逼方法的方式予以实现。在如此多样态的史料面前，单一运用传统治史方法研究当代情感史可能会力有不逮。并且，在某种程度上，也正是自然科学、社会科学的进步才使情感史研究成为一种可能。② 例如，我们可以利用计算机和相关报刊数据库，运用统计学方法（如大数据统计软件结合分词工具），对情感信息进行编码和分类，从中观察出一个历史时段内社会主流情感的变动及对历史的参与度。更重要的是，情感史研究者应善于学习和借助神经科学、行为科学、情感心理学、情感社会学、情感人类学等多学科方法。如，我们可以运用作为心理学元分析技术的“横断历史分析法”，揭示感情变量随历史演进的变化趋势及其与社会变迁的关系。③ 再如，美国情感人类学家阎云翔在《私人生活的变革：一个中国村庄里的爱情、家庭与亲密关系（1949—1999）》中所采用的人类学田野调查，加之访问法、观察法、统计分析等具体的跨学科研究方法，都是研究当代情感史时应借鉴的方法工具。认知神经科学最新研究认为，情感是大脑的一项功能，受大脑的情感回路控制。如是之，由于当代史研究的人还多有健在，除了口述史方法外，可以畅想一下，有没有可能利用认知神经科学关于情感的前沿研究方法，如正电子发射断层

---

① 纪莉、董薇：《从情感研究的起点出发：去情绪化的情感与媒介效果研究》，《南京社会科学》2018年第5期。

② Stephanie Olsen and Rob Boddice, “Styling Emotions History,” *Journal of Social History*, 51.3（2018）: 476—487.

③ 参见辛自强、池丽萍：《横断历史研究：以元分析考察社会变迁中的心理方法》，《华东师范大学学报（教育科学版）》2008年第2期。

扫描（PET）、事件相关电位（ERP）、脑磁图（MEG）、功能磁共振成像（f-MRI）等对正在发生或刚过去不久的历史事件中的情感进行记载与保存？当然，在情感史研究的跨学科方法问题上，我们须“使方法体化于史料之内，史料融解于方法之中”[①]，锚定于历史学“求真”“求实”的研究目标和宏观历史背景、逻辑，站稳历史学学科本位。

## 四、余论

总而言之，情感史研究是对理性视角的重要补充和丰富，有利于我们更为完整地分析和呈现历史。我们应以辩证唯物主义和历史唯物主义为指导，对已有多元化与多流派的西方情感史理论与方法作批判性借鉴，在沉潜于中国情感史史料过程中，努力建构符合中国历史实践的情感史理论方法。马克思主义情感理论认为：“社会存在决定情感”，“情感可谓是这种社会关系丛结的效应，同时也存在于这种社会关系丛结之中”。[②] 我们要警惕一些西方情感史研究就情感谈情感的碎片化弊端，将当代情感史研究嵌入当代中国社会发展的大结构、大背景中，既要能在细节、微观层面对情感进行深描，又要能跳出个别时段个别群体的情感样本，以小见大，从情感参与史、情感工作史、情感演化史、情感与社会互动研究中展现出一部新中国70年的奋斗史。

马克思指出：“人作为对象性的、感性的存在物，是一个受动的存在物；因为它感到自己是受动的，所以是一个有激情的存在物。激情、

① 翦伯赞：《史料与史学》，北京出版社2005年版，第86页。

② 成伯清、李林艳：《激情与社会——马克思情感社会学初探》，《社会学研究》2017年第4期。

热情是人强烈追求自己的对象的本质力量。”[①]中国当代史所呈现的是一部党领导亿万人民所开创的、充满激情和热情、感天动地的历史画卷。“人是史学的对象”[②]，通过情感史视野，我们不仅能够看到新中国成立以来 GDP 的增长、社会结构的优化、人民生活水平的提高，还能描绘出这一大时代中个体的喜怒哀乐，接櫫不同群体情感的流变，以及这些流变与历史演进的交互。情感史可为当代中国史研究提供新维度、新史料、新方法，为人们更为完整、立体且深入地梳理新中国 70 年历史提供帮助。借用法国情感史学家茱莉亚·西萨的一句话，情感“赐给我们智慧，让我们知道自己不能完全被理解。现在正是时候，来探索这个智慧的历史了”[③]。作为史学前沿领域和新趋向，当代情感史研究具有广阔的发展空间，期待更多党史国史工作者们的参与。

（作者为南开大学历史学院暨中国社会史研究中心副教授）

① 《马克思恩格斯文集》第 1 卷，人民出版社 2009 年版，第 211 页。

② ［法］马克·布洛克：《历史学家的技艺》，张和声译，北京师范大学出版社 2014 年版，第 122 页。

③ ［法］茱莉亚·西萨：《嫉妒：一桩不可告人的心事》，郑园园译，生活书店出版有限公司 2018 年版，序言第 13 页。

# “新时代转向”：党的十八大以来中国特色哲学社会科学建设的重大进展

储著武

党的十八大以来，以“三个体系”（学科体系、学术体系、话语体系）建设为中心来构建中国特色哲学社会科学取得重大进展，为繁荣发展新时代哲学社会科学奠定了坚实基础。目前，关于党的十八大以来中国特色哲学社会科学建设的思想与实践创新，已有部分成果从具体方面作过总结，但较为完整梳理这个问题的成果则很少见。[①] 为此，本文就这个问题作进一步分析。

## 一、指导思想：全面加强马克思主义在哲学社会科学领域中的指导地位

任何国家的社会科学都有自己的指导思想，我国哲学社会科学的本

① 这方面成果主要有：《助力复兴伟业　烛照强国梦想——党的十八大以来推进马克思主义理论研究和建设工程纪实》，《人民日报》2017 年 10 月 11 日；郝立新：《十八大以来我国哲学发展的成就——以马克思主义哲学为主》，《人民日报》2017 年 4 月 27 日；《“三大体系”建设引领哲学社会科学迈向未来》，《中国社会科学报》2019 年 2 月 22 日。

质特征就在于坚持以马克思主义为指导。那么，加快构建中国特色哲学社会科学，首先必须坚持和巩固马克思主义在哲学社会科学领域中的指导地位。

改革开放以后，随着西方社会科学理论与方法以及教材被大量引进中国，马克思主义的指导地位受到一定程度的挑战。正如习近平总书记指出的，“马克思主义被边缘化、空泛化、标签化”，并在一些学科中“失语”、教材中“失踪”、论坛上“失声”。[①]比如，历史学科中历史虚无主义思潮的泛滥问题，经济学科中新自由主义思潮的危害问题等，皆为具体表现。这些问题出现虽有客观原因，但长期下去肯定不利于哲学社会科学事业长远发展。

党的十八大后，以习近平同志为核心的党中央多次强调马克思主义在哲学社会科学领域中的指导地位问题。2013年8月19日，习近平在全国宣传思想工作会议上指出，党校、干部学院、社会科学院、高校、理论学习中心组等都要把马克思主义作为必修课，成为马克思主义学习、研究、宣传的重要阵地。[②]2015年12月11日，习近平在全国党校工作会议上强调党校科研要为巩固马克思主义在意识形态领域的指导地位作出积极贡献。[③]2016年5月17日，习近平在哲学社会科学工作座谈会上指出：“坚持以马克思主义为指导，是当代中国哲学社会科学区别于其他哲学社会科学的根本标志，必须旗帜鲜明加以坚持。”[④]2017年3月5日，中共中央印发的《关于加快构建中国特色哲学社会科学的意见》中，

---

① 习近平：《在哲学社会科学工作座谈会上的讲话》，人民出版社2016年版，第10页。

② 《习近平谈治国理政》第1卷，外文出版社2018年版，第154页。

③ 习近平：《在全国党校工作会议上的讲话》，《求是》2016年第9期。

④ 习近平：《在哲学社会科学工作座谈会上的讲话》，人民出版社2016年版，第8页。

明确指出要坚持马克思主义在哲学社会科学领域中的指导地位。[①]2017年5月17日，习近平在致中国社会科学院建院40周年贺信中希望中国社会科学院研究人员以及全国哲学社会科学工作者必须坚持马克思主义指导地位。[②]2018年5月4日，习近平出席纪念马克思诞辰200周年大会并作讲话，强调马克思主义作为指导思想的极端重要性。[③]2019年1月2日，习近平在致中国历史研究院贺信中强调，要坚持历史唯物主义的立场、观点、方法。

党的十八大以后，党和国家有针对性地采取措施来全面加强马克思主义在哲学社会科学领域的指导地位，主要有：

（1）中央政治局率先垂范，推动马克思主义理论学习。以中央政治局集体学习会为例，十八届中央政治局集体关于马克思主义理论的学习会共有4次，分别是：第十一次以“历史唯物主义基本原理和方法论”为主题（2013年12月3日），第二十次以“辩证唯物主义基本原理和方法论”为主题（2015年1月23日），第二十八次以“马克思主义政治经济学基本原理和方法论”为主题（2015年11月23日），第四十三次以“当代世界马克思主义时代意义和现实意义，继续推进马克思主义中国化、时代化、大众化”为主题（2017年9月29日）。十九届中央政治局集体学习会关于马克思主义理论学习的有1次：第五次以“《共产党宣言》及其时代意义”为主题（2018年4月23日）。中央政治局以集体学习方式专题研讨马克思主义基本理论与重要文献，向外界传递出加强与巩固马克思主义指导地位的坚定决心。

① 《中共中央印发〈关于加快构建中国特色哲学社会科学的意见〉》，《人民日报》2017年5月17日。

② 《习近平致中国社会科学院建院40周年的贺信》，《人民日报》2017年5月18日。

③ 习近平：《在纪念马克思诞辰200周年大会上的讲话》，人民出版社2017年版，第14页。

（2）发展21世纪马克思主义、当代中国马克思主义，不断推进马克思主义中国化、时代化、大众化。党的十八大以来，以习近平同志为核心的党中央不断推进党的理论创新，提出一系列治国理政新理念新思想新战略。在党的十九大上，中国共产党深入总结全面深化改革以来的重大历史性变革，形成并提出习近平新时代中国特色社会主义思想，并将其写入党章和《宪法》，使之成为党和国家的指导思想。习近平新时代中国特色社会主义思想，是马克思主义中国化、时代化的最新理论成果，是21世纪马克思主义、当代中国马克思主义。

为了推进马克思主义大众化，理论工作者汇编出版大量马克思主义中国化、时代化的理论书籍，如《习近平总书记系列重要讲话读本》（2016年版）、《习近平谈治国理政》（第一卷、第二卷）等；还有目前劲头正炽的电视理论节目以及《马克思是个90后》等音乐作品，以更加通俗化的语言和观众喜闻乐见的形式来传播马克思主义等。[①]

（3）深入推进马克思主义理论研究和建设工程。马克思主义理论研究和建设工程，是坚持和发展马克思主义的基础性工程。党的十八大以来，马克思主义理论研究和建设工程深入推进。在经典文献编辑方面，2015年3月，北京大学等单位联合启动了“马藏”编纂工程，全面整理并汇编出版马克思主义经典文献。这一浩大学术编纂工程计划于2035年左右完成，目前已取得阶段性成果。在教材编写方面，马工程系列教材不同程度地作出修订，为高校加强思想政治课以及专业课教育教学提供权威教科书。在重大学术平台建设方面，经教育部批复，由北京大学主办的世界马克思主义大会于2015年和2018年分别召开第一届和第二届大会，成为研究、宣传和传播马克思主义的高端学术平台。如此等等。

① 《助力复兴伟业　烛照强国梦想——党的十八大以来推进马克思主义理论研究和建设工程纪实》，《人民日报》2017年10月11日。

（4）加快建设高等学校马克思主义学院以及习近平新时代中国特色社会主义理论研究中心。党的十八大以来，高等学校马克思主义学院掀起建设热潮。2015年9月10日，中宣部、教育部联合颁发《关于加强马克思主义学院建设的意见》，强调加强马克思主义学院建设是一项重大而紧迫的任务。在这前后，高校掀起成立马克思主义学院热潮。据初步统计，到2016年年底，全国高校马克思主义学院突破400家。① 在高校纷纷建立马克思主义学院的基础上，中宣部、教育部还推出全国重点马克思主义学院建设工程，并启动申报和评审工作。到目前为止，全国重点马克思主义学院建设共有21家，其中第一批9家，第二批12家。高校马克思主义学院建设，尤其是全国重点马克思主义学院建设，已经成为开展马克思主义思想理论课教学和培养马克思主义理论后备人才的中坚力量。

党的十九大以后，社科院、党校（行政学院）、高等学校以及全国各省、市、自治区的中国特色社会主义理论体系研究中心，或改名，或重新成立习近平新时代中国特色社会主义思想研究中心（院）。截至目前，由中宣部批准，在中央党校、教育部、中国社会科学院、国防大学、北京市、上海市、广东省、北京大学、清华大学和中国人民大学成立10家习近平新时代中国特色社会主义思想研究中心（院），成为研究、宣传、阐释习近平新时代中国特色社会主义思想的重要平台。在这些国家级中心之外，全国各省、市、自治区以及科研单位、高等学校也成立相应的教学研究机构，负责习近平新时代中国特色社会主义思想的教学研究工作。

---

① 陈占安：《高校马克思主义学院的由来和发展》，《学校党建与思想教育》2017年第10期。

## 二、体制变革：构建中国特色哲学社会科学领导体制

学术领导体制建设，对于学术发展至为关键。加快构建中国特色哲学社会科学，最为重要的一点就是要构建中国特色哲学社会科学领导体制。

改革开放以来，中国哲学社会科学领导体制有个逐步发展的过程。1982年10月，中宣部、中国社会科学院等召开全国哲学社会科学规划座谈会，讨论形成《全国哲学社会科学规划座谈会纪要》，强调会议结束以后由中宣部、中国社会科学院、教育部等成立全国哲学社会科学规划领导小组，并下设工作机构，负责日常工作。[①]1982年11月22日，中共中央以48号文件转发《纪要》。[②]此后，全国哲学社会科学规划领导小组成立，各省、市、自治区成立相应的哲学社会科学规划领导小组。全国哲学社会科学规划领导小组负责制定并检查国家哲学社会科学中长期发展规划，具体办事机构在中国社会科学院。1991年6月，中共中央决定在全国哲学社会科学规划领导小组下设全国哲学社会科学规划办公室，作为全国哲学社会科学规划领导小组的办事机构，隶属于中宣部，负责制定全国哲学社会科学规划以及管理社科基金方面工作。同时，各省、市、自治区成立相应的哲学社会科学规划办公室，负责所在地区规划与基金工作。

党的十八大以来，构建中国特色哲学社会科学领导体制取得重大进

---

① 《全国哲学社会科学规划座谈会纪要》，参见国家教委高教一司文科科研处、武汉大学社会科学研究处编：《社会科学研究工作文献选编》，武汉大学出版社1989年版，第43页。

② 《全国哲学社会科学规划座谈会纪要》，参见国家教委高教一司文科科研处、武汉大学社会科学研究处编：《社会科学研究工作文献选编》，武汉大学出版社1989年版，第46页。

展。2017 年 11 月 17 日，教育部办公厅发出《关于成立教育部哲学社会科学工作领导小组的通知》，决定成立教育部哲学社会科学工作领导小组，加强对高等学校哲学社会科学工作的全面领导。领导小组办公室设在教育部社会科学司。2018 年 1 月，中共中央决定成立全国哲学社会科学工作领导小组，下设全国哲学社会科学工作办公室。全国哲学社会科学工作办公室为全国哲学社会科学工作领导小组办事机构，负责处理领导小组日常工作。全国哲学社会科学工作办公室主要职责是：

（1）负责督促落实中央关于哲学社会科学工作的决策部署，分析研判全国哲学社会科学发展状况并提出工作建议；（2）负责组织制定国家哲学社会科学发展战略和中长期规划，研究制定实施有关专项规划；（3）负责联系协调全国哲学社会科学队伍和研究力量，组织实施哲学社会科学创新工程、人才工程等相关工作；（4）负责联系协调全国性社会科学学术社团，加强对社团建设和重大活动的指导管理；（5）负责组织开展国家高端智库建设工作，协调推动中国特色新型智库建设；（6）负责管理国家社会科学基金，组织基金项目评审和成果转化应用等工作；（7）负责完成中央宣传部、全国哲学社会科学工作领导小组交办的其他事项。

教育部以及全国哲学社会科学工作领导小组的成立，标志着延续多年的以规划与基金为重点的规划领导体制向职能更加全面的工作领导体制的转型。与此同时，全国各省、市、自治区哲学社会科学领导体制亦会有相应调整与变化。毫无疑问，这种领导体制的重大变革对于哲学社会科学事业发展带来的积极影响不言而喻。

## 三、发展战略：加快发展中国特色哲学社会科学的两大意见

加快构建中国特色哲学社会科学，要从战略高度来解决制约哲学社

会科学发展的各种问题。在这方面，除上面提到国家级规划以及党代会报告对于哲学社会科学有所强调外，最重要的是中共中央制订并通过两大意见——《关于加强中国特色新型智库建设的意见》以及《关于加快构建中国特色哲学社会科学的意见》。以这两大意见为重大契机，全国哲学社会科学形成了一种上下联动、协同推进构建中国特色哲学社会科学的良好局面。

首先，推动哲学社会科学向智库方向转型。党的十八大后，党和国家决定加快中国特色新型智库建设，希望为党和政府科学民主依法决策提供重要支撑。2015年1月，中共中央、国务院联合印发《关于加强中国特色新型智库建设的意见》，对中国特色新型智库建设作出重要部署，并决定重点建设一批具有较大影响和国际影响力的高端智库。[①]2015年12月，25家智库成为首批国家高端智库建设试点单位。在这25家高端智库里，哲学社会科学研究机构占比最高，如国务院发展研究中心、中国社会科学院、中央党校等。中国特色新型智库建设，促使哲学社会科学研究机构、高等学校等加快向智库方向转型。举例来说，中国社会科学院不仅有3家进入首批国家高端智库建设试点，还在其内部培育21家专业化智库（时间截至2019年1月）。上海社会科学院每年发布年度智库报告，南京大学中国智库研究与评价中心和光明日报智库研究与发布中心发布CTTI智库报告，对国内智库研究机构成果与影响作出评判。如此等等。

党的十八大以来，中国智库建设迎来井喷式发展，智库研究成果大量涌现，为党和国家决策提供有益的决策咨询。同时，智库建设经过前一时期快速发展，目前正进入由重数量、跃进式的发展态势向重质量、内涵式的发展态势转型。智库研究虽然现实性和应用性极强，但绝不能

① 《中办国办印发〈意见〉加强中国特色新型智库建设》，《人民日报》2015年1月21日。

忽视基础理论研究的重要性。只有高度繁荣发展的哲学社会科学，才有可能建设一流的新型智库；同样，只有建设好一流的新型智库，才会进一步促进哲学社会科学繁荣发展。中国特色新型智库建设与中国特色哲学社会科学建设不是非此即彼、相互排斥、相互矛盾的关系，而是相互影响、相互交融、相互促进的关系。

其次，明晰构建中国特色哲学社会科学方向与路径。哲学社会科学工作座谈会结束后，加快构建中国特色哲学社会科学的任务提上日程。2017 年 3 月 5 日，中共中央正式印发《关于加快构建中国特色哲学社会科学的意见》。[①]《意见》强调，坚持和发展中国特色社会主义，必须加快构建中国特色哲学社会科学。至于如何构建中国特色哲学社会科学，《意见》指出，要坚持马克思主义在哲学社会科学领域的指导地位，要加快构建中国特色哲学社会科学学科体系、学术体系、话语体系，要建设种类齐全、梯队衔接的哲学社会科学人才队伍，要加强和改善党对哲学社会科学工作的领导。[②]

《意见》发出后，全国各省、市、自治区党委、宣传部等结合所在地区哲学社会科学工作实际，纷纷制定实施意见，加大对哲学社会科学的投入。比如，福建省出台《关于推进高校以马克思主义为指导的哲学社会科学学科基础理论建设的意见》，决定设立福建省高校哲学社会科学学科基础理论建设专项资金，每年给予 1000 万元经费支持，周期为 5 年。湖南省出台《关于加快构建中国特色哲学社会科学的实施意见》，提出要精心构建“九大重镇”，凝练做强“八大学科”，重点建设“五支

① 中共中央党史和文献研究院：《改革开放四十年大事记》，人民出版社 2018 年版，第 114 页。

② 《中共中央印发〈关于加快构建中国特色哲学社会科学的意见〉》，《人民日报》2017 年 5 月 17 日。

队伍”（“985”建设）。[①]还有不少地市制定相应实施意见，加快推进中国特色哲学社会科学事业的发展。《意见》发出后，中国社会科学院制定落实《意见》精神的工作方案，从坚持马克思主义在哲学社会科学领域的指导地位、深入实施哲学社会科学创新工程、加强中国特色新型高端智库建设、加快构建中国特色哲学社会科学学科体系、加快构建中国特色哲学社会科学话语体系、加强种类齐全和梯队衔接的哲学社会科学人才队伍建设、深入实施报刊出版馆网库志和学术评价名优工程、大力推动“中国学术走出去”、加强改善党对哲学社会科学的领导等十个方面作出部署，并明确具体负责单位。[②]2017年5月10日，教育部专门召开高校加快构建中国特色哲学社会科学座谈会，就高校加快构建中国特色哲学社会科学进行全面部署。[③]在教育部统一部署下，各高等学校根据《意见》要求并结合自身实际制定相应措施，来加快构建中国特色哲学社会科学。与此同时，中央党校（国家行政学院）等也都根据《意见》要求举行类似的座谈会，制定工作计划，来推进中国特色哲学社会科学学科体系、学术体系、话语体系建设。

## 四、三位一体：学科体系、学术体系、话语体系建设竞相发力

学科体系、学术体系、话语体系，是支撑哲学社会科学“大厦”的三大骨干。加快构建中国特色哲学社会科学，必须加快推进哲学社会科

① 《中共湖南省委印发〈关于加快构建中国特色哲学社会科学的实施意见〉》，《湖南日报》2017年9月7日。

② 《关于印发中国社会科学院贯彻落实〈中共中央关于加快构建中国特色哲学社会科学的意见〉精神工作方案的通知》，社科党组字〔2017〕72号文件。

③ 《教育部召开高校加快构建中国特色哲学社会科学座谈会》，《中国教育报》2017年5月11日。

学学科体系、学术体系、话语体系建设。以下简要叙述党的十八大以来学科体系、学术体系、话语体系建设的重要进展。

### （一）学科体系

随着社会科学交叉学科和新兴学科的发展，学界试图构建新学科的努力从未停止过，甚至动辄呼吁将某某学科上升为一级学科。且不论这些学科建设的呼吁与努力是否可行，但至少反映出学科建设有待加强与完善。为此，习近平总书记在哲学社会科学工作座谈会上要求从以下五个方面加强中国特色哲学社会科学学科体系建设：加强马克思主义学科建设；加快完善对哲学社会科学具有支撑作用的学科，如哲学、历史学、经济学、政治学、法学、社会学、民族学、新闻学、人口学、宗教学、心理学等，打造具有中国特色和普遍意义的学科体系；注重发展优势重点学科；加快发展具有重要现实意义的新兴学科和交叉学科；重视发展具有重要文化价值和传承意义的“绝学”、冷门学科。[①] 在中共中央印发的《关于加快构建中国特色哲学社会科学的意见》中，同样明确要“加快构建中国特色哲学社会科学学科体系”。[②] 总体来说，加快构建中国特色哲学社会科学学科体系的问题突出起来，亟待有所建树。党的十八大以来，这方面取得重要进展有：

高校哲学社会科学优势学科在“双一流”建设中获重大机遇。党的十八大以后，党中央、国务院作出世界一流大学和世界一流学科建设的重大战略决策，并制定通过了建设的总体方案和实施办法。2017 年 9

① 习近平：《在哲学社会科学工作座谈会上的讲话》，人民出版社 2016 年版，第 22—23 页。

② 《中共中央印发〈关于加快构建中国特色哲学社会科学的意见〉》，《人民日报》2017 年 5 月 17 日。

月，教育部等部门公布了世界一流大学建设高校 42 所（A 类 36 所、B 类 6 所）和一流学科建设高校 95 所的名单。[①] 在国家开展“双一流”建设以后，各省、市、自治区也结合各地实际情况，制订了推进本地区一流大学和一流学科建设的实施意见和具体方案，加快本地区“双一流”建设。在“双一流”建设过程中，部分高校哲学社会科学学科发展成为国家及地方“双一流”建设的学科，获得了比其他学科更多的资源和更大的发展空间。随着“双一流”建设的深入推进，部分高校哲学社会科学一流学科建设获重大机遇。

中国特色社会主义政治经济学建设提上日程。中国特色社会主义政治经济学，是对马克思主义政治经济学的创新和发展。2015 年 12 月，中央经济工作会议首次提出“中国特色社会主义政治经济学”的概念。随后，习近平总书记又针对发展中国特色社会主义政治经济学作出多次指示。在中国经济建设实践中，中共中央提出的“新常态”“五大发展理念”“供给侧结构性改革”等一系列范畴，已经成为中国特色社会主义政治经济学的标志性术语。与此同时，马克思主义政治经济学界撰写大量学术论文和召开论坛、座谈会等，来论证中国特色社会主义政治经济学的内涵与外延以及构建其学科体系、学术体系、话语体系的问题。

“绝学”、冷门学科获专项支持。一般意义上说，那些实用性和现实性强，能够带来直接经济效益的学科往往处于优先发展地位，同时，那些所谓“绝学”、冷门学科因为与现实社会有所脱节，往往不会引起重视。但是，“绝学”、冷门学科具有重要文化价值和传承意义，不可小觑。2018 年 6 月，为扶持“绝学”、冷门学科发展，全国哲学社会科学工作领导小组决定自 2018 年起，国家社科基金设立冷门“绝学”和国别史

① 王战军主编：《世界一流大学世界一流学科建设政策汇编》，中国科学技术出版社 2018 年版，第 15 页。

等研究专项，加强对相关领域研究的资助力度以及学科发展的支持。

新时代教材建设加快进程。教材体系同学科体系呈辩证发展关系。全国高校大都有文科类院系，这些院系学生使用的教材是关系哲学社会科学人才培养的大问题。目前，马工程系列教材建设取得重大成绩，但同样也有很多不足。2016 年，中办、国办发出《关于加强和改进新形势下大中小学教材建设的意见》。2017 年 7 月 3 日，国务院办公厅又发出《关于成立国家教材委员会的通知》。随着国家教材委员会的成立，全国教材建设工作领导得到加强，同时新教材编写、审定等工作也在有条不紊地进行。

### （二）学术体系

学术体系，是研究学术与发展学术具有内在逻辑性的制度与系统。中国特色哲学社会科学学术体系建设，必须面向中国、服务中国，必须要创新中国理论、提出中国方案、增强中国智慧，务必使学术理论中国化、本土化。党的十八大以来，中国哲学社会科学学术体系建设得到加强，其表现有：

哲学社会科学创新工程深入推进。哲学社会科学创新体系建设，离不开广大哲学社会科学工作者的努力。党的十八大以来，中国社会科学院以实施“中华思想通史”等重大项目为契机，大力加强中国社会科学院创新体系建设。每年度中国社会科学院都会发布哲学社会科学创新工程重大项目指南，并发布一系列重大创新成果。2018 年，中国社会科学院提出打造创新工程升级版的计划。此外，部分省、市、自治区的社会科学院也提出创新工程的任务，开展所在地区的重大问题的研究。与社会科学院系统不同的是，高等学校着力打造哲学社会科学研究高精尖创新中心。以北京市为例，目前已经确定建设的 19 个北京高等学校高精尖创新中心中，哲学社会科学方面包括中国人民大学的北京高校思想政治理论课高精尖创新中心、北京师范大学的未来教育高精尖创新中心、北京语言大学的语言资源高精尖创新中心。这些中心建设以5年为一周期，每年投入5000万元，希望集中优势力量，产生一批有影响力的成果。

哲学社会科学基金使用作出调整，进一步解放科研生产力。2016年7月20日，中办、国办印发《关于进一步完善中央财政科研项目资金管理等政策的若干意见》，要求结合社会科学研究的规律和特点，尽快修订中央级社会科学类科研项目资金管理办法。2016年9月7日，财政部、全国哲学社会科学规划办公室印发《国家社会科学基金项目资金管理办法》。2016年10月26日，财政部、教育部印发《高等学校哲学社会科学繁荣计划专项资金管理办法》。以上两个《办法》遵循哲学社会科学的特点和规律，对于哲学社会科学基金使用作出多方面调整，体现了以人为本的原则，有利于激发科研创造力与科研生产力。2019年4月28日，全国哲学社会科学工作领导小组、财政部联合发出《关于进一步完善国家社会科学基金项目管理的有关规定》，简化各种手续并为科研松绑，有利于激发哲学社会科学研究的科研活力和创造力。

哲学社会科学评价获得新发展。哲学社会科学评价是一项科学性很强的工作。2018年2月，中办、国办印发《关于分类推进人才评价机制改革的指导意见》，强调要科学评价哲学社会科学和文化艺术人才，明确指出哲学社会科学人才评价重在同行认可和社会效益。2018年7月，中办、国办又印发《关于深化项目评审、人才评价、机构评估改革的意见》，要求针对自然科学、哲学社会科学、军事科学等不同学科门类特点，建立分类评价指标体系和评价程序规范。可以说，这些新要求为做好新时代哲学社会科学评价工作指明了方向。

实际上，中国已经形成具有中国特色的哲学社会科学评价体系。党的十八大之前，我国哲学社会科学评价主要有三大评价指标体系，分别是：北大中文核心期刊（成果形式为《中文核心期刊要目总览》）、南大"中文社会科学引文索引"（CSSCI）、中国社科院的"中国人文社会科学核心期刊"。这三大指标体系，共同反映出我国哲学社会科学研究成果的质量与水平。党的十八大以后，北大核心和南大核心每年都发布相关报告和核心期刊目录。中国社会科学院则在期刊评价方面取得重要成果。2013 年底，中国社会科学院成立中国社会科学评价研究中心。2014 年 11 月 22 日，中国社会科学评价研究中心发布首个应用 AMI 综合评价指标体系对中国人文社会科学领域期刊进行评价的报告。2015 年，《中国社会科学评价》创刊。2017 年，中国社会科学院成立中国社会科学评价研究院。2018 年，中国社会科学院评价研究院启动第二轮期刊评价工作，并于当年 11 月 16 日发布《中国人文社会科学期刊评价报告》。中国社会科学院评价研究院的成立及其研究成果的推出，为构建新时代中国特色哲学社会科学评价体系作出重要贡献。当然，学界对于中国社会科学院评价院推出的评价指标体系及其成果也有不同看法，认为存在不足，有待改进与完善。

加强科研诚信建设。近些年，学术不端情况屡屡见诸报端。可是，对学术不端人员的处置始终没有实质性的进展，以致哲学社会科学研究学术生态亟待重塑。2018 年 5 月，中办、国办印发《关于进一步加强科研诚信建设的若干意见》，要求中国社会科学院负责哲学社会科学领域科研诚信工作的统筹协调和宏观指导；哲学社会科学论文造假监管由中国社会科学院负责；中国社会科学院建立完善覆盖全国的哲学社会科学科研诚信信息系统，对哲学社会科学研究人员、相关机构、组织等的科研诚信状况进行记录。这一举措赋予了中国社会科学院领导和管理全国哲学社会科学科研诚信建设的任务，对于克服学术不端行为具有实质性作用。目前，中国社会科学院正在积极开展有关工作。

### （二）话语体系

习近平指出："支撑话语体系的基础是哲学社会科学体系。没有自己的哲学社会科学体系，就没有话语权。"[①] 中国哲学社会科学在国际上声音比较小，还处于有理说不出、说了传不开、传了不被接受的尴尬境地。要从根本上解决问题，就需要我们加快构建中国特色哲学社会科学话语体系。

党的十八大以后，中国在话语体系建设方面做出不少努力。从领导机制上来说，中宣部委托中国社会科学院牵头，中央党校、教育部等10余家单位参加的全国哲学社会科学话语体系建设协调会议机制，自2014年起每年召开一次年度会议，交流各单位加强哲学社会科学话语体系建设的计划、进展以及研究部署工作等；中国社会科学院在科研局设立了全国哲学社会科学话语体系建设协调会议办公室，负责编发《哲学社会科学话语体系建设研究动态》，组织开展话语体系建设方面的调研、学术会议和课题研究工作。为了将党的思想理论创新的核心思想、关键话语达到很好的传播效果，原中央编译局和《光明日报》合作发布"中央文献重要术语译文"。为了提升国际话语权，外宣部门、新闻出版机构定期会将一些党的思想理论书籍如《习近平谈治国理政》第一卷、第二卷等以各种文字翻译出版，组织实施将汉文学术著作翻译成外文出版等。有关部门还着力打造海外中国学术研究中心，加强孔子学院建设等。加强与国外智库的学术交流，传播中国声音与中国话语。中国社会

① 习近平：《在全国党校工作会议上的讲话（2015年12月11日）》，《求是》2016年第9期。

科学院等机构定期发布《全球智库报告》等智库成果，扩大全球学术影响力和话语权。

毫无疑问，党的十八大以来中国特色哲学社会科学学科体系、学术体系、话语体系建设的内容还有许多。除以上方面，还有不少与三大体系建设有关的内容，如中国社会科学院牵头建设的“国家哲学社会科学文献中心”于2016年12月30日正式上线运行；国家“万人计划”每年扶持一定的哲学社会科学学者；中宣部组织中国社会科学院、中央党校实施马克思主义理论人才培养计划等。这些关系哲学社会科学发展的重要举措，与哲学社会科学三大体系建设紧密相连，共同统一于加快构建中国特色哲学社会科学的伟大进程中。

## 五、“新时代转向”：中国特色哲学社会科学建设的前进方向

2011年3月，国家“十二五”规划明确提出要“推进学科体系、学术观点、科研方法创新，大力推进哲学社会科学创新体系建设，实施哲学社会科学创新工程，繁荣发展哲学社会科学”①，对党的十八大后一段时间里哲学社会科学建设作出部署。2012年11月，党的十八大提出“深入实施马克思主义理论研究和建设工程，建设哲学社会科学创新体系”②，明确十八大后哲学社会科学建设的走向。2013年11月，中共十八届三中全会通过《关于全面深化改革若干重大问题的决定》，有专门促进哲学社会科学的改革举措，如“加强中国特色新型智库建设”。2016年3月，国家“十三五”规划专门有一节明确“推进哲学社会科学创

---

① 《中华人民共和国国民经济和社会发展第十二个五年规划纲要》，《人民日报》2011年3月17日。

② 《十八大以来重要文献选编》上，中央文献出版社2014年版，第24—25页。

新”的任务，包括哲学社会科学创新工程、马克思主义理论研究和建设工程、治国理政新理念新思想新战略的研究阐释、中国特色社会主义政治经济学、国家高端智库建设等重要内容。[①]这些任务，除哲学社会科学创新工程、马克思主义理论研究和建设工程在党的十八大之前已经开展外，其他均是党的十八大后提出的新任务。哲学社会科学发展问题列入国家级发展规划、党代会报告以及重大改革文件之中，这充分说明其在国家发展中所具有的重要地位和作用。

党的十八大以后，中国特色哲学社会科学建设面临着新的形势和任务。一方面，党的十八大后国家经济社会事业发展有许多新课题、新任务，以及各项重大改革举措的推出与落地，客观上需要哲学社会科学提供智力支持与学术支撑；另一方面，哲学社会科学自身也必须跟上时代步伐，以更好地适应新的形势与任务需要。可以说，在国家发展的强烈需求与哲学社会科学自身建设双重压力的驱动下，哲学社会科学必须主动变革。然而，目前中国哲学社会科学建设确实又面临着不少问题，如发展战略不明确，学科体系、学术体系、话语体系建设水平不高，学术原创能力不强，训练培养教育体系不健全，学术评价不科学，管理体制和运行机制不完善，人才队伍总体素质不高，学风问题突出，等等。

现实问题接踵而至，“与其赠来者以劲改革，孰若自改革”。为此，习近平总书记于2016年5月17日专门召开哲学社会科学工作座谈会，首次提出“加快构建中国特色哲学社会科学”的战略任务。[②]他强调，坚持和发展中国特色社会主义必须高度重视哲学社会科学，哲学社会科

① 《中华人民共和国国民经济和社会发展第十三个五年规划纲要》，人民出版社2016年版，第167页。

② 习近平：《在哲学社会科学工作座谈会上的讲话》，人民出版社2016年版，第15页。

学工作者应该立时代之潮头、通古今之变化、发思想之先声。在他看来，新形势下加快构建中国特色哲学社会科学，必须从指导思想、学科体系、学术体系、话语体系以及加强党的领导等方面来充分体现中国特色、中国风格、中国气派。实际上，这就是加快构建中国特色哲学社会科学必须解决的几个重大问题。为此，中共中央于 2017 年 3 月印发《关于加快构建中国特色哲学社会科学的意见》。这是自 2004 年中共中央发出《关于进一步繁荣发展哲学社会科学的意见》之后又一关系中国特色哲学社会科学建设的纲领性文件，再次明确了加快构建中国特色哲学社会科学的方向与路径。

2017 年 10 月，党的十九大在京召开。这次会议强调中国特色社会主义进入了新时代，并指出这是我国发展新的历史方位。新时代、新任务、新征程，对中国特色哲学社会科学建设提出了更高要求、更多任务。为此，党的十九大报告从文化自信的角度明确提出哲学社会科学要“深化马克思主义理论研究和建设，加快构建中国特色哲学社会科学，加强中国特色新型智库建设”的任务。[①]党的十九大以后，如何根据新时代的要求来明确哲学社会科学前进方向，则成为中国特色哲学社会科学建设必须面对和解决的重大课题。一方面，新时代向哲学社会科学提出更多任务、更高要求，亟须哲学社会科学提供强有力的智力支持与学术支撑；另一方面，哲学社会科学也需要谋求发展，以更好地服务于新时代国家建设的需要。从某种意义上说，新时代成为中国特色哲学社会科学建设的新的逻辑与实践起点。为此，加快构建中国特色哲学社会科学，就必须尽快实现中国特色哲学社会科学建设的“新时代转向”。中国特色哲学社会科学建设的“新时代转向”，既是新时代国家建设的客

---

① 《中国共产党第十九次全国代表大会文件汇编》，人民出版社 2017 年版，第 33—34 页。

观需要，又是哲学社会科学自身建设的内在需求，是内外两种力量的有机统一。2019年3月4日，习近平总书记在全国政协十三届二次会议文艺界、社科界联组会议上进一步对哲学社会科学“新时代转向”作出重要指示。他强调，新时代呼唤着杰出的理论家，学术创新拥有无比广阔的空间，要坚定文化自信、把握时代脉搏、聆听时代声音，坚持与时代同步伐、以人民为中心、以精品奉献人民、用明德引领风尚。[①] 哲学社会科学必须要坚定文化自信、要以人民为中心、要发挥强根铸魂的作用、要深刻反映时代巨变与精神图谱、要引领经济社会发展等都是这种“新时代转向”的重要体现。

总的来说，党的十八大以来，中国特色哲学社会科学建设在全面深化改革的伟大进程中逐渐明确前进方向，那就是要在加快构建中国特色哲学社会科学的基础上实现中国特色哲学社会科学建设的“新时代转向”。

## 结语

经过党的十八大以来扎实有效的工作，中国特色哲学社会科学建设在指导思想方面全面加强马克思主义思想的指导地位，在领导体制方面构建起中国特色哲学社会科学领导体制，在发展战略方面通过并实施加快发展哲学社会科学的两大意见，在学科体系、学术体系、话语体系建设方面采取一系列重要举措。概言之，党的十八大以来中国哲学社会科学建设的成功实践及其所得的显著成绩，标志着中国特色哲学社会科学建设初步实现了“新时代转向”。这种思想与实践的双向互动及其逻辑

① 《坚定文化自信把握时代脉搏聆听时代声音　坚持以精品奉献人民用明德引领风尚》,《人民日报》2019年3月5日。

发展，是党的十八大以来中国特色哲学社会科学建设的重要特点。

可是，面对着新时代国家建设的理论需求与学术发展，中国特色哲学社会科学建设还会面临不少挑战，任务极其繁重，为此必须注意以下几个问题：

首先，加快构建中国特色哲学社会科学，实现中国特色哲学社会科学建设的“新时代转向”，最终目标是建设具有中国特色、中国风格、中国气派的哲学社会科学。中国特色哲学社会科学，首要在于“中国特色”，亦即构建中国化、本土化哲学社会科学。在这个过程中，中国特色哲学社会科学建设既不能故步自封，又不能盲目崇外，必须处理好中西关系、传统与现代的关系。中国特色哲学社会科学建设要以我国目前全面深化改革的伟大实践和社会主义现代化强国建设的实际问题为中心来展开，要着眼于马克思主义理论与中国国情、中国实际的结合。正如毛泽东所指出：“应该以中国做中心，把屁股坐在中国身上。”[①] 以中国问题为中心，构建中国化、本土化哲学社会科学，实质就是建设具有中国特色、中国风格、中国气派的哲学社会科学。

其次，加快构建中国特色哲学社会科学，实现中国特色哲学社会科学建设的“新时代转向”，主体力量是哲学社会科学研究者本身。中国特色哲学社会科学建设是一项系统工程，需要发挥各方面积极性与主动性，但内因始终是决定性因素，必须依靠哲学社会科学研究者本身的创造性劳动才能完成。应该说，党的十八大以来中国特色哲学社会科学建设所释放出来的制度性因素如优化科研经费管理、构建新的体制机制等，进一步解放了科研人员，有利于科研生产力的提升。但是，这种制度性因素的灵活放开，最终还得落实到哲学社会科学研究者的研究成果

① 《毛泽东文集》第2卷，人民出版社1993年版，第407页。

上来。这些成果不能是稀松平常、低水平重复的成果，而必须是具有重大理论创新与实践创新的成果。从这个意义上说，中国特色哲学社会科学建设的主体力量是哲学社会科学研究者本身。用中国思想来解决中国问题，用中国智慧来提出中国方案，是哲学社会科学工作者义不容辞的神圣职责和使命。哲学社会科学研究者应抓住新时代所赋予的重大历史机遇，立时代之潮头，发时代之先声，作出独特贡献。

最后，加快构建中国特色哲学社会科学，实现中国特色哲学社会科学建设的“新时代转向”，根本旨归在于新时代中国特色社会主义现代化强国建设的奋斗目标。中国特色哲学社会科学建设，必须服从于和服务于新时代中国特色社会主义现代化强国建设的奋斗目标。为此，这就既要考虑当前需要，又要着眼于未来，做各种战略性、前瞻性研究。根据党的十九大所确定的任务，哲学社会科学需要考虑未来15年乃至30年中国社会发展可能遇到的问题，提前作出预判与研究。可以说，新时代中国特色哲学社会科学建设面临的挑战与问题在所难免，需要全体哲学社会科学工作者共同努力，在全面深化改革过程中加以解决。

（作者为中国社会科学院当代中国研究所理论研究室副研究员）

# 20 世纪 60 年代初期高等教育专业布局调整研究

傅　颐

20 世纪 60 年代初期，为克服“大跃进”和人民公社化运动带来的严重困难，以毛泽东为核心的党中央领导全党、全国人民进行了具有深远意义的调整。与工业、农业等领域展开调整的同时，高等教育领域也根据中央确定的“调整、巩固、充实、提高”方针，推进一系列调整工作：缩短战线，放慢步伐；总结经验教训，起草制定“高教六十条”；编选文理工农医各类教材；调整知识分子政策。由于涉及面广，加上史料不足，学界对当时高等教育调整的研究还比较匮乏，鲜见专题性研究成果。本文以高等教育专业布局为视角，系统考察高等教育在全面调整中的发展和曲折。

## 一、从“以苏为师”到“教育革命”

提及 20 世纪五六十年代的中国高等教育、“教育革命”及其后的教育调整，“苏联模式”是绕不开的话题。

“苏联的今天就是我们的明天。”这是 20 世纪 50 年代初期非常流行的说法。在新中国开始进行建设的时候，唯一可以参考和学习的就是已有30多年社会主义建设历史的苏联经验。在高等教育领域，通过1952—1953年院系调整、“一五”计划的实施和苏联援助的不断加强，到1956年，基本上移植了苏联模式，从培养目标、学制、专业设置到教学计划、教学大纲、教学方法、组织机构和师资培训等各个方面，形成了一套较为完整的集中统一的教育体制。

1949年以前，我国高等学校大多参照西方特别是美国模式，只分院、系，不设专业。1952年院系调整开始后，根据“培养工业建设人才和师资为重点，发展专门学院，整顿和加强综合性大学”的方针，高等学校按照苏联模式，取消院一级设置，以苏联高等学校专业目录为依据，调整出文科、财经、政法、理科、工科、农科、医药、师范、艺术、体育等11类，共设置专业215种，在部分专业内又划分出若干业务范围较小的专门化（组），基本确立以系为基本教学单位、系内设专业、按专业有计划地培养专门人才的高等教育格局。我国高等教育除保留少数多科性大学外，设置了一批煤炭、化工、冶金、电力、轻工、纺织、机械、电子、建筑、军工、交通、铁道、民航等独立的专业性学院。这种向专业方向发展的结构性调整，明显受到苏联为工业化建设加快培育专业对口人才的教育理念的影响，体现优先发展重工业的建设方针，适应全面社会主义建设和高度集中的计划经济体制的需求。但是，在对人文社会科学学科改造的过程中，对文法类科系和财经类专业院校的作用重视不够，砍得过狠，压缩面过大。到1957年，由于对工科学系和专业设置的高度强调，高等学校专业布局中存在的理工分割、文理分家、重理轻文、轻视财经和政法教育，以及专业数目过多、口径过细的缺陷显现出来。[①]

① 1957年，高等学校共设有专业323种，工科专业183种，比1952年增加76种，其中又以机器制造、土木建筑、地质勘探、矿藏开采、动力、冶金等为重点。

1958 年“大跃进”开始后，教育领域进行了一场“革命”，给高等学校的专业布局带来深刻影响。在 1958 年年初中央召开的鼓动“跃进”的南宁会议和成都会议上，毛泽东发出技术革命的号召，强调要破除迷信，解放思想，学习与独创相结合，同时严厉批评经济工作和文教工作中的教条主义问题。高教领域随即对所存在的“方针性”错误进行检讨，并在 1958 年 6 月提出“大改革”和“大跃进”的具体目标。9 月，中共中央、国务院发布《关于教育工作的指示》，“教育革命”全面展开。1958—1960 年，高等学校专业布局大致呈现以下几个特点：

一是专业结构、比例、布局和招生数量上盲目扩张与不平衡状态并存。由于教育事业管理权下放，各地纷纷“打破办学的神秘观点”，或用“母鸡下蛋”的办法（即由老学校负责培养一所新建学校的师资），或在中技、高中“戴帽子”，办起本科。高等学校从 1957 年的 299 所发展到 1958 年的 791 所，1960 年达到 1289 所，工业、农业、师范院校更是成倍增长。①1957 年，全国工业院校为 44 所，1958—1960 年，分别增至 251、274、472 所；农业院校由 28 所，分别增至 96、99、180 所；师范院校由 58 所，分别增至 171、175、227 所。由于新设的相同性质的高校大量涌现，带来专业设置过急过多、大量重复、结构不平衡、口径过细等诸多问题。如东北区有 3 所水利电力学院、3 所矿业学院，专业设置大体相同；华东区有 6 所水产学院，中南区有 4 所林学院，东北区有 6 所学校都设有农业机械专业。甚至同一地区内，中央各部直属学校和地方所属学校之间的专业也出现不必要的重复。② 二是国防和尖端科

---

① 《当代中国教育》上，当代中国出版社 1996 年版，第 73 页。

② 如辽宁省除了冶金部办有东北工学院和鞍山钢铁学院外，还有省办的沈阳冶金学院。在工科院校中，地质、土建、纺织类专业偏多，机械类专业偏少；在机械类专业中，通用机械偏少，专用机械偏多。

学技术方面的新兴学科和专业异军突起。1955年1月，中共中央作出发展原子能事业、研制原子弹的战略决策。为了培养核科技人才，高等教育部于同年秋开始设置核专业。北京大学的原子核物理、放射化学专业，清华大学的原子核物理、核反应堆工程、核材料、同位素分离、轻同位素分离、天然放射性化工和人工放射性化工等专业，成为我国高等学校的第一批核专业。“大跃进”期间，核工业发展的步伐加快。即使是在1960年苏联毁约停援、国民经济严重困难之际，中共中央也没有动摇自力更生突破“两弹”技术的决心。在此背景下，一批重点院校迅速增加原子能方面的专业数和布点数。天津大学、上海交通大学、西安交通大学、复旦大学、南京大学、山东大学、兰州大学、四川大学、吉林大学、中国科技大学、白求恩医科大学相继设置原子能方面的4个专业——核子物理、放射化学、反应堆工程和放射化工。1958年，全国共有33所高校设置原子能方面65个专业和专门化，在校学生达6700余人，教师500余人，核高等教育体系初具规模。①除核专业外，水声、半导体、计算数学及计算机、无线电电子学、金属物理、自动学与远动学、火箭技术、造船8个方面的新专业发展也令人瞩目。据1959年4月的统计，全国高等学校设有上述8个方面新专业的42校，累计共设有164个专业或专门化，较1957年增加93个，在校学生达2.38万人。②

一批国防工业高等院校，如哈尔滨工业大学、北京航空学院、北京工业大学、上海交通大学、哈尔滨军事工程学院、西北工业大学、成都

---

① 教育部、第二机械工业部：《关于高等学校原子能方面四个主要专业的设置及1959年招生计划的报告》，1959年5月22日。

② 教育部：《关于高等学校若干新专业的设置分工及招生计划的报告》，1959年7月11日。在这些专业和专门化中，又分别确定了一些重点。如水声学以北京大学和南京大学设置的专业为重点，半导体以北京大学、复旦大学、清华大学、中国科技大学、成都电讯工程学院设置的专业或专门化为重点，等等。

电讯工程学院、南京航空学院，经过20世纪50年代的大力建设，到1960年已达到相当规模，在校学生约4万人，占全国重点高等院校学生数的1/8。导弹、航空、造船、电子、核技术等国防尖端的主要专业已基本配套。[①]经过3年的布点和建设，国防和尖端科学技术方面的新兴学科和专业大体设置齐全，虽然有些专业在最初设置时条件较差，力量薄弱，但经过几年努力，逐渐得到巩固和发展。这些国防工业高等学校为我国建立独立自主的国防工业体系培养了大批人才，对以后国家建设和科学技术的长远发展产生了积极影响。当然，也要看到，原子能方面的专业发展速度还是过快，和一般专业（如数学、物理、化学、机械、电机等）的关系上安排不够妥当；专业设置和分布不够合理，出现专业重复设置、力量分散等问题。

三是综合大学的文理科比例失衡，文科在高等教育中的比重逐年下降，政法、财经类专业受到严重削弱。"大跃进"期间，增设的新专业多以理、工、农、医为主，进一步加剧了文理科比例的不平衡。新设的文科专业又侧重于传统的文史哲专业，结构不够合理。政法、财经类的许多院校经合并、裁撤，学生人数严重萎缩，成为短板中的短板。这既有照搬苏联模式和院系调整时期留下的后遗症，又与当时盛行的"左"倾思潮有密切关联。"大跃进"运动忽视了社会主义经济发展的客观规律和财经管理的重要作用，直接冲击了经济科学专业，导致许多财经院校下马，造成这类专业人才培养的严重缺乏。如南开大学、厦门大学的货币银行或信贷专业在"大跃进"期间停办。[②]高等财经科类在校生占全国大学生人数的比例，从1950年的17.5%骤降到1958年的2.2%、1959

① 《当代中国的国防科技事业》下，当代中国出版社1992年版，第459页。
② 尚明主编：《当代中国的金融事业》，中国社会科学出版社1989年版，第587页。

年和1960年的1.5%。

就政法教育而言，由于忽视法制建设，加上对“资产阶级法权”的批判，强调“政权消亡”论，原本薄弱的专业设置又偏离了现代社会对法学人才的培养方向。以北京大学为例，1958年该校政法专业的主要方向为：“培养提高在职干部，加强政治理论教育与党的方针政策的教育。”科研方面为：“马列主义国家学说在中国的发展；人民民主政权的建立与发展的经验和历史、人民公社中的政法工作问题及资产阶级法学批判。”在“备注”一栏中解释为：“政法专业的方向问题：由于我国社会主义将要提前完成，并准备条件过渡到共产主义。在人民公社运动后，无产阶级专政加强了，但政法专业机构却逐渐缩小了，政法干部的需要数量也是逐渐减少的。”为此，“今后政法教育的量必须缩减”。[①] 不仅北大如此，各政法院系也不再提及高级法律专门人才和法学家的培养目标，而代之以培养政法工作干部；有的学校甚至改为培养具有共产主义觉悟，懂得阶级斗争知识，体魄健全、有文化、能劳动的政法工作者。“大跃进”期间，许多政法院校在合并中受到严重削弱。到1961年，全国只剩下北京政法学院、西安政法学院和四川行政学院3个政法性质的学院，后两个学院实际上保留了一个法律系，已经不完全办政法；大学法律系只剩下北京大学、人民大学、吉林大学和湖北大学4所。1957年，政法院系在校学生8245人，1958—1960年，分别减至7114人、5674人、5271人。[②] 在“大跃进”中，“教育革命”的初衷是希望通过“教育为无产阶级政治服务”、教育与生产劳动相结合、实行两条腿走路的群众运动等方

① 李贵连等编：《百年法学——北京大学法学院院史（1904—2004）》，北京大学出版社2004年版，第236页。

② 《中国教育年鉴（1949—1981）》，中国大百科全书出版社1982年版，第966页。

式，来纠正学习苏联经验中出现的照搬照抄的教条主义问题，探索适合中国国情的社会主义教育的发展道路，但由于指导思想上的“左”的错误，对国情认识不足，急躁冒进，轻视教育规律和知识分子的作用，留下许多深刻的教训。同其他领域一样，20 世纪 60 年代初，高等教育领域也面临着调整的迫切任务。

## 二、“八字”方针与“四定”原则

20 世纪 60 年代初，按照“八字”方针的精神，与其他领域同步，高等教育拉开了调整的序幕。调整的第一个目标，是纠正“大跃进”脱离实际、急躁冒进的错误，收缩高等学校的规模。与此相关联，专业布局的调整大致经历了对重点高等学校实行“四定”、对非重点高等学校专业进行大量裁并、最后修订统一规范的专业目录的过程。

对重点高等学校实行“四定”，即定规模、定任务、定方向、定专业。重点大学制度的确立，是我国高等教育建设的一个鲜明特点。20 世纪五六十年代，在教育基础薄弱、国家财力有限的情况下，对重点大学和学科进行“戴帽”建设成为必然的选择。经过几次确认，到 1960 年，我国共有 64 所重点大学。[①] 而在这一年，高等学校因盲目“大办”，已发展到 1289 所。调整开始后，缩短教育战线，调整专业布局，最直接、最有效的办法就是优胜劣汰，集中力量办好全国重点高等学校。1961 年 1、2 月间，教育部在北京召开全国重点高等学校工作会议，明确了“四定”原则。会议在对 61 所重点高校（不包括 3 所军事院校）的最大发展规模进行审查和重新规划的基础上，提出专业调整的目标：明确学校

① 1963 年，国务院批准将浙江大学、厦门大学等 4 所大学增设为全国重点高校，全国重点高等学校达到 68 所。

的重点发展方向，合理安排，保证重点；各专业的业务范围注意适当放宽，对于专业范围过窄的专业和专门化要加以调整归并；国防尖端专业的设置，必须全国一盘棋，由教育部统一规划，报国务院批准；一个学校的专业个数不宜过多，每个专业的学生人数不能过少。到1961年年底，在新设置专业中，国家需要量大、条件较好的专业，大多作了保留；而国家需要量不大、基础较差的专业，除了集中力量办好一两个点外，其余的停办、缓办或与相近的专业、专门化合并；对基础很弱又非急需的专业采取停办和缓办。61所全国重点高校共保留453种1024个专业，减少了38种149个专业。

根据“四定”原则，61所重点高校的最大发展规模从1961年3月的31.6万人减至12月的26.3万人。以此为参照，非重点大学的规模也大幅度压缩。在1961年7月的调整方案中，高等学校由1251所调整为802所。到12月，又减少为754所。相应地，专业布局在调整中得到巩固、充实、提高。教育部提出，高等学校各专业、专门化的专业范围及培养目标应当明确具体；对那些学科不成熟、方向内容不明确或综合性很强的专业，一般应予停办，老专业“翻新”过头或合并不适当的，应当减少，应调整恢复原来的专业；工科院校中设置的理科专业应当减少，只保留条件较好而又与工科专业关系比较密切的；综合大学设置的工科专业或专门化一般应予停办，只保留个别条件较好的试办；各科各类的专业之间，国防尖端技术专业与一般专业之间，专用专业与通用专业之间，文科与理科之间要保持适当的比例。到1962年，确定保留的404所高校共设专业654种。“大跃进”期间大量出现的工科专业和专门组得到有效缩减，某些新发展的学科如计算数学、原子核物理等专业也控制在少数学校开设。

进入1963年，专业设置的调整重点放在提高质量和正规化方面。

在 1963 年 4 月召开的高等学校专业调整会议上，教育部以 1957 年专业目录为基础，总结 1958 年以来的经验，修订了《高等学校通用专业目录》《高等学校绝密和机密专业目录》。[①] 专业目录是高等学校为国家培养人才的分类目录，是高等学校专业设置的重要依据。此次专业目录的修订，根据国家建设的需要，结合学校的可能条件，增加了原子能、火箭技术、无线电电子学等方面的专业；根据“宽窄并存，以宽为主”的原则，划定了各专业的业务范围；规定了统一的专业名称。1963 年全国高等学校保留本科专业 549 种 2527 个，与 1962 年上半年的 740 种 3509 个相比，减少了 191 种 982 个。到 1964 年，全国高等学校的专业种类为 510 种，其中工科一般专业 163 种，特种专业 78 种，试办专业 59 种。到 1965 年调整结束时，全国高等学校共设专业 601 种 2833 个点。

“四定”调整缩短了在 1958 年被拉得过长的战线，一定程度上改变了急躁冒进的乱象，基本解决了新增专业过多过急、专业设置变动频繁、培养目标不明确和专业名称混乱等许多问题，使得高等学校在通用专业设置、招生计划、毕业生分配、学生人数的统计工作等方面有章可循，高等教育逐步走向正规化。

## 三、国防科技专业布局的新发展

20 世纪 60 年代初期，中苏关系交恶，苏联单方面撕毁援助中国建

① 1963 年 9 月，国务院批转了国家计委、教育部修订的《高等学校通用专业目录》。该目录共分为 11 类 510 种专业，其中工科 164 种，农科 26 种，林科 12 种，卫生 10 种，师范 17 种，文科 53 种，理科 36 种，财经 10 种，政法 2 种，体育 7 种，艺术 36 种，另试办专业 59 种。

设原子能工业的协定和合同，撤走专家。在中国原子能事业面临“上马”和“下马”的抉择时，中共中央作出独立自主建立战略核力量的战略决策。1961年7月16日，中共中央发出《关于加强原子能工业建设若干问题的决定》，要求全国各地区、各部门加强对原子能工业建设的支援。在国家强有力的支持下，国防科技专业布局在调整时期得到了新的发展。

在国防科技高等院校方面，除对发展规模作一些微调外，更侧重于整合学校力量，解决专业设置过于分散的问题，为“两弹”研制培养急需的专业人才。1961年8月，国防科委召开会议，本着国防尖端技术的核心专业基本上设全，各院校基础较好的通用、民用专业继续保留，个别探索性学科保留试办的原则，调整了一批国防科技高等院校的任务和发展方向。其中，哈尔滨工业大学以导弹、飞机并重；北京工业大学以导弹为主，同时发展与尖端密切联系的常规专业；南京航空学院以飞机为主，有重点地发展导弹专业；西北工业大学以飞机为主，有重点地发展导弹和水中兵器工业；上海交通大学以军用造船为主，并兼顾民用，同时设置部分舰艇用导弹专业；成都电讯工程学院主要设置为导弹、飞机、舰艇配套的无线电电子学专业。调整后，7所院校学生总数为40009人，每年共招收新生7960人，其中导弹专业约占12%，导弹、飞机共用专业约占16%，原子能专业占3%，无线电专业约占24%，造船9%，兵工5%。1962年5月，中央军委编制装备会议再次对7所院校进行调整，将发展规模减为38800人。在专业设置上，对某些专用专业在校学生数超过干部需要规划过多的专业，适当减少专业布点和招生规模，对兵工、通用专业适当增加；调整设计与工艺、尖端与常规、专用与通用、宽与窄四个方面的关系。如设计专业由17.8%减少为8.3%，设计与工艺结合设置的专业由57.8%增加到70.9%；工艺专业由18.8%

增加到 19.6%；鉴于尖端专业的比重相对大，适当压缩火箭和原子能专业布点和规模，两类专业的布点由 24% 减少为 18.5%，适当加强兵工专业，布点由 7% 增加为 8.9%；鉴于通用专业需要量大，适当增加通用专业的比重，布点由 13.8% 增加为 26.8%。

教育部对设置核专业的直属高等学校也进行了调整。到 1963 年，高等学校核专业数由 32 个合并为 25 个，布点数压缩为 57 处，工科核专业有所加强。① 考虑到原子核物理专业和放射化学专业（专门组）设置点过多，师资力量分散，实验室也未建成，不利于提高质量，教育部在 1965 年决定停办南开大学的原子核物理专业、放射化学专门组及山东大学的原子核物理专门组，上述专业（专门组）的政治、业务较好的专业课程教师和教学设备均并入兰州大学；停办华东师范大学的原子核物理专门组和放射化学专门组，这两个专门组的教学设备调入四川大学。②1964 年，根据中央专门委员会第六次会议的决定，再次对核专业进行调整，全国共保留 18 个核专业系，年招生人数由 3000 人减为 2000 人，核专业设置、布点和招生规模趋于合理。这次调整布局的意义，很快在我国“两弹一星”事业的发展中展现出来。

## 四、对若干薄弱专业的修补和规划

针对 20 世纪 50 年代高等教育的薄弱环节，以及当时国家内政外交的迫切需要，60 年代初期的调整，为若干专业的修补和加强提供了空间和可能，其中又以外语、政治学、法学等专业比较具有代表性。

---

① 《当代中国的核工业》，中国社会科学出版社 1987 年版，第 196 页。

② 高等教育部：《关于部分直属高等学校原子核物理和放射化学专业（专门组）的调整意见》，1965 年 5 月 27 日。

### （一）拓展外语专业设置的新举措

20世纪50年代，我国高等外语教育存在着片面发展俄语，忽视英语和其他语种，一度取消中学外语课，不重视公共外语的偏向。外语院系培养出来的学生，水平还不高，听说能力比较差。外语教育“抓迟了”的不利局面在调整时期得到改变。这一时期，根据毛泽东的两个“中间地带”理论，处于与美苏两个超级大国对抗的中国将外交战略重点转向亚非拉国家，同时加强对西欧、大洋洲和日本的工作。调整时期我国外交战略的新实践，给外语教育带来了发展契机。

根据中央确定的“多语种，一条龙”的方针，高等学校扩大了外语专业人才的培养规模，并注重提高培养质量。1962年3月27日，周恩来、陈毅批准外交部《关于北京外国语学院专业设置计划的报告》。《报告》提出：北京外国语学院当前主要应办好英、法、西班牙、俄、阿拉伯5种国际通用语，大力提高教学质量。同时，应注意巩固、充实和提高近几年来新办起来的15种其他国家语文专业。在此基础上逐步开设新语种，今后每年拟增加5种左右。10年到20年内，争取将世界上主要的语种都开办起来，即增加到74种外语。1964年10月，中共中央、国务院批准《外语教育七年规划纲要》，提出要把外语教育的发展纳入与国家长远需要相适应的轨道；英语为第一外语，大力调整高等、中等学校开设外语课的语种比例；7年内要新建、扩建16所外语院系并培植几个外事翻译基地；把高等教育部直属的一所外语学院和11个综合大学外语系作为高等外语教学的“母机”，注意充实和保证质量，切实办好；计划到1970年，外国语学校由14所发展到40所左右。在专业培养目标上，侧重于培养各种外事翻译干部和高等、中等学校的师资。到1965年，高等学校准备开设46个语种，其中33个语种当年招生，共招生 11555 人。[①]

20 世纪 60 年代初期，在特定时代背景和现实需要的推动下，在全面调整和逐渐摆脱苏联模式的氛围中，高等学校由原来单一的俄语专业设置转向大力发展英语教育和多样化的外语专业设置。这种转变，适应了世界经济和科技发展的大势，为日后打开外交工作新局面培养了一批外语人才。

### （二）政治学系的短暂重建

政治学是社会科学的重要基础学科。1952 年院系调整时，高等学校的政治学系被取消，“政治学”被“国家和法的基础理论”所取代，政治学系的教师和研究人员不得不转行从事其他工作。[②]20 世纪 60 年代初期，中苏两党在意识形态领域的分歧进一步公开化。国际共产主义运动形势的变化，直接推动了北京大学、复旦大学、中国人民大学等高校政治学系的组建。1960 年 4 月，中国人民大学校务委员会第三次会议决定成立政治学研究所；8 月，该研究所改归有关系领导；9 月，该校马列主义基础系改为马列主义政治学系。[③] 同年 5 月，教育部批准北京大学以原马列主义教研室为基础，成立政治学系，设 1 个专业（政治学专业），3 个专门化（政治学、中国共产党历史、国际共产主义运动）。[④]1963—1964

---

① 当时几个主要语种的开设情况是：英语 74 校，俄语 32 校，日语 13 校，法语 10 校，德语 8 校，西班牙语 7 校，阿拉伯语 5 校，印尼语 4 校，越南语 3 校，泰语 3 校。参见《中国教育年鉴（1949—1981）》，中国大百科全书出版社 1984 年版，第 275 页。

② 刘瀚、杨海蛟、张少瑜：《50 年来的中国政治学》，参见中国社会科学院研究局编《新中国社会科学五十年》，中国社会科学出版社 2000 年版，第 252 页。

③ 中国人民大学校史研究丛书编委会：《中国人民大学纪事（1937—2007）》上卷，中国人民大学出版社 2007 年版，第 178、182 页。

④ 王学珍、王效挺、黄文一、郭建荣主编：《北京大学纪事》下册，北京大学出版社 1998 年版，第 561 页。

年间，中国人民大学、北京大学的政治学系更名为国际政治系，复旦大学马列主义教育系马列主义教育专业于1964年改为国际政治系国际政治专业。当然，政治学系（国际政治系）和专业的设置，并不代表政治学这门学科得到了全面恢复和发展。当时政治学专业的主要研究方向为民族解放运动和国际共产主义运动，较少涉及政治学的其他内容。直到20世纪80年代初，政治学的命运才得以较大改观。

### （三）调整和加强政法教育的设想

调整开始后，政法教育严重下滑的状况并未能很快扭转。1962年，全国政法高校仅招生442人，在校生3797人，占高校学生总数的0.46%。这种局面到1963年才有所改善。1963年7月1日，中央政法小组、教育部党组向陆定一、彭真并中央书记处提出《关于加强高等政法教育和调整政法院系问题的请示报告》[①]，认为：全国高等政法教育，近年来有了削弱，培养学生无论数量和质量，都不能满足补充政法干部队伍的需要，亟待整顿和加强。政法教育遭到削弱的原因主要是：高等学校政法教育事业缺乏长远规划，在一个时期内，有些同志受“政权消亡”观点的影响，忽视政法干部队伍需要不断补充的必要性；政法院系的教学方针不明确，培养什么样的干部，毕业生应具备哪些毕业的条件，怎样才能把学校办好，这些问题实际上没有完全解决；1958年学校管理权限下放以后，中央政法部门和教育部放松了领导，院系的调整和教学计划的变动，都没有加以必要的管理。该请示报告提出了调整和加强政法院系的措施：全国调整为4所政法学院（北京、华东、西南、西北政法学院）和4个大学法律系（北京大学、人民大学、吉林大学、湖

① 1963年7月11日，中央批转该报告。

北大学法律系）。全国政法院系每年共招收学生 1000—1500 人，并在今后相当长的时间内大体稳定。各院系的学制、培养目标为：北京大学、中国人民大学法律系培养法学理论人才，学制 5 年；其他院系培养政法工作干部，学制 4 年。各政法学院实行教育部和最高人民法院双重领导。会后，教育部和最高人民法院组织制定《法律专业四年制教学方案（草案）》，于 1964 年 1 月颁发试行。①

## 五、结语

20 世纪 60 年代初期的高等教育调整可以说是一场克乱求治的改良。1952 年院系调整后，随着高度集中的计划经济体制的形成和大规模经济建设的开始，高等教育逐步形成了中央教育主管部门和产业行政管理部门以及地方政府分别创办和管理一批高校的体制。这种体制存在的条块分割、部门分割、专业过窄、包得过多、统得过死等弊端，成为“教育革命”的目标。但是在缺乏规划和试点的前提下，“教育革命”盲目否定原有的教育经验，大破大立地建章立制，对教育体系和知识分子造成很大的冲击。因此，60 年代的高等教育调整，重点是要摆脱“教育革命”因急躁与折腾所带来的困境。在纠正“大跃进”失误的过程中，又一定程度地触及了 50 年代前期照搬苏联模式的片面性。在调整的几年间，形成了一套符合中国国情的发展高等教育的经验和办法，高等学校的秩序得到恢复，教育质量得到提高，国家建设的一大批骨干力量被培养出来。

调整之所以能够取得成效，原因是多方面的。从世界宏观角度看，

① “文化大革命”期间，政法教育在“砸烂公检法”的口号下受到摧残，4 所政法学院被撤销，综合大学法律系只保留北京大学和吉林大学的法律系。

第二次世界大战后，技术革命蓬勃兴起，冲击着包括高等教育在内的一切领域。世界各国都在制定策略，迎接新的挑战。1957年10月，苏联成功发射世界上第一颗人造地球卫星，引起美国的震动和大讨论，并直接催生了美国的教育改革。20世纪60年代初期，不少西方国家和亚洲国家通过强有力的政策支持和法律保障，把发展高等教育、培养科技人才确定为国家发展战略的重要组成部分，并在长期内保持下来。①60年代世界范围内新一轮的教育改革浪潮，多少会对中国高等教育的调整产生触动。

从中国的实践来看，高等教育的调整已经在一定程度上表现出对教育自身规律的重视和尊重，积累了一些正反两方面的经验教训。调整开始后不久，教育部即根据“八字”方针精神，对中华人民共和国成立12年来特别是“大跃进”以来高等教育办学的经验教训进行总结，形成“高教六十条”。中央在下发条例的指示中指出：“不论成功的经验或者错误的经验，都是我们宝贵的财富。为了巩固成就，改正缺点，需要认真总结这些经验，进一步制定出高等教育工作中的一套具体办法，使全体干部和师生充分地认识，应该做什么，不应该做什么，应该怎样做，不应该怎样做，以保证党的教育方针的真正贯彻。”作为教育部门的法规性文件，“高教六十条”既是调整的成果，又及时地施行于调整的实践，发挥了积极的指导作用。以专业设置为例，“高教六十条”规定：“应该根据国家的需要、科学的发展和学校的可能条件来决定。专业设置不宜

① 美国发表《西伯格报告》（1960年）、《高等教育法》（1965年）；英国发表《罗宾斯高等教育报告》（1963年）；法国在第3个国家计划（1958—1961）中首次将国民教育列为国家优先发展的项目之一；日本在20世纪60年代将高等教育发展计划融入国民经济的发展计划之中，并提出《关于改善大学教育》的咨询报告（1963年）和《学校教育法》修正案（1964年）；韩国在1963年出台《大学整备方案》《私立学校法》《教育振兴法》《产业教育法》，1965年制定《大学定员令》；新加坡发表《教育调查报告书》（1963年）。

过多，划分不宜过窄。每个学校应该努力办好若干重点专业。专业的设置、变更和取消，必须经过教育部批准。”这些暗含着积极慎重态度的条文，说明当时已经认识到专业设置与改造的艰巨复杂性。

教育调整的每一次推进，都在中央的全盘部署和领导下进行，与经济、科技、文艺、国内政治关系等方面的调整相衔接、相促进。教育调整中涉及的一些具有全国性的重大现实问题如知识分子政策、红专关系、人才培养等问题，又和科技、文艺、统战等方面的调整相互影响，形成合力，从而使理论上的科学厘清和实践中的执行力度得到进一步的加强。

还要看到，由于当时比较正确地执行了党对知识分子政策，强调“百花齐放、百家争鸣”的方针，改善党对教育的领导，教师的工作时间得到保证，积极性被调动起来。全面调整时期政治气氛相对宽松，人们思想比较活跃，这是调整的许多政策得以比较顺利出台并付诸实施的重要原因。

高等教育调整也存在不足之处。第一，对同一时期其他国家教育改革的经验吸收、借鉴不够，缺乏国际视野。20 世纪 60 年代初，我国是在 1957 年高等学校通用专业、绝密和机密专业目录基础上进行专业设置的调整。此专业目录实际上是以 50 年代前半期苏联专业目录为蓝本的。而从 50 年代中期开始，苏联已数次对高等院校的专业设置进行调整，淘汰一批传统工业专业，合并一批划分得过窄过细的专业，增添了核动力、电子技术、经济控制论、生物化学、机器人技术、人造和合成纤维、人类工程学、环境保护等新专业。到 60 年代末，苏联高等院校的专业数量已由 660 个缩减为 274 个。[①]我国虽然也根据实际情况增加了若干新专业，但是由于当时还不可能深刻地认识到高等学校发展中文

① 贺国庆、王保星、朱文富：《外国高等教育史》，人民教育出版社 2006 年版，第 556 页。

理渗透、理工结合的重要性，修订后的专业目录依然存在专业业务范围划分过窄、科类单一的弊病，调整后的专业数在1965年仍高达601种。专业培养口径的过细过窄成为老大难问题，制约了人才的培养。此外，与专业设置调整相关联的学位制度，几经努力还是没有能够建立起来。在国际学术交流和合作方面，我国高校在60年代前半期还比较薄弱。由于忽略了对西方先进的办学经验的学习和借鉴，我国的教育调整失去了一些与世界同步前进的良机。

第二，由于“教育为无产阶级政治服务”的教育方针仍被视为圭臬，调整中把高等教育放在经济和社会发展的战略高度来考虑还存在差距。从20世纪50年代后期开始，由于全党工作重点一直没有转移到经济建设上来，受“以阶级斗争为纲”思想的影响，教育事业长期没有放到应有的重要地位，教育的功能被看得过于狭窄。在很多人的观念中，教育仅仅是意识形态的一部分，只能同阶级斗争相关，单纯地为政治服务。在教育泛政治化的社会理念下，高等教育调整缺乏长远的稳定的政策支持，一旦有阶级斗争的风吹草动，就会出现大的反复。前文提到的外语专业及政治学、法学专业的调整就是明显的例子。

20世纪60年代初期高等教育的调整，是探索我国高等教育正确发展道路中的一个重要环节。探索取得了重要成果，也存在时代的局限性。虽然探索在“文化大革命”中受到严重干扰陷于停滞，但调整中所深化的对我国高等教育规律的认识、积累的经验和教训并没有被遗忘和消失，而是成为后来改革开放过程中教育改革大推进的重要借鉴、参考和基石。

（作者为中央党史和文献研究院第三研究部副主任、研究员）

# 新中国科技体制的发展历程及其影响探析

魏立帅

科技体制是经济体制的重要组成部分，科技体制的形成与发展受一定的政治、经济和社会发展环境影响，反过来，科技体制的改革发展也会影响国家经济、社会和科技事业的发展。党的十八大以来，以习近平同志为核心的党中央紧紧把握世界科技发展脉搏，从中华民族伟大复兴高度，不断加大科技体制改革力度，促进了科学技术的跨越式发展。2016 年 5 月 30 日，习近平在全国科技创新大会、两院院士大会、中国科协第九次全国代表大会上指出："科技是国之利器，国家赖之以强，企业赖之以赢，人民生活赖之以好。中国要强，中国人民生活要好，必须有强大科技。新时期、新形势、新任务，要求我们在科技创新方面有新理念、新设计、新战略。我们要深入贯彻新发展理念，深入实施科教兴国战略和人才强国战略，深入实施创新驱动发展战略，统筹谋划，加强组织，优化我国科技事业发展总体布局。"[①] 总结新中国科技体制发展历程，积极推进新时代科技体制改革步伐，对实现我国由科技大国向科技强国迈进具有重大意义。

---

① 《十八大以来重要文献选编》下，中央文献出版社 2018 年版，第 331 页。

## 一、新中国科技体制的建立与科技工作的奠基

古代中国曾创造了光辉灿烂的文明，在科学技术领域曾一度领先世界，但是，步入近代，当西方国家通过工业革命崛起的时候，中国却落后了。鸦片战争后，近代科技随欧风美雨传入中国。1915 年中国科学社和 1916 年地质调查所成立，标志着中国科技体制化建设的起步，中国初步形成了英国皇家学会型即民间分散型的科研体制。1928 年，中央研究院成立，逐渐形成了较完备的组织管理制度、学术评议和奖励制度及人才教育和培养制度。这是一种有中国特色的、官办集中型的国家科技体制，标志着中国科技体制的初步确立。其主要特征是：法定中央研究院作为国家学术研究的最高机关，下属研究所成为国家综合科研中心，经费来自国家拨款；聘请最有成就的科学家组成评议会（始于 1935 年，并于 1948 年建立院士制度），负责对全国科学研究进行指导、联络和奖励；在政府系统以外，虽然还有其他渠道建立的科研机构，但国立科研组织在国家的科技体制中始终占据主导地位。[①]

以毛泽东为代表的共产党人看到了科技的巨大作用，也认识到旧中国科技落后的局面。毛泽东认为中国落后的根源“一是社会制度腐败，二是经济科技落后”[②]。新中国成立后，革故鼎新，对旧中国各项事业进行改造，科技领域也不例外。1949 年 3 月，中共中央就开始考虑建立统一的科学院作为全国最高科学机构。此时，中华全国自然科学工作者代表大会筹委会向中国人民政治协商会议提出设立国家科学院的建议提案。9 月 27 日，政协第一届全体会议通过的《中华人民共和国中央人民政府组织法》规定政务院下设科学院，并赋予其管理全国科学研究事业

① 朱效民：《中国科技体制：昨天、今天和明天》，《科技中国》2006 年第 10 期。
② 《毛泽东著作选读》上，人民出版社 1986 年版，第 848 页。

的行政职能，但与政府部门不同的是，科学院不在地方设置管理机构。1949 年 11 月 1 日，中国科学院成立，隶属政务院文化教育委员会，郭沫若任院长。中国科学院的建立，既有对苏联科学院体制的学习借鉴，也有对延安时期科技体制的继承与发展，还有对国民政府中央研究院体制的改造与创新，也响应了广大科学工作者的建议和呼声。

1950 年 6 月 14 日，《政务院文化教育委员会关于中国科学院基本任务的指示》制定了科学工作总方针，即“发展科学的思想以肃清落后的和反动的思想，培养健全的科学人才和国家建设人才，力求学术研究与实际需要的密切配合，使科学能够真正服务于国家的工业、农业、国防建设、保健和人民的文化生活”[①]。该方针体现了中共关于科技工作的总体思路。《指示》规定科学院的基本任务是：（一）确立科学研究的方向；（二）培养与合理地分配科学研究人才；（三）调整与充实科学研究机构。[②]据此，1950 年中国科学院对原“中央研究院”及“北平研究院”进行改组，并调整充实研究机构。同时，工业、农业、交通、卫生等部门也成立科研机构。1952 年起院系调整后，各高等院校的科研机构也调整建立。中国科学院 1950 年初步调查了全国的科研机构和科技专家，制定了条例章程，加强了同这些机构的联系。至此，以科学院为中心、政府部门研究机构和高校科研机构为辅助的科技体制建立起来。

为加强中国科学院发挥科技领导职能，1951 年 3 月 5 日，《政务院关于加强科学院对工业农业卫生教育国防各部门的联系的指示》规定：“一、各部门所举行的各种专业会议，凡与科学研究有关者，应邀请科学院派专人参加，并将会议主要内容尽早通知科学院，使有时间加以研究并在会上提出意见。二、各部门所领导的科学研究机构，在制订研究

① 《建国以来重要文献选编》第 1 册，中央文献出版社 2011 年版，第 249 页。
② 《建国以来重要文献选编》第 1 册，中央文献出版社 2011 年版，第 249—250 页。

计划时应与科学院取得联系，并定期将研究情况报告副本送至科学院，以便科学院对全国科学研究事业有全面了解。科学院应尽量给予各部门研究机构业务上、技术上的指导与协助。”[①] 从而加强了科学院对科技工作的指导作用。

新中国成立后结束了旧中国一盘散沙的局面，统一稳定的环境为科技发展创造了基本条件。以科学院为主导的科技体制，是当时历史条件和国内外环境综合作用下的产物。这一体制适应了当时新民主主义国家建设的需要，奠定了新中国科技发展的基础，促进了科技事业的发展和科研队伍的壮大。

## 二、“向科学进军”与中国“大科学”体制的建立

从 1953 年开始，新中国进行了对农业、手工业和资本主义工商业的社会主义改造，同时开始执行第一个五年计划，到 1956 年底三大改造结束，中国开始进入社会主义社会。随着由新民主主义社会向社会主义社会的过渡，伴随计划经济体制的确立，科技体制逐渐由科学院体制转化为大科学体制。对于科研体制，有学者认为：“科技体制是科技活动的组织形式，它是科技活动的机构设置、职责权限和活动方式的综合体系。……在一定意义上，机构设置是科技体制的表面现象，深层的东西是赋予某种组织机构以何种权力或者说为运用何种权力而设置某种组织机构，以及各种组织机构如何行使和运用自己的权力。基于此，我们说，在科技体制中，机构设置是基本的，但不是关键，关键是职责权限和活动方式。或者说，科技体制的实质是科技工作中的权力分配和运

① 《建国以来重要文献选编》第 2 册，中央文献出版社 2011 年版，第 90 页。

用。”[①] 由科学院体制到“大科学”制的转变体现了这一观点。

以科学院为中心的科技体制促进了科技的恢复和发展，奠定了中国科技工作的基础，但是，随着经济社会发展，其局限性也暴露出来，表现为：统筹协调不力、培养科学干部和团结科学家不力、理论联系实际不力以及学术领导不力四个方面[②]，难以实现对全国科技工作的领导职能。究其原因，科学院虽然被赋予领导全国科技工作的职能，却没有相应的权力和体制机制保障，单纯学术指导不可能担负起领导全国科技的任务。1954 年 9 月，一届全国人大通过《中华人民共和国国务院组织法》，规定政府部门不包括科学院。11 月，国务院发出通知：中国科学院的工作仍由国务院指导，但不再作为国务院的组成部门，保留了其国家最高学术领导机构的定位。此后科学院设立学部，强化了学术中心职能，淡化了科技行政管理职能。

1956 年 1 月，关于知识分子问题的会议召开，周恩来在会上阐述了现代科技革命的思想：“现代科学技术正在一日千里地突飞猛进。……人类面临着一个新的科学技术和工业革命的前夕。”[③] 毛泽东讲话提出：“现在我们革什么命，革技术的命，革没有文化、愚昧无知的命，所以叫技术革命。”[④] 中共中央发出“向科学进军”的号召。会后成立以陈毅为主任的国务院科学规划委员会，负责编制第一个科学发展计划。5 月，国家技术委员会成立。1958 年“大跃进”开始后，科学研究机构和科学研究队伍迅速膨胀，科学规划委员会已不能适应领导全国科技工作的需要。1958 年 11 月，国家技术委员会和国务院科学规划委员会合并为

---

① 马来平：《科技与社会引论》，人民出版社 2001 年版，第 271—273 页。
② 马来平：《科技与社会引论》，人民出版社 2001 年版，第 299 页。
③《周恩来选集》下，人民出版社 1984 年版，第 181—182 页。
④ 薄一波：《若干重大决策与事件的回顾》上，中共中央党校出版社 1991 年版，第 507 页。

中华人民共和国科学技术委员会（简称国家科委），成为专门领导科学技术研究工作的全国性职能机构，聂荣臻任主任。国家科委的基本任务是：（1）对科学技术的方针和政策进行研究，并向中共中央和国务院提出建议；（2）制定国家科学技术发展的年度计划和长远规划，作为国家经济计划的一部分，采取有力措施，保证贯彻完成；（3）组织、协调全国性的重大科学技术任务并监督检查其执行；（4）总结、鉴定在生产与科学研究中的重大科学技术成就和新产品新技术的发明创造，并向有关部门提出推广科学技术成就的建议；（5）负责全国科学技术干部的培养和使用；（6）管理计量和标准化工作；（7）管理发展科学技术的各项工作条件；（8）负责和开展科学技术方面的国际合作。① 同时，各省、市、自治区相继成立地方科学技术委员会。至此，以国家科委、国防科委、中国科学院为基础的“大科学”国家科研领导体制开始形成。这一体制以国家科委和各级地方科委为政府科技主管部门，形成科学院系统、高等院校科技系统、产业部门科技系统、国防科技系统和地方科技系统为研究与开发机构的五路大军，以中国科协、各级地方科协为联系政府和科学家的桥梁。

在“大科学”体制和相应科技方针、知识分子政策指导下，科技工作有了较快发展。两个科学发展规划的制定执行就是其重要体现。《1956—1967年科学技术发展远景规划纲要》由国务院科学规划委员会牵头，全国科研机构共同完成，是“大科学”制的首次尝试。提出发展科学坚持“以任务带学科”的原则，执行“重点发展，迎头赶上”方针，确立包括原子能的和平利用、无线电电子学中的新技术（指超高频技术、半导体技术、电子计算机、电子仪器和遥远控制）等12项重点项

① 李安平：《百科科技之光》，中国经济出版社2000年版，第209页。

目。[①] 这无疑是一个符合世界科技潮流而又符合实际的计划。第一个科技发展规划的主要指标提前 5 年于 1961 年基本完成。1962 年 3 月，科学工作会议部署制定 1963—1972 年科学技术发展规划的工作。中国科学院、教育系统和各生产部门的 900 多名科学家参加编制工作。两次科技发展规划的制定实施，是“大科学”体制发展的结果，促进了中国科技的转型。

“大科学”体制的作用，不仅体现在科学技术发展规划这样一些宏观政策方面，还体现在具体科研成就上，突出的有综合科学普查、“两弹一星”攻关和大庆石油会战等。1956 年，中国科学院成立综合考察委员会，此后启动的综合考察项目有：1956—1960 年黑龙江综合考察队、1956—1960 年新疆综合考察队、1957—1962 年华南热带生物资源考察队、1958—1961 年的治沙队等。由于考察工作的范围大、学科多、任务重，单靠少数人员是无法完成的，大科学制保证了其完成。“大科学”制的突出成果是“两弹一星”的研制成功。1955 年 1 月，中共中央作出发展原子能事业、研制原子弹的决定。1956 年 11 月，第三机械工业部成立，宋任穷任部长，主管核工业建设和核武器研制工作。1962 年 11 月，中共中央成立 15 人专门委员会，负责协调领导这项工作。原子弹的研制工作发挥大兵团协同作战精神，有关部门从全国各研究机构和高等院校抽调了大批科技人员集中攻关，全国上下“要钱给钱、要人给人”，实现了“两弹一星”的突破。“两弹一星”研制过程集中体现了“大科学”体制中科研目标决策和实施的特点。石油会战是“大科学”体制下取得的又一辉煌成果。新中国组织了石油勘探工作，1959 年 9 月在大庆发现油田后展开石油会战。全国有 500 多家工厂企业为大庆会战生产

① 《建国以来重要文献选编》第 9 册，中央文献出版社 2011 年版，第 368 页。

了机电产品和设备，200多家科研、设计单位和企业在技术上支援了会战，石油系统集中了4万多人和大批设备、物资到大庆进行石油会战，只用3年多时间就建成了大庆油田。以上科技发展成就集中体现了“大科学”体制的优越性和长处。

总体来说，中国“大科学”制顺应了当时世界科技发展潮流，也是后发型国家追赶世界科技发展步伐的历史要求和最佳选择。正如一些学者指出的：“以毛泽东为代表的中国共产党人，在长期革命战争中形成的军事思想，特别是人民战争和集中优势兵力打歼灭战的思想，成为和平时期国防尖端科技发展的战略原则。”①这一体制适应了新中国社会主义计划经济体制的客观要求，为中国科技发展作出了巨大贡献。

## 三、“向科学技术现代化进军”与新时期科技改革

“文革”期间，科技领域是重灾区，科技政策和知识分子政策遭到严重破坏，科技体制落后、科技人才短缺、科技意识淡薄等问题突出。复出后的邓小平分管教育和科技领域。1977年8月，邓小平在科教工作者座谈上提出重建国家科委：“我总觉得科学、教育目前的状况不行，需要有一个机构，统一规划，统一调度，统一安排，统一指导协作。重建国家科委，这个意见我个人比较赞成。”②1977年9月18日，中共中央发出《关于成立国家科学技术委员会的决定》，决定成立国家科学技术委员会，作为统管全国科研工作的领导机构，方毅为主任。1978年3月18日，全国科学大会召开，科学的发展迎来了春天。随着全国科学大会的召开和拨乱反正的推进，许多科技管理机构被恢复，大批科技人员的

① 王素莉：《“两弹一星”的战略决策与历史经验》，《中共党史研究》2001年第4期。
② 《邓小平文选》第2卷，人民出版社1994年版，第48—58页。

冤假错案得到平反。至1982年底，科技战线的平反冤假错案和拨乱反正工作基本结束。

改革开放新时期，随着计划经济向社会主义市场经济的转变，“大科学”体制的弊端逐步显露出来。第一，原有科技体制是一个自封闭的垂直结构体系，科研单位只对上级领导部门负责而缺少与社会及企业之间的横向联系，科研与生产严重脱节，形成科技和经济之间“两张皮”现象。第二，缺少一种公平的科技成果有偿转让机制，研究成果被视为公有财产，不利于研究成果的推广应用和技术扩散。第三，科研部门条块分割现象十分严重，科技资源配置分散重复、效率低下、浪费严重。第四，在科研院所内，国家用行政手段直接管理过多，存在着“大锅饭”现象，科研单位缺乏自主权，不利于调动科研机构的主动性与积极性，同时也导致人员结构和知识结构老化、僵化，抑制了科技人员的创造性。因此，科技体制改革势在必行。改革的主要任务是调整科技系统的组织结构，改革科技人员的管理制度，转变科技工作的运行机制。①

1985年3月，中共中央作出《关于科技体制改革的决定》，确定“经济建设必须依靠科学技术，科学技术必须面向经济建设”的方针。改革的主要内容是：在运行机制方面，要改革拨款制度，开拓技术市场，克服单纯依靠行政手段管理科学技术工作，国家包得过多、统得过死的弊病；在对国家重点项目实行计划管理的同时，运用经济杠杆和市场调节，使科学技术机构具有自我发展的能力和自动为经济建设服务的活力；在组织结构方面，要改变过多的研究机构与企业相分离，研究、设计、教育、生产脱节，军民分割、部门分割、地区分割的状况；大力加强企业的技术吸收与开发能力和技术成果转化为生产能力的中间环节，

① 朱效民：《中国科技体制：昨天、今天和明天》，《科技中国》2006年第10期。

促进研究机构、设计机构、高等学校、企业之间的协作和联合，并使各方面的科学技术力量形成合理的纵深配置；在人事制度方面，要克服“左”的影响，扭转对科学技术人员限制过多、人才不能合理流动、智力劳动得不到应有尊重的局面，造成人才辈出、人尽其才的良好环境。[①]

1986年，国务院先后制定《关于科学技术拨款管理的暂行规定》《关于实行专业技术职务聘任制度的规定》《关于扩大科学技术研究机构自主权的暂行规定》和《关于促进科技人员合理流动的通知》等文件，推动科技体制改革全面铺开。为加快科技体制改革的步伐，1987年1月，国务院作出《关于进一步推进科技体制改革的若干规定》《关于推进科研设计单位进入大中型工业企业的规定》。1988年5月，国务院又作出《关于深化科技体制改革若干问题的决定》，鼓励科研机构引入竞争机制，积极推行各种形式的承包经营责任制，实行科研机构所有权与经营管理权分离。为配合科技体制改革，国家颁布了《中华人民共和国技术合同法》《中华人民共和国科研机构法》等。通过科研管理体制和拨款制度改革，科技工作运行机制发生了重大变化，“大科学”制逐渐被打破，科研单位由单纯的、封闭的科研学术型向科研经营型转变，科技人员走上了经济建设主战场，纷纷成立科技型企业，科技成果商品化的速度也明显加快，集体、个体、私营等民办科技机构快速发展。改革也带来了阵痛，许多科研机构和科研人员只能依靠“创收”勉强维持，形成严重的社会分配脑体倒挂，出现“搞导弹的不如卖茶叶蛋的”“拿手术刀的不如拿剃头刀的”现象，许多高校毕业生不是流向科研单位或留校读研，而是投身商海或出国留学，导致知识分子收入降低，社会地位下降，科研队伍出现断层。这一情况到1993年才有所改变。

---

① 《十二大以来重要文献选编》中，中央文献出版社2011年版，第137页。

## 四、“科教兴国”战略与国家创新体系建设

1992年邓小平南方谈话后，中国经济体制开始迈向社会主义市场经济的新阶段，科技体制改革进一步深化。1995年5月6日，中共中央、国务院发布《关于加速科学技术进步的决定》，提出建立适应社会主义市场经济体制和科技自身发展规律的新型科技体制。改革的重点是调整科技系统的结构，分流人才。《决定》提出了“稳住一头，放开一片”的方针。“稳住一头”，就是以政府投入为主，稳住少数重点科研院所和高等学校的科研机构，从事基础性研究、有关国家整体利益和长远利益的应用研究、高技术研究、社会公益性研究和重大科技攻关活动。“放开一片”，就是要放开、搞活与经济建设密切相关的技术开发和技术服务机构，使其以多种形式、多种渠道与经济结合。1999年8月，中共中央、国务院作出《关于加强技术创新，发展高科技，实现产业化的决定》，核心内容是要求加强技术创新，发展高科技，实现产业化。此后，调整了国家计划资助的方式，从单纯的以项目为核心的方式，变为支持项目和支持科研基地建设并重的方式，增加了支持基础研究的计划。在这一背景下，知识分子的待遇大大提高，社会重新树立起尊重知识的风气，科研工作青黄不接的局面得以缓解。2003年10月，中共十六届三中全会通过《关于完善社会主义市场经济体制的若干重大问题的决定》，适应经济体制改革，科技体制改革进一步深化尤其是在有关科技工作的宏观调控、军民结合以及自然科学与社会科学的融合问题上取得了突破性进展。随着科技体制改革的深入，通过科教兴国战略和国家创新体系建设，国家863计划、国家重点基础研究发展计划（973计划）、重大科技攻关计划等科技计划的实施，推动了科技工作的发展。

进入21世纪，世界新科技革命发展的势头更加迅猛，信息科技、

生命科学和生物技术、能源科技、纳米科技、空间科技飞速发展。以胡锦涛同志为总书记的党中央分析了21世纪科技工作面临的不足，强调进一步深化科技体制改革。2006年1月9日，胡锦涛在全国科学技术大会上的讲话指出，目前我国科技的总体水平同世界先进水平相比仍有较大差距，同我国经济社会发展的要求还有许多不相适应的地方。主要是：关键技术自给率低，自主创新能力不强，特别是企业核心竞争力不强；农业和农村经济的科技水平还比较低，高新技术产业在整个经济中所占的比例还不高，产业技术的一些关键领域存在着较大的对外技术依赖，不少高技术含量和高附加值产品主要依赖进口；科学研究实力不强，优秀拔尖人才比较匮乏；科技投入不足，体制机制还存在不少弊端。总之，我国科技事业发展的状况，与完成调整经济结构、转变经济增长方式的迫切要求还不相适应，与把经济社会发展切实转入以人为本、全面协调可持续的轨道的迫切要求还不相适应，与实现全面建设小康社会、不断提高人民生活水平的迫切要求还不相适应。为此，他要求："我们必须下大力气，做更大的努力，进一步深化科技体制改革，大力推进科技进步和创新，带动生产力质的飞跃，推动我国经济增长从资源依赖性转向创新驱动型，推动经济社会发展切实转入科学发展的轨道。"①

2006年1月9日，胡锦涛在全国科学技术大会上提出了提高自主创新能力、建设创新型国家的重大战略目标。1月26日，中共中央、国务院作出《关于实施科技规划纲要 增强自主创新能力的决定》,《国家中长期科学和技术发展规划纲要（2006—2020）》随之颁布。其中明确提出"自主创新，重点跨越，支撑发展，引领未来"的科技工作方针，确定到2020年使中国进入创新型国家行列的宏伟目标。2006年10月27

① 《十六大以来重要文献选编》下，中央文献出版社2011年版，第186页。

日，科技部、发改委共同制定《国家“十一五”科技发展规划》。2011年7月4日，科技部发布《国家“十二五”科学和技术发展规划》，就继续全面推进国家创新体系建设，实现科技发展的战略性跨越作出部署。

2012年9月23日，中共中央、国务院发出《关于深化科技体制改革加快国家创新体系建设的意见》，就进一步深化科技体制改革和加快推进国家创新体系建设作出新部署。《意见》指出，面对新形势新要求，我国自主创新能力还不够强，科技体制机制与经济社会发展和国际竞争的要求不相适应。突出表现为：企业技术创新主体地位没有真正确立，产学研结合不够紧密，科技与经济结合问题没有从根本上解决，原创性科技成果较少，关键技术自给率较低；一些科技资源配置过度行政化，分散重复封闭低效等问题突出，科技项目及经费管理不尽合理，研发和成果转移转化效率不高；科技评价导向不够合理，科研诚信和创新文化建设薄弱，科技人员的积极性创造性还没有得到充分发挥。这些问题已成为制约科技创新的重要因素，影响我国综合实力和国际竞争力的提升。

据此，《意见》提出了改革科技管理体制的措施要求：（一）加强科技宏观统筹。完善统筹协调的科技宏观决策体系，建立健全国家科技重大决策机制，完善中央与地方之间、科技相关部门之间、科技部门与其他部门之间的沟通协调机制，进一步明确国家各类科技计划、专项、基金的定位和支持重点，防止重复部署。加快转变政府管理职能，加强战略规划、政策法规、标准规范和监督指导等方面职责，提高公共科技服务能力，充分发挥各类创新主体的作用。（二）推进科技项目管理改革。建立健全科技项目决策、执行、评价相对分开、互相监督的运行机制。（三）完善科技经费管理制度。健全竞争性经费和稳定支持经费相协调的投入机制，优化基础研究、应用研究、试验发展和成果转化的经费投入结构。完善科研课题间接成本补偿机制。建立健全符合科研规律的科技项目经费管理机制和审计方式，增加项目承担单位预算调整权限，提高经费使用自主权。（四）深化科技评价和奖励制度改革。根据不同类型科技活动特点，注重科技创新质量和实际贡献，制定导向明确、激励约束并重的评价标准和方法。基础研究以同行评价为主，特别要加强国际同行评价，着重评价成果的科学价值；应用研究由用户和专家等相关第三方评价，着重评价目标完成情况、成果转化情况以及技术成果的突破性和带动性；产业化开发由市场和用户评价，着重评价对产业发展的实质贡献。建立评价专家责任制度和信息公开制度。开展科技项目标准化评价和重大成果产出导向的科技评价试点，完善国家科技重大专项监督评估制度。加强对科技项目决策、实施、成果转化的后评估。发挥科技社团在科技评价中的作用。改革完善国家科技奖励制度，建立公开提名、科学评议、实践检验、公信度高的科技奖励机制。

## 五、新时代“吹响建设世界科技强国的号角”，走科技强国之路

2012年11月党的十八大召开，习近平当选为中共中央总书记。党的十八大以来，以习近平同志为核心的党中央，总结我国科技事业发展实践，坚持党对科技事业的领导，坚持建设世界科技强国的奋斗目标，坚持走中国特色自主创新道路，坚持以深化改革激发创新活力，坚持创新驱动实质是人才驱动，坚持融入全球科技创新网络，我国科技事业实现了历史性、整体性、格局性重大变化，重大创新成果竞相涌现，一些前沿方向开始进入并行、领跑阶段，科技实力正处于从量的积累向质的飞跃、点的突破向系统能力提升的重要时期。①

① 《人民日报》2018年5月29日。

“把创新作为引领发展的第一动力”，实施创新驱动发展战略。党的十八大报告提出实施创新驱动发展战略。在此基础上，习近平提出了“双轮驱动”战略。2016年5月，习近平指出：“创新是一个系统工程，创新链、产业链、资金链、政策链相互交织、相互支撑，改革只在一个环节或几个环节搞是不够的，必须全面部署，并坚定不移推进。科技创新、制度创新要协同发挥作用，两个轮子一起转。”①2018年，他指出：“要坚持科技创新和制度创新‘双轮驱动’，以问题为导向，以需求为牵引，在实践载体、制度安排、政策保障、环境营造上下功夫，在创新主体、创新基础、创新资源、创新环境等方面持续用力，强化国家战略科技力量，提升国家创新体系整体效能。”②“双轮驱动”战略是对创新驱动战略的发展与升华，促进了科技创新和科技体制改革的深入开展。2016年5月，中共中央、国务院印发《国家创新驱动发展战略纲要》，提出要按照“坚持双轮驱动、构建一个体系、推动六大转变”进行布局，构建新的发展动力系统。“双轮驱动”就是科技创新和体制机制创新两个轮子相互协调、持续发力。“构建一个体系”就是建设国家创新体系，要建设各类创新主体协同互动和创新要素顺畅流动、高效配置的生态系统，形成创新驱动发展的实践载体、制度安排和环境保障。“推动六大转变”就是发展方式从以规模扩张为主导的粗放式增长向以质量效益为主导的可持续发展转变，发展要素从传统要素主导发展向创新要素主导发展转变，产业分工从价值链中低端向价值链中高端转变，创新能力从“跟踪、并行、领跑”并存、“跟踪”为主向“并行”“领跑”为主转变，资源配置从以研发环节为主向产业链、创新链、资金链统筹配置转变，

① 《十八大以来重要文献选编》下，中央文献出版社2018年版，第336页。

② 习近平：《在中国科学院第十九次院士大会、中国工程院第十四次院士大会上的讲话》，《人民日报》2018年5月29日。

创新群体从以科技人员的小众为主向小众与大众创新创业互动转变。

"破除一切制约科技创新的思想障碍和制度藩篱"，推动科技体制深入发展。要促进科技工作发展，就要深化科技体制改革，坚决扫除阻碍科技创新能力提高的体制障碍，有力打通科技和经济转移转化的通道，优化科技政策供给，完善科技评价体系，营造良好创新环境。2014年9月29日，习近平在中央全面深化改革领导小组第五次会议上的讲话中强调："我们的科技计划在体系布局、管理体制、运行机制、总体绩效等方面都存在不少问题，突出表现在科技计划碎片化和科研项目取向聚焦不够两个问题上。要彻底改变政出多门、九龙治水的格局，坚持按目标成果、绩效考核为导向进行资源分配，统筹科技资源，建立公开统一的国家科技管理平台，构建总体布局合理、功能定位清晰、具有中国特色的科技计划体系和管理制度，以此带动科技其他方面的改革向纵深推进，为实施创新驱动发展战略创立一个好的体制保障。"[①]2015年3月5日，习近平在参加十二届全国人大三次会议上海代表团审议时的讲话中强调："推进科技创新，必须破除体制机制障碍。现在，科技成果转化不顺不畅问题突出，一个重要症结是科研成果封闭自我循环比较严重，必须面向经济社会发展主战场，围绕产业链部署创新链，消除科技创新中的'孤岛现象'。要注重突破制约产学研用有机结合的体制机制障碍，突出市场在创新资源配置中的决定性作用，突出企业创新主体地位，推动人财物各种创新要素向企业集聚，使创新成果更快转化为现实生产力。要推进协同创新，健全创新服务支撑体系，加强知识产权运用和保护，维护好公平竞争的市场秩序。"[②]

深化科技体制改革是全面深化改革的重要内容，是实施创新驱动发

① 《人民日报》2014年9月30日。
② 《人民日报》2015年3月6日。

展战略、建设创新型国家的根本要求。党的十八大特别是中共十八届二中、三中、四中全会以来，中央对科技体制改革和创新驱动发展作出了全面部署，出台了一系列重大改革举措。2015 年 8 月，党中央、国务院出台《深化科技体制改革实施方案》，部署了到 2020 年要完成的 143 项改革任务，提出了主要目标：到 2020 年，在科技体制改革的重要领域和关键环节取得突破性成果，基本建立适应创新驱动发展战略要求、符合社会主义市场经济规律和科技创新发展规律的中国特色国家创新体系，进入创新型国家行列。自主创新能力显著增强，技术创新的市场导向机制更加健全，企业、科研院所、高等学校等创新主体充满活力、高效协同，军民科技融合深度发展，人才、技术、资本等创新要素流动更加顺畅，科技管理体制机制更加完善，创新资源配置更加优化，科技人员积极性、创造性充分激发，大众创业、万众创新氛围更加浓厚，创新效率显著提升，为到 2030 年建成更加完备的国家创新体系、进入创新型国家前列奠定坚实基础。

在科技领域存在的多年来一直想解决但没有能解决的难题方面，都取得了实质性突破，接连出台了几个重要改革方案，包括《关于深化中央财政科技计划（专项、基金等）管理改革的方案》《关于进一步完善中央财政科研项目资金管理等政策的若干意见》《关于实行以增加知识价值为导向分配政策的若干意见》《关于分类推进人才评价机制改革的指导意见》《关于深化科技奖励制度改革的方案》，得到广大科技工作者的热烈欢迎。

## 小结

中华人民共和国成立以来，经过不断深化改革和努力，我国的科学技术事业取得了重大进步，科技体制逐渐理顺，中国特色社会主义科技体制逐步建立和不断完善。但是，目前科技体制仍有许多不适应当前经济社会科技发展的弊端，科技体制改革也进入了深水区。科技体制是受整个社会环境影响的，科技体制改革是全面深化改革的重要一环，所以科技体制改革必须与其他各项改革相配套，否则，单纯进行科技体制改革而没有相关领域的改革，科技体制改革也只能是事倍功半。就科技体制内部而言，我们过多地侧重科技发展的微观运行机制的改革，突出政策指导，而对国家宏观科技管理体制改革不够。科技体制改革的一个重要方面要处理好政府的定位问题，关键和核心还是“科技体制的实质是科技工作中的权力分配和运用”问题。

（作者为中国社会科学院当代中国研究所第三研究室助理研究员）

# 新中国70年我国中医药事业与中医药文化发展的辉煌成就与历史启迪

李孝纯

2019年是中华人民共和国成立70周年。70年来，中国人民在中国共产党领导下，在政治、经济、文化、社会、生态文明等方面都取得了辉煌成就，中医药事业与中医药文化就是其中的一个重要方面。70年来，我国中医药事业与中医药文化经历了从小到大、从大到强，不断发展、不断变革创新的伟大历史进程，取得了历史性的伟大成就。认真回顾与总结70年来我国中医药事业与中医药文化发展的历史进程，总结其历史经验，对于我们进一步推动我国新时代的中医药事业与中医药文化发展，全面推进我国中医药事业走向现代化、走向世界、走向未来，为人类社会发展作出更大贡献，具有十分重要的意义。

## 一、70年来我国中医药事业与中医药文化发展的历史进程

中医药是我国医学科学的特色与优势，是国家医药卫生事业的重要组成部分，是中华民族在几千年生产生活实践和与疾病作斗争中逐步形成并不断丰富发展的医学科学，是中华文化的瑰宝。中医药在几千年的

历史中得到了辉煌发展，只是到了近代时期，由于受西方列强侵略，国运衰弱，西方学术包括西医也不断传入中国。伴随着近代帝国主义入侵战争，大量古代医籍被洗劫，大量中医典籍流失海外，我国中医药文明受到了极大摧残。

新中国成立后，我国政府把“团结中西医”作为三大卫生工作方针之一，确立了中医药应有的地位和作用。1949年11月，中央人民政府卫生部成立，卫生部的医政司下设医政处、卫生教育处和药政处，医政处下设医政科、机关卫生科、中医科。1950年8月，卫生部召开第一届全国卫生会议。1951年5月，卫生部发布《中医师暂行条例》和《中医师暂行条例实施细则》，组建了中医学会，通过举办中医进修学校及进修班、开展中医带徒等一系列工作，保障了中医药事业的健康、科学、稳步发展。1952年10月，卫生部发布《医师中医师牙医师药师考试暂行办法》。1953年5月，卫生部医政司的中医科改为中医处。1954年11月，卫生部正式成立中医司。1955年12月，中医研究院正式成立，这是新中国成立后成立的第一所全国性中医科研机构。1956年8—9月，成都中医学院、上海中医学院、北京中医学院、广州中医学院成立。1957年6月，卫生部药政司改为药政管理局，下设中药管理、药品管理和财务计划三个处。1958年10月，第一本中医教材《中医学概论》出版。1960年2月，卫生部党组向中央提交《关于全国西医学习中医经验座谈会情况的报告》。1949—1955年，全国共创办20所中医进修学校和143个中医进修班，1958年成立4所中医学院后，在各省成立中医学院。1955年底卫生部中国中医研究院宣布成立后，一些省、市、区也相继成立了中医研究所。到1960年，中医医院已从新中国成立初期的寥寥数所发展到330所，中医病床增至14199张。中国中医研究院成立伊始，就组织专家整理中医典籍，各地也组织大批中医工作者对古典医籍和老中医的经验进行了整理、总结、研究工作，在全国范围内收集到大量的秘方、验方、单方，仅河北省1958年在保定全国中医中药工作会议上就展出实物1388件，祖传秘方、验方163754个，著作73部。在“中西医结合”指导方针的引导下，很快在医疗界兴起了中西医互学运动。1960年，全国范围内西医在职学习中医的约有3.6万多人，一些西医专家也开始钻进中医药学的宝库中，着手进行了一些理论探索，有力地促进了中医药事业的发展和繁荣。1962年10月，中央同意卫生部党组“关于改进祖国医学遗产的研究和继承工作的意见”。1963年5—6月，卫生部在江西省召开第二版全国中医教材审编会议。1964年7月，全国中医学院第二版统编教材出版。1965年5月，国家科委中医中药专业组成立，标志着中医药研究和事业发展已进一步纳入国家科学技术研究和规划的轨道。1966年2—3月，卫生部在上海召开全国针刺麻醉会议，1971年7月17日，《人民日报》公布了针刺麻醉成功的消息。1966—1976年，是“文化大革命”的10年，和许多事业一样，中医药事业遭到严重的破坏，中医药从业人员人数减少三分之一，全国中医医院从1966年的330所减少到1977年129所，中医学院由21所减少到11所。

1976年2月，卫生部召开全国中西医结合工作汇报会。1977年10月，江苏新医学院主编的《中药大辞典》出版，这是新中国成立后出版的第一部大型中药工具书。1978年9月，中国中医研究院、北京中医学院举办的中医研究生班在北京开学。1979年5月，中华全国中医学会（后改为中华中医药学会）在北京成立，这是我国最大的全国性中医药学术团体。1980年1月，《中草药》杂志创刊。1981年11月，中国中西医结合研究会成立，这是我国最大的全国性中西医结合学术团体。1982年10月，全国高等中医院校中医药学教材编审会议在南京召开。1983年8月，世界卫生组织为研究、发展、交流世界各国的传统医学，在传统医学基础较好的国家和地区设立了多个“世界卫生组织传统医学合作中心”，其在中国设有合作中心。1985年7月，《中华人民共和国药品管理法》开始施行。1986年12月，国家中医管理局正式成立。1987年11月22日，世界针灸学会联合会在北京成立。中国针灸学会会长胡熙明任世界针联主席。1989年1月，《中国中医药报》创刊。该报是国家中医药管理局的机关报，是全国中医药行业的专业性报纸。1990年8月，《全国中药炮制规范》一书通过了专家鉴定，为我国中药炮制的规范化、标准化打下了基础。1991年4月，在全国人大通过的《国民经济和社会发展的十年规划和第八个五年计划纲要》中，“中西医并重”被列为卫生工作的基本方针之一。1993年11月，国家中医药管理局重点试验室开始兴建，这是我国中医界第一个对外开放的实验室。1994年10月，举行“中医病证诊断疗效标准”新闻发布会。这是我国第一个中医药行业标准。1995年12月，由国家中医药管理局组织的“全国中药资源普查”科研项目被评为当年全国十大科技成就之一。1997年1月，《中共中央国务院关于卫生改革与发展的决定》发布，“中西医并重”再次被列为新时期卫生工作方针之一。1999年4月，《卫生部、国家中医药管理局关于切实加强农村中医药工作的意见》发布。2000年2月，国务院办公厅印发了《关于城镇医药卫生体制改革的指导意见》的通知。2001年9月，《中医药事业“十五”计划》颁布。2002年11月，首届中医药现代化国际科技大会暨新成果展览会在成都开幕。2003年，《中华人民共和国中医药条例》签发施行。2005年，中国中医研究院更名为中国中医科学院。2007年，坚持“中西医并重”“扶持中医药和民族医药事业发展”等中医药方针政策，首次写入党的全国代表大会报告。2008年，中医“治未病”健康工程启动，中医预防保健理论与方法受到社会广泛关注。2009年4月，《国务院关于扶持和促进中医药事业发展的若干意见》

正式发布，对于进一步扶持和促进中医药事业发展，实现深化医药卫生体制改革的总体目标意义重大。2015年5月，首个中医药健康服务领域的专项发展规划《中医药健康服务发展规划（2015—2020年）》发布。2016年2月，《中医药发展战略规划纲要（2016—2030年）》出台，明确了未来15年的工作重点，把中医药发展上升为国家战略。2017年7月1日，首部《中医药法》正式实施，为继承和弘扬中医药，扶持和促进中医药事业发展确立了法律依据。2015年，中国中医科学院研究员屠呦呦因发现青蒿素治疗疟疾的新疗法获2015年诺贝尔生理学或医学奖。2016年，习近平在全国健康大会上重申了中医药的地位。2019年3月，习近平总书记在中医药国际化论坛上强调，中医药要加快打造全产业链服务的跨国公司和国际知名的中国品牌，推动中医药走向世界。2019年10月20日，中共中央、国务院下发《关于促进中医药传承创新发展的意见》，这是党中央第一次对中医药发展专门下发文件，进一步彰显了党中央、国务院对中医药事业与中医药文化的高度重视。

## 二、70年来党的几代领导人对中医药事业与中医药文化发展的领导、关心与支持

新中国成立以来，党的几代领导人对中医药事业给予关注和支持，有效指导了中医药事业的发展。

新中国成立后到改革开放之前这段时期，党的第一代领导人毛泽东在医疗卫生工作方面有许多独创性的伟大实践。其中，开展爱国卫生运动、防治血吸虫病等传染病、建立农村合作医疗制度及赤脚医生队伍等，都是毛泽东亲自推动的。1949年，毛泽东同志在接见出席全国卫生行政会议代表时说："必须很好地团结中医，提高技术，搞好中医工作，

发挥中医力量，才能负担起几亿人口的艰巨的卫生工作任务。”1950年，在第一届全国卫生工作会议上，“团结中西医”被列为我国卫生工作“四大方针”之一。1954年，中央批转中央文委党组《关于改进中医工作问题的报告》指出：“团结中西医，正确地发挥中医的力量为人民保健事业服务，是中央早已明确指示的一项重要的卫生工作方针。”特别是1958年10月11日，毛泽东同志在对卫生部党组《关于组织西医离职学习中医班总结报告》批示中，提出了“中国医药学是一个伟大的宝库，应当努力发掘，加以提高”这一影响深远的著名论断。1958年10月18日，中央批示：“中国医药学是我国人民几千年来同疾病作斗争的丰富经验和理论知识，它是一个伟大的宝库，必须继续努力发掘，并加以提高。”1965年，毛泽东发出“六二六”指示，要求把医疗卫生工作的重点放到农村，这极大地提高了广大农村的中医药治疗水平。广大农村因陋就简，充分发挥中医药廉价治疗作用，较好地解决了农村地区农民就医问题。

改革开放以后，党的中医药政策得到巩固和完善，逐步确立了中西医药的同等重要地位。1978年，中共中央及时转发了卫生部党组《关于认真贯彻党的中医政策，解决中医队伍后继乏人问题的报告》，进一步重申了党的中医药政策，对办好中医院校、培养中医药人才、办好中医医院、加强中医药研究机构建设、组织西医学习中医等提出了明确要求和措施。邓小平同志在文件上批示：“这个问题应该重视，特别要为中医创造良好的发展与提高的物质条件。”特别是1985年，中央书记处在关于卫生工作的决定中指出：“要把中医和西医摆在同等重要的地位。一方面，中医药是我国医疗卫生事业所独具的特点和优势，中医不能丢，必须保存和发展。另一方面，中医必须积极利用先进的科学技术和现代化手段，促进中医药事业的发展。要坚持中西医结合的方针，中医、西医互相配合，取长补短，努力发挥各自的优势。”

1982年《中华人民共和国宪法》第21条规定“发展现代医药和我国传统医药”，确立了中医药等传统医药的法律地位，为中医药发展和法律制度建设提供了根本的法律依据。1986年，国务院决定设立国家中医管理局，并在成立通知中强调：“中医工作是医疗卫生事业的重要组成部分，各级人民政府和卫生行政部门要加强领导，给予有力的支持，使我国中医事业尽快发展起来，为增进人民健康做出更大贡献。”1997年，《中共中央、国务院关于卫生改革与发展的决定》进一步明确了“中西医并重”的方针，同时提出：“正确处理继承与创新的关系，既要认真继承中医药的特色和优势，又要勇于创新，积极利用科学技术，促进中医药理论与实践的发展，实现中医药现代化。”

2001年3月，江泽民同志在全国政协九届四次会议教育医药卫生联组会上讲话指出，中医药学是我国医学科学的特色，也是我国优秀文化的重要组成部分，不仅为中华文明的发展作出了重要贡献，而且对世界文明的进步产生了积极影响。要正确处理好继承与发展的关系，推进中医药的现代化。中西医并重，共同发展，互相补充，可以为人民群众提供更加完善的医疗保健服务。

2007年10月，胡锦涛同志在党的十七大报告中强调，要“坚持中西医并重”，“扶持中医药和民族医药事业发展”。这在党的代表大会报告中还是第一次，充分体现了我党对发展中医药的高度重视和坚强决心，充分表明了发展中医药已经成为全党共识和党的全面工作的重要内容。2009年，《国务院关于扶持和促进中医药事业发展的若干意见》正式发布，作为指导中医药事业发展的纲领性文件，强调了在深化医药卫生体制改革中如何充分发挥中医药作用，系统提出了中医药事业发展的主要任务及政策措施。2010年6月，习近平同志在出席澳大利亚皇家墨尔本理工大学中医孔子学院揭牌仪式讲话中指出："中医药学是中国古代科学的瑰宝，也是打开中华文化宝库的钥匙。中医药学讲求以仁爱之心包容世界，以精湛的医术造福人类。""中医药学貌似神秘，撩开它这个神秘面纱，实际上我们看到的就是深邃的哲学智慧和中华民族几千年养生和实践的结合，目前它已经做了部分科学化总结，上升到规律。那么我们现在要共同地做进一步探索，它很可能为世界的生命科学和医疗卫生的突破作出重大的贡献。"

党的十八大以来，以习近平同志为核心的党中央在深化医改进程中，一再重申和坚持"中西医并重"指导思想，着力推动中医药事业发展。中共十八届三中全会通过的《中共中央关于全面深化改革若干重大问题的决定》提出"完善中医药事业发展政策和机制"。这不仅为我们勾画了中国特色社会主义卫生发展道路的宏伟蓝图，也从根本上确立了中医药在中国特色社会主义卫生发展道路中的地位和作用，为新形势下中医药事业的科学发展指明了方向。2013年8月20日，习近平在会见世界卫生组织总干事陈冯富珍时指出："要促进中西医结合及中医药在海外发展，推动更多中国生产的医药产品进入国际市场。"2013年9月13日，习近平在比什凯克出席上海合作组织成员国元首理事会第十三次会议讲话时指出："传统医学是各方合作的新领域，中方愿意同各成员国合作建设中医医疗机构，充分利用传统医学资源为成员国人民健康服务。"2015年12月22日，习近平致信祝贺中国中医科学院成立60周年时说，中医药学是中国古代科学的瑰宝，也是打开中华文明宝库的钥匙。当前，中医药振兴发展迎来天时、地利、人和的大好时机，希望广大中医药工作者增强民族自信，勇攀医学高峰，深入发掘中医药宝库中的精华，充分发挥中医药的独特优势，推进中医药现代化，推动中医药走向世界，切实把中医药这一祖先留给我们的宝贵财富继承好、发展好、利用好，在建设健康中国、实现中国梦的伟大征程中谱写新的篇章。2016 年 8 月 19 日，习近平出席全国卫生与健康大会时的讲话中提出，我们要坚持中国特色卫生与健康发展道路，把握好一些重大问题。要着力推动中医药振兴发展，坚持中西医并重，推动中医药和西医药相互补充、协调发展，努力实现中医药健康养生文化的创造性转化、创新性发展。2016 年 12 月 6 日，国务院发表《中国的中医药》白皮书，白皮书指出，中医药发展上升为国家战略。2017 年 10 月 18 日，习近平总书记在党的十九大报告中再次强调，坚持中西医并重，传承发展中医药事业。可以说，中医药事业进入了发展的新时代。

## 三、70 年来我国中医药事业与中医药文化发展取得的辉煌成就

70 年来，我国已经基本建立了覆盖城乡的中医医疗服务体系。中医药的第一要务是治病救人，作为中国传统医学，中医药具有广大的群众基础。根据国家中医药管理局提供的数据，我国基本建立以中医医院为主体的覆盖城乡的中医药服务体系。中医医院、床位数、中医药队伍不断发展壮大。2017 年，全国中医类医疗卫生机构床位 113.6 万张，总诊疗人次达 10.2 亿人次。中西医结合医院 446 所，中医类诊所已达 4.58 万个，全国 67% 的乡镇卫生院和社区卫生服务中心设有中医科，总数超过 3 万个；各类中医执业医师 45.2 万人。到 2017 年末，全国共有中医医院 3695 个，中医类别执业（助理）医师 52.7 万人。海外中医药已传播到 183 个国家和地区，我国与外国政府、地区和国际组织已签订 86 项中医药合作协议。中医药先后在澳大利亚、加拿大、奥地利、新加坡、越南、泰国、阿联酋和南非以国家或地方政府立法形式得到认可。目前世界中医药服务市场估值约为每年 500 亿美元，2018 年，我国中药

出口总额近40亿美元。

70年来，我国的中医药产业已经成为独具特色和优势的民族产业。2002年八部委联合制定的《中药现代化发展纲要（2002—2010）》，明确提出了开展中药现代化研究的战略目标和重点任务。2007年十六部委联合发布的《中医药创新发展规划纲要（2006—2020年）》，进一步将中药产业发展确定为今后15年优先发展的领域之一。前不久出台的《国务院关于扶持和促进中医药事业发展的若干意见》明确要求“提升中药产业发展水平”，并提出一系列相应的对策和要求。70年来，经过几代人的努力，我国中医药科技工作者对中草药开展了多学科的研究，中药基础学科体系也不断分化，衍生出中药资源学、中药鉴定学、中药炮制学、中药化学、中药药理学、中药毒理学、中药制剂学等多个新兴学科，中药产品种类数量、生产工艺水平有了很大提高，中药剂型从传统的丸、散、膏、丹等发展到现代的滴丸、片剂、膜剂、胶囊等100多种剂型，品种达1.4万余个，有6万个药品批准文号。中药工业总产值7866亿元，占医药产业总量的28.55%，成为新的经济增长点；中药出口额达37.2亿美元，海外市场潜力很大。中药材种植成为生态文明建设、农村振兴战略的重要举措，成为国民经济与社会发展中具有独特优势和广阔市场前景的战略性产业，成为我国最具自主创新能力和国际竞争优势的产业之一。

70年来，成功开辟了大批的中药材生产保护基地，我国中药资源得到有效保护。新中国成立后，先后进行了三次大规模的全国范围中药资源普查，对我国药用植物的种类和常用中药材的蕴藏量和产量进行了调查，基本了解了我国药用植物的种类和常用中药材的蕴藏量和产量，为我国中药资源的规划和可持续开发利用提供了科学依据。据1983年开始的全国中药资源普查统计，我国中药资源种类12807种，其中药用植物11146种，涉及383科，309属；药用动物1581种，涉及415科，861属；药用矿物80种。在药用植物中，藻类113种，菌类292种，地衣类52种，藏类456种，种子植物类10185种。由于我国人口的大幅度增长、中药产业的快速发展，对中药材的需求量日益增大，野生中药资源面临巨大压力，导致大面积植被被毁，野生资源严重破坏，很多物种已经或濒于枯竭。据统计，我国处于濒危状态的植物近3000种，其中用于中药或具有药用价值的约占60%多。1992年公布的《中国植物红皮书》收载植物354种，有药用植物168种，其中稀有种38种，渐危种84种，濒危种46种。保证野生药材采集与生态环境保护的协调，实现人与自然的和谐共处，是中医药可持续发展必须解决的关键问题之一。我国越来越认识到药用资源的重要性，在保护濒危野生药用植物方面做了大量的工作。1987年，国务院颁布了《野生药材资源保护条例》，在此基础上开展了不同层面的药用资源保护研究。“就地保护”“迁地保护”是物种保护的主要措施。自1956年建立第一个自然保护区后，现已在全国30多个省市建立了自然保护区1200多个，使一大批野生药用动植物资源在保护区内得到有效保护，如长白山自然保护区受保护的植物达1800多种，其中药用植物达到900种，包括许多名贵药材如党参、人参、黄芪、贝母、木通、刺五加、天麻、细辛等。建立药用植物园、动物园，对野生药用动植物进行引种驯化保护，对保存药用动植物、防止灭绝有着特殊的意义。全国10个主要植物园及药用植物园中，已引种中草药在3000种以上，其中有50种是属于珍稀濒危的中草药。近年还建立了用于中药种质离体保存的国家药用植物种质资源库，为人类保留下了中药的珍贵基因密码。20世纪80年代之前，主要沿用传统的作物栽培手段开展野生药材引种驯化，栽培品种占药材总产量30%，逐步推动了药用植物栽培学科体系的建立。“九五”以来，国家先后支持了 140 多种中药材的规范化种植研究，从种源鉴定、生态环境选择、栽培技术、药用植物病虫害及其防治、中药材的采收及产地加工、中药材质量标准及控制技术等方面做了大量工作，不但较系统地总结了传统生产经验，而且部分项目取得较大突破，为制订中药材生产操作规程提供了科学依据。2002 年国家颁布实施《中药材生产质量管理规范（试行）》，使我国药材生产开始步入现代化、标准化的管理渠道。我国常用的药材有 600 多种，野生药材收购品种 400 种，年收购量达到 60 万吨，已实现栽培 200 多种，栽培面积 40 万公顷，年产量 30 万吨。中药饮片、中成药的主要原料药材已实现人工栽培，逐步形成了具有一定规模的中药规范化种植和产业化生产。采用人工补种、仿野生栽培等野生抚育方式，将中药材大田栽培和野生采集的优势有机地结合起来，实现了生态环境保护、资源再生和综合利用及中药材生产的三重并举，成功实现了野生抚育药材实践，为我国中药产业可持续发展起到了战略保障作用。

70 年来，我国中医药科研取得丰硕成果。2016 年，全国中医药科技人员共 12744 人，研究机构有 81 个。组织开展 16 个国家级中医临床研究基地建设及中医药防治传染病和慢性非传染性疾病临床科研体系建设，建立了涵盖中医药各学科领域的重点研究室和科研实验室，建设了一批国家工程（技术）研究中心、工程实验室，形成了以独立中医药科研机构、中医药大学、省级以上中医医院为研究主体，综合性大学、综合医院、中药企业等参与的中医药科技创新体系。国家对科研机构投入了大量的经费，且逐年增长。仅 2016 年，全国中医药科研机构经常费收入由政府拨款部分达 1.73 亿元。2005—2012 年，“973 计划中医理论基础研究专项”总经费 5.2 亿元，而 2018 年国家重点研发计划中医药专项经费就达到 5.6 亿元。截至 2016 年，有 50 项中医药科研成果获得国家科技奖励，其中血瘀证与活血化瘀研究、中成药二次开发等6项获科技进步一等奖。屠呦呦因发现青蒿素获2011年美国拉斯克临床医学奖、2015年诺贝尔生理学或医学奖和2016年国家最高科学技术奖。三氧化二砷治疗白血病在国际上产生重大影响。70年来，我国的中药复方基础研究得到了加强。现在，中药复方在应用上品种繁多，资源丰富，据统计，中草药有12807种，其中植物药11146种，动物药1581种，矿物药80种，中成药5000多种，方剂100多万个。我国从中药中开发新药，研制上市了98种新药，如青蒿素、杜鹃素、莱素、大蒜新素等，疗效都得到世界的肯定。70年来，我国对中医药药材品种的评价标准进行了大量研究，中药质量标准从无到有，标准不断提高并逐步完善。自1963年开始，《中华人民共和国药典》将中药单列一部，1977年版后每5年修订一次，为中药标准提供了法律依据，使中药的标准化工作逐步走向正轨。现已颁布9部药典，从收载的内容到收载的品种都在逐渐增多。

70年来，我国中药的有毒有害物质检测水平不断得到提高。在药材栽培、采收、加工、运输、贮藏、销售过程中可能污染上多种有害化学物质，包括重金属、农药残留和黄曲霉毒素等。这些外源污染物对药材质量有很大影响并直接关系到人们的用药安全和身体健康，不可忽视。国际上从1970年起开始研究药材农药残留量问题，1980年，世界卫生组织将农药残留测定单独列为检测项目。我国1986年起步研究中药材中的农药残留检测，2002年原国家药品监督管理局颁布施行了《中药材生产质量管理规范》，使我国药材生产开始步入现代化、标准化的管理渠道。近30年来，国家也支持了相关的一些研究，如“九五”攻关“中药材质量标准规范化研究”中农药残留量、重金属含量的检测方法和限量标准研究；“十五”科技攻关计划中设立了研究专项“50种中药农药残留检测方法和限量标准的研究”，对中药中近60种中药的残留检测方法进行研究。2005年版《药典》增加了农药和重金属限量标准和检测方法，用气相色谱法分别对有机氯、有机磷、菊酯类共24种农药进行分析测定。防污水平的提高，极大地提高了人们安全用药的信心。

70年来，我国的中医药教育体系基本形成，中医药文化建设日益加强。由单一中医专业，增设了中药、针灸、推拿、骨伤、文献学等14个专业，院校、函授、在职、师承等多种模式教育并举，基本形成院校——毕业后——继续教育有机衔接的人才培养体系，初步建立社区、农村基层中医药实用型人才培养机制，实现从中高职、本科、硕士到博士的中医学、中药学、中西医结合、民族医药等多层次、多学科、多元化教育全覆盖。截至2016年，全国有高等中医药院校42所（其中独立设置的本科中医药院校33所），加上252所高等西医药院校或非医药院校设置的中医药专业，在校学生总数达79.57万人。中医教育改革不断探讨新思路，名老中医师承教育取得突出进展。政府积极推进中医药传统文化传承体系建设。中医药基础研究和临床研究等方面取得了一批重要成果。《黄帝内经》《神农本草经》《针灸甲乙经》《伤寒杂病论》《千金要方》等一大批中医药和民族医药文献与典籍得到挖掘和整理，一批老中医药专家和民族医药专家学术经验得到继承，一批学术特点突出、临床优势明显的中医学科和专科初步形成。2006年5月，传统医药列入国家第一批非物质文化遗产保护名录，已有130个中医药类项目列入国家级非物质文化遗产代表性项目名录。2010年，“中医针灸”正式列入联合国教科文组织人类非物质文化遗产代表作名录，《黄帝内经》和《本草纲目》入选世界记忆名录。中医药大学不仅培养中国的学生，还接收了许多外国留学生。北京、上海、广州、南京和天津中医药大学已经成为培养外国留学生和进修生的主要基地。

70年来，我国中医药不断焕发出新的时代光彩。近年来，中医药的特色优势在心脑血管病、糖尿病、肿瘤、病毒性和免疫性疾病等常见病、多发病、疑难杂症的防治中发挥了重要作用，在SARS、甲型H1N1流感、艾滋病、手足口病、人感染H7N9禽流感等重大疫情防治和汶川特大地震、舟曲特大泥石流等突发公共事件医疗救治中也贡献了力量。随着生产工艺的不断优化和物流条件的改善，中药疗效将愈加有保障，中国老百姓再也不需要到国外去抢购天然药物。科技水平的高速发展，推动对中药的研究和探索更加深入到微观层面，中药的作用机理、中药的有关物质基础将不断被发现。现有文献记载的十多万个方剂将作为中药研发的基础，《中医药法》已经为经典名方的新药注册打开了绿色通道，将会有更多更好的新型中成药造福百姓。现在，中药精制提纯，取其精华，弃其糟粕，中药已从丸、散、膏、丹等传统剂型发展到现在的滴丸、片剂、膜剂、胶囊、注射剂、气雾剂等40多种剂型，中药产品生产工艺水平有了很大提高，这是中医药的现代化。国家已经制定实施《中医药标准化中长期发展规划纲要（2011—2020年）》，中医药标准体系初步形成，标准数量达649项，年平均增长率29%。标准化的推进，改变了中医药一些落后的特点，提高了疗效，增强了认同。中医药在“治未病”和“治已病”以及保健养生方面发挥越来越大的作用。抗疟药物青蒿素挽救了全球数百万人生命，蜜炼川贝枇杷膏在美国市场悄然走红，中医药在全球的认可度与日俱增。

70年来，我国的中医药事业与中医药文化不断为我们揭开新的治病理念、模式、方法及养生长寿途径。近年来，人类的健康状况和疾病谱都在发生着重大变化。在疾病的治疗模式上，已由原来的单纯的治疗模式逐步向预防—治疗—康复—保健相结合的模式转变，由单一的“生物医学”模式向“生物—心理—社会医学”模式转变；由化学药物向天然药物转变，由单一的药物防治向“精神与药物结合”防治模式转变，由单一的药物和手术的防治模式向综合的药物、手术防治加非药物和非手术防治模式转变。西医药在防治疾病和养生保健方面不能满足人们需要。有关调查表明，大约有50%的疾病，用西医药无法治疗；20%左右疾病因使用西药出现副作用而停药；服用抗生素产生耐药性，使疾病得不到治疗效果，而且还导致药源性疾病。中医药在现代防治疾病和养生保健中却占有很大的优势。因为中药来源于自然药物，有“药食同源”的根基，毒副作用相对较小，无耐药性；在养生保健、延年益寿、强身健体方面拥有系统理论和多种有效方法。中医具有延缓衰老、免疫调节、抗疲劳、抗氧化、美容、辅助降“三高”、调节肠道菌群、促进生长发育、改善亚健康等多种功能的保健食品；中药含有多种成分，各种中药合用，对人体有多环节、多层次、多通道、多靶点、多效应的整体作用，符合现代分子生物学、生理学、病理学的作用理论，在临床上有一药多用、异病同治的奇异效果；中药作为天然产品，含有多种营养成分，可作为营养补充剂以增强人体体能，也有利于延年益寿。同时，中医药不断为我们开辟新的保健食品。丰富的中药资源，既是美味佳肴，又是滋补珍品。中医养生保健方兴未艾。2006年后，中医“治未病”得到加强。推进中医预防保健服务体系建设，在二级以上中医医院设立“治未病”科室，在基层医疗卫生机构、妇幼保健机构、疗养院等开展“治未病”服务，社会中医养生保健机构发展迅速。推进中医药健康服务发展，开展中医药健康旅游、医养结合。中医药健康管理项目作为单独一类列入国家基本公共卫生服务项目，中医药在公共卫生服务中的潜力和优势正逐步释放，推动卫生发展模式从注重疾病治疗向全面健康管理转变。同时，中医养生越来越受到全社会的重视，针灸、气功、吐纳、导引、太极、桩功、静功、睡功、按摩、刮痧、拔火罐、火疗等非药物非手术疗法等治疗方法，也不断融入大众生活。针灸可治疗400多种病，都是疑难杂症和慢性病。治疗病症涉及肌肉骨骼系统、神经系统、消化系统、泌尿生殖系统、精神行为障碍，以及皮肤病、颈椎病、腰椎间盘突出症、脑卒中、面瘫、腹泻、慢性结肠炎、慢性前列腺炎、不孕症、睡眠障碍、痴呆症、荨麻疹和神经性皮炎等，且都有较好的效果。随着时代的进步，环境的变化，生活质量的提高，人们越来越把防治疑难杂症、慢性病和烈性传染病寄希望于中医药。据专家介绍，近年来，中医药在治疗心脑血管疾病、恶性肿瘤、病毒性肝炎、类风湿性关节炎、系统性红斑狼疮、干燥性综合征、血液病、皮肤病、老年病等方面取得满意的效果。特别在治疗艾滋病、解毒脱瘾等现代病方面又取得了可喜的成绩。现在，从人们主要靠中医来追求的“永生不老、幸福快乐、成为有神气的人”这三个目标来看，中医在治未病和延年益寿养生方面，已经给人民群众带来了实实在在的好处。

总之，70年来，我们在中医药事业与中医药文化发展方面，在医疗制度、治疗技术与理念、药品质量、药品生产供给、临床治疗保障、人民群众疾病预防与保健、我国传统医学的传承与发展、后继人才的培养等方面都取得了举世瞩目的辉煌成就，不仅得到了中国人民的认可，也得到了全世界人民的认可。

## 四、70年我国中医药事业与中医药文化发展带给我们的历史启迪

新中国70年来，我国中医药事业及中医药文化发展取得的历史成就，给我们留下了十分珍贵的历史启迪。

必须坚持党对中医药事业与中医药文化发展的领导。党政军民学，

东西南北中，党是领导一切的，中医药也必须在党的领导下才能得到发展。从新中国70年历史看，毛泽东极为重视党对卫生工作的领导，明确指出党必须领导卫生工作。1951年9月9日，他为中央起草的《关于加强卫生防疫和医疗工作的指示》指出："中央认为各级党委对于卫生、防疫和一般医疗工作的缺乏注意是党的工作中的一项重大缺点，必须加以改正。今后必须把卫生、防疫和一般医疗工作看作一项重大的政治任务，极力发展这项工作。对卫生工作人员必须加以领导和帮助。对卫生工作必须及时加以检查。在经费方面，除中央预算所列者外，应尽其可能在地方上筹出经费。必须教育干部，使他们懂得，就现状来说，每年全国人民因为缺乏卫生知识和卫生工作引起疾病和死亡所受人力、畜力和经济上的损失，可能超过每年全国人民所受水、旱、风、虫各项灾荒所受的损失，因此至少要将卫生工作和救灾防灾工作同等看待，而绝不应该轻视卫生工作。"这个指示深刻地阐述了卫生工作的重要性，给卫生工作做了明确的定位，为此后党和政府领导卫生工作奠定了思想理论基础。1953年12月上旬，毛泽东在听取卫生部副部长贺诚等汇报工作时指示："党必须领导一切，领导我们的各种工作。……卫生工作一定要受党的领导，绝不能离开党的领导搞独立王国。"1954年4月，毛泽东在《中央关于各级党委必须加强对卫生工作的政治领导的指示》中指出："卫生工作是一件关系着全国人民生、老、病、死的大事，是一个大的政治问题，党必须把它管好。"1960年，他起草的《中央关于卫生工作的指示》严肃批评了大多数省、市、自治区党委第一书记对卫生工作的忽视，要求对卫生工作"由党委第一书记挂帅……立即将中央二月二日批示的文件发下去，直到人民公社；各省、市、区党委迅即做出自己的指示，重新恢复爱国卫生运动委员会的组织和工作，发动群众，配合生产运动，大搞卫生工作"。作为党和国家主要领导人，毛泽东多次强调党要加强对卫生工作的领导。在毛主席的领导下，各级党委和政府共同努力，农村医疗卫生工作出现了飞跃发展。70年历史告诉我们，在那样极为艰难困苦的年代，我国中医药都得到了发展，充分说明中医药事业的伟大发展一时一刻也离不开党的领导。

必须坚持对中医药的文化自信。现在，面对西医的精密仪器与精细治疗，一些人对中医不自信了，有的甚至抛弃了中医。其实，在数千年的历史发展中，中医药不断吸收和融合各个时期先进的科学技术和人文思想，不断创新发展，理论体系日趋完善，技术方法更加丰富，形成了自己独特的理论体系与治疗优势，我们应该倍加自信与珍惜。其一，天人合一的整体观。中医认为人与自然、人与社会是一个相互联系、不可分割的统一体，人体内部也是一个有机的整体。重视自然和社会环境对健康与疾病的影响，认为精神与形体密不可分，强调生理和心理的协同关系，重视生理与心理在健康与疾病中的相互影响，因此形成了中医“生理—心理—社会—自然”的传统医学模式。其二，中医强调和谐对健康具有重要作用，认为人的健康在于各脏腑功能和谐协调，情志表达适度中和，并能顺应不同环境的变化，其根本是人体在正常状态下阴平阳秘，即阴阳的动态平衡。《黄帝内经》中“正气存内，邪不可干，邪之所凑，其气必虚”，正是以中医理论阐明疾病的发生，其根本是在内、外因素作用下，人的整体功能失去动态平衡，给了致病因素可乘之机。中医“以药之偏，调人之偏”来纠正人生命之偏，这就是治病之道。其三，中医诊疗强调因人、因时、因地制宜，体现为“辨证论治”。“辨证”就是将四诊所采集的症状、体征等个体信息，通过分析、综合，辨清疾病的病因、性质、部位，以及邪正之间的关系，概括、判断为某种性质的证候。“论治”则是根据辨证的结果，结合患者体质、地域环境及四时气候等，确定相应的治疗原则和治疗方法，对病证具体施治的过程。其四，中医强调关注疾病全过程，强调治未病。“未病先防、既病防变、瘥后防复”。中医“治未病”核心体现在“预防为主”，强调生活方式和健康有着密切关系，主张以养生为要务，认为可通过情志调摄、劳逸适度、膳食合理、起居有常等，也可根据不同体质或状态给予适当干预，以养神健体，培育正气，提高抗邪能力，从而达到保健和防病作用。其五，中医治疗方式灵活多样，简便经济。中医诊断的主要手段是“望、闻、问、切”，无须使用任何检验设备，不仅方法简便，诊断确切，疗效好，而且费用低廉，为广大群众所接受。中医治病既有药物，也有针灸、推拿、拔罐、刮痧等非药物疗法，许多非药物疗法不需要复杂器具，往往可以就地取材，体现了中医治病的便捷性和经济性，不仅是解决我国当前看病贵、看病难等问题的一项有力措施，而且为人人享受医疗卫生保健权益提供了保障。我们要努力发挥这些优势，继续大力发展中医药事业与中医药文化。

必须加大对中医药典藏的深度挖掘，努力实现中医药健康养生文化的创造性转化、创新性发展。据不完全统计，清末以前的中医药典籍和文献近8000种，其中有中药内容的占700种。很多典籍到现在还发挥着重要作用，如成书于汉代的《黄帝内经》《伤寒杂病论》，汉代的药物学典籍《神农本草经》，晋代皇甫谧的针灸学专著《针灸甲乙经》，晋代王叔和的脉学专著《脉经》，南朝时期雷学的制药学专著《雷公炮炙论》，北齐时期徐之才的法医学专著《明案实录》，南齐时期龚庆宣的外科学专著《刘涓子鬼遗方》，隋代杨上善的《内经》注解本《黄帝内经太素》，隋代巢元方的病源学专著《诸病源候论》，唐代王冰的《黄帝内经素问》最古本《黄帝内经素问补注》，唐代孙思邈的临床分科专著《千金要方》。宋代由国家组织编制的药局方《太平惠民和剂局方》，宋代的儿科专著《小儿药证直识》，元代的舌诊专著《敖氏伤寒金镜录》。明代伟大的药物学家李时珍的巨著《本草纲目》，全书分为16部62类，载药1892种，附方1.11万个，附图1000多幅。清代的医药学家赵学敏编著的《本草纲目拾遗》，载药921种，其中761种为《本草纲目》尚未记载。浩繁的医药学典籍是对我国几千年来中医药实践的科学总结，我们必须坚持古为今用的原则，认真挖掘这些医藏的传统医方，并结合现在的情况加以创新改造，使之更好地为现代医疗服务。从青蒿素等很多新型中药的制作、形成及临床疗效看，我们还是要对古医典籍进行深入挖掘，这是一个宝贵的经验。中医药现代化绝不等于西医化。从介入“非典”治疗，获得“零感染、零死亡和零后遗症”的优异疗效，到防治甲流的中药组方“金花清感方”，再到航天医学中的心脏护理应用，每一项都是实现自主创新的典型范例，也说明深入挖掘探究老祖宗留下的宝贵财富，完全可以实现创造性转化、创新性发展。

必须坚持以人民为中心的发展理念。中医药卫生事业关系亿万人民健康，是一个十分重大的民生问题。发展中医药事业与文化，从本质上来讲不是为了赚钱，而是为了人民的健康，一切以人民的健康为根本目的。坚持为人民服务的宗旨，正确处理社会效益和经济收益的关系，把社会效益放在首位，防止片面追求经济收益而忽视社会效益的倾向。合理配置资源，注重提高质量和效率，重点加强农村卫生、预防保健和中医药工作。因地制宜，分类指导，逐步缩小地区间差距。我国是农业大国，农民有8亿人口。农民的疾病得到治疗，才能讲中国人的疾病普遍得到治疗；农民得到健康，才能讲中国人身体普遍健康。这一思想来源于毛泽东他老人家。1965年6月26日，毛主席怒批当时的卫生部脱离人民医疗需求，尤其是对农村人民群众诊疗考虑不周的问题，催生了当时的赤脚医生。现在，城市化的推进，人口向城市的转移，我们要统筹推进城乡并重、城乡一体化治疗水平的提高，让城乡居民共享中医药发展带来的好处。要坚持中医药医疗卫生的公益性质，坚持预防为主、中西医并重，实行政事分开、管办分开、医药分开、营利性和非营利性分开，强化政府责任和投入，完善国民健康政策，鼓励社会参与，建设覆盖城乡居民的公共卫生服务体系。

必须继续加大对中医药事业、中医药文化的投入及后继人才的培养。从中医药临床历史与当前的实践看，积极培养中医药各类专业人才，努力造就新一代名中医仍是当务之急。高水平的中医药专家仍然不够用，尤其是农村地区，更是严重缺乏。要认真总结高等中医药院校的办学经验，不断深化改革，办好现有高等中医药院校，提高硕士、博士研究生及博士后流动站的教学水平与办学质量。继续做好名老中医药专家学术思想和经验的传帮带继承工作。加强对重大疾病防治、中药生产关键技术、中医复方以及基础理论的研究，力争有新的突破。积极创造条件，使中医药更广泛地走向世界。深化体制改革，优化结构，分流人员，增强科研机构的活力。保证重点研究机构和重点学科、实验室的投入和建设。促进卫生科技与防病治病相结合，加快科技成果的转化和应用，大力推广适宜技术。办好成人医学教育及进修教育，培养一支适应社会需求、结构合理、德才兼备的中医药专业队伍。中央和地方政府要不断加大对中医药事业与文化的投入，要随着经济的发展逐年增加，增加幅度不低于财政支出的增长幅度。积极拓宽卫生筹资渠道，广泛动员和筹集社会各方面的资金。公立卫生机构是非营利性公益事业单位，继续享受税、费优惠政策，努力为中医药发展提供充足的资金保障。

（作者为求是杂志社文化编辑部副编审，博士，历史组组长）

# 新中国成立以来中国对葡萄牙人文交流的价值、挑战与前瞻

曾祥明

对外人文交流是寻求和构建文化软实力的柔性力量。习近平总书记指出，要“加强中外人文交流……推进国际传播能力建设，讲好中国故事，展现真实、立体、全面的中国，提高国家文化软实力”①。中葡之间具有深厚的历史渊源。葡萄牙的兴衰成败对当前中国的发展具有重要的借鉴价值。本研究在系统梳理中国对葡人文交流的价值功能、演进特点、现实挑战的基础上，从文化软实力的视角提出了促进中国对葡人文交流的发展策略，以维护中国在葡语世界的国家利益。同时，鉴于近代意义上的中国和西方的关系是在中葡关系的基础上得以较早地建立、发展并演变至今的，本研究将对中国人文交流的理论思考与具体实践提供参考价值，对我国正在实施的“一带一路”倡议具有深刻的启示意义。

① 习近平：《决胜全面建成小康社会　夺取新时代中国特色社会主义伟大胜利——在中国共产党第十九次全国代表大会上的报告》，人民出版社 2017 年版，第 44 页。

## 一、中国对葡人文交流的历史回顾

### （一）1949—1978年间对葡人文交流维护了中国国家主权利益

新中国成立后，为打破以美国为首的西方联盟的对华封锁和遏制，人文交流对象有两个战略重点：一是以苏联为首的社会主义阵营，二是新兴独立的亚非拉国家。由于历史的原因，葡萄牙、巴西、安哥拉、莫桑比克、几内亚比绍、佛得角、圣多美和普林西比及东帝汶8个葡语系国家组成了葡语世界共同体，它们都是中国争取的对象。为此，新中国成立后中国发表愿意与之友好往来的声明，并积极通过多边活动让它们更好地了解中国。如，1955年中国在万隆会议上向与会的亚非各国并通过这个平台向世界各国表达中国的友好诚意。这是中国第一次广泛地与众多的发展中国家所进行的直接的多边及双边互动活动。之后，中国文艺代表团积极到亚非拉国家举办中国文化艺术表演或展览会。人文交流增进了中国和这些国家的友谊，扩大了新中国在国际舞台上的影响，为莫桑比克等新独立的葡语国家与中国建交做了舆论准备，也促进了葡萄牙等西欧人民对新中国的了解与支持。经过不断努力，在“承认一个中国”的原则下，这一时期我国与半数以上的葡语国家[①]建立了外交关系。文化外交起到了“先行官”的作用。

因特殊的历史纽带，葡萄牙成为葡语世界各国的文化中心。中国的诚意及国际社会现实也让葡萄牙的有识之士认识到，应尽早建立中葡外交关系，实现中葡关系健康发展。然而，此时的葡萄牙独裁政府因担心中国收回澳门等内外因素的影响而采取追随美国围堵新中国的政策。澳门成为此时中国走向葡语世界的一扇窗口。在公开抵制葡萄牙及澳葡当

① 这些国家有巴西以及独立后的莫桑比克、几内亚比绍、佛得角、圣多美和普林西比5国。

局阴谋的前提下，中国也策略性地维护了对葡友好。特别是在毛主席作出“一大片”“三个世界”的理论指导后，我国更是积极发展与葡萄牙的经济、人文交流。葡萄牙1974年“四二五”革命推翻独裁统治也为中葡接触提供了新的契机，为下一阶段中葡建交及谈判解决澳门前途问题奠定了基础。因而，总体看来，这一时期中国对葡语世界的文化外交为打破帝国主义的包围发挥了积极作用，巩固了我国新生的社会主义政权和国家主权。

### （二）1979—2002年间对葡人文交流促进了我国的政治利益

葡萄牙1976年新宪法关于澳门是葡萄牙治理下的中国领土的开放性定位为中葡关系发展迎来了新的机遇。经过努力，中葡双方于1979年2月8日发表《联合公报》，确立外交关系，并特别声明“澳门是中国的领土，只是由于历史原因暂且处于葡萄牙的治理之下”。中国的改革开放政策也促进了中葡两国的往来。此后，中葡关系进入了良性发展阶段。但就影响两国关系的重点，“澳门问题的谈判仍然是艰难的，甚至出现了葡萄牙方面以随时准备退出谈判来威胁中国让步的局面”[①]。因此，建交后，就澳门回归的时间、方式等及其围绕回归所做的外交宣传、人文交流、民间往来是这一时期中葡关系的焦点。

按理说，在解决了澳门属于中国领土的原则问题后，就澳门回归的具体问题的谈判应该是比较简单的，但由于“葡萄牙方面的某些虚荣心理，事事处处都不忘维护体面，总设想谈判不能匆忙草率，相比中英香港问题谈判两年的时间，中葡澳门问题谈判也应拖上一年左右时间，并且还要设置一些‘障碍’，安排一些‘插曲’，以‘丰富’谈判的内容，

① 谭志强：《澳门主权问题始末（1553—1993）》，台湾永业出版社1994年版，第281—286页。

否则，在世人面前，与英国人相比，葡萄牙人岂不是少了许多光彩！”[①]面对葡方这样的谈判心态，中方适时发挥人文交流的功用。第一轮谈判开场时，具有“诗人外交家”之称的中方代表团团长周南即吟咏唐代诗人孟浩然《渡浙江问舟中人》的诗句“潮落江平未有风，兰舟共济与君同”，深深地表达了希望与葡方一起携手解决好澳门的未来前途问题。第二轮谈判入场后，周南在与葡萄牙代表团团长梅迪纳拥抱后，讲述了一段有关中国东晋著名画家顾恺之倒吃甘蔗的故事[②]，借用“渐入佳境”这个典故，一方面比喻中葡谈判渐入佳境，另一方面也是对谈判的美好期待。第二轮谈判结束后，由中国代表陪同葡萄牙代表团到中国部分名胜古迹参观，希望他们在更深入了解中国社会文化后增进对中国的认识，推动谈判的进展。在第三轮谈判时，周南吟诵了唐代著名诗人刘禹锡的七言绝句《秋词》：“晴空一鹤排云上，便引诗情到碧霄。”[③]周南用这些诗词寄托着对谈判的良好祝福。这一幕幕美好的画面为谈判增添了情境与意境，推动着谈判的最终顺利结束。

在澳门政权过渡期，中国也在全力促使葡萄牙和澳葡政府实现“中文官式化”“公务员本土化”及“法律澳门化”。如，澳葡政府在1989年2月20日颁发的《政府公报》上指出：“有关澳葡政府的法律档必须同时以中葡文在公报上刊登方能生效的法令。”葡萄牙政府1991年12月31日颁布的第455/91号法令宣布“中文在澳门与葡文具有同等之官方地位及法律效力”[④]。世纪之交时，部分案件已可以直接用中文进

---

① 黄庆华：《中葡关系史》下册，黄山出版社2006年版，第1059、1054、1191页。

② 《晋书·顾恺之传》：“恺之每食甘蔗，恒自尾至本。人或怪之，云：‘渐入佳境’”。意谓甘蔗下端比上端甜，从上到下，越吃越甜。

③ ［唐］刘禹锡《秋词》：自古逢秋悲寂寥，我言秋日胜春朝。晴空一鹤排云上，便引诗情到碧霄。

④ 黄启臣：《澳门主权问题始末》，《中国边疆史地研究》1999年第2期。

行审理。1999 年 12 月 21 日，文化部在澳门文化中心举办了“爱我澳门，爱我中华”的大型文艺晚会。文艺晚会由“序幕”“天——千秋中华”“地——锦绣中华”“人——情系中华”“和——爱我中华”及“尾声”组成，充分展示了中华儿女血浓于水的绵绵亲情和对中华山川大地的深深眷恋。澳门回归为中葡关系发展迎来了春天。

（三）2003 年以来对葡人文交流拓展了中国的各项战略利益

自 1978 年改革开放以来，中国社会经济取得了重大发展，综合国力跻身世界前列，对渴望再次伟大的葡萄牙及力求发展的葡语共同体（葡语世界）形成了较大的经济、文化与政治吸引力。2003 年，中国与葡萄牙等葡语国家在澳门设立“中葡论坛”，这是一个以葡萄牙语言文化为纽带的制度化合作机制，标志着中葡关系发展进入了一个全新时期。

经济方面，中国与葡萄牙及葡语共同体（葡语世界）的贸易额从 2003 年论坛初设时的 100 亿美元，增长到 2012 年的 1288 亿美元，2017 年的 1175.8 亿美元。中葡双边贸易额也从 2003 年的 5.96 亿美元，增长到 2017 年的 56 亿美元。2014 年，中国与葡语国家进出口商品总值达到这期间的峰值，为 1326 亿美元。论坛成立十几年间，双方贸易额增长了十余倍，贸易形势令人鼓舞。葡萄牙正在成为中国进军欧盟及葡语国家市场的“桥头堡”。政治领域，中葡双方相似的国际处境使得彼此在诸多国际议题上具有相似的看法，能够更好地理解对方的国际政治诉求，达成较好的默契或战略合作关系，并于 2005 年建立了全面战略合作伙伴关系。中国与葡萄牙之间的政治与外交关系呈现出良好的发展势头。文化领域，中葡之间的交流合作也取得了较大进步。在中葡全面战略伙伴关系框架下，中葡签订了一系列文化教育合作协定，以扩大中葡人文交流，促进中葡文化往来，深化中葡在语言、文化、旅游等领域的全方位合作。以中葡之间的留学生教育为例，据不完全统计，2018年底中国大陆籍留葡学生大约有660名，其中由中国政府公派约80名，主要集中在里斯本大学、里斯本科学技术大学、科英布拉大学等葡萄牙著名大学。在中国大陆的葡萄牙籍留学生也日益增多。2018年约有540名葡籍学生，主要分布在北京、上海等高校和研究机构。文化合作增进了中葡之间的了解与信任，也一定程度上培养了一些“知华友华亲华”的葡萄牙友人，提升了中国及中国文化在葡萄牙的影响力。

## 二、中国对葡人文交流的严峻挑战

### （一）对葡萄牙的国情研究相对薄弱

对葡萄牙及葡语世界缺乏深入认识成为中国对葡关系亟须破解的难题。由于现实需要，我国对国际社会的研究主要集中在大国研究上，对葡萄牙等中小国家的关注不多、研究不够。如，当前各类欧洲研究机构基本都是围绕德、法等大国开展研究，较少关注葡萄牙等欧洲小国。此外，我国对葡语国家因其特殊的历史渊源而在国际社会构成的密切的“葡语世界”更是缺乏研究。对葡萄牙在葡语世界的特殊价值缺乏足够的重视，造成了我国对葡萄牙的民族、政治、文化、宗教等国情缺乏足够细致的认知。

中葡建交，中葡论坛设立，特别是中葡全面战略伙伴关系的确立，中国对葡萄牙的关注与研究日渐增多，也开始成立专门的智库机构专司葡萄牙研究。如，2012年1月，葡语国家研究中心在对外经贸大学成立，2014年5月，“北京外国语大学—里斯本大学—卡蒙斯葡萄牙语言文化中心”在北京外国语大学成立。但不难发现，当前中国对葡萄牙的关注显然不够。一方面，全面而专业的研究葡萄牙的机构及人员不多，而且其目前的重点工作还局限于葡萄牙语教学与葡萄牙语言人文交流，无暇顾及葡萄牙政治、经济、社会等方面的国情；另一方面，在我们的潜意识里，往往是以澳门为视窗关注葡萄牙，然后以葡萄牙为跳板关注欧洲、非洲、拉丁美洲等地的葡语国家，尤其是对中国资源需求影响较大的安哥拉、巴西等国。这就形成了出发点在葡萄牙，而落脚点却在其他葡语国家的特殊局面。

### （二）中葡关系缺乏足够的内涵性支撑

中葡关系存在的系统性风险主要表现在两个方面。首先，中葡之间的经贸发展不平衡。一是中国与葡萄牙经贸合作前景广阔，发展势头良好，但其规模一直十分有限（见表 1），两国也并非对方重要的进出口国。据欧盟统计局统计，2015 年中葡双边贸易额为 29.1 亿美元。其中，葡萄牙对中国出口 9.3 亿美元，占葡萄牙出口总额的 1.7%，自中国进口 19.8 亿美元，占葡萄牙进口总额的 3.0%。中国为葡萄牙第十大出口市场和第七大进口来源地，葡萄牙为中国的第 59 大出口国和第 79 大进口国。近些年，中葡双边贸易额峰值出现在 2016 年，也仅为 56.1 亿美元。二是中葡经贸关系呈现出“制成品 VS 初级产品”的格局，即中国从葡萄牙进口的商品多数是初级产品，向其出口的商品则以制成品为主。其次，中葡之间的外交关系存在风险。当前，中国与葡萄牙处于全面战略伙伴关系，但这种关系中具有不对称性，不够扎实深入。主要表现是葡萄牙希冀获得中国的经济援助与技术帮助，以帮助其摆脱当前的主权债务危机，而中国则希望获得葡萄牙在“一个中国”等相关政治领域的道义支持以及中国进入欧盟、非洲、拉美等地区获取资源和市场时的必要协助。中葡之间的这种互补性可以促进中国与葡萄牙的合作，但也由于两国之间缺乏足够的共同关切，使得协调起来有一定的困难，甚至被恶意利用，存在一定的不确定性风险。

表1 1999—2017年中葡双边贸易与中国进出口情况统计表

| 年份 | 中葡双边贸易额(亿美元) | 中国进出口额（亿美元） | 中葡双边贸易额/中国进出口额的比重(%) |
|---|---|---|---|
| 1999 | 2.5828 | 3606.3 | 0.072 |
| 2000 | 3.11 | 4742.9 | 0.066 |
| 2001 | 3.33 | 5096.5 | 0.065 |
| 2002 | 3.84 | 6207.68 | 0.062 |
| 2003 | 5.96 | 8512 | 0.070 |
| 2004 | 8.69 | 11547.4 | 0.075 |
| 2005 | 12.36 | 14221.1 | 0.087 |
| 2006 | 17.18 | 17606.9 | 0.098 |
| 2007 | 22.11 | 21738.3 | 0.102 |
| 2008 | 26.9 | 25616.3 | 0.105 |
| 2009 | 24.04 | 22072.7 | 0.109 |
| 2010 | 30.51 | 29727.6 | 0.103 |
| 2011 | 39.64 | 36421 | 0.109 |
| 2012 | 40.15 | 38667.6 | 0.104 |
| 2013 | 39 | 41600 | 0.094 |
| 2014 | 32.3 | 43030 | 0.075 |
| 2015 | 29.1 | 37688 | 0.077 |
| 2016 | 56.1 | 36855.57 | 0.152 |
| 2017 | 32.6 | 41045.04 | 0.079 |

资料来源：根据中国海关资料整理绘制。

### （三）战略规划与协调机制不够完善

据了解，当前对葡人文交流的相关具体事务由外交部、文化部、教育部、全国政协外事委员会等多个部门分别承担，众多的人文交流决策与执行机构加大了对葡人文交流的协调难度。目前要整合这些力量形成合力还无现成的举措。同时，面对全球性西方话语霸权，长期以来西方资本控制的各类媒体对中国的报道缺乏公正，造成我国在葡萄牙的舆论与形象传播十分不利。另外，在对外传播中国形象时，我们往往主观想象，缺乏认真研究，方法也存在欠妥之处。如，花巨资在国外投放《中国国家形象片》，其本意是展示和塑造中国良好的国际新形象，但据英国 BBC 广播公司调查认为，其并未达成意想之中的效果。香港浸会大学学者孔庆勤分析："一方面，国家形象片让外国人感觉紧张；另一方面，形象不是一个片子就能'做'出来的，局部的真实就有制造假象的嫌疑，而这样的宣传就有可能引来煽风点火效应。"因而，中国必须整合各部门资源、认真研究布局、协同开展对葡萄牙的人文交流。

## 三、中国对葡人文交流的治理策略

### （一）构建"三位一体"的融合式对葡人文交流新模式

所谓"一体"，即以葡萄牙人民为中国对葡人文交流的受众主体，创新出为葡萄牙人民所喜闻乐见的文化产品和交流形式。文化软实力的同化作用既取决于该文化是否具有先进性，也取决于这一文化被文化受众内化的程度。只有与葡萄牙人民的精神需求产生共振、发生共鸣的文化，才能内化为葡萄牙人民的文化价值观念和行为目标，从而产生中华文化认同。

所谓"三位"，即从三个方面协同切入对葡人文交流。其一，中国政府对葡萄牙政府的人文交流，主要考虑是从宏观层面制定相关的对葡人文交流政策，签订双方合作条约，组建或协调相关的机构以便于顺畅地衔接对葡人文交流与合作。其二，中国政府要以更加开放、包容的态度适时地组织对葡萄牙人民的人文交流，积极运用我国丰富多彩的优质文化资源，开展多种多样的中葡人文交流活动，使葡萄牙人民更好地认识中国国情、中国政府与中国特色社会主义，更好地知晓文化中国，维护我国良好的国家形象。其三，鼓励并支持民间的对葡人文交流。国之相交在于民之相亲。要注重加强中国人民和葡萄牙人民之间的文化相亲，情感相融。鼓励并支援人民团体、民间组织、民营企业、个人和海外侨胞从事对葡人文交流，促进中葡人民对彼此社会风情、文化历史的深入了解，筑牢两国友好的世代基石。

所谓“融合式”，即要将对葡人文交流融入中国大外交战略之中。一方面，对葡人文交流要融入中国对葡外交，与对葡经济外交、政治外交、军事外交全面衔接，共同构成对葡外交的有机体系；另一方面，考虑到葡萄牙在当今葡语国家中具有重要的影响，特别是葡语国家深受葡萄牙语言文化、社会习俗、法律制度等的影响，对葡人文交流不能局限于葡萄牙一国。要在此基础上，跳出葡萄牙，将其融合进对葡语世界的人文交流。

### （二）深耕对葡人文交流工作

第一，体味葡萄牙国情民意，善打情感牌。葡萄牙是发达国家中的小国，中国是大国中的发展中国家，两国在某种程度上易于接近。加之卢济塔尼亚民族与中华民族一样，都历经了上千年的民族融合，具有丰富的传统文化和令人骄傲的历史。近代以来，都在各自追求本民族的伟大复兴。因而，比较容易产生共鸣。只要我们深入了解葡萄牙人的历史文化和风土人情，采用务实主义的态度，切实加强对葡人文交流与合作，实施对其有益的人文交流，葡萄牙方面是会积极回应的。比如，在葡萄牙访问时，除了必要的官方会见外，可通过走访葡萄牙民间，拜谒葡萄牙先驱，了解葡萄牙社会，以促进葡萄牙民众对中国的了解，提升对葡萄牙民众的感召力和影响力。

第二，根据葡萄牙文化政策特点，增强对葡人文交流的针对性。针对葡萄牙在对外人文交流中看重葡萄牙语言和文化合作的政策，积极加强与葡萄牙在葡语语言和文化方面的合作。针对葡萄牙对外人文交流活动的执行主要是通过卡蒙斯学院等半官方机构和高校与科研院执行的情况，应主动加强与这些组织的联系交流，通过孔子学院、高校等相关机构来对接具体实施。特别是要积极将孔子学院建设成为联通“中国梦”与“葡萄牙梦”的“心灵高铁”和体现中国“软实力”的文化品牌。针对葡萄牙对文化创意的关切，应该加强我们的文化创意，打造出更加符合葡萄牙人口味的文化作品，同时，鼓励和支持有实力的文化公司参与葡萄牙的文化创意产业合作。

第三，注重对葡萄牙青年的文化教育。一方面，在对葡萄牙开展人文交流与合作时，要特别考虑到以葡萄牙的年轻人为交流对象，开展为葡萄牙青年所喜闻乐见的文化项目；另一方面，要逐步采取有力措施，吸引葡萄牙年轻人到中国留学与旅行。比如，可以简化葡萄牙公民来华签证手续，增加葡萄牙来华留学生的奖学金名额和金额，特别是要让他们有机会长时间留在中国学习或工作，以便其身临其境地感知中国与中国文化。

第四，要以文化为先导，唱经济之戏，特别是加强中葡文化产业合作。“中葡论坛”为中葡关系发展提供了一个很好的平台。要在“中葡论坛”的机制下，创造出中葡文化产业合作的新的增长点，让葡萄牙在经济领域与中国有更多的交叉融合；着力发展中葡之间文化产业合作，通过诸如创作、传播符合中葡两国人民习惯的影视作品等，让中国文化深入葡萄牙人的衣食住行及娱乐生活之中。

第五，制度化对葡人文交流。尽管当前中葡关系发展良好，我国对葡人文交流工作取得了较好的成效，但我们发现大多数对葡文化活动都是随机的，并没有形成固定的机制，受各种因素的影响较为明显。因此，要不断将对葡人文交流细化、机制化、制度化，签订必要的法律条约，保证对葡人文交流能够持续进行。

### （三）加强澳门平台及其软实力建设

澳门是中葡政治、经济、文化交汇融合的前沿中心。从一定意义上讲，澳门深谙中葡两国的政治文化、社会风俗、民族感情，能够较好地理解并沟通中葡双方。借助澳门的平台优势开展对葡人文交流，对于深化中葡关系具有重要的战略意义。首先，加强澳门的葡语国家研究。依托澳门的葡语国家研究中心，整合国内外各种资源，对葡语各国的国情社情、风土人情进行全方位的研究，增强澳门的话语权，使澳门成为葡语国家研究的主阵地。

其次，加强澳门的历史文化遗产保护。澳门与葡语系国家在语言文化背景、社会习俗、法律体系等方面具有较强的同质性，保护澳门的历史文化遗迹能够增强澳门对葡语系国家的吸引力，强化中国同葡语国家发展经贸联系的文化与情感纽带，促使澳门成为中国与葡语国家互联互通的重要桥头堡。

再次，推进澳门的现代金融服务与葡语人才建设。澳门可充分发挥自身金融、港口优势，充当好中国与葡萄牙等葡语国家之间外汇结算、企业融资担保、企业经贸合作桥梁作用。除了金融平台建设之外，更要大力培育独特的人才优势，积极培养双语型的金融人才、翻译人才、会计人才、管理人才等，扩大澳门的软环境优势。

最后，加大澳门平台优势的对外宣传。澳门既可以为中国在葡语国家的公务或商务活动提供便利服务，也可以为葡语国家建立或强化与中国的关系提供帮助。澳门特区政府及相关组织既要在中国内地、中国香港、中国台湾加大宣传的力度，让世界各地的华人企业家、银行家、学者、媒体等都充分认识到澳门在促进中葡交往中的独特平台价值，也要到葡萄牙等葡语系国家去宣传，让他们知晓澳门在沟通他们国家与中国关系上的独特优势，从而让澳门的中介平台优势真正发挥出来。

［作者为中国矿业大学（北京）马克思主义学院副教授］

# 中国旅游业对外开放的成就初探

贾　楠

新中国成立初期，各个领域都处于百废待兴的局面，而旅游业由于其本身的外向型特征，以政治游览、外事接待的方式有限度地对外发展，在政治、外交领域发挥着独特作用。为了保证旅游接待的有序进行，旅游相关的服务机构于新中国成立初期就开始筹备设立。1949 年 12 月，成立了国营华侨服务社及多家分社；1954 年 4 月 15 日，中国国际旅行社总社在北京成立，并在各地设立分社。[①]1964 年成立了中国旅行游览事业局，以接待外国游客为主要工作内容，以扩大外汇来源为主要目标。1965 年，全国接待外国旅游者 10000 余人次[②]，是新中国成立以来入境旅游人数的最高纪录。1957 年 8 月，陈云在上海召开经济管理体制改进工作会并听取意见时，批转促进旅游开放的意见，即“如果由旅行社招待，如果允许下船外客到杭州、苏州等地游玩，所有旅客的吃喝玩住，我统统可得外汇”，“如果全国各码头都搞，而且有计划地允许一些

---

① 参见谢贵安、谢胜：《中国旅游史》，武汉大学出版社 2012 年版，第 492—493 页。

② 参见高舜礼：《中国旅游业对外开放战略研究》，中国旅游出版社 2004 年版，第 2 页。

自费旅行者来中国玩（有计划地开放些玩的城市），全国高级旅馆又都空着，很可以赚一笔外汇”。[①]陈云同志早期支持旅游业发展的思想，在一定程度上促进了对外旅游的发展。此后的1956—1957年间，国旅总社同苏联和东欧等国家签订旅游合同，接待国际自费旅游者4000余人次。[②]这是我国旅游对外开放的早期萌芽。

改革开放以来，“我国实现了从旅游短缺型国家到旅游大国的历史性跨越。‘十二五’期间，旅游业全面融入国家战略体系，走向国民经济建设的前沿，成为国民经济战略性支柱产业”[③]。作为推动经济发展、促进民众文化及情感交流等方面的重要载体，旅游业对外开放在某种程度上代表着一个国家的整体发展水平和开放程度，更彰显着国家的综合国力、经济活力、外交实力和文化影响力。

现阶段关于旅游业对外开放历史回顾的成果较少，且现有成果较多照搬国史党史界对当代中国史的分期方法，甚少依据其自身发展特点、基本演进过程以及其发展的阶段效益进行考察。本文拟将旅游业对外开放置于新中国成立70年的伟大发展历程中进行梳理，根据不同历史时期社会经济发展状况和党的工作重心不同，旅游业对外开放的程度和模式不同，所产生的发展效益也就不同，从而重构历史分期，将旅游业对外开放的发展历程划分为探索性发展、大踏步发展、蓬勃发展三个阶段，并总结每个阶段的特征和主要成就，力求本文有助于新中国成立70年来旅游业实践成果的总结，有助于新时代旅游业对外开放实践和研究的进一步深化。

---

① 《陈云文集》第3卷，中央文献出版社2005年版，第196页。

② 参见高舜礼：《中国旅游业对外开放战略研究》，中国旅游出版社2004年版，第2页。

③ 《“十三五”旅游业发展规划》，中华人民共和国中央人民政府网。

## 一、探索性发展：政策与制度引领，城市与民间同行（1978—1995年）

改革开放后，党和国家的工作重心转移到经济建设上来，我国的政治环境也发生了巨大的变化。一方面，旅游业作为“四化”建设和改革开放具有先导作用和综合功能的经济事业，受到党中央领导人的重视。1978年，邓小平和陈云先后指出：“旅游事业大有文章可做”①，“要重视旅游事业的发展”②。这些指示为新时期旅游事业的发展指明了方向，推动了旅游事业体制的改革，为旅游业对外开放做好了思想准备，并深刻影响了旅游业对外开放的进程。1983年，我国加入了世界旅游组织，并于1983年召开了“中国国际旅游会议”，举办了大型旅游展览会，深入介绍了中国的旅游资源，并表示期待与各国建立广泛的旅游联系。1986年，“七五”计划提出：“要大力发展旅游业，增加外汇收入。”③旅游业正式纳入国民经济和社会发展计划，标志着旅游业在我国国民经济中的产业地位得到确立，逐渐成长为一个新的经济增长点，使原本以外事接待为主的旅游业有了真正对外开放的契机。旅游业正是在这样的大环境下，走上了有中国特色的对外开放之路。

加强对旅游业对外开放的管理。1981年，国务院重新成立旅游工作领导小组，提出要走中国式的旅游发展道路，进一步明确发展中国旅游事业要以“积极发展，量力而行，稳步前进”为方针④，确定旅游管理体制的原则是“统一领导，分散经营，分级管理”⑤，制定了发展中国旅游

---

① 《邓小平年谱（1975—1997年）》上，中央文献出版社2004年版，第465页。

② 《陈云文选》第3卷，人民出版社1995年版，第237页。

③ 《十二大以来重要文献选编》中，人民出版社1986年版，第1020—1021页。

④ 杨时进、江新懋：《旅游概论》，中国旅游出版社1983年版，第56页。

⑤ 参见《当代中国》丛书编辑委员会编写：《当代中国的旅游业》，当代中国出版社、香港祖国出版社2009年版，第442页。

事业的五年规划。1982年，中国旅行游览事业管理总局与中国国际旅行总社实行局、社分开，总局作为管理全国旅游事业的行政机构，统一管理全国旅游工作；总社统一经营国际旅游业务，实行企业化管理。[①]由此调整了机构设置，加强对外联、接待工作的管理。1982年8月，经国务院批准，在“中国旅行游览事业管理总局”的基础上成立“中华人民共和国旅游局”[②]，各省、直辖市及自治区、市也相应挂牌成立地方旅游局。同时为了配合旅游业的对外开放战略，与国内旅游业发展相协调，国务院设立了8个驻外旅游办事机构。1984年，中国旅游服务公司“开始实行独立核算、自负盈亏的企业化管理模式”[③]，依据邓小平、陈云等领导人对旅游业发展的指示，从管理体制方面开始走中国式的旅游发展道路。

1995年，中共十四届五中全会通过的《中共中央关于制定国民经济和社会发展“九五”计划和2010年远景目标的建议》，把旅游业确定为第三产业中“积极发展”的新兴产业序列的第一位，旅游业的进一步发展有了制度基础。旅游管理体制的改革，表明我国的旅游事业不再完全受到政治和外交的影响，转变发展方式，注重经济效益的实现。从党中央国务院领导人的指示与批示，到各个管理机构和部门的建立与改制，为旅游业的对外开放创造了制度条件。

随着对内改革、对外开放的深入发展，旅游业对外开放实践方面也真正开启了国际化历程。加入世界旅游组织以来，自1987年起，每年

---

① 参见《当代中国》丛书编辑委员会编写：《当代中国的旅游业》，当代中国出版社、香港祖国出版社2009年版，第442—443页。

② 刘海洋、明镜：《红色旅游：概念、发展历程及开发模式》，《湖南商学院学报》2010年第1期。

③ 中国旅游年鉴编辑委员会编：《中国旅游年鉴（1990）》，中国旅游出版社1990年版，第200页。

我国都会选择一个省市作主会场，庆祝世界旅游日。海外游客的增多，提高了中国城市的海外影响力。北京作为中国文化旅游资源较为集中的城市，1987年，“接待的海外游客已达105万，居全国之冠，北京已成为一个国际性的都市，对各国人民产生着越来越大的吸引力”①。同年，北京国际旅游年组委会宣告成立，并宣布北京将于1988年举办国际旅游年活动，向各国游客推出以“龙”为主题的精彩节目。这是第一次以城市为主体，以“旅游年”为媒介，以中国传统文化为主题，以吸引海外游客为重点，实现旅游业“引进来”的尝试，助推了旅游业的国际化。1992年，北京继续推出“旅游黄金年”。此次旅游年的各项活动，声势更大，范围更广，项目更全，针对主要客源市场，联合周边城市，活动也更富有特色，与1988年“北京龙年国际旅游年”自成体系。以城市为主导的旅游业对外开放开篇良好，以北京为首的旅游宣传着力打造中国传统文化的吸引力，不仅实现了经济效益，而且传播了中国文化，在一定程度上体现了旅游业对外开放的文化效益。

以北京为主的政府主导的城市旅游年获得广泛赞誉和强烈反响后，民间力量开始发力。1992年，香港中旅集团主办的“中国旅游年博展会”和“中国旅游展销会”在新加坡举办，“共有14个省的22家旅游机构参加了这次为期两天的博览会”②。这是首次由非政府的民营企业在海外举办与中国旅游相关的博览会，并收到良好效果。旅游业的对外开放自上而下，不仅逐步打开了海外游客市场，也作为民间对外友好交流的一部分，受到更多关注。

承接80年代末至90年代初旅游业“引进来”的发展成果，在20世纪最后的8年里，“我国旅游业抓住时机，借题发挥，以大活动为龙

① 《北京国际旅游年揭开序幕》，《人民日报》1988年1月1日。
② 《“1992中国旅游年博展会”在新闭幕》，《人民日报》1992年3月8日。

头，形成了三次主题性的促销高潮，进一步开拓国际客源市场”。其中，“第一次高潮定于 1994 年，我国将积极参与世界旅游组织主办的‘东亚太旅游年’，同时办好‘九四香港旅游交易博览会’，争取扩大规模，形成传统，成为世界级的东方旅游交易会”。[①] 这是我国旅游业第一次借助世界旅游组织的平台，推动旅游市场多元化，在实现旅游经济效益的同时，宣传具有中国特色的旅游文化，增强文化传播能力，促进旅游业的进一步对外开放。

1980—1990 年 10 年间，中国旅游服务公司“年营业额从几百万元增加到 1.7 亿元，实现利税累计达 5000 多万元，与外商签订的旅游商品贸易额达 1.6 亿美元，累计创外汇 6000 多万美元”[②]。

这一阶段，我国旅游业的对外开放真正起步，其制度的初步建立推动着实践的探索性发展。主要特点有：一是体系建立，制度先行。对外交流机构的建立、加入世界旅游组织使我国旅游业成为世界旅游大潮中的一员，为旅游业的对外开放开辟了途径。二是探索前进，城市先行。以北京为首，率先垂范，开展“旅游年”活动，并以此为契机吸引客源，提高国内旅游资源和中国文化的影响力和吸引力。三是开放效益，借助文化，经济先行。邓小平曾说，“我们都是以自己的国家利益为最高准则来谈问题和处理问题的”[③]，旅游业的对外开放服务于该时期实现社会主义四个现代化建设这一国家利益，即以“引进来”为主，拓展海外市场，提升海外游客对中国旅游的关注度，从而增加国际收入，以期服务于经济建设这个中心，凸显经济效益。

---

① 《本世纪最后 8 年　我国旅游业将掀三高潮》,《人民日报》1992 年 11 月 25 日。

② 中国旅游年鉴编辑委员会编:《中国旅游年鉴（1990）》，中国旅游出版社 1990 年版，第 200 页。

③ 《邓小平文选》第 3 卷，人民出版社 1994 年版，第 330 页。

## 二、大踏步发展：奥运引领旅游开放，旅游文化效益彰显（1996—2011年）

20世纪末，我国在政治、经济和文化各领域的建设都取得了显著成就。市场经济条件下，人民生活总体上达到小康水平，社会主义的优越性进一步发挥出来，为旅游业的深化发展提供了机遇。与此同时，随着旅游业对外开放的稳步发展，“引进来”步伐加大，1996年，我国旅游业的对外开放实现了邓小平1978年对发展旅游业的宏伟设想，“国际旅游创汇达102亿美元，突破100亿美元大关”①，这是旅游业对外开放成果的重要体现，更是助推第二次高潮如期到来的重要基础，标志着中国旅游业正在快速走向成熟。旅游业对外开放战略的逐步实施，使其大踏步发展有了深厚的实践基础，其对外开放的方式和重点也在实践和制度上进行着转变。

1997年是中国跻身世界旅游大国的关键年，这一年，国家旅游局和民航总局组织举办了“1997中国旅游年”。此次“旅游年”活动的推出以传统文化为依托，旨在“向国际市场进一步展示中国美丽的山水风光、众多的文物古迹、奇特的民俗风情以及改革开放的新形象，其间将推出16条旅游专线和48个节庆活动”②，同时与“香港主权回归年”的

---

① 《我国旅游业实现历史性跨越，去年创汇突破100亿美元》，《人民日报》1997年2月17日。1978年10月9日，邓小平在与中国旅行游览事业管理总局、中国民用航空总局卢绪章、袁超俊等负责人谈话中，首次谈到大力发展旅游事业，并从发展旅游事业的角度提出创汇目标。他指出：“同外国人做生意，要好好算算账。一个旅游者花费1000美元，一年接待1000万旅行者，就可以赚100亿美元，就算接待一半，也可以赚50亿美元。要力争本世纪末达到这个创汇目标。”参见《邓小平年谱（1975—1997年）》上，中央文献出版社2004年版，第398页。

② 《一九九七中国旅游年拉开帷幕，北京等地举行首日来华游客欢迎仪式》，《人民日报》1997年1月2日。

旅游活动相结合，推进大陆与香港的紧密联系，增强文化交流与沟通，树立民族振兴新形象。同年，万事达卡国际组织在北京与“1997 中国旅游年”组织委员会达成合作，成为首家赞助“1997 中国旅游年”的国外赞助商。与此同时，太平洋亚洲旅行协会第四十六届年会在北京开幕，借助“1997 中国旅游年”的春风，进一步加强多边合作，收获更多的发展成果，为促进中国旅游业与国际旅游业的合作、助推旅游业进一步开放注入活力。1997 年成为我国国际旅游业再攀高峰的一年，“旅游入境人数达到 5758.79 万人次，比上年增长 12.64%（其中，外国旅游者为 742.80 万人次，增长 12.64%），旅游创汇 120.74 亿美元，比上年增长 28.98%”①。旅游业对外开放的文化效益和经济效益得到有力提升。

第二次高潮是 2000 年，奥运会主题以及新中国成立 50 周年和澳门回归两大契机，共同推动了旅游业的对外开放。2001 年，“由国家旅游局、国家体育总局联合主办，并得到北京 2008 年奥运会申办委员会支持的‘北京—莫斯科’驾车申奥活动在‘2001 中国体育健身游’主题旅游年中举办”②，在集纳全国人民支持北京申奥愿望的过程中，凝识聚力，宣传各地丰富的旅游资源和旅游文化。与此同时，“为了适应我国旅游业对外开放的需要，促进我国旅游业的发展”③，国务院对《旅行社管理条例》进行了相应修改和调整。这些活动的举办和举措的推行，继续扩大旅游业的影响，提高知名度，并为其对外开放的深入发展及效益凸显助力。

2008 年，中国的外汇储备超过 19500 亿美元，成为世界第一，“贸易额达 25616 亿美元，成为世界第三大贸易国，GDP 达到 30 万亿元人

① 中国旅游年鉴编辑委员会编：《中国旅游年鉴（1998）》，中国旅游出版社 1998 年版，第 6 页。

② 《“奥运宣传万里行”活动将举办》，《人民日报》2000 年 11 月 16 日。

③ 《国务院关于修改〈旅行社管理条例〉的决定》，《人民日报》2001 年 12 月 28 日。

民币，成为世界第三大经济体”，中国的国际影响力逐步增强，对旅游业的对外开放也产生着巨大影响。顺应时代发展，旅游业的对外开放在政策和实践上都发生着深刻的变化。2008年是我国的奥运年，“为宣传奥运、宣传中国，扩大我国旅游业的国际影响力和竞争力，2008年全国旅游的宣传主题确定为‘2008中国奥运旅游年’”[①]，通过奥运年的宣传，更好地实现旅游业“走出去”的高质量发展目标。受金融危机影响，全球旅游经济规模整体较前一年有所收缩，但奥运会期间，我国旅游业对外开放的效果却呈现出一个发展高峰：2008年，我国入境旅游人次1.3亿，入境旅游收入达408.43亿美元，出境游人数4584.44万人次，旅游总收入逆势增长，达1.16万亿元[②]；2009年，“全国入境旅游人数12647.59万人次，国际旅游外汇收入396.75亿美元”[③]。在奥运会期间，“中国企业的跨国旅游发展步伐强劲，模式多元，合作广泛”[④]，中国旅游业更加主动融入世界旅游体系，旅游业对外开放更加彰显了中国旅游经济的活力和旅游文化的吸引力。

国务院在2009年颁布的《关于加快发展旅游业的意见》中明确提出：“支持有条件的旅游企业‘走出去’。”[⑤]2010年，中共中央政治局委员、国务委员刘延东出席在北京举办的第十届世界旅游旅行大会开幕式，在讲话中谈道，中国旅游业正进入快速发展的黄金时期，要通过扩大旅游业对外开放，推进出入境的便利化，支持有条件的旅游企业“走

① 《2008将成奥运旅游年》,《人民日报》2008年1月1日。

② 参见《中国旅游年鉴（2009）》，中国旅游出版社2009年版，第72页。

③ 国家统计局：《2010年中国统计年鉴》，中国统计出版社2010年版，第725页。

④ 胡静、谢双玉、冯娟：《中国旅游业发展报告（2016年）》，中国旅游出版社2016年版，第5页。

⑤ 《国务院关于加快发展旅游业的意见》（国发〔2009〕41号），载国家旅游局编《旅游综合监督行政执法法律法规汇编》，中国旅游出版社2016年版，第425页。

出去”，从而实现旅游业又好又快发展。[①]这标志着中国旅游业的对外开放在这一阶段转变发展模式，开始以“走出去”为战略重点。

这一阶段，我国旅游业对外开放的主要特点有：一是旅游业的对外开放由以“引进来”为主，转变为着重发展旅游业“走出去”，由被动开放走向主动开放，由自发开放走向自觉开放；二是经过三次旅游业发展高潮的洗礼，中国旅游业对外开放向着全方位、多层次的方向发展，开放姿态更加积极、主动，旅游业对外开放更加起到了凝心聚力、展现形象的突出作用；三是在进一步实现经济效益的基础上，旅游业的对外开放以传统文化为宣传重点，宣传作用增强，文化效益凸显。

## 三、蓬勃发展：主动开放“走出去”，综合效益齐发挥（2012年至今）

经过多年的发展，我国旅游业“实现了历史性跨越，成为国民经济的重要产业，成为世界第三大入境旅游接待国和出境旅游消费国”[②]。2015年，“旅游业对国民经济的综合贡献度达到10.8%。国内旅游、入境旅游、出境旅游全面繁荣发展，已成为世界第一大出境旅游客源国和全球第四大入境旅游接待国”[③]。在世界经济增速放缓的大背景下，我国的旅游经济保持了较快增长，中国在世界旅游体系中的影响力和话语权大为增强。旅游业对外开放在前期发展基础上，国际化速度加快，旅游

① 参见《加强国际交流与合作　促进旅游业又好又快发展》，《人民日报》2010年5月27日。

② 《人大常委会第二十四次会议举行第二次全体会议》，《人民日报》2011年12月29日。

③ 《“十三五”旅游业发展规划》（国发〔2016〕70号），参见国务院法制办公室《中华人民共和国新法规汇编》（2017年第1辑，总第239辑），中国法制出版社2017年版，第132—133页。

活动的活跃性增强，不断丰富着文化发展的内涵，开拓着经济转型的空间，彰显着对外交流、价值传播的独特作用。尤其是2013年习近平总书记提出“一带一路”倡议以来，我国旅游业对外开放也迎来新的发展战略机遇期，步入蓬勃发展阶段。

### （一）合作互办“旅游年”，提升发展新阶段

2010年9月，中俄两国元首共同宣布两国互办“旅游年”。由此，双边旅游交流与合作的新模式——互办“旅游年”模式出现在中国旅游业对外开放的历史进程中，标志着中国的旅游业对外开放步入一个新的阶段。

习近平在2013年俄罗斯“中国旅游年”开幕式致辞中讲道：“中国俄罗斯旅游年成功举办，中国赴俄罗斯旅游人数增加46%，两国双向往来330万人次。中国成为俄罗斯第二大旅游客源国，俄罗斯则是中国第三大旅游客源国。”[①] 中俄两国曾互办“国家年”“语言年”等重大双边交流活动，而中俄互办旅游年则进一步增进了两国人民之间的交流与理解，夯实了两国全面战略协作伙伴关系的基础。与此同时，随着哈尔滨至俄罗斯符拉迪沃斯托克首个国际旅游专列的成功运营，《中国东北地区与俄罗斯远东及东西伯利亚地区合作规划纲要》的落实，以及通关条件得到改善，出入境手续得以简化，边境基础设施逐步对接，不仅使得国际旅游更为便捷，受众群体进一步扩大，而且带动了边境地区的经济发展，惠及了广大人民群众，从而促进了两国民间交流，推动了两国文化发展，进而增强了双边政治互信。

据中方统计，“2012年中国首站赴俄人数86.91万人次，增长

① 习近平：《在俄罗斯“中国旅游年”开幕式上的致辞》，《人民日报》2013年3月23日。

7.35%；俄旅华人数也达到了242.62万人次。今年以来，双方往来人数持续增长，1月份，俄旅华人数17.27万，同比增长27%，中国公民首站赴俄人数4.65万，增长10.73%”[①]。随着中俄双边旅游年影响的深入，为进一步深化中俄旅游年活动成果，加强中俄红色旅游合作交流，两国继续联合开展更加专业化、具有主题特色的旅游活动。2014年，中国“千人团赴俄红色旅游”[②]项目正式启动，我国具有民族特色的“红色旅游”开始走出国门，与具有相似革命文化和旅游资源的国家和地区共同开发和发展“红色旅游”，以期通过民间渠道和二轨对话，促进旅游业对外开放的同时，宣传中国文化，增强文化认同。

承接2012和2013年中俄互办“旅游年”热潮，自2016年始，中国先后与韩国、印度、美国、墨西哥、澳大利亚、哈萨克斯坦、丹麦、加拿大、土耳其、白俄罗斯、尼泊尔、马来西亚等多个国家开展了互办“旅游年”活动，与东盟、欧盟等多个政府间国际组织建立起多边旅游合作机制，正在建立中国—太平洋岛国等双边及多边旅游合作机制。新时代，通过互办“旅游年”的旅游业对外开放形式，使中国旅游文化在国际上更加具有吸引力，旅游经济更加高效，中国旅游业“走出去”的步伐更加坚定，以经济效益和文化效益为主要开放效益的发展成效更加明显。

纵观过去60多年的发展，旅游已经从少数人的奢侈消费方式发展成为大众化、经常性的消费方式，旅游业的对外开放也由初步发展到日臻成熟。“国内旅游从1984年约2亿人次增长到2014年的36亿人次，增长17倍。入境游客从1978年的180.92万人次增长到2014年的1.28

① 《国之交在于民相亲——中俄互办国家旅游年综述》,《人民日报》2013年3月23日。

② 《千人团赴俄红色旅游项目启动》,《人民日报》2014年7月15日。

亿人次，增长近70倍。出境旅游1998年为843万人次，而2014年突破一个亿，增长10.8倍。”①

### （二）提出“旅游外交”新概念，迈向旅游开放新时代

2015年1月，在南昌召开的全国旅游工作会议上，国家旅游局局长李金早作了《开辟新常态下中国旅游业的新天地》的工作报告，正式提出“旅游外交”的概念，旅游外交工作格局开始形成，同时全面部署2015—2017年全国旅游工作重点，即紧紧围绕“文明、有序、安全、便利、富民强国5大目标，推出旅游10大行动，开展52项举措”，概括起来就是“515”战略，并要求“旅游行业要在国家开放新格局中，主动作为、主动发声，服务国家整体外交、服务旅游产业发展、服务游客消费需求，努力开创旅游对外开放新格局”②。2016年，国务院颁布的《“十三五”旅游业发展规划》中，首次将“旅游外交”纳入国家发展战略，凸显了新时代旅游业对外开放的必要性，进一步提升了旅游业在国家整体对外开放战略中的重要地位。

借助“旅游外交”的提出与中外“旅游年”的兴办，旅游业对外开放依托相关政策，进一步扩大开放。2017年，国家旅游局在东南亚、港澳台及部分欧美国家持续加大旅游宣传力度，秉持共商、共享、共建的原则，打造有中国特色的“一带一路”旅游品牌，使旅游成为展现我国“亲、诚、惠、容”周边外交政策的重要桥梁，成为沟通“一带一路”沿线国家的重要纽带，旅游业的对外开放逐渐同步展现其经济、文化、社会、生态等综合效益。

---

① 《加快从旅游大国向旅游强国迈进》，《人民日报》2015年9月16日。

② 胡静、谢双玉、冯娟：《中国旅游业发展报告（2016年）》，中国旅游出版社2016年版，第4页。

自2018年以来，旅游业对外开放成果更加丰硕。1—7月，“中国赴菲律宾旅游人数为76万人次，比2017年增加40%，全年游客总数有望突破150万人次”[①]。7月7日，香港、珠海和澳门的超大型跨海通道——港珠澳大桥全线贯通，大桥本身就是很好的旅游景点，它的贯通为深化与港澳台的旅游合作提供了更为便捷的通道，有利于两岸人民的“民心相通”。10月，“世界旅游经济论坛·澳门2018”于23日在澳门开幕，论坛以“新时代战略伙伴，新动力互利共赢”为主题，结合“中国—欧盟旅游年”与“粤港澳大湾区城市群发展规划”两大亮点，为旅游业可持续发展和“一带一路”建设凝聚共识，注入新动力。11月，深航首条定期洲际航线“深圳—伦敦”航线正式开通，该航线的开通将进一步促进中英两国文化与旅游的蓬勃发展。同月，中国国际旅游交易会在上海开幕，“交易会专门设立2018中国特色旅游展品、全域旅游、红色旅游等特色展区，并举办文化旅游推介会、冬季旅游推介暨北国冰雪主题推介等一系列专题活动”[②]，中国旅游业以更加开放的姿态迎接八方来客，同时也为世界各地输送了巨大的客源量。借助港珠澳大桥、“中欧旅游年”等旅游活动平台，旅游业不仅在外事领域更加活跃，而且在促进国际经济发展、实现多边文化交流方面发挥着巨大的作用。

步入新时代，旅游业对外开放的势头更加迅猛。主要特点有：一是通过中国与其他国家、国际组织之间互办双边及多边“旅游年”，旅游业对外开放水平得到提升，双边关系得到巩固和加强；二是适应时代需要，“旅游外交”概念形成并纳入国家发展战略，旅游业地位提升，旅游业的发展步入新时代；三是旅游业进一步扩大开放，中外旅游活动的活跃度呈现历史最高，“引进来”与“走出去”并举，以实现文化效益

① 《为中菲友好合作描绘新蓝图》,《人民日报》2018年11月19日。
② 《中国国际旅游交易会在上海举办》,《人民日报》2018年11月23日。

和经济效益为根本，同步发挥经济、文化、外交等方面的综合效益。

## 四、结语

新中国成立以来，我国旅游业的对外开放，不仅可以提升国内旅游资源的吸引力和影响力，也可以“把世界带回祖国”，让更多的人在读万卷书的同时有行万里路的可能。随着我国国际地位提高并逐渐走近世界舞台中心，旅游业的对外开放逐渐展现其优势和特色，并逐步得到深化。首先，旅游业的对外开放程度由政策性的有限开放，到有重点的“半开放”，再到民间与政府并举的开放，到如今进一步扩大开放，逐步开展“一带一路”国际旅游合作，拓展与重点国家旅游交流，进一步打造旅游业对外开放的新高地，构建旅游业高层次、多方位、注重全局的开放新格局。其次，开放模式由外宾接待为主，到“引进来”为主，再到以积极的姿态“走出去”，到如今“引进来”与“走出去”并举，全面深化与港澳台旅游合作，有序发展出境旅游，创新完善旅游合作机制，增强旅游文化传播能力。最后，开放效益由以政治和外交效益为主，到注重经济效益，再到同步注重经济效益和文化效益的发挥，到如今以实现文化效益和经济效益为根本，同时实现多方面综合效益，实现了旅游业对外开放的多方面价值，激发了旅游业对外开放的多方面潜力，造福了中国人民和各国人民。

新时代，旅游业作为脱贫致富、转型发展的重要产业，旅游业的对外开放作为继续深化旅游业发展的重要抓手，在与各领域交融的过程中，对经济发展、社会进步、文化传承等方面都产生着深刻而重要的影响。新时代，旅游业对外开放的步伐不断加大，程度不断加深，在各方面所产生的影响也愈加明显。其作用的发挥“让‘咫尺天涯’变成‘天涯咫尺'，实现了'说走就走的旅行'"[①]。进一步扩大旅游业的对外开放，促进旅游业与经济、旅游及文化、社会、生态和外交多个领域的融合发展，推动旅游业对外开放的多方面价值和多重效益更好地得以实现，对于促进旅游业内涵式发展，实现"文明、有序、安全、便利、富民强国"的发展目标，对于促进文化交流，满足新时代人民群众日益增长的文化和美好生活需要，对于全面建成小康社会，推进新时代社会主义现代化强国建设，都具有重要的战略意义。

（作者为中国社会科学院大学中华人民共和国国史系硕士研究生）

① 《开辟新常态下中国旅游业发展的新天地》,《中国青年报》2015 年 2 月 5 日。

# 安徽 70 年文化治理的光辉历程与巨大成就

邢　军

文化是一个国家、一个民族的灵魂。历史和现实都证明，每到重大历史关头，文化都能感国运之变化、立时代之潮头、发时代之先声，为亿万人民、为伟大祖国鼓与呼。[①] 安徽作为中华文明起源地之一（道家学说、建安文学、新安理学、桐城文派）、红色文化发祥地、创新文化策源地、改革文化示范地，曾有“人文渊薮”之誉[②]，省域内的淮河文化、皖江文化、新安江文化内容丰富、通变融合、多元多样。在当代中国，安徽文化在新中国文化发展史上占据特殊地位，发挥着重要作用。新中国成立 70 年来，安徽文化建设经历了新中国成立新纪元的兴国文化时期、改革开放新时期的富国文化时期、中国特色民族复兴新时代的强国文化时期，经过了从控制型到管理型再到治理型的三个发展阶段，形成了政治型、经济型、生态型三种文化形态，形成了以 1950 年代严凤英的戏剧表演、1980 年代鲁彦周的文艺创作、2010 年代陈先发的原创文学等为代表的文化发展三座高峰，推出了文化体制改革的“安徽经验”、公共文化服务的“反弹琵琶”模式，文化强省建设迈出坚定步伐。

---

① 习近平:《坚定文化自信，建设社会主义文化强国》,《求是》2019 年第 12 期。
② 郭因主编:《中国地域文化通览·安徽卷》，中华书局 2013 年版，第 1 页。

## 一、安徽 70 年文化发展的光辉历程

关于新中国成立以来文化发展的阶段划分成果，具有代表性的有朱佳木、欧阳雪梅、刘仓、储著武、樊锐等专家，他们以历史发展时序为纲，将中国文化发展划分为多个不同时期。朱佳木[①]将新中国 70 年划分为五个时期，即由新民主主义社会向社会主义过渡的时期（1949—1956 年）、探索中国自己的社会主义道路的时期（1956—1978 年）、开创中国特色社会主义道路的时期（1978—1992 年）、拓展中国特色社会主义道路的时期（1992—2012 年）、巩固和完善中国特色社会主义道路的时期（2012 年以后）。欧阳雪梅[②]、刘仓[③]将新中国文化发展分为六个阶段，即旧文化改造与社会主义文化奠基时期（1949—1956）、社会主义文化建设全面探索时期（1956—1966）、社会主义文化事业遭遇严重挫折时期（1966—1976）、社会主义文化建设新时期（1976—1992）、中国特色社会主义文化的跨世纪发展时期（1992—2002）、中国特色社会主义文化繁荣时期（2002—2008）。欧阳雪梅还将新中国文化建设分为新中国初期的文化发展、改革开放以来的文化发展、21 世纪以来的文化发展三个时期。[④]储著武认为 1949—1956 年是当代中国文化建设史上的开创与奠基时期。[⑤]樊锐将新中国 60 年文化建设分为奠定中国文化发展的坚

---

① 朱佳木：《加快构建马克思主义当代中国史的学科体系》，载《中国社会科学院第七届马克思主义当代史理论论坛文集》（山东泰山会议交流材料），2019 年 5 月，第 10 页。

② 欧阳雪梅主编：《中华人民共和国文化史》，当代中国出版社 2016 年版，第 12—14 页。

③ 刘仓：《新中国文化建设的历程、成就和经验探析》，《毛泽东邓小平理论研究》2011 年第 3 期。

④ 欧阳雪梅：《当代中国文化》，五洲传播出版社 2014 年版，第 18—39 页。

⑤ 储著武：《当代中国文化建设史论（1949—1956）》，中国社会科学出版社 2018 年版，第 353 页。

实基础时期（1949—1978年）、建设社会主义精神文明和主要成就时期（1978—1997年）、中国特色社会主义文化的繁荣与发展时期（1997—2009年）。[①] 这些文化发展分期基本上是按照国家经济和社会发展目标模式的转换作为当代历史分期标准。

## （一）以政治建设为中心，加强对文化管控，集中发展政治型文化

1949—1978年，是新中国成立新纪元的兴国文化时期，文化发展的特色是改造旧文化、建设新文化，是从旧文化向新文化转变时期。安徽省与全国一样进入社会主义文化建设新阶段，无论是开展新民主主义文化建设、社会主义文化建设，还是“文化大革命”时期，以及随后二年的徘徊期，安徽省文化建设始终把文化的意识形态属性作为头等政治任务，坚持文化依附政治，文化从属于政治，文化建设模式是控制型的。在此阶段，文化发展从旧民主主义文化向新民主主义文化和社会主义文化转变，出现了安徽文化发展的第一座高峰。

1. 1949—1956年，是社会主义文化奠基时期，安徽省文化建设的主要任务是改造旧文化、建设新文化。1949年11月26日，蚌埠市人民政府发布禁绝娼妓布告，至1952年底，安徽全省数十家妓院全部查封，1012名妓女在公安机关教育帮助下返回原籍，从事正当职业。[②]1949年12月7日，皖北文艺界联合筹备委员会成立。1950年1月11—25日，皖北行署召开文教会议，提出开展新文艺运动要按照为人民服务的方针。文艺工作的重点是领导农村剧团和开展群众性文娱活动。1950

① 樊锐：《新中国文化建设的主要成就和历史经验》，《党史研究与教学》2009年第6期。

② 中共安徽省委党史研究室编：《中国共产党安徽历史大事记（1949年10月—1978年11月）》，安徽人民出版社2017年版，第3页。

年10月21—25日，皖北文学工作者协会、戏剧工作者协会、美术工作者协会、音乐工作者协会、民间文艺研究会五个组织的筹备委员会成立。1951年，安徽省文化局开始“改人、改制、改戏”活动，废除职业戏班老板制、养女等封建陋规，同时，将民间戏剧班社和民间艺人集中安排生活和学习。[①]1951年1月，皖北区党委和皖南区党委根据中共中央《关于在全党建立对人民群众的宣传网的决定》，分别制订建立宣传网的工作计划。至1952年底，安徽全省已有5819个党支部和5680个团支部建立了宣传网。1953年4月，安徽省图书馆建立，安徽省黄梅戏剧团正式建团。文化建设有了组织和机构依托。1949年12月，肥西县刘铭传后人刘肃曾向皖北行署捐献家藏国宝——周代古铜器“虢季子白盘”。[②]1952年6月1日，《安徽日报》创刊，安徽人民广播电台正式成立并播音。1952年10月，安徽省省级文艺单位及合肥市文艺界进行文艺整风。1952年8月5—12日，中共安徽省委宣传部召开全省宣传网工作会议，要求全省6111个党支部都要建立宣传网和宣传员。1953年4月，安徽“花鼓灯”艺人田振启、冯国佩等参加第一届全国民间音乐舞蹈会演，花鼓灯被选为参加北京庆祝“五一”专场演出的节目。1954年9月25日—11月6日，华东区第一届戏曲观摩演出大会在上海举行，安徽代表团演出的黄梅戏《天仙配》获剧本一等奖、优秀演出奖、导演奖和音乐奖；泗州戏《结婚之前》、黄梅戏《打猪草》获剧本二等奖；黄梅戏演员严凤英、王少舫、潘璟琍，庐剧演员王本银、丁玉兰，泗州戏演员李宝琴、霍桂霞，曲剧演员郭立仙、蒋华池，梆剧演员郑莲馨获演员一等奖。[③]1955年11月，《天仙配》由上海电影制片厂拍摄成黄梅戏艺术

① 安徽省历史学会编:《安徽60年》，合肥工业大学出版社2009年版，第131页。
② 《当代安徽纪年》，当代中国出版社1992年版，第9页。
③ 《当代安徽纪年》，当代中国出版社1992年版，第68页。

片，在国内外放映，获得好评。1954年12月3—10日，安徽省文学艺术工作者第一次代表大会召开，选出第一届委员会。1956年，鲁彦周的话剧《归来》在全国话剧会演中获得剧本一等奖，这是安徽文学作品首次获得国家奖项。1956年3月1日—4月12日，安徽省话剧团参加全国话剧观摩会演，独幕剧《归来》获演出一等奖、剧本一等奖。1956年7月24—28日，安徽省第一届戏曲观摩演出大会在合肥举行。此阶段，形成了以严凤英的戏剧表演为代表的安徽文化发展的第一座高峰。

2．1956—1966年，是社会主义文化建设探索时期。1957年1月5—14日，安徽省举行首届民间音乐舞蹈会演，演出节目213个，观众达13200人次。1957年4月11日，国家文化部举行授奖大会，黄梅戏舞台艺术片《天仙配》获1949—1955年优秀影片二等奖，主要演员严凤英、王少舫获金质奖章。[①]1957年4月3日，由120余名庐剧和泗州戏演员组成的安徽省赴京演出代表团，在京演出了庐剧《借罗衣》《乌金记》《休丁香》《讨学钱》，泗州戏《三蜷寒桥》《四告》《拾棉花》《打干棒》《思凡》《樊梨花》等剧目。在中南海演出时，毛泽东、刘少奇、周恩来等接见了演职员。中国戏剧家协会与演出团多次举行座谈会。1958年6月15—27日，安徽省第一届曲艺观摩演出在蚌埠举行，有18曲种132个曲目参加演出。1960年6月14日，安徽省哲学社会科学学会联合会在合肥成立。哲学学会、经济学会、历史学会同时成立。1960年6月30日，安徽电视台建成，开始试播电视节目。1963年12月1—8日，安徽省文学艺术界联合会举行二届二次委员会扩大会议，着重讨论了文艺界反对和防止修正主义、深入生活、改造思想、加强队伍和繁荣创作问题。

① 《当代安徽纪年》，当代中国出版社1992年版，第93页。

3．1966—1978年，是社会主义文化遭受严重挫折和徘徊时期，文艺园地百花凋零。在“斗、批、改”运动中，一大批作家和艺术家被打成“黑线人物”，剧团纷纷解体，黄梅戏、庐剧、徽剧等被禁演，艺术舞台上只有样板戏。严凤英被批斗和审查，1968年4月被迫害致死。1966年7月20日，《安徽日报》错误点名批判黎洪、施培毅、邹人煜和张新旭为“安徽杂文四家店”。（1976年，中共安徽省委为上述四人平反。）1970年1月，中国科学技术大学由北京迁至合肥，在原合肥师范学院校址办学。1970年3月1日，安徽省革委会召开全省文艺工作会议。会议要求狠抓阶级斗争，开展革命大批判，在斗争中建设一支非常无产阶级化、非常战斗化的文艺队伍，实行无产阶级在文艺领域内对资产阶级的全面专政。1970年3月25日，《新安徽报》发表《反动影片〈天仙配〉必须批判》的社论，错误地批判优秀传统黄梅戏剧目《天仙配》。①1970年7月27日—8月4日，安徽省文艺工作座谈会在合肥召开，会议提出“以样板戏为榜样，以三大革命为源泉，以塑造工农兵形象为根本，繁荣文艺创作”。并要求各地都要普及、移植样板戏。1973年4月1—11日，中共安徽省委召开文化领域抓点工作座谈会，分析形势，交流经验，推动文化领域斗、批、改。

### （二）以经济建设为中心，加强对文化的管理，重点发展经济型文化

1978—2012年，安徽进入改革开放新时期的富国文化，文化发展的特色是改革文化，文化工作紧紧围绕经济建设这个中心，探索文化体制改革，文化进入快速发展时期，出现了安徽文化发展第二座高峰。

1．1978—1992年，是社会主义文化建设新时期。国家拨乱反正始

① 《当代安徽纪年》，当代中国出版社1992年版，第201页。

于文化领域，调整文化政策，加强精神文明建设。在此发展阶段，文化建设主要任务是尽快改变“文化大革命”遗留下来的政治、思想、组织和经济上的混乱状况，结束“文化大革命”造成的文化断裂，实现文化建设上的拨乱反正，维护社会稳定。主要是文化单位、文化组织、文化机构的恢复设立，文化活动恢复开展。1977年8月5日，中共安徽省委召开文艺创作人员座谈会，讨论文艺界拨乱反正问题。1978年4月3—7日，安徽省社会科学会议暨省社联第二次代表大会召开。省委第一书记、省革委会主任万里，省委书记、省革委会副主任顾卓新到会讲话。会议批判“四人帮”破坏理论工作的罪行，通过省社联章程，选举产生安徽省哲学社会科学联合会第二届委员会。①1978年5月13日,《安徽日报》转载《光明日报》特约评论员文章《实践是检验真理的唯一标准》，真理标准问题讨论随即在安徽掀起。②1978年5月10—23日，安徽省文艺工作者会议在合肥召开。安徽省文学艺术界联合会重新成立。中国作家协会安徽省分会、省剧协、省美协、省音协、省摄协等机构成立。1976—1992年间，安徽省社会科学院、安徽省地方志编纂委员会及办公室、安徽省社会科学界联合会等机构恢复成立，安徽省社会科学联合会所属的哲学、经济学、法学、文学、新闻学、历史学、教育学、语言学、图书馆学、民俗学、徽州学、发展战略、行政管理等一大批省级学会、研究会通过选举恢复成立。其间，安徽省经济学理论工作座谈会、社会科学会议、全国西方哲学史讨论会、美国经济研究会年会、全国中等城市经济发展战略讨论会、小城镇建设理论研讨会、全国真理问题讨

① 中共安徽省委党史研究室编:《中国共产党安徽历史大事记（1949年10月—1978年11月）》，安徽人民出版社2017年版，第276页。

② 中共安徽省委党史研究室编:《安徽改革开放40年大事记》上，安徽人民出版社2018年版，第13页。

论会、思想政治工作座谈会、城市精神文明建设活动交流会、戏曲电影工作座谈会等先后召开，有力地推动了思想解放。举办了安徽省首届戏剧节、第一届中国黄梅戏艺术节，《清明》《江淮论坛》《安徽年鉴》《志苑》《安徽史学》《学术界》《安徽文学》等刊物复刊或创刊。安徽省书画艺术界于1979年召开全省书画工作会议，同时宣告成立安徽省书画院。1979年1月，成立安徽科学技术出版社，同年12月恢复安徽人民出版社。

精神文明建设在全省开展起来，省委宣传部等25家单位联合发出《关于进一步开展“五讲四美三热爱”活动的意见》，安徽省委发布《关于“七五”期间加强社会主义精神文明建设的规划（草案）》，安徽省文明委制定《安徽省文明单位管理试行办法》，安徽省委印发《安徽省爱国主义教育实施方案》。安徽文艺迎来发展的春天，《安徽文学》《诗歌报》等恢复办刊，拍摄了故事片《野妈妈》、黄梅戏故事片《徽商情缘》等优秀影片。探索文化体制改革，公共文化事业有所发展。促进国有艺术院团经营方式的转变，实行“承包责任制”和“双轨制”改革；在精简与调整专业艺术表演团体的同时，允许文化事业单位开展各种有偿服务和“以文补文”活动。安徽文化首次走出国门，亮相海外。1980年，安徽省杂技团受文化部派遣，出访西非6国19个城市，演出56场，成为我省出访的第一个大型文艺团体。1977年10月25—29日，安徽省1977年高等学校、中等专业（技工）学校招生工作会议召开，传达全国招生工作会议精神，恢复高考制度。[①]1978年3月，中国科技大学创办全国第一个少年班，第一期招生21名少年大学生，年龄最小11岁，最大15岁。1979年7月，《清明》创刊。1979年7月11—15日，邓小平视

① 《当代安徽纪年》，当代中国出版社1992年版，第248页。

察黄山，对黄山风景区的规划、建设和发展旅游业作了重要指示。[①]

1981年4月，安徽作家鲁彦周的《天云山传奇》获1977—1979年全国中篇小说一等奖，张锲的《热流》获1977—1980年全国优秀报告文学奖，公刘的《沉思》、张万舒的《八万里风云录》、梁如云的《湘江夜》、刘祖慈的《为高举和不举的手臂歌唱》、梁小斌的《雪白的墙》等获1979—1980年全国中、青年诗人优秀新诗奖。[②]1981年3月，张弦的《被爱情遗忘的角落》获全国优秀短篇小说奖。1982年2月，改编拍摄的同名电影《被爱情遗忘的角落》获第二届电影“金鸡奖”最佳编剧奖。1982年11月，黄山、九华山、天柱山被列为第一批国家名胜风景区。1985年7月，安徽籍旅法著名女画家张玉良的2000多件遗作展在合肥开幕。1985年9月3日，泾县云岭新四军军部旧址陈列馆开馆。1985年11月1—7日，桐城派学术讨论会在桐城县举行，国内外学者150多人参加。1986年12月，亳州市、寿县、歙县被列为国家历史文化名城。1987年2月，全国傩戏学术研讨会在贵池县召开，60余名中外专家学者参加。1987年4月，黄梅戏电视连续剧《女驸马》获全国第五届大众电影金鹰奖优秀戏剧片奖。1990年11月，黄梅戏电视剧《天仙配》获全国第八届大众电影金鹰奖优秀戏剧片奖。在此时期，形成了以鲁彦周文艺创作为代表的安徽文化发展的第二座高峰。

2．1992—2002年的10年间，安徽省文化建设进入开放发展的新阶段。党的十四大报告指出：“物质文明和精神文明都搞好，才是有中国特色的社会主义。精神文明建设必须紧紧围绕经济建设这个中心，为经济建设和改革开放提供强大的精神动力和智力支持。”在此阶段，安徽省提出“大号徽字牌，唱响黄梅戏，建设文化强省”的文化发展战略，全

① 《当代安徽纪年》，当代中国出版社1992年版，第263页。
② 《当代安徽纪年》，当代中国出版社1992年版，第280页。

省进入以市场取向的改革和体制转轨为主要动力的发展新阶段，文化以“文化搭台、经济唱戏”的形式出现，强调一切工作服务于经济建设。在此时期，安徽出现了潘军、许辉、季宇、陈源斌等一批在全国有影响的作家。中共安徽省委、安徽省人民政府先后制定出台了一系列促进文化发展的政策。1997年3月，安徽省人民政府颁发《关于进一步加快文化事业发展若干经济政策的意见》。1998年1月，中共安徽省委、安徽省人民政府出台《关于进一步加快文化事业改革和发展的决定》。2001年5月，安徽省人民政府批转《安徽省文化体育出版产业“十五”计划（摘要）》。2001年12月，安徽省人民政府出台《关于继续支持文化事业促进文化产业发展若干经济政策的通知》。城市文化发展载体迅速增加。1993年1月，《新安晚报》《江淮文史》创刊。1994年1月，安徽经济广播电台正式开播。1994年7月，安徽省首届精神文明“十佳”人物评选揭晓。1994年11月，首届国际徽学学术讨论会在黄山举行。1997年8月，安徽建省330周年暨省情再认识学术研讨会在合肥召开。1998年11月，首届淮河文化研讨会在蚌埠举行。各种学术活动和文艺演出都集中为经济发展营造氛围，提供产业发展动力。

3．2002—2012年，是安徽文化改革的深化时期。全省自主开展文化体制改革试点，探索文化发展新路。根据中央的统一部署和安徽文化发展实际，安徽省自主开展文化体制改革试点。2003年12月27日，安徽省政府印发《安徽省文化产业发展规划纲要》。2004年，确定在合肥、芜湖、安庆、淮北、黄山和省直艺术院团、新安晚报等地、单位开展试点。2005年2月，安徽跻身全国重点红色旅游区。在国家确定的12个“重点红色旅游区”中，有两个涉及安徽：一是以皖北、苏北、鲁西南为主的“鲁苏皖红色旅游区”，二是以鄂、豫、皖交界地域为中心的“大别山红色旅游区”。[1]2005年4月，安徽省推出9条红色旅游线路。2006年8月，安徽省委办公厅、省政府办公厅印发《关于支持文化体制改革促进文化产业发展的若干规定》。2006年9月，安徽省委、省政府印发《关于深化文化体制改革的实施意见》。2010年6月，安徽省在全国率先完成文化体制改革重点任务目标。2006年10月，中共安徽省第八次代表大会提出要实现从文化大省向文化强省跨越的目标。2007年8月，安徽省委、省政府制定《关于推进旅游产业大省建设的意见》。2009年1月20日，安徽省一批先进典型在全国精神文明建设工作表彰大会上受到表彰。其中，马鞍山市荣获“全国文明城市”称号，成为中部地区唯一获此殊荣的城市。[2]2009年8月，中共安徽省委、安徽省人民政府印发《关于加快建设文化强省的若干意见》。2012年1月16日，全省文化体制改革工作专题会议召开。安徽省将实施文化产业“3115”行动计划，力争到“十二五”末，培育30个重点文化产业园区、100家骨干企业，助推10家企业上市，文化产业增加值占生产总值比重超过5%，整体实力和竞争力进一步提升。[3]2002年6月，安徽日报报业集团成立。2002年9月，安徽新华发行集团在原新华书店和省外文书店基础上正式组建。2005年11月，安徽出版集团有限责任公司成立，这是安徽省唯一一家报业集团。2006年1月，中安在线网站正式开通。2008年6月，安徽新华传媒股份有限公司整体上市。2010年2月，安徽演艺集团、安徽广电传媒产业集团成立。

---

① 中共安徽省委党史研究室编:《安徽改革开放40年大事记》上，安徽人民出版社2018年版，第592—593页。

② 中共安徽省委党史研究室编:《安徽改革开放40年大事记》上，安徽人民出版社2018年版，第594页。

③ 中共安徽省委党史研究室编:《安徽改革开放40年大事记》上，安徽人民出版社2018年版，第802页。

（三）以文化建设为中心，加强对文化的治理，协调发展生态型文化。

2012—2019年，文化建设进入民族复兴新时代的强国文化时期，文化发展特色是创新文化，文化建设进入治理型新阶段。安徽文化始终围绕文化生态优化、城市居民幸福感提高的主题，探索从“经济搭台、文化唱戏”到“文化搭台、文化唱戏”的文化发展新模式，全省文化产业总量、文化产业园区、文化业态培育、公共文化服务体系等都有明显提升。

2012年4月9日，安徽省委九届三次全委（扩大）会议举行。会议审议通过《中共安徽省委关于贯彻落实党的十七届六中全会精神 进一步加快文化强省建设的实施意见》。5月3日，省委印发了《实施意见》。[①]2012年10月2日，安徽省委、省政府印发《文化强省建设实施纲要》。2014年2月12日，《皖南国际文化旅游示范区建设发展规划纲要》获国家发改委正式批复。2014年2月，提出将“打造充满活力的文化强省”的愿景细化为理论社科强、思想道德强、新闻出版强、广电影视强、网络舆论强、文化演艺强、文化产业强和文化开放强八个方面。2016年1月15日，中共安徽省委办公厅、安徽省人民政府办公厅印发《关于加快构建现代公共文化服务体系的实施意见》。2016年4月，中共安徽省委印发《关于繁荣发展社会主义文艺的实施意见》。2017年7月，中共安徽省委、安徽省人民政府印发《安徽省实施中华优秀传统文化传承发展工程工作方案》。

2014年7月1日，安徽新媒体集团挂牌成立。全省各市县围绕文化体制改革任务，也先后成立一批国有文化企业和文化企业集团，发展了

① 中共安徽省委党史研究室编：《安徽改革开放40年大事记》上，安徽人民出版社2018年版，第811页。

一大批民营文化企业，建立了一批文化产业园区和文化产业基地。2016年，在全国率先开展“千名文艺家下基层采风”活动，1500多名文艺家深入基层、深入生活，扎根人民群众“采、创、送、种”，创作生产了一大批文艺原创成果。2018年，以高质量发展为目标，实施了“文化事业提质增效、文化产业优化升级、文化企业瘦身强体”的三大工程。季宇、许辉、赵焰、胡竹峰等一批安徽作家推出《新安家族》《淮军四十年》《每个人身体里都有一点老子和庄子》《徽州文化系列》《中国文章》等精品力作，形成“文学皖军”现象。

2018年8月，陈先发诗集《九章》荣获第七届鲁迅文学奖（诗歌）奖。①《九章》是陈先发三年的作品集成，全书包含16组“九章”作品。“九章”这种当代诗歌写作的独特形式，是陈先发近年创写的一种全新体例，充满了鲜明的个人风格。每组由独立的9首短诗构成，9首之间内在气息上相互融通，主旨与结构上呼应连接，语调语速上时驰时缓，构成一个有机而通邃的整体。陈先发曾获得华语文学传媒大奖、“十月文学奖”、“十月诗歌奖”等数十项奖项，其代表作品包括《春天的死亡之书》《前世》《黑池坝笔记》等，作品被译成多种文字传播。在此时期，形成了以陈先发原创文学为代表的安徽文化发展第三座高峰。

## 二、安徽70年文化发展的主要成就

新中国成立70年来，安徽省先后推出了有戏安徽、文学皖军、文化体制改革的“安徽现象”、公共文化服务的“反弹琵琶”模式、文明创建的“安徽样板”等典型经验，城乡居民文明素质明显提升，文化高

① 《光明日报》2018年8月12日。

质量发展实现突破，文化强省建设迈出坚定步伐，书写了新时代安徽文化发展新篇章。

### （一）坚持理论武装凝聚共识，意识形态阵地管控有序

意识形态决定文化前进方向和发展道路。全省深入学习贯彻中国特色社会主义理论，尤其是习近平新时代中国特色社会主义思想，统筹推进安徽党的政治建设、思想建设、理论建设。坚持党管文化、党管宣传、党管意识形态，始终把文化改革发展摆在党的全局工作的重要位置。2013年以来，安徽连续5年开展学习型党组织建设工作示范点评选活动。2016年以来，深入学习贯彻习近平总书记视察安徽的重要讲话精神。从2017年十届省委第三轮巡视开始，在全国率先成立专项检查组，开展意识形态工作责任制落实情况专题检查。实施哲学社会科学创新工程，构建起理论工作“四大平台”，印发了《理论社科强实施方案》《关于加强安徽新型智库建设的实施意见》《关于实施哲学社会科学创新工程的若干意见》，遴选出10个省级重点智库，打造多个社科宣讲和社科普及品牌，《六百年徽商资料整理与研究》《农民工与城市公共文化服务体系研究》等获批国家社会科学基金重大项目，出现了像欧远方（安徽文化圈、安徽经济社会发展战略）、辛秋水（文化扶贫、村民自治）、郭因（美学理论）、王长安（安徽戏剧史）、钱念孙（君子文化、乡贤文化）、黄德宽（古文字学）、程必定（区域发展）、王世华（徽学）等一批社科理论大家，全省社科研究整体实力进入全国第一方阵。坚持党管宣传、党管媒体原则，坚持正确舆论导向，积极推动媒体融合发展，建设健康网络生态，提高新闻舆论传播力、引导力。党的十八大以来，全省新闻媒体策划了“中国梦我的梦”“‘两学一做’学习教育”“自觉践行‘三严三实’学习教育”“美好安徽梦圆中国”“开放的中国：锦绣安

徽迎客天下”“不忘初心、牢记使命”主题教育等宣传报道，以高质量的新闻作品服务美好安徽建设。安徽广电台在中央两台发稿连续多年位居全国省级台前列，安徽卫视微信和微博影响力分别位居全国省级卫视前2和前3位。先后出版图书4.5万种，48种出版物获“国家三大奖”，4家出版社进入全国前10名。

### （二）探索文明创建新模式，居民文化素质大幅提升

培育和践行社会主义核心价值观，着力培养担当民族复兴大任的时代新人。新中国成立70年来尤其是改革开放40年来，安徽始终把提高市民文明素质和文明程度作为安徽文化的总目标和总抓手，强化城乡居民人格塑造，注重培育时代精神。2002年9月18日，第一届全国道德模范评选，到2019年，共评选7届，安徽省共有徐辉、李玉兰等22人当选，历届当选总数居全国第一。自“中国好人榜”于2007年9月开展首届评选表彰活动以来，截至2019年2月底，安徽有1292人入列“中国好人榜”，占上榜人数1/10，连续11年位居全国第一，安徽“好人”领跑全国。2014年安徽省建成全国首家省级好人馆，2017年全省16个市级好人馆全部建成开放。筹建安徽道德建设基金会，累计发放道德信贷突破11亿余元。为加强城市文明创建工作，安徽将全国文明城市创建列入文化强省的战略之中，在全国率先出台《文明城市创建行动纲领》。到2017年，全省16个地级市中的马鞍山、合肥、铜陵、芜湖、淮北、蚌埠、宣城、安庆8个市先后入列全国文明城市，7个城市提名全国文明城市，文明城市创建步入全国第一方阵。全省积极推进诚信建设和志愿服务制度化。持续开展志愿服务“月评最佳”和年度“四个十佳”评选活动，建成开放1230个星级社区志愿服务广场，志愿服务达180多万人次，志愿服务风尚初步形成。全省将“信用工程”纳入“861”

行动计划，出台《“信用安徽”建设实施方案》等一系列促进信用建设的政策，全面提升信用安徽形象。2018 年 8 月 24 日，巢湖市、天长市、当涂县列入全国 50 个建设新时代文明实践中心试点县（市、区）名单。

### （三）完善公共文化服务新体系，文化改革发展成果惠及百姓

全省坚持以普惠性、保基本、均等化、可持续为原则，以提升城市公共文化服务能力、保障居民基本公共文化权益为重点，按照《中华人民共和国公共文化服务保障法》，探索公共文化服务的“反弹琵琶”模式，打通公共文化服务的“最后一公里”。安徽省出台了《关于加快构建现代公共文化服务体系的实施意见》和《基本公共文化服务实施标准（2015—2020 年）》，初步构建起覆盖城乡、结构合理、功能健全、实用高效的省、市、县、乡、村五级现代公共文化服务体系，“反弹琵琶”的公共文化服务模式向全国推广。安徽省积极申报国家公共文化服务体系建设示范区和示范项目，马鞍山、安庆、铜陵等市顺利通过文化部验收。为提高公共文化服务能力和效率，安徽省出台了《关于做好政府向社会力量购买公共文化服务工作的实施意见》，将文化惠民项目纳入民生工程，注重公共文化服务的标准化、均等化和可及性、有效性。全省所有博物馆纪念馆、公共图书馆、文化馆、美术馆、乡镇综合文化站等公共文化场馆全部免费开放。全省积极探索“互联网 + 公共文化服务”模式，数字图书馆、文化馆、博物馆、农家书屋等公共文化服务平台体系基本建成。实体书店经营迈出新步伐，安徽新华发行集团与铜陵市合作共建图书馆，成为“图书馆 +”的全国创新范例，皖新传媒与安庆市开展战略合作，将百年劝业场打造成为综合性书店“前言后记”。2017 年 7 月 16 日，合肥市新华书店三孝口店转型升级，在全球推出首个共享书店，使手机终端成为广阔的文化窗口。

### （四）大力实施文艺精品战略，文化影响力大幅提升

全省以打造重点文化品牌为抓手，确立动态管理、滚动开发、梯次推进、持续打造思路，每年集中力量支持一批演艺、影视等文艺精品力作，先后推出黄梅戏《小乔初嫁》、徽剧《徽班进京》、京剧《抗倭将军戚继光》、话剧《徽商传奇》、杂技剧《雪豹王子》、舞剧《大禹》、电影《邓小平登黄山》、电视剧《杨善洲》、纪录片《大黄山》等一大批优秀作品。在第十三届全国“五个一工程”奖评选中，安徽省有8部作品获奖，排名由第16位跃升到第3位。2015年5月，韩再芬获得“两度梅”，成为安徽戏剧第一人。2018年8月11日，陈先发诗集《九章》荣获第七届鲁迅文学奖（诗歌）奖，作家胡竹峰凭借散文集《中国文章》入选鲁迅文学奖散文奖提名。李凤群的长篇小说《大野》和季宇的中篇小说《最后的电波》分别获得“弄潮杯”2018年度人民文学奖长篇小说奖和中篇小说奖。小品《等爱回家》获第十届中国曲艺“牡丹奖”文学奖，舞蹈《命运》和舞剧《大禹》分别获得第十一届中国舞蹈“荷花奖”现代舞奖和舞剧奖，摄影家汪强荣获第十二届中国摄影金像奖纪实摄影类大奖，《清明》荣获第四届中国出版政府奖先进出版单位奖等。此外，394件美术作品入选国家级美术展览，43人入展中国书协举办的各类展览。

### （五）促进文化产业做大做强，文化产业迈向支柱性产业

按照党的十六大的文化两分法理论，安徽省围绕把文化产业培育成为国民经济支柱性产业的目标，加快推进现代文化产业体系和文化市场体系建设。深化文化体制改革，大力培育文化市场主体，439家经营性文化事业单位实现转企改制。推动国有文化企业建立现代企业制

度，安徽日报报业集团、安徽出版集团、安徽演艺集团、安徽新华发行集团、安徽广电传媒产业集团、安徽新媒体集团及市县文化企业或文化企业集团相继成立，安徽出版集团、安徽新华发行集团双双突破“双百亿”，连续8年入围全国文化企业30强。探索建立国有文化企业“双效益”考核标准，编制出台省、市文化产业发展规划，发展壮大文化创意、数字出版、绿色印刷、动漫游戏、网络服务、视频直播、电子竞技、文化电商、文博会展等新型文化业态，文化产业增加值增长率连续多年超过20%。2017年，全省文化文物及文化市场经营机构达16684个，从业人员112800人，文化产业增加值达到1088.3亿元，占国民经济比重为4.03%，对全省的经济贡献率超过6%。科学布局文化产品和服务市场，构建合肥、芜湖、黄山、蚌埠、阜阳、安庆等区域性文化产品市场。出台文化人才表彰和荣誉制度，建立文化人才培训基地，打造文化人才高地。建立了安徽省文化产权交易所、安徽省版权交易中心。积极培育文化金融市场，按照“非禁即入”原则，引导社会资本投资文化产业，民营文化企业呈现迅猛发展势头，2016—2018的三年间，全省百强民营文化企业营业收入、利润的年增长都在50%以上。积极推动符合条件的文化企业上市融资，上市（挂牌）文化企业达到45家。安徽新华发行集团可交换债券项目、REITs项目开全国文化领域先河，实现资产证券化的新突破。[①] 推进城乡居民文化消费试点工作，合肥市、芜湖市入选国家文化消费试点城市。先后举办五届文化惠民消费季活动，直接参与人数超2亿人次，直接带动文化消费200多亿元，文化消费总额达500多亿元。截至2018年12月，安徽全省A级以上旅游景区600多个（其中5A级11个、4A级188个、3A级258个），建

① 曾凡银、邢军主编：《2018安徽文化产业发展蓝皮书》，安徽人民出版社2019年版，第9页。

设了皖南国际文化旅游示范区，利用现代科技手段，推出了《宏村·阿菊》《黄山·黄梅》《黄山印象》等大型实景演出。2018年，安徽省旅游总收入7241亿元，增长16.8%。

（六）推动中华优秀文化传承转化，文化遗产保护利用成效明显

加强文物保护利用，全省国有文物家底日渐丰厚。到2018年底，全省共有可移动文物国有收藏单位394家，共登录文物藏品303994件（套），实际数量1158334件，成为全国登录文物超百万的文物大省之一。其中，一级文物有2221件（套），二级文物有5152件（套），三级文物有52998件（套），实际数量分别是14934、32449、85592件。加强博物馆建设。目前，全省博物馆总数增至242家，其中文化文物博物馆130家，行业博物馆25家，非国有博物馆87家，免费开放博物馆232家，年度参观人数达到4000万人次。2019年2月21日，歙县、黟县被确认为中国地名文化遗产"千年古县"。至此，安徽省"千年古县"继寿县、全椒县后增至4个。创新原创展览。开展第四届全省博物馆陈列展览精品奖评选，安徽名人馆《"江淮代有名人出"主题陈列》等6个展览获精品奖。安徽博物院推出《向往——"我"与安徽改革开放四十年》主题展览，入选国家文物局十大核心价值观展览，并入选第十六届（2018年度）全国博物馆十大陈列展览精品终评。全省全年共推出《执着坚守匠人筑梦——文物背后的匠人精神》《文房雅赏——安徽省文物总店典藏文具展》等各类展览1000多个。加强文创开发。积极搭建安徽文博文创展销平台，在深圳文博会上推出9大系列1800多件文创精品。安徽博物院文创产品销售额首次突破百万元大关。亳州市博物馆自主研发的"亳拼图"荣获"2018中国特色旅游商品大赛"银奖。

## 三、坚持社会主义先进文化发展方向

新中国成立 70 年来，安徽省在探索文化改革发展道路上，坚持以马克思主义为指导，坚持“两为”方向、“双百”方针、“两创”原则，坚持用社会主义核心价值观凝心聚力，坚持以人民为中心的文化发展思想，坚持以满足人民美好生活需要为根本，围绕新中国成立新纪元、改革开放新时期、民族复兴新时代等不同时期党的中心工作，建设社会主义新文化，推进城乡文明创建，全省文化建设经历了从控制型到管理型再到治理型的历史蝶变，推出了有戏安徽、文学皖军、文化体制改革的“安徽现象”、公共文化服务的“反弹琵琶”模式、文明创建的“安徽样板”等典型经验，城乡居民文明素质明显提升，文化高质量发展实现突破，文化强省建设迈出坚定步伐，书写了新时代安徽文化发展新篇章，为社会主义文化强国建设作出了历史性贡献。同时也要看到，全省文化建设还面临一系列困难和问题，如公民素质和社会文明程度有待提高，社科理论创新能力需要加强，媒体传播能力亟须提升，意识形态领域存在风险，文艺创作生产有高原缺高峰，公共文化服务体系尚不完备，文化产业转型升级压力较大，基层基础工作总体薄弱，文化发展环境还需进一步优化，文化治理体系和治理能力现代化水平总体偏低。必须牢牢把握发展机遇，积极应对困难挑战，全面推进文化供给侧结构性改革，构建现代文化产业体系和现代文化市场体系，激发全社会文化创造活力，建立健全把社会效益放在首位、社会效益和经济效益相统一的文化创作生产体制机制，扎实推进文化治理体系和治理能力现代化，不断推动创新型文化强省建设迈上新台阶。

习近平总书记指出：“无论我们走得多远，都不能忘记来时的路。”①

① 《习近平新时代中国特色社会主义思想学习纲要》，学习出版社、人民出版社 2019 年版，第 139 页。

新中国成立70年来的文化改革发展历程昭示我们，在探索文化改革发展道路上，必须坚持以习近平新时代中国特色社会主义思想为指导，坚持高度的文化自觉、文化自信，坚持“两为”方向、“双百”方针、“两创”原则，坚持以人民为中心的文化发展思想，坚持和完善繁荣发展社会主义先进文化的制度，牢牢把握社会主义先进文化前进方向，坚持用社会主义核心价值观引领文化建设，坚持改革创新不停步，为实现中华民族伟大复兴提供理论支撑和文化保障。

（作者为安徽省社会科学院当代安徽研究所所长、研究员）

# 重庆优秀传统文化的传承创新[①]

刘　容

重庆是我国著名的历史文化名城。重庆古称“巴”，主要由于西周初年巴人因战功受封，建立了巴国。重庆简称“渝”，由于重庆母城建筑在嘉陵江与长江的汇合处，嘉陵江古称渝水，隋时因渝水得名渝州。“重庆”得名于南宋淳熙十六年，宋光宗先封恭王，后即帝位，取“双重喜庆”之意。重庆建城3000多年，历史上一直是中国西南的重镇，特别是抗日战争时期，重庆作为第二次国共合作和抗日民族统一战线的重要舞台，是国际反法西斯战争的远东指挥中心，同时也是中共中央南方局的所在地，为我国民族解放和国家统一作出了不可磨灭的贡献。

从自然禀赋看，重庆依山傍水，山高坡陡，水系发达，温湿多雨，资源丰富。大山、大水、大雾、大火炉等独特的自然地理条件深深影响着重庆的文化生态。从地理区位看，重庆连接长江上游与中下游，连接中东部与西部，处于长江三角洲和珠江三角洲的衔接带，深受吴越文化、荆楚文化、巴蜀文化、滇黔文化等文化因子的影响。自然禀赋和地

① 本文是重庆社科规划重点应用项目“重庆优秀传统文化与文化强市联动发展研究”（2017ZDYY04），重庆市2019技术预见与制度创新项目（cstc2019jsyj-zzysbA0134）的阶段性成果。

理区位注定了重庆自古以来就是一个积极作为、开拓创新、开放包容的城市。

重庆山清水秀的山地环境孕育了博大精深的巴渝文化，重庆历史文化遗存丰富，是国务院公布的第二批国家历史文化名城。这些文化特色充分体现在城市的传统格局、空间形态、文物古迹、建筑特征、风景名胜等物质环境，以及诗词、戏剧、歌舞、工艺、民俗等非物质文化形态上。目前，全市拥有世界文化遗产 1 处（大足石刻），世界自然遗产 2 处（武隆天坑地缝、南川金佛山），全国重点文物保护单位 55 处，市级文物保护单位 281 处，区县级文物保护单位 1727 处，中国历史文化名镇 18 个，市级历史文化名镇 11 个，历史文化传统街区 5 个。同时，重庆拥有国家级非物质文化遗产 39 个，市级 388 个，区县级 1852 个。这些城市文化遗产与自然环境融于一体，共同铸造了山清水秀美丽之地，人文荟萃宜居之城。

重庆人杰地灵，是一座英雄城市，有着光荣的革命传统。先秦时期，断头保城的巴蔓子将军，舍生取义，感天动地；三国时期，张飞、赵云、李严等蜀汉大将驻守重庆，英雄气概，留名青史；南宋钓鱼城军民抗敌 36 年，抵御蒙古军东下，改变欧亚局势；明代巾帼英雄秦良玉，驰骋疆场，保家卫国；晚清，反洋教运动的志士余栋臣，民主革命先驱邹容等，开风气之先，叱咤风云。这里诞生了国家主席杨尚昆、共和国元帅刘伯承、聂荣臻和早期革命家杨闇公、赵世炎烈士。抗战时期，周恩来、董必武、叶剑英等老一辈革命家在重庆建立了抗日民族统一战线，创建了中共中央南方局暨八路军重庆办事处，使重庆成为“红岩精神”的发源地。抗战胜利后，毛主席来渝举行重庆谈判，为新中国的成立打下基础。江竹筠、陈然等一大批革命先烈用生命弘扬了“红岩精神”，充分体现了坚强的革命意志。新中国成立初期，邓小平、贺龙等老一辈革命家在渝领导西南局工作，为重庆写下了光辉一页。1997 年，重庆成为中央直辖市，3000 万巴渝儿女辛勤耕耘，8 万平方公里巴渝大地充满生机，源远流长的巴渝文化迸发出新的活力。

## 一、重庆优秀传统文化的主要内容构成

重庆历史文化底蕴深厚，优秀文化资源构成了重庆文化的底色。重庆优秀文化资源富集，对重庆优秀传统文化和革命文化进行全面梳理，系统提炼整合，可细分为：巴文化、三峡文化、抗战文化、革命统战文化、移民文化、工商文化、艺术文化、建筑文化、军事文化及饮食文化等组成部分。

巴文化主要指以重庆为中心的四川盆地东部地域文化，其内涵主要是指古代巴国、巴族、巴郡的历史文化及其沿袭。

三峡文化主要是指生活在重庆以东长江三峡流域及其相邻和相连区域的物质和精神文化总和。

重庆抗战文化（又称大后方文化）是重庆地区在抗战时期以抗日救亡为主旋律，以民族解放为核心内涵的文化形态，涵盖科技教育、文学艺术、新闻出版等各个领域。

重庆革命统战文化是指老一辈无产阶级革命家在重庆领导广大人民群众，团结各进步党派，进行革命斗争的先进事迹及物质和精神文化财富的总称。

重庆移民文化是指重庆地区八次大规模人口移动迁移所产生的物质和精神财富总和。它是不同地区人与文化互融互化而产生的新的文化形态，又是重庆本土文化开放包容外来文化的结果，同时也是重庆文化的重要组成部分。

重庆工商文化是重庆工业文化和重庆商业文化的有机组成。传统重庆工业文化是重庆自战国时期开始至明清时期一直延续的手工业生产活动，以及工业革命后以机器化大生产为技术特征的工业时代所形成的文化形态。重庆商业文化是指上述手工业和近代工业产品在生产和流通领域凝聚或产生的物质和精神财富总和。

重庆艺术文化主要是指重庆地区的文人、艺术家和工匠为满足人们的精神需要而进行的创作、制造、传播、展示等生产活动和活动结果及产品所形成的文化形态。

重庆传统建筑文化是指重庆地区居民立足本地自然人文环境，根据生产生活的实际需求，持续借用与改造国内其他地域的建筑形式，以及自近代以来积极吸纳海外建筑特质，所形成的本地建筑面貌特征及其所反映的精神文化。

重庆军事文化是指重庆地区军民在本地自然人文精神熏陶下养成的战斗精神，包括主导或参与的各种军事斗争实践，组织开展的军工生产，重庆本地走出的军事人才及其军事实践和思想活动，以及在这些实践活动中所遗留下来的各类遗迹遗物等。上述精神或物质层面的文化因素共同构成了重庆地区富有特色的传统军事文化。

重庆饮食文化是指重庆地区本土世代传承、发展而形成的巴渝特色饮食习俗菜品及制作技术，以及由历史上几次大规模移民而产生的不同饮食文化的相互渗透与融合所形成的文化形态。

## 二、主要特点

重庆优秀传统文化组成部分体系庞杂，从表面上看似乎难以统合，但经过系统提炼梳理，仍可归纳出其基本特色和主线。以上述十类优秀文化组成内容为基础，可归纳出三大特点。

### （一）道义担当，坚韧顽强

从重庆历史文化发展历程来看，军事战争和革故鼎新不少，其中诸多历史事件都关系到家国命运、民族前途。在危难时刻，重庆迸发出了正义最强音，毅然承担起民族重任，体现出这座城市的道义担当和巴渝军民的坚韧顽强，践行了对家国大义的自觉认同。重庆人民忠义坚韧，巴蔓子刎颈存城，巴寡妇清捐资报国，钓鱼城军民忠勇卫国，邹容发时代先声，卢作孚实业兴邦，歌乐英烈宁死不屈，是重庆人民的优秀代表。重庆城顽强担当，南宋抗蒙（元）战争坚持了36年，改变了欧亚局势，创造了战争史上的奇迹；抗战时期，重庆遭受日军轰炸规模最大，次数最多，持续时间最长，损失最为惨重，但重庆城始终巍然挺立，迎来抗战胜利；改革开放以来，重庆市借西部大开发和三峡移民东风，成为西部唯一直辖市；新时代，在党和国家领导下，正努力开创新的佳绩。

### （二）开放包容，重商厚工

重庆地处两江交汇处，长江上游与中下游接合带，从1189年开府得名，到1240年彭大雅主持筑城，重庆逐渐成为长江上游的经济文化重镇。地理的独特优势铸就了交通繁忙、人流交织的特点。人口流动进一步激发了物资流和信息流的交汇，改变了重庆的社会、经济和文化结构。最引人关注的就是移民文化。重庆以开放的心态接纳移民，历史上有8次大规模的移民活动，移民的到来带来先进思想和生产力，对重庆社会经济发展影响深远。开放和包容的城市特质，促使重庆逐渐由最初的川东军事地理中心，逐步发展为长江上游的经济中心城市，工商业成为城市发展的中流砥柱。明清时期的移民潮，促进了手工业和民间工商业的迅猛发展；抗战时期，为保存国家的经济命脉，重庆成为中国大后方的工商业中心；新中国成立后，重庆逐渐发展为中国重工业基地，特别是三线建设时期，更成为全国工业，特别是军事工业的重镇；中共十一届三中全会以后，重庆成为中国经济体制改革的排头兵，以开放的姿态，立足工商，走向全世界；直辖以来，重庆立足传统产业改造，全力改革转型，以制造业为核心，依托汽车、化工、轻工，特别是笔电产业，走上中国制造业和出口创汇的最前沿。

### （三）敢为天下先，耿直豪爽

晋代常璩在《华阳国志·巴志》里明确指出，汉末巴郡的“江州以东，滨江山险，其人半楚，精敏轻疾。垫江以西，土地平敞，姿态敦重。上下殊俗，情性不同”[①]。可见巴渝山水的险要，的确淬炼了巴渝大地人民的坚韧顽强、开拓创新的精神。崇山峻岭，湍急水流，增加了历代巴渝人民求生存、谋发展的难度，同时也磨炼和砥砺了人们如山般的刚劲博大、耿直豪爽的气质，如潮水般的柔韧勇毅，敢立潮头。一方水土养一方人，巴渝大地的民风民俗也尚豪爽，竞耿直。在整个巴渝地区，从上古到民国都巫风炽盛，诸如歌舞娱神、爆竹臊鬼、击鼓焚山、烧龙起雨、竹枝踏歌、龙舟竞渡之类的岁时习俗和民间风俗，都充满了豪爽的神韵，培育了尚耿直的风俗习惯。如大宁河地区山歌所唱的“锣儿越打越发光，情妹越打越偷郎，脑壳砍了还有颈，心肝掏了还有肠，五马分尸不丢郎”[②]，胆气豪迈，直白畅快。特别是近代以来，重庆人以开放的心态冲出盆地，走向世界；以开拓的精神，勇立时代潮头。邹容

① 常璩撰，刘琳校注：《华阳国志·巴志》，巴蜀书社1984年版，第9页。
② 蓝锡麟：《重庆人的性格是怎样形成的》，《重庆日报》2018年5月3日。

趋东瀛，赴欧美，学苏俄，撰写了振聋发聩的《革命军》，启迪民智。邓小平、赵世炎、聂荣臻、刘伯承、杨尚昆等伟大的革命先驱也从重庆扬帆起航，学习先进的革命思想，开创了中国革命的新篇章。

## 三、重庆优秀传统文化的代表性文化品牌

### （一）文化品牌概述

品牌是市场的衍生物，是市场经济自觉的表现和其成熟的标志。关于品牌的定义众多，但归纳起来主要有三种观点。一是符号论，将其作为一种符号，并强调其区分分隔功能，如传统营销理论认为："品牌是一个名称、标记、符号或设计，或是上述元素的组合，用于识别一个销售商或销售商群体的商品与服务，并且使它们与其竞争者的商品与服务区分开来。"[①] 二是组合论，强调品牌并不是单一的符号，还是融合了文化历史和现实因素的组合体，如大卫·奥格威认为："品牌是一种错综复杂的象征，它是品牌的属性名称，包装，价格，历史声誉，广告风格的无形组合。"三是代表论，强调品牌的建立是树立每个品类的标杆，如杰克·特劳特和艾·里斯认为："品牌就是某个品类的代表，或者说是代表某个品类的名字，建立品牌，就是要实现品牌对某个品类的主导，成为某个品类的第一。"从以上对品牌的定义来看，品牌的形成首先是一个跨时间的历程，是构成品牌各个因素逐步成熟、融合、定型的结果；其次，品牌的推广需要在受众心目中激发强烈的独特美好体验；最后，品牌的建构最终要形成一个符号，成为某种品类的标杆。按照品牌形成的历程和必备因素，也可归纳出品牌建构的路径：首先在目标人群心目

① 凯文·莱恩·凯勒：《战略品牌管理》，中国人民大学出版社 2009 年版，第 38 页。

中植入独特美好的品牌知识，进而建立品牌关系，形成品牌认知和品牌联想，通过优化产品与服务，导入CIS系统，开展品牌传播活动，扩大目标人群，树立品牌核心可持续价值。

借鉴与延伸品牌的定义，文化品牌则是文化资源、文化事业与文化产业品牌化的结果，包含相关文化、历史、艺术、娱乐、新闻、出版、传播等领域的品牌。基于品牌的普遍意义，文化品牌与普通商业品牌具有一定同质性，即具有普通商业品牌具备的一切要素及其区隔功能。但作为文化品牌，它与普通商业品牌相比，还具备自己独特的个性：一是出发点不同，它推广树立的不是实体商品，而是更具精神虚拟特质的独特文化价值；二是价值追求不同，普通商业品牌以利益最大化为目标，而文化品牌则更注重如何发掘和构建品牌的文化内涵；三是文化品牌具有意识形态属性，意识形态属于上层建筑，与经济基础相互关联又具有相对的独立性。因此文化品牌对社会经济发展也具有一定先导性。

### （二）地域文化品牌——以重庆为例

地域文化品牌是文化品牌的一种。提升地域文化软实力，建设文化强市（或省），一个重要途径是推动地域文化品牌化发展，以地域文化品牌带动文化建设和传播。优秀地域传统文化源远流长，博大精深，凝聚了该地区人民的智慧，是地域文化品牌的灵魂与不竭动力源泉。推动地域文化品牌化发展，必须充分挖掘优秀地域传统文化元素，并赋予其新的时代内涵，使之与当地社会经济发展相融合，打造有地域特色、国内外知名的文化品牌。为构建良好地域文化形象，需对地域文化进行梳理提炼，进行品牌化打造推广，因此地域文化品牌构建不是对地域文化资源的简单罗列，不能进行面面俱到的平面铺陈。根据品牌构建的途径，首先要遴选能给受众独特美好感受的文化品牌资源，过滤掉某些文化渣滓；其次能在比对基础上，挖掘文化品牌资源的核心价值，并进行品牌价值转化；最后能将文化品牌资源的价值进行创新发展，最终服务地区社会经济发展，为文化强市建设添砖加瓦。

重庆建城3000多年，孕育的优秀传统文化源远流长，积累丰厚，是建设文化强市的坚实基础。从建设文化强市的角度来看，需要提炼重庆传统文化的代表性资源，便于宣传推广。首先要对重庆传统文化进行梳理，从中选取最能代表重庆特色的城市文化品牌资源。文化品牌资源的选取标准，主要是在全国有一定影响，并从一定程度上改变全国甚至世界历程。

1. 巫山人

重庆是早期人类活动的重要地区。从1985年开始，考古工作者在重庆巫山县庙宇镇龙骨坡洞穴遗址陆续发现了人类左下颌骨、上门齿化石以及大量动物化石，经测定，其年代距今约204万—201万年，是迄今我国发现最早的直立人化石。这意味着距今约204万年前，重庆地区就最先在东方大陆出现人类活动，从此文明曙光普照重庆大地，文化滥觞从此启航。

2. 大足石刻

大足石刻是保存于大足县境内，自唐宋以来的宗教石窟艺术品的总称，是长江流域规模最大的石窟艺术代表杰作，是与云岗、龙门石窟“鼎足而三”的中国著名石窟艺术代表作。联合国教科文组织世界遗产委员会对大足石刻给予了高度评价：“堪称天才的艺术杰作，能真实地反映社会现实，对后世产生了重大影响。”①1999年12月1日，大足石刻列入了世界遗产名录。大足石刻共有佛、道、儒三教造像5万余尊，

① 郭相颖：《大足石刻，国之瑰宝》，《重庆民进》2010年第2期。

其中佛教题材80%，道教题材12%，三教题材5%，余为历史人物等造像，铭文10万余字。大足石刻为佛教中国化和世俗化提供了现实例证，是当时“三教融合”的艺术再现，对中国佛教和宗教发展史及中国石窟艺术发展具有里程碑的意义和价值。1986年1月，邓小平同志在参观大足石刻时，连声说道：“这完全是中国的了，完全是中国的了！”

3．钓鱼城

钓鱼城位于合川区东渡乡钓鱼山，悬崖峭壁周长6.5公里，面积25平方公里。当年有城门八座炮台、暗道、火药厂、水师码头、校场、皇城及官衙等军政设施，并有一字墙两道，直达两面江心。现在还保存有城墙、城门、天池、水井、火药厂、王坚记功碑等。钓鱼城是南宋后期宋蒙战争建立的山城防御体系（包括神臂城、多功城、龙岩城、大良城、三台城、皇华城、天生城、磐石城、绍庆城）中的杰出代表作，是重庆抗蒙保卫战的前哨阵地。尤其是在钓鱼城发生的击毙蒙古大汗蒙哥的钓鱼城保卫战，更是千年传颂。钓鱼城保卫战历经36年，通过艰苦卓绝的努力，取得了辉煌的胜利，一举扭转了整个抗蒙斗争的形势，延续了南宋国祚，迫使蒙古军队迅速北撤。同时牵制了入侵欧洲的蒙古军队，使其迅速回撤蒙古草原以争夺汗位，从而使欧洲免遭蒙古铁骑践踏，故钓鱼城也被欧洲人称为“上帝折鞭处”。

4．抗战时期的重庆城

抗战时期，重庆作为战时首都，是中国抗日民族统一战线的前沿阵地，同时也是世界反法西斯战争的远东指挥中心，在二战与抗战中发挥了其他城市不可替代的作用。1942年10月10日，由于中国坚持抗战，为世界反法西斯战争和民族独立作出了杰出贡献，英美政府同意放弃在中国的特权，同意在重庆签订平等新约，从此中国人民扬眉吐气了。1945年10月10日，在抗战胜利之时，毛泽东赴渝谈判，写下“庆祝抗战胜利，中华民族解放万岁！”至今屹立的解放碑还见证着这一激动人心的时刻。抗战期间，由于各种资源内迁，重庆也得到了大发展，成为战时的政治、经济、文化中心，同时也完成了城市的近代化，成为当时与华盛顿、伦敦、莫斯科齐名的世界名城。

## 四、重庆优秀传统文化创新发展的原则和路径

党的十九大报告指出：“文化兴国运兴，文化强民族强。”习近平总书记十分重视传统文化传承发展，指出弘扬中华优秀传统文化，“要努力实现传统文化的创造性转化，创新性发展，使之与现实文化相融相通，共同服务以文化人的时代任务”①。习近平总书记提出的“创造性转化，创新性发展”（以下简称“两创”）也是当前重庆优秀传统文化服务创新发展的基本原则和方向指引。

### （一）“两创”方针是重庆优秀传统文化创新发展的基本原则

“两创”方针坚持辩证唯物主义和历史唯物主义的基本立场，坚持尊重传统但不盲从传统，坚持不忘本来面向未来，坚持取其精华去其糟粕。既反对历史虚无主义，也反对复古主义，更反对功利主义，是新时代重庆传统文化传承发展的“航标灯”和“定海神针”。

重庆传统文化根脉肇始于巴渝文化，主要表现为尚巫、尚武、尚歌舞和尚工商的文化特质，并以其勇立潮头、忠诚刚烈、诚信担当、爱国奉献、海纳百川的精神著称于世。重庆传统文化的文脉延续于开埠文化、移民文化、抗战文化、红岩文化中，厚植于重庆直辖后经济

① 《习近平谈治国理政》第2卷，外文出版社2017年版，第313页。

社会飞速发展和全国统筹城乡协调发展的社会实践中。未来重庆传统文化的发展面临新机遇和新挑战，以“两创”方针为指引，将巴渝文化，以抗战文化和红岩文化为核心的革命文化以及新中国成立后重庆社会主义先进文化三者进行整合、创新、发展，是重庆传统文化发展的基本方向。

### （二）重庆优秀传统文化创新发展的路径

“两创”方针其实质是一种方法论，在指引发展方向的同时，也提供了传统文化传承发展的路径。根据重庆优秀传统文化的实际情况，贯彻“两创”方针，主要可从五个方面入手：

1．取其精华，开拓创新

重庆传统文化包含诸多积极因素，构成其基本底色和精髓。从文化类型来看，主要包括巴文化、三峡文化、红岩文化、抗战文化等。巴文化是由古代巴人为创造主体，体现巴人人文历史与价值的文化。三峡文化是生活在三峡地区的人类团体在历史的发展过程中所创造的物质财富和精神财富的总和，它既是巴文化在空间上的延伸，又是其在时间上的延伸。抗战文化是抗日战争时期，中国军队与广大人民群众创造的物质文化和非物质文化的总和，是当时中国的先进文化——新民主主义文化的一个重要组成部分，是当时巩固和发展抗日民族统一战线，联合爱国力量，爱国保国的文化表现形式。红岩文化是战争年代中国共产党人在国统区重庆创造的一种革命文化，是我国先进文化的一面旗帜，其核心是红岩精神，表现为周恩来同志领导的中共中央南方局为主的共产党人，在艰苦岁月中所形成的爱国奋斗、团结奉献的精神；是革命志士为争取独立解放，为新中国诞生进行艰苦卓绝斗争的牺牲精神，是富贵不能淫、贫贱不能移、威武不能屈的在烈火中永生的精神。这几种文化类型构成重庆文化底色，从巴蔓子自刎保城，到邹容振臂启蒙，表现出忠勇大义、保家卫国的优秀文化底色；从抗战大后方屹立不倒的英雄城市，到红岩英烈舍生取义，表现出无私奉献、不怕牺牲的崇高精神境界；从三峡沿岸或诗情画意或雄壮豪迈的旖旎风光激发出的文人才情，到三峡大移民舍小家为国家的感人壮举，表现出与时俱进、开拓进取的时代精神。这些优秀品质构成了重庆传统文化的中流砥柱，并在重庆发展的不同历史时期表现出不同形式。当前我国正经历“艰苦奋斗两个一百年，迈向全面建成小康社会”的新时代，重庆传统文化也应进一步弘扬优秀传统，并随之创造出符合时代特色的新内容和新形式。具体来说，对这种虚拟性较强的精神文化遗产，如何结合时代需求进行具象化呈现和融合是主要方向，可通过宣传文化系统，以书籍、影视等方式进行改造，达到入脑入心的效果。

2. 增补充实，赋予新义

重庆传统文化中有部分内容宣传阐释还不够深入，更未结合现实加以积极引领，比如尚武文化和移民文化。尚武文化源于巴人与崇山峻岭、险滩急流等自然条件抗争的生活体验中，延续在巴国处于秦国和楚国夹击下的战斗抗争中。从目前已经发掘的上千座巴人墓葬来看，每座墓室都有多件兵器，说明巴人人人皆兵，“巴师勇锐”“人多劲勇”“其人性质直”生动描写了巴人尚武劲直的特性。这种尚武文化在新时代更应进一步融入重庆人民的生产生活中，转化为坚韧不拔、顽强奋斗的新精神特质，鼓舞社会生活实践。移民文化伴随着重庆历史上八次大规模移民，移民主要来自陕西、河南、甘肃、湖南、湖北、广东、广西、上海、江苏、浙江等地，他们带来了各地丰富物产和风土人情，提升了重庆民族人口组成的多样化，丰富了重庆物产种类和建筑形制，促进了重庆传统文化在坚守本来基础上博采众长，交融创新，使重庆传统文化表现出一种海纳百川、大气开放的特质。在新时代，重庆作为长江上游的国家中心城市，其政策利好、生活富足、交通便捷、环境优美的种种优势，正将历史上由于饥荒、避难等被动原因的移民，转化为吸引外来人口融入的主动移民。目前仍有大量的移民文化遗存，如会馆、川剧及民居等，向重庆人及准重庆人讲述着重庆的岁月沧桑和雍容大度。这些遗存作为重庆开放大度的见证，在予以重点保护的基础上，应进一步作为重庆对外交流的窗口进行推广。

3．宣传弘扬，实践推广

重庆传统文化自古有尚工商的务实特质。巴国由盐而兴，巫溪宝源山盐泉和彭水伏牛山盐泉是其代表，早期巴国主要从事捕鱼、制盐、贩盐，从中获得丰厚收益，逐渐强大；巫山地区因生产丹砂又称为“丹山”，巫山远古先民将丹砂作为药物、颜料等开采，秦始皇曾由于巴寡妇清采砂贸易有功而筑台褒奖；《水经注·江水》《后汉书·郡国志》《太平御览》曾记载巴人善酿，其最负盛名的就是巴乡清酒。秦昭王曾与巴人中的一支板楯蛮签订盟约：“秦犯夷，输黄龙（美玉）一双；夷犯秦，输清酒一盅。”可见其酒品质之高。重庆工商业从发轫之初就以制盐、采砂、酿酒等民间工商业为主，这也赋予其活力旺盛的特质。及至近代，重庆作为长江上游交通枢纽，商贾云集，店铺林立，会馆票号遍布，近代开埠后更是在与外国经济侵略抗争中壮大了民族工商业，涌现出重庆总商会、《重庆商会公报》、重庆商务学堂等新生事物。这种尚工商的传统在新中国成立后得以发扬光大，重庆成为全国重要制造业基地和长江上游商贸物流中心。在新时代的征程中，重庆传统文化尚工商的传统值得进一步弘扬，在助推重庆成为“中国制造2025”重要桥头堡和长江上游国家中心城市的建设中发挥着基础带动作用。

4．改造转化，延续精华

重庆传统文化中有部分内容是在特定历史条件下被迫甚至是屈辱的情形下起源形成的，但在当时也产生了积极促进作用，并对当前社会影响深远，比如重庆开埠文化。重庆开埠是在近代半封建半殖民地社会下的一段屈辱史和血泪史。1890 年 3 月 31 日，英国通过《烟台条约续增专条》，正式取得在重庆开埠特权。1891 年 3 月 1 日，重庆海关的建立标志着重庆正式开埠，被纳入了世界资本主义市场体系。虽然西方列强开埠重庆的初衷是开辟市场、倾销商品、掠夺原料等，使重庆沦为半殖民地城市，但开埠却在客观上加强了重庆与外部世界的联系，西方的现代化因素由此逐渐输入重庆，刺激了当时重庆经济特别是民营经济的发展，开启了重庆近代史序幕。对这种内涵复杂的文化类型，更要注重创新改造，对开埠文化消极的一面注意积极转化进行宣传，通过对开埠遗存中典型建设进行整体性保护，改造为爱国主义基地，对青少年加强宣传，揭示其警示作用——“闭关自守，不思进取，只有被动挨打；家国同运，皮之不存，毛将焉附”，宣扬其启示作用——“睁眼看世界，博采众长，就能促进发展；开放进取，国际化拓展的重要性”。时至今日，我们仍能在南滨路、铜锣峡等地看到开埠文化的遗存，开埠文化蕴含的自强不息、开拓创新、海纳百川、胸怀远大的精神，对新时代重庆建设国际化大都市仍具有促进作用。

## 五、结语

当前，我市正按照党和国家的战略部署和工作要求，及习近平总书记对重庆的战略定位——“西部大开发的重要战略支点，一带一路和长江经济带的联结点，加快建设内陆开放高地，山清水秀美丽之地，努力推动高质量发展，创造高品质生活”，阔步迈进，硕果累累。在新时代，努力促进重庆优秀传统文化和革命文化创造性转化、创新性发展，使之焕发活力，为城市高质量发展作出新的贡献。

（作者为重庆社会科学院文史研究所研究员）

# 钢铸文明之骨 诗牵文化之魂

## ——马鞍山市文化建设的实践与启示

张　平　张跃武

“传说中的山，那是谁的马鞍？坐落江之岸边，笑看千年风云在变幻。青山绿水蓝蓝的天，长桥卧在波上面；万家灯火明月夜，溢彩流光梦也香甜。唐诗里的帆，驶过天门中断，镶嵌日之光环，奔流到海一去不复还。物换星移翻新篇，诗仙天上看人间。满城浪漫与诗意，幸福美丽着我家园。这是我的家，这是诗的城，仿佛追风少年，一骑绝尘，勇往直前。这是我的梦，这是诗的城，书写新的传奇，美如画卷，花好月圆。”

这是一首名曰《诗的城》的歌词，写的是江东名城马鞍山。

相传楚霸王项羽兵败垓下，四面楚歌，退至和县乌江，请渔人将坐骑乌骓马渡至对岸，后自觉无颜见江东父老，自刎而亡。乌骓马思念主人，翻滚自戕，马鞍落地化为一山，马鞍山由此得名。因此就有了李清照的“至今思项羽，不肯过江东”。

马鞍山是安徽的东大门，横跨长江，接壤南京，毗邻长三角，依山环湖拥江，人文风光秀丽，文化灿烂悠久。作为新中国成立后崛起的一座新型工业城市，始终以高度的文化自觉和担当，不断加强文化建设工作，为城市的可持续发展注入精神动力。2009年，成为中部地区首个全国文明城市。2013年，成为全国首批、安徽唯一的国家公共文化服务体系示范区城市。2014年，成为全国10个国家公共文化服务标准化试点城市之一，并于2017年顺利通过试点验收，转为全国6个国家公共文化服务标准化示范城市之一。

## 一、主要做法及成效

建市特别是改革开放以来，马鞍山积极践行新发展理念，坚持经济发展与文化育人并重，充分发挥优秀传统文化、革命文化、社会主义先进文化在城市发展中的培根铸魂功能，传统文化、红色文化、公共文化、产业文化、诗歌文化、群众文化以及公民道德建设异彩纷呈。

### （一）传统文化积淀深厚

境内和县猿人遗址距今三四十万年，是我国最早的猿人遗址之一。含山凌家滩古文化遗址距今5300多年，将中国城市历史向前推进了1000多年，被国内考古界称为“中华远古文明的曙光”。长江两岸名人辈出，南岸有《千字文》作者南梁周兴嗣，北宋“太白后身”诗人郭祥正，明末清初姑孰画派创始人萧云从，当代书法家林散之等；北岸有中唐诗人张籍，北宋理学家游酢，南宋爱国词人张孝祥，书法家张即之等。古往今来，文人墨客常流连于此，留下诸多脍炙人口的诗文。李白一生7次踏访，赋诗文60篇，并终老于此。刘禹锡的《陋室铭》、王安石的《游褒禅山记》、李之仪的《卜算子·我住长江头》已传唱千古。作为“江东第一城”，马鞍山还是军事战略要地，留下一批战争史话，著名的“采石矶之战”被毛主席点评为最经典的以少胜多战役，更为城市增添了一份历史的厚重感。同时，马鞍山把优秀传统文化教育作为全市中小学生的必修课，组织编写《课本上的马鞍山》，在校学生人手一册，让孩子们从小就记住《千字文》《望天门山》《陋室铭》《游褒禅山记》。

（二）红色文化继承发扬

马鞍山人民注重运用内涵厚重的红色基因，怀念革命先烈，发扬优良传统。位于城市东郊的马鞍山革命历史纪念馆、濮塘抗日根据地、濮塘人民英雄纪念碑和濮塘革命烈士陵园，记载了马鞍山革命斗争史及重大历史事件。和县境内的西梁山是“渡江战役第一枪”发生地，人民解放军1500多名官兵在此献出了年轻的生命，西梁山人民英雄纪念碑、西梁山烈士纪念亭和西梁山烈士纪念塔见证了“打过长江去，解放全中国”的辉煌历史。市委每年组织领导班子全体成员瞻仰革命烈士纪念馆，向人民英雄纪念碑敬献花篮，时刻牢记沿着革命前辈的足迹继续前行，坚定不移走好新时代的长征路。每逢清明节、建党节、国庆节和抗日战争纪念日，全市各级党组织、成千上万的干部群众和在校师生都会集聚这里，缅怀革命先烈，祭奠先烈英灵，重温入党入团誓词，不忘初心，牢记使命。

（三）诗歌文化独树一帜

《诗的城》唱出了马鞍山的城市文化之魂。作为大诗人李白终老之地，马鞍山从1989年起已连续举办31届中国李白诗歌节，被命名为“中国诗歌之城”。通过深度挖掘李白及诗歌资源，建设李白博物院，构建全国李白文化文献中心、研究中心和展示中心，打造中国诗歌主题邮局和诗歌文化主题道路与社区，办好马鞍山“诗歌之城”电视、广播和微信栏目，组织“诗意马鞍山”全国诗歌大赛以及历代文化名人名家书画作品征集，举办文化产业合作论坛、峰会等活动，传承诗歌文化，共襄诗歌盛会。经过30年的积累，中国李白诗歌节从单一的诗歌吟诵到集歌舞吟诵、经贸旅游、产业合作于一体的系列活动，形成马鞍山独特的“诗歌标识”。马鞍山市精心打磨的大型原创黄梅戏《太白醉》、大型民族舞剧《李白》目前在多地巡演，收获的不仅仅是鲜花和掌声，还有连连攀升的票房业绩，更实现了把“李白”这张名片“递出去”、把马鞍山的名字留下来的愿景，标志着马鞍山诗歌文化已然蔚成风尚，成为一张精致而闪亮的城市文化名片。

### （四）公共文化领先示范

作为安徽唯一、全国首批国家公共文化服务标准化示范城市，马鞍山先后投入50多亿元，建成标准规范、设施一流的市大剧院、博物馆、图书馆、科技馆、青少年宫、妇女儿童活动中心、体育会展中心等一批公共文化场馆，全部免费对外开放。市、县区、乡镇街道、村社区四级公共文化设施设置率100%，35个乡镇、12个街道全面建成综合文化站，站舍面积达到500平方米以上，远超国家标准。打造“书香马鞍山”工程，在全国率先建成线上线下互通的数字文化服务平台，22个数字文化驿站、80台公共文化服务一体机全部投入运行，各级公共图书馆实现图书通借通还，形成全民阅读服务大网络。整合教育、科技、体育、园林、工青妇等部门的资源，将全市76所大、中、小学校体育场馆免费对公众开放。

### （五）群众文化蓬勃活跃

马鞍山早在1986年就举办了以“江南之花”命名的群众文化节，连续34年从未间断，一年一个主题，一年一种形式，活动展现的“千人同唱一支歌、万人同和一首曲”盛况在省内外产生了深远影响，成为全民参与、独具特色的年度文化盛会，推动了全市广场文化、校园文化、社区文化、企业文化蓬勃发展，被文化部授予全国社会文化艺术政府最高奖——群星奖。全市400多个群众文化队伍和15000多名文化志愿者常年活跃在城乡各个角落，年均开展文化活动1000余场次，“我们的节日”“田园音乐节”“周末大舞台”等品牌活动家喻户晓，常做常新。2015年启动的乡贤文化建设工作，按照“传承乡贤文化、弘扬主流价值、凝聚乡贤智慧、创新乡村治理”的思路，注重传颂好“古贤”，挖掘好“今贤”，培养好“新贤”，让乡贤文化焕发时代光芒。

（六）产业文化强筋壮骨

马鞍山是一座因钢设市、因钢立市的工业城市，“钢城”的称谓蕴含着城市文化之骨。作为全省最大的工业企业，马钢不仅在全市经济中起着举足轻重的作用，来自五湖四海的10万科技人员和产业工人思想交融凝成的文化也深深影响着这座城市。20世纪60年代初，马钢就以“江南一枝花”的文明生产经验享誉全国。经过60多年的探索实践，马钢现已发展成为我国特大型钢铁联合企业，A+H股上市公司，占地面积13.5平方公里，现有员工4.3万人，具备2000万吨钢配套生产规模，形成了钢铁产业、钢铁上下游关联产业和战略性新兴产业三大主导产业协同发展格局。2017年，马钢粗钢产量1971万吨，资产总额918亿元，实现营业收入796亿元，利润总额56.1亿元。马钢已积淀形成了“敬人、精业、共赢”的企业核心价值观和“创业、创新、创造”的企业精神，成为一代代马钢人的强大精神动力，并成为马鞍山城市文化的一片基石。

（七）节庆文化叫响全国

以李白诗歌节、“江南之花”群众文化节等大型文化节庆活动为龙头，以城市广场、剧院、社区和农村乡镇为平台，以专业院团和民间文艺团体为依托，形成了别具特色的节庆文化活动品牌。据统计，马鞍山市年均举办文化展览400余个，举办群众文艺活动1000余场次，充分满足了不同层次群众精神文化需求。如近年来在春节期间连续开展“非物质文化遗产展演展示”活动，被中央电视台向全国直播，深得好评。活动现场既能领略到国家级非遗当涂民歌、东路庐剧的魅力，又可以聆听含弓戏、和县民歌等富有传统节日韵味的非遗民俗现场表演，还可以一站式品尝、购买乌江霸王酥、横山米酒等30多种非遗产品。

（八）文旅产业融合前行

目前全市共有文化产业法人单位3000多个，其中规模以上文化企业114家。近年来加大了文化旅游项目建设力度，着力打造采石国家5A级景区、含山凌家滩国家大遗址公园、褒禅山香泉国家旅游度假区、濮塘国家度假公园四大国字号品牌；打造创客+文化创意产业园、大青山李白文化产业园、林散之文化产业园等10个文化产业基地。数字创意产业园积极创建国家文化产业园区；乔波冰雪世界、运漕古镇文创园等项目进展顺利；紫江彩印、帝显电子等项目正式投产；中影影视基地项目正式签约；风起中文网发展成为安徽最大的文学网站并成功跻身全国文学网站前15强。马鞍山市还加强与保利集团等知名演艺机构合作，推动本土原创剧目在全国巡演。

（九）道德建设滋养文明

成功摘得以道德建设为核心的“全国文明城市”桂冠，公共文明程度指数测评成绩多次进入全国前三名次，公共秩序、志愿服务、慈善事业等体现道德水平的工作领跑全省。自1988年在全国率先开展道德模范评选即精神文明“双十佳”评选活动，至今已开展23届。广泛开展志愿服务活动是马鞍山市道德建设又一重要抓手，建成全省首个市级志愿服务中心，入驻孵化志愿组织43个，每年开展志愿服务专题培训数十场，培训各类志愿者5000人左右；全市注册志愿者人数达到33万，占总人口数的13%以上。在马鞍山，“有困难找志愿者”“有时间做志愿者”的志愿理念已深入人心。马鞍山还注重通过行为约束管理，促进市民道德建设。近年来开展的禁放烟花爆竹、文明养犬、礼让斑马线、严禁“抛撒冥纸”等专项整治行动成效明显，这些影响人们生活的不文明行为被杜绝或有效遏制。

## 二、几点启示

马鞍山是一座既古老又年轻的城市，传统历史文化与现代工业文明交相辉映，坚持继承、创新、发展，努力打造独具特色的城市文化品牌，不断提升文化软实力。总结实践，主要有以下几个方面启示：

### （一）担当文化建设之责

马鞍山市始终把文化建设摆在非常突出的位置，始终坚守文化责任和文化理想，并自觉转化为文化发展理念和政策指导。早在1988年就开展评选道德模范工作，1990年就提出创建全国文明城市的工作目标。2016年，市第九次党代会将“文化强市”确立为三大强市战略之一。市委九届七次全会谋划新时代高质量发展，明确的战略举措之一就是：充分发挥人文优势，推动文化繁荣兴盛，实施“美丽马鞍山·文明再升级”行动，着力打造文明城市升级版，确保我市文明创建工作继续在全省作示范、全国当先进。实践中，市委认真研究文明城市创建、诗歌节等重要文化工作，市委、市人大、市政府、市政协领导分头落实相关任务。重视挖掘历史文化资源，与李白、王安石、刘禹锡、李清照相关的历史遗迹太白楼、褒禅山、陋室都得到很好的保护并开发，让历史与时代实现同频共振。

### （二）把握文化建设之本

文化是体现城市竞争力的核心资源，是城市软实力最重要的体现。在文化建设中，马鞍山坚持以人民为中心和文化惠民的工作导向，着力促进文化大发展大繁荣。通过构建现代公共文化服务体系，推动基本公共文化服务均等化，构建城乡一体、区域平衡的文化发展格局，全面实施“1+3”名城计划，打造以全国公共文化服务名城为核心的文化旅游名城、数字文化名城和全民阅读名城。以城市广场、游园为线，以15分钟路程为半径的现代化城市公共文化服务圈已经建立。与此同时，马鞍山市还率先建成线上线下互联互通的数字文化体验馆，成为全国数字文化建设的新样板。

### （三）铸造文化建设之骨

一座城市，一种精神。在改革发展进程中，马鞍山先后两次广泛动员，从城市起源、历史传统、区域文化等方面，对城市精神进行挖掘提炼。20世纪90年代，马鞍山提出“奋进马”城市精神，对统一全市人民意志，推动改革开放和现代化建设起到重大的引领作用。2011年，在“奋进马”基础上，又提炼出“聚山纳川，一马当先”的城市精神，寓意着马鞍山人开放包容、厚德载物、开拓创新、自强不息。作为典型的移民城市，随着含山、和县的加入，“聚山纳川”俨然成为这座城市的核心精神；作为钢铁城市，工业在全市经济总量中占主体地位，“一马当先”的工业文化成为马鞍山这座“钢城”的精神引领。“聚山纳川，一马当先”既蕴含了马鞍山这座移民城市南北兼备、东西兼容的地区文化特征，又表达了马鞍山人落落大方、乐观豁达、包容兼蓄的性格特质以及对这座城市的归属感、自豪感和幸福感，形成了马鞍山独有的文化自觉和文化自信。

（四）培育文化建设之魂

作为“诗城”，马鞍山与“诗仙”李白有着不解之缘。李白 25 岁第一次来到马鞍山，63 岁青山埋骨，不仅留下“诗仙”的浪漫足迹，氤氲着吟诵千年的优美篇章，更沉淀了属于他的独特气质和诗歌文化，给马鞍山留下一笔宝贵的文化遗产。经过 30 年的积累，中国李白诗歌节从单一的诗歌吟诵到集歌舞吟诵、经贸旅游、产业合作于一体的系列活动，形成马鞍山独特的宣传标识和文化灵魂。在此前央视城市形象宣传中，我们的代号是“诗城马鞍山”。

（五）打造文化建设之品

马鞍山诸多文化品牌在实践中长期坚持，历经数十年积累，产生了强大号召力、凝聚力。精神文明“双十佳”、李白“诗歌节”、“江南之花”群众文化活动都坚持开展 30 年以上。近年来，马鞍山以培育和践行社会主义核心价值观为根本，以弘扬社会主义新风尚为目标，每年评选“感动诗城年度人物”“最美家庭”等先进典型，每季度评选 20 名“马鞍山好人”。如今，在马鞍山，好人节、邻里节、红袖标、爱心驿站、益善食馆等一大批精神文明建设特色品牌陆续形成，添彩城市文明。

## 三、在新时代把马鞍山文化建设推向前进

文化是民族的血脉，是人民的精神家园。文化自信是一个国家、一

个民族发展中更基本、更深沉、更持久的力量。当一座城市有了文化自信和文化认同，才会有蓬勃发展的底气、定力和动力。走进新时代，马鞍山市在全面建成小康社会的征程中，在奋进“生态福地、智造名城”的战略目标中，必须把文化建设摆在更加突出的位置，担负起新的文化使命，围绕党的十九大提出的“坚定文化自信，推动社会主义文化繁荣兴盛”，推动新时代中国特色社会主义思想深入人心，在实践创造中实现文化创造，在历史进步中实现文化进步。

围绕打造充满活力的文化强市，应努力继承“诗仙”之名，弘扬优秀诗歌文化；传承“钢城”之名，弘扬城市内在精神；秉承“文明”之名，弘扬时代人文情怀，进一步培育和践行社会主义核心价值观，大力弘扬“聚山纳川、一马当先”城市精神，建设具有强大凝聚力和引领力的社会主义意识形态，不断夯实全市人民团结奋斗的共同思想基础，不断满足人民日益增长的美好生活需要。具体工作中应强化几个环节：一要进一步强化战略引领。坚定文化对社会进步起着重要支撑作用的认识，实施文化强市战略，把文化建设摆在更加重要的位置，做好顶层规划，推进全面落实。二要进一步加大资金投入。继续在完善公共文化服务体系、推出文化精品力作、培育新型文化业态、集聚创意产业园区等方面加大扶持和投入。三要进一步提升文化宣传。将马鞍山的文化品牌、文化故事、文化作品、城市精神、城市新定位更加广泛地有机融入经贸、招商、外事、友好交流等经济活动之中，多用文化形式、文化元素宣传推介新时代马鞍山。四要进一步做好精准发展。坚持与时俱进的文化工作理念，继承传统，面向未来，创新性发展，创造性转化，做到“有所为，有所不为”，突出重点，体现新时代特征。五要进一步突出道德建设。抓住文化建设惠民育人之根本，把思想道德建设融入各项文化服务活动中，让广大群众在文化生活中得到潜移默化的教育，把思想道德建设融入社会环境建设中，通过优美的人居环境影响人们的行为方式和思想观念，为培养担当民族复兴大任的时代新人而不懈努力，为实现经济发展高质量、城乡建设高颜值、人民生活高品质，努力建设更高水平小康社会，打造宜业宜居宜游的生态福地、智造名城提供更加有力的精神文化支撑。

（作者张平为马鞍山市社会科学界联合会党组书记、主席，

张跃武为马鞍山市社会科学界联合会副调研员）

# 皖南国际文化旅游示范区发展演变过程及启示

姚国荣

## 一、引言

示范区是人类社会经济活动的空间组织形式之一，也是推动区域社会、经济、文化可持续发展的基本单元之一和主要战略平台之一，在区域社会、经济、文化发展中扮演着越来越重要的角色。[①]进入21世纪以来，中国出现了一系列以区域为特征的战略平台，先后批复如珠江三角洲、长江三角洲、天津滨海新区、海峡西岸经济区、关中—天水经济区、图们江区域、黄河三角洲、横琴新区、皖江城市带、鄱阳湖生态经济区、皖南国际文化旅游示范区等十多部区域规划和文件。这一发展趋势充分说明中国区域经济发展步入以区域发展为背景的国家战略层面的示范区时代。

《皖南国际文化旅游示范区发展规划纲要》已经国务院同意，由国家发展与改革委员会批复并于2014年3月公布，其范围包括黄山市、池州市、宣城市、芜湖市、铜陵市、马鞍山市和安庆市，辖47

① 陆林:《都市圈旅游发展研究进展》,《地理学报》2013年第4期。

个县（市、区），国土面积5.7万平方公里，总人口1896万。[①]优越的自然生态、迷人的山水风光、独具魅力的文化遗存、多样的生物种类和特色的旅游商品，是国务院选择打造皖南国际文化旅游示范区的重要前提和原始动力，是示范区发展的基本保障和财富资源。作为典型的区域经济文化单元，其巨大优势是丰富而独具特色的自然生态和文化资源，加之在政治、经济、交通、市场等因素的联合驱动下，示范区呈现出点、线、面的演进发展进程，对其他地区发展具有一定的借鉴意义。

皖南国际文化旅游示范区承东接西，文化底蕴深厚，资源禀赋极高。示范区在安徽旅游发展进程中起着举足轻重的作用，尤其是对入境旅游市场的拉动，已成为安徽省旅游的主要标志。自邓小平发表“要把黄山牌子打出去”重要讲话后，皖南区域旅游外延界定一直是研究者关注的重点。早在1986年，安徽师范大学卢村禾教授就将皖南旅游区设想成以黄山为中心的“众星拱月”型的空间布局，并将其详细概括为“众星拱月、双翼展翅、扩建南北景区、开辟东西两路”，其区域主要包括黄山、九华山和太平湖等。[②]安徽师范大学陆林教授依据皖南旅游区旅游资源区域效应和空间组合，进一步丰富了卢老“众星拱月型”空间布局思想，并将皖南旅游区界定为黄山、九华山、太平湖、齐云山等风景名胜区以及歙县和黟县文化景观等区域。[③]金世胜分析了皖南旅游资源开发战略，并将皖南旅游区界定为安徽省的长江以南地区，包括黄山、池州、芜湖、铜陵、马鞍山、宣城。[④]章锦河等将其界定为东南与江苏、浙江交界，西南与江西为

① 姚国荣、陆林：《旅行社联盟伙伴选择研究》，《西南民族大学学报（人文社会科学版）》2014年第9期。

② 卢村禾：《关于建设皖南旅游区的几个问题》，《地理学与国土研究》1986年第2期。

③ 陆林：《皖南旅游区布局研究》，《地理科学》1995年第1期。

④ 金世胜：《皖南旅游资源开发战略研究》，《桂林旅游高等专科学校学报》2005年第2期。

邻，北依芜湖与铜陵，具体包括黄山市、池州市、宣城市三市。[①]皖南旅游区地理界定一直未获统一，学者对其划分各异，争端较大。

皖南国际文化旅游示范区得到省政府高度重视后，迅速掀起研究热潮。程晓丽和胡文海从空间地域、产品市场、形象传播和产业融合四个层面，提出了皖南国际旅游文化示范区文化旅游资源整合开发模式。[②]章尚正构建了皖南国际旅游文化示范区旅游国际化发展竞争力的评价指标体系。[③]盛学峰和章尚正认为旅游文化产业发展是皖南国际旅游文化示范区建设的关键，并提出了提高示范区旅游文化产业竞争力的具体策略。[④]丁雨莲基于皖南国际旅游文化示范区设立，分析了其旅游资源空间结构。[⑤]葛旭芳指出皖南国际文化旅游示范区的规划建设需充分发挥黄山市的核心地位和带动作用。[⑥]上述研究多从宏观层面出发，阐述示范区未来的战略方向和目标，并提出具体建议（如旅游产业结构发展、旅游资源空间结构、旅游资源开发与整合）。还有学者对不同区域发展演进过程和驱动机制作出了非常有分量的研究，如李俊峰、刘世薇、吴丽敏、张晓平、谢守红、龙花楼、张富刚等分别对滨江城市及上海跨江发展、黑龙江垦区城镇化、江苏省旅游景区、开发区、苏锡常都市圈、空心化村庄、典型区域农

---

① 章锦河、赵勇：《皖南旅游资源空间结构分析》，《地理与地理信息科学》2004年第1期。

② 程晓丽、胡文海：《皖南国际旅游文化示范区文化旅游资源整合开发模式》，《地理研究》2012年第1期。

③ 章尚正、赵磊：《区域旅游国际化发展竞争力评价指标体系研究——以皖南国际旅游文化示范区为例》，《安徽农业大学学报》2012年第2期。

④ 盛学峰、章尚正：《皖南国际旅游文化示范区背景下的旅游文化产业发展研究——以黄山市为例》，《特区经济》2012年第8期。

⑤ 丁雨莲：《皖南国际旅游文化示范区旅游资源空间结构分析》，《安徽农业大学学报（社会科学版）》2013年第1期。

⑥ 葛旭芳：《发挥黄山在皖南旅游示范区建设中的作用》，《中国旅游报》2013年8月21日。

村等的演进特征和动力机制作了详细研究。① 皖南国际文化旅游示范区演进特征和动力机制则甚少涉及，然而该区域发展演化特征等对其他地区发展具有重要示范价值和借鉴意义，本课题组以此为选题，展开深入探讨。

## 二、皖南国际文化旅游示范区概况及发展现状

示范区东与长三角地区无缝对接，北拥长江黄金水道，西接鄱阳湖生态经济区和武汉都市圈，是安徽省生态环境最好、区位条件最优、旅游文化经济发展最好的地区。进入 21 世纪以来，皖南地区发展步伐不断加快，示范区区域生产总值、财政收入、旅游总收入、旅游人次均创新高（见表 1）。

**表 1　皖南国际文化旅游示范区基本现状与展望**

| | | 单位 | 合计 | | 黄山市 | 芜湖市 | 铜陵市 | 马鞍山市 | 宣城市 | 池州市 | 安庆市 |
|---|---|---|---|---|---|---|---|---|---|---|---|
| | | | 数量 | 占全省 % | | | | | | | |
| 十二五规划 | 4A 以上景区 | 处 | 45 | 51.72 | 20 | 6 | 1 | 1 | 2 | 7 | 8 |
| | 地区生产总值 | 亿元 | 10330 | 43.04 | 630 | 2800 | 1000 | 1600 | 1000 | 1000 | 2300 |
| | 财政收入 | 亿元 | 1730 | 41.88 | 100 | 450 | 200 | 320 | 210 | 150 | 300 |
| | 旅游人次 | 万人次 | 21354 | 43.51 | 5000 | 2500 | 800 | 2054 | — | 5000 | 6000 |
| | 旅游收入 | 亿元 | 1970 | 65.67 | 500 | 290 | 50 | 130 | — | 500 | 500 |

资料来源：根据示范区各市政府工作报告和十二五规划及相关统计年鉴整理所得。

① 李俊峰、焦华富、梁梦鸽：《滨江城市跨江发展模式、过程及驱动机制》，《地理研究》2012 年第 12 期；李俊峰、焦华富、韩玉刚、杨成凤：《上海城市跨江发展过程及驱动机制研究》，《经济地理》2010 年第 10 期；刘世薇、张平宇、李静：《黑龙江垦区城镇化动力机制分析》，《地理研究》2013 年第 11 期；吴丽敏、黄震方、周玮、方叶林：《江苏省 A 级旅游景区时空演变特征及其动力机制》，《经济地理》2013 年第 8 期；张晓平、刘卫东：《开发区与我国城市空间结构演进及其动力机制》，《地理科学》2003 年第 2 期；谢守红：《苏锡常都市圈空间发展及其动力机制分析》，《经济地理》2011 年第 11 期；龙花楼、李裕瑞、刘彦随：《中国空心化村庄演化特征及其动力机制》，《地理学报》2009 年第 10 期；张富刚、刘彦随：《中国区域农村发展动力机制及其发展模式》，《地理学报》2008 年第 2 期。

## 三、皖南国际文化旅游示范区发展演变

### （一）皖南国际文化旅游示范区发展历程

皖南国际文化旅游示范区集聚着优质的文化、生态、旅游资源，安徽省致力将其打造成为“美丽中国”建设先行区、世界著名文化旅游目的地和中国优秀文化传承创新区。[①]示范区不仅是安徽文化旅游版图上一颗耀眼的明珠，也是国家重要的发展战略平台，在其发展进程中持续受到国家和省委省政府高度关注和政策支持（见表2）。

**表2　皖南国际文化旅游示范区发展历程**

| 序号 | 时间 | 具体项目 | 倡议单位 |
|---|---|---|---|
| 1 | 1978.6 | 拟建立黄山旅游中心，辖黄山、九华山、陈村水库旅游区 | 省委 |
| 2 | 1990.8 | 皖南经济协作区旅游网络协调会成立 | 省政府 |
| 3 | 1996.11 | 全省首次旅游经济工作会议提出：打好“黄山牌”，做好“徽文章”，唱好皖南旅游区的特色戏 | 省政府 |
| 4 | 2000.6 | “两山一湖”（黄山、九华山和太平湖）会议提出“抓‘两山一湖’、促全省旅游、带安徽经济”发展战略 | 省政府 |
| 5 | 2004.7 | 出台《关于促进“两山一湖”地区旅游产业发展的若干政策》 | 省政府 |
| 6 | 2006.4 | 第一次提出了皖南国际旅游区的概念 | 省旅游局 |
| 7 | 2006.9 | 省“十一五”旅游发展规划首次提出大皖南国际性旅游区 | 省发改委、省旅游局 |
| 8 | 2009.1 | 省人大代表团联名提出设立“皖南国际旅游文化示范区”议案 | 黄山、池州、宣城三市人大代表团 |
| 9 | 2009.7 | 省政府批准设立“皖南国际旅游文化示范区”，辖“六市一县” | 安徽省政府 |

① 姚国荣：《皖南国际文化旅游示范区建设研究》，安徽省社会科学院省领导圈定课题组，2013年。

续表

| 序号 | 时间 | 具体项目 | 倡议单位 |
|---|---|---|---|
| 10 | 2012.9 | 在《关于大力实施促进中部地区崛起战略的若干意见》中，明确提出“打造皖南国际文化旅游示范区”，首次提出“皖南国际文化旅游示范区”新概念 | 国务院 |
| 11 | 2013.7 | 示范区范围纳入安庆全市，由原来的“六市一县”扩展为“七市” | 国务院 |
| 12 | 2014.3 | 批复《皖南国际文化旅游示范区建设发展规划纲要》 | 国家发改委 |

资料来源：根据安徽省旅游局相关政策文件整理而得。

（二）皖南国际文化旅游示范区演变特征

1．“点”型开拓，打造黄山。1978 年 6 月 15 日，中共安徽省委发文批转省外事办公室《关于发展我省旅游事业的请示报告》提出，拟建立黄山旅游中心，黄山、九华山、陈村水库旅游区。1979 年，邓小平指示“把黄山的牌子打出去”，安徽省委当即把黄山管理处更名为安徽省黄山管理局，属安徽省政府直接领导。黄山管理体制改革在全国尚属首次，独领风骚，成为黄山风景区大发展的重要前提，对全国具有重要借鉴价值。1996 年，安徽省政府召开全省首次旅游经济工作会议，安徽省主要领导提出“打好‘黄山牌’、做好‘徽文章’、唱好皖南旅游区的特色戏”思路。2004 年 7 月，省领导提出把黄山建设成为“安徽旅游龙头、华东旅游中心、中国旅游名牌、世界旅游胜地”，这不仅体现了安徽省委对落实邓小平指示的魄力，而且反映出把黄山牌子“打出去”的决心，这对黄山旅游业发展以及示范区未来成形无疑产生了十分重要的推动和铺垫作用。

2．连点成“线”，逐步融合。1978 年，中共安徽省委提出合肥—芜湖—泾县—黄山旅游专线。2000 年始，安徽省人民政府着力打造“两山一湖”（黄山、九华山和太平湖），形成著名旅游路线，对皖南各地市频繁交流，展开区域合作与融合，具有重要的集聚效应。2007年，顺利通车的合肥—铜陵—黄山高速，产生安徽旅游的核心线路“黄山—九华山—合肥”，被誉为“心脏搭桥工程”。之后省政府又对黄山、太平湖、九华山、黟县、齐云山、歙县与以芜湖方特为代表的沿江发展轴旅游资源进行统一规划、统一管理、统一经营，形成了完整的、合理的旅游线路网络。

3. 以线带“面”，示范区形成。2006年，安徽省“十一五”旅游发展规划首次提出“大皖南国际性旅游区”概念，首次从省级政府高度初步认定了示范区较大区域的地理单元，实现了皖南由传统的单个旅游景点——串联成旅游线路——国际性旅游区域的旅游发展模式的重大转变。2009年，“皖南国际旅游文化示范区”议案由省人大代表团提出，并在当年《省政府工作报告》中明确指出，“皖南七市”须握指成拳，省政府全力支持示范区建设。2009年7月14日，安徽省政府批准设立“皖南国际旅游文化示范区”。2012年9月，国务院出台《关于大力实施促进中部地区崛起战略的若干意见》，明确提出将“皖南国际旅游文化示范区”更名为“皖南国际文化旅游示范区”，示范区首次由国务院公布于众。

## 四、皖南国际文化旅游示范区发展驱动机制

### （一）外在驱动因素

1. 经济要素。以黄山为中心的世界自然文化双遗产和西递宏村为代表的世界文化遗产，九华山佛教、齐云山道教、天柱山禅宗、文房四宝、芜湖方特等都在这里聚集。皖南地区与长三角核心区无缝对接，是

长江经济带重要节点，也是安徽省生态环境最好、区位条件最优、经济发展最快的地区。进入 21 世纪以来，皖南地区发展步伐不断加快，生态环境质量长期位居全国前列，文化旅游产业规模快速壮大，国际化水平不断提高。近年来，示范区经济整体发展态势良好，具体表现在：区域生产总值平稳增长；第一产业、第二产业、第三产业对国民经济增长贡献率有所调整，三大产业的结构日益优化，高新技术产业和战略性创新产业比重不断增加。旅游业是拉动内需和扩大消费的重要推动力。当前，示范区旅游经济蓬勃发展，旅游各项指标均获突破，旅游接待总人数和总收入增长明显，入境旅游取得长足发展。

2．政策要素。国务院先后出台了《关于大力实施促进中部崛起战略的若干意见》和《皖南国际文化旅游示范区建设发展规划纲要》两份国家级文件，明确了皖南国际文化旅游示范区定位和建设具体实施方案。① 省委书记张宝顺认为，皖南国际文化旅游示范区上升为国家区域发展战略，我们严格按照国家文件要求，一定实现示范区建设目标，形成全国示范。安徽省旅游局主要领导表示，到 2020 年，皖南国际文化旅游示范区旅游接待人次、旅游总收入等重要指标均要上新台阶。根据发展规划纲要，安徽省政府对皖南国际文化旅游示范区给予更大范围政策支持。当前，示范区“七市”正在研究国家和省政府文件，加快制定各地区详细具体落实政策。

3．交通要素。综合的交通运输通道、完善的立体交通网络、健全的旅游交通设施建设是示范区得以快速发展的基础条件。依据《发展纲要》，示范区将构建“四纵三横”网络交通体系。其中，“四纵”具体包括商丘—杭州（合肥—宣城—杭州）、北京—台北（合肥—黄山—福

① 姚国荣：《皖南国际文化旅游示范区建设研究》，安徽省社会科学院省领导圈定课题组，2013 年。

州）、济南—广州（六安—安庆—景德镇）、上海—成都（合肥—安庆—九江）；“三横”则包括沿江通道、杭州—黄山—景德镇、南京一宣城。铁路方面：黄山—杭州、皖赣铁路扩能改造工程（新双线）、合肥—安庆—九江等客运专线；天柱山—九华山—黄山、南京—宣城—泾县等城际铁路。[①] 公路方面：扬州—绩溪（含黄山区连接线）、济南—婺源、芜湖—黄山、黄山—千岛湖、申嘉湖宣等高速公路。[②] 航空方面：黄山机场改造，安庆机场迁建，新建芜湖（宣城）、马鞍山、岳西、宁国、无为、九华山等通用机场。[③] 水路方面：有长江干流、芜申运河、水阳江、新安江、顺安河、青通河、秋浦河等水运通道，还有马鞍山郑蒲港、芜湖港朱家桥港区、安庆港长风港区二期、长江和新安江游轮码头等。

4. 市场要素。中国区域旅游发展模式主要经历了政府启动型的萌芽期、政府推动型的初步形成期、政府推动与市场推动兼具的快速发展期、市场主导型的成熟期四个阶段。理论和实践都证明，市场配置资源更有效率，市场决定资源配置是市场经济一般规律，示范区必须始终树立市场导向理念，坚持以市场为主导、以市场需求为动力推进发展，按照市场需求进行资源配置，实现示范区全面发展。[④] 示范区坚持发挥市场配置资源的决定性作用，培育旅游企业上市，支持旅游与农业、工业与第三产业融合发展，形成多个具有地方特色的文化旅游产业园区，实现示范区发展目标。

---

① 姚国荣：《皖南国际文化旅游示范区建设研究》，安徽省社会科学院省领导圈定课题组，2013年。

② 姚国荣：《皖南国际文化旅游示范区建设研究》，安徽省社会科学院省领导圈定课题组，2013年。

③ 姚国荣：《皖南国际文化旅游示范区建设研究》，安徽省社会科学院省领导圈定课题组，2013年。

④ 姚国荣、陆林：《皖江城市带转型发展的路径选择》，《安徽日报》2014年3月3日。

（二）内在驱动因素

1. 资源驱动力。皖南国际文化旅游示范区已经形成稳定的基本格局：以黄山为中心的世界自然文化遗产、以西递宏村为代表的世界文化遗产、以九华山为中心的佛教圣地、以天柱山为代表的禅宗文化、以方特为代表的主题公园等，构成示范区文化旅游的基本骨架；以黄梅戏为代表的戏曲文化产业、以徽学为代表的传统文化产业、以“文房四宝”为核心的工艺文化产业及以芜湖铁画、桐城佛光工艺、铜陵铜器等民间传统艺术品，成为示范区传统文化精品和知名文化品牌的基本支撑；以中国元素为背景，以现代科技为支撑，以数字动漫、影视传媒、创意设计、演艺演出、出版等为主导的现代创意产业星罗棋布。

示范区拥有省级以上风景名胜区 9 处、自然保护区 21 处，其中国家级风景名胜区 7 处、自然保护区 4 处，分别占全省的 23%、60%、70% 和 67%。森林覆盖率达 46.2%，湿地面积占土地面积 8.8% 以上，水环境、空气质量保持全国一流水平（见表 3、表 4）。示范区内拥有歙县、绩溪、安庆 3 个国家历史文化名城，18 处国家历史文化名镇名村名街，87 个全国重点文物保护单位，35 个国家级非物质文化遗产。

**表 3　皖南文化旅游示范区旅游资源类型与丰富度表**

| 主类 | 亚类 | | | 基本类型 | | |
|---|---|---|---|---|---|---|
| | 全国 | 皖南 | 类型占全国（%） | 全国 | 皖南 | 类型占全国（%） |
| 地文景观 | 5 | 2 | 40.0 | 37 | 9 | 24.3 |
| 水域景观 | 6 | 4 | 66.7 | 15 | 6 | 40.0 |
| 生物景观 | 4 | 4 | 100.0 | 11 | 8 | 72.7 |
| 天象与气候 | 2 | 1 | 50.0 | 8 | 1 | 12.5 |
| 遗址遗物 | 2 | 2 | 100.0 | 12 | 8 | 66.7 |
| 建筑与设施 | 7 | 7 | 100.0 | 49 | 29 | 59.2 |
| 旅游商品 | 1 | 1 | 100.0 | 7 | 7 | 100.0 |

续表

| 主类 | 亚类 | | | 基本类型 | | |
|---|---|---|---|---|---|---|
| | 全国 | 皖南 | 类型占全国(%) | 全国 | 皖南 | 类型占全国(%) |
| 人文活动 | 4 | 4 | 100.0 | 16 | 13 | 81.3 |
| 合计 | 31 | 25 | 80.6 | 155 | 81 | 52.3 |

资料来源：根据省旅游局、林业厅有关资料整理。

**表4　示范区国家级森林公园**

| 序号 | 名称 | 批建时间 | 地点 | 面积（公顷） |
|---|---|---|---|---|
| 1 | 黄山国家级森林公园 | 1987.5 | 黄山市黄山区 | 11686.67 |
| 2 | 天柱山国家级森林公园 | 1992.7 | 安庆市潜山县 | 2048.47 |
| 3 | 九华山国家级森林公园 | 1992.7 | 池州市青阳县 | 14333.33 |
| 4 | 徽州国家级森林公园 | 1992.7 | 黄山市歙县 | 5314.40 |
| 5 | 鸡笼山国家级森林公园 | 1992.9 | 巢湖市和县 | 4500.00 |
| 6 | 太湖山国家级森林公园 | 1992.9 | 巢湖市含山县 | 1813.53 |
| 7 | 天井山国家级森林公园 | 1992.9 | 巢湖市无为县 | 1204.00 |
| 8 | 齐云山国家级森林公园 | 1993.5 | 黄山市休宁县 | 6000.00 |
| 9 | 横山国家级森林公园 | 1994.12 | 宣城市广德县 | 1000.00 |
| 10 | 敬亭山国家级森林公园 | 1996.8 | 宣城市宣州区 | 2009.00 |
| 11 | 水西国家级森林公园 | 2004.12 | 宣城市泾县 | 2147.00 |
| 12 | 青龙湾国家级森林公园 | 2004.12 | 宣城市宁国市 | 2730.00 |
| 13 | 马仁山国家级森林公园 | 2008.1 | 芜湖市繁昌县 | 712.00 |

资料来源：根据省旅游局、林业厅有关资料整理。

2. 品牌和科技驱动力

品牌是区域发展达到新高度的重要尺度，也是区域发展走向国际化的重要载体。黄山集诸多荣耀于一身：世界自然与文化遗产、世界旅游目的地管理奖、“全球可持续旅游目的地标准”亚洲唯一起草单位、世界地质公园等；“黄山旅游”股票是我国第一支完整意义的旅游概念股；黄山旅游集团公司连续三年跻身中国旅游集团20强，下属黄山市中国旅行社连续 9 年（2005—2013 年）被评为全国百强社。[①] 九华山、太平湖、芜湖方特、天柱山、“文房四宝”等也是重要的国际品牌。此外，示范区是安徽省传统文化的聚集地，科技资源蓬勃发展，经过改革开放 30 多年的建设，已经积累了雄厚的科技实力，在经济社会发展等各方面取得了一大批科技成果，有力地促进了示范区发展。品牌和科技的内在驱动，极大地促进了示范区的进一步发展，完美地诠释了示范区的内涵和形象。

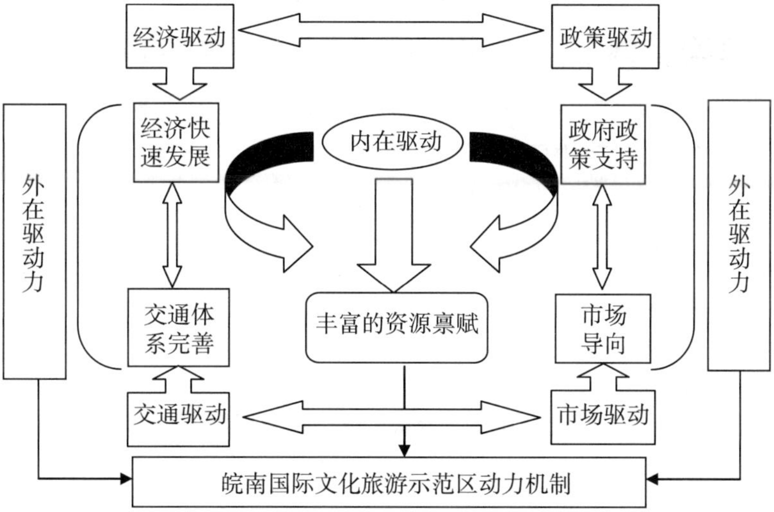


**图 1　皖南国际文化旅游示范区的动力机制**

## 五、结论及启示

本文着重探讨了皖南国际文化旅游示范区的演变过程及动力机制，重点论证了在示范区形成发展过程中的内在和外在驱动机制（见图 1）。

① 姚国荣、陆林：《旅行社为何更需要联盟？——基于 SEM 模型和皖南案例的研究》，《经济管理》2015 年第 3 期。

通过分析内在资源、科技、品牌等驱动力的作用表现，得出结论：资源优势是示范区得以蓬勃发展的决定性条件；该区域通过对资源的整合开发利用，打造出了黄山、九华山等若干具有国际竞争力的品牌，提高了示范区发展的国际化水平；科技进步和创新是打造示范区的重要手段，它们与政策、交通、经济等外在驱动要素一起，为示范区发展搭建了一个良好的保障性基础；在市场供需导向下，示范区发展逐步转向效益增长型发展模式，同时促进了皖南地区的经济繁荣。

示范区的未来发展，应继续坚持市场配置资源的决定性作用，以资源开发利用为基础，提高旅游文化产品附加值，培育重大项目和品牌，走向国际化，形成全国示范。国家和安徽省政府部门应持续关注和支持示范区发展，稳定市场秩序，完善区域内外交通体系，构建良性的政策支持体系，推动示范区发展成为在国内和国际范围内都得到广泛认可的文化旅游示范区。

（作者为安徽师范大学经济管理学院教授、博士生导师）

# 新中国70年来安徽省花鼓灯文化传承与发展问题研究

## ——以怀远县花鼓灯文化历史、现状为主要研究视域

张安礼

### 一、历史概述

中国花鼓灯艺术历史悠久，源远流长，形式优美而系统，内容丰富多彩，充分表达了劳动人民的聪明才智和创造精神。怀远花鼓灯是指千百年来流行于淮河、涡河流域的民间歌舞。花鼓灯是怀远人民非常喜爱和钟情的歌舞形式。花鼓灯以“兰花”“鼓架子”为主要角色，运用鼓、锣等乐器和折扇、花伞、手绢等简单道具，通过优美的动作和民歌小调，或者叙述劳动人民中动人的爱情故事，或者抒发丰收后快乐的心情。花鼓灯是汉族民间歌舞艺术的瑰宝，是人类珍贵的艺术活化石。

怀远花鼓灯具体的产生年代已经无从考证，但多少年来，在涡淮流域人民的心目中，一直流传着许多关于花鼓灯起源的神奇美丽而令人遐想的传说。

怀远境内的涂山，故称涂山氏国，史料记载是大禹会诸侯的地方。传说大禹在此与涂山氏的女儿——女娇结为夫妻。在这大喜的日子里，

当地村民敲锣击鼓，载歌载舞，以表庆贺之意。新婚不久，大禹离家外出治水，一去十三载，三过家门而不入。女娇心中十分想念，就怀抱婴儿，天天站在山坡上向着远方眺望，盼望夫君早日顺利归来。就这样日复一日，年复一年，因为她望夫心切，精诚所至，化作一块巨人形石，后人称为“望夫石”“启母石”。此后，人们为了纪念他们，就在山顶建造了禹王庙。每年农历三月二十八日都赶禹王庙会，欢乐喜庆的人们总是打起锣鼓，载歌载舞。据说从此就形成了“花鼓灯”。对于此说，史志记载，涂山东麓有二石，“各径三丈余，叩之音如锣鼓，曰锣鼓石”似可佐证。

此外，还有一说民间流传盛广。古时候，涡淮二河交汇处的荆山涧深壑陡，树木苍郁，景色秀丽。山顶的岩洞中，藏着一条巨大的蛇形水怪——蛟。每年春天惊蛰过后，此蛟常跑到山下的村庄里吃人吞畜，凶残无比，闹得人心惶惶，鸡犬不宁，人们想方设法要除去此蛟。说来也怪，这蛟不怕刀枪棍棒，竟然害怕当地村民的锣鼓声、歌舞声。因此，每当惊蛰过后，此蛟即将出没之时，村民们便敲着铜盆、陶罐，从四面八方奔上山去。那蛟听到响声，果然逃之夭夭。此后，当地村民为了纪念这个为民除害的日子，每逢农历三月二十五日，便齐聚在荆山上敲锣打鼓，唱歌跳舞，举行“惊蛟会”。据传“花鼓灯”从此诞生，并一直流传到今天。山顶上原有一处“锣鼓台”，然历经沧桑之后，早已荡然无存了。

上面两传说在怀远境内可谓家喻户晓，妇孺皆知。由于怀远各乡镇自古以来就有很多民间艺人，各自组建“花鼓灯”班子，走村串巷，异常活跃，因此，各乡镇，甚至于有些村子也流传着本土的“花鼓灯”起源的传说。比如常坟镇，因为历史上出现过明朝开国元勋常遇春，所以常坟当地就传说常遇春年轻时，在农闲之际，经常和小伙伴们一起用农具作道具，玩类似“花鼓灯”一类的灯歌，并传说为花鼓灯之起源。其他乡镇也有很多传说，这些传说都与当地历史人物密切联系。今天看来，此类传说多是借名人以自重，平添可信的力度。虽然历史名人都是真的，而“花鼓灯”起源与名人的关系却尚无确切的史料记载。

花鼓灯起源已经无法追寻了，但何时在怀远流传，在浩如烟海的历史文献中却曾经记载过。据《凤台县志》记载：“花鼓灯历史悠久，宋代就流传在淮河流域的凤台、怀远一带。”看来怀远花鼓灯从宋代就开始流传了。

宋朝（960—1279年）是继唐朝（618—907年）之后，在民间歌舞艺术方面繁荣昌盛、高度发展的时期。在文化艺术等意识形态领域，宋朝下层社会以民间道教学说为主，这为以后的民间艺术、灯歌之类增添的浓厚的宗教色彩埋下了伏笔。当时道教标榜“神政分治”原则，主要从事诗词歌赋、音乐舞蹈、针灸按摩和医疗以及精神生活中的消灾法事活动，从而使音乐舞蹈等艺术活动不同程度地沾染上了道教的色彩。自此开始，历代花鼓灯艺人朝山拜庙、敬香求神都有规定的程序，十分虔诚。新中国成立前，几乎每一个花鼓灯艺人都敬神。可以说，这种民间艺术祭拜神灵的现象，自古以来在世界各地都是很普遍的。至今，怀远县每年都有几十个灯班在农历三月二十八上涂山赶庙会，纪念治水英雄（水神）大禹。这样的祭奠活动，显然在艺人们心灵上产生了一种神圣的心理状态，促使他们为了神的意志把花鼓灯玩得更好，以娱他们共同的信仰之神，而达到自己休养生息的目的。这种巨大而无形的力量，对花鼓灯艺术的发展和延续，起了独特的促进作用。

元代（1271—1368年）之后，各地经济、文化发展非常不平衡，文学艺术水平参差不齐。花鼓灯在农村流传的地区，相对来说是文化较落后，文人较少的偏僻地区。花鼓灯的戏剧因素没能得到发挥和挖掘，没有像元杂剧那样，由文人与民间歌舞艺人合作起来，共同创造，发展成成熟而精致的戏曲形式。元曲在中国文学史和唐诗、宋词并列，成为耀眼的璀璨明珠。与此相比，民间花鼓灯依旧保持着自身的原始风格。

明朝（1368—1644年）不同以往，这可能更多与明朝皇帝朱元璋有关。明中叶前的一百多年，经济繁荣，社会稳定，当时的都市乡村，正月里“闹红灯”盛行，民间花鼓灯也随之出现复苏的景象。资料记载，当时凤阳县唱“卫调花鼓”的艺人就已经在花鼓灯里表演自己的节目，说明花鼓灯已可以在淮河中游的重镇凤阳、长淮卫演出。时怀远隶属凤阳，两地交往频繁，花鼓灯艺人沿淮而上，到达怀远也是顺理成章的。

花鼓灯艺术经过明朝的复苏阶段，养精蓄锐后在清初得到了迅速的繁荣。康熙年间是清朝社会、经济、文学艺术走向兴旺的时期，也是花鼓灯艺术向高峰攀登的时期。清朝花鼓灯流行区域比元明时代有所扩展，逢年过节，常常是几十班甚至上百班花鼓灯聚集一堂竞技献艺，到处扇绢翻舞，歌声飞扬，几天几夜锣鼓声不断。如今一些八九十岁的老人，还津津乐道他们祖辈们当年玩灯的情景。①

新中国成立以后，花鼓灯艺人走进了新时代，花鼓灯艺术也取得了巨大的成就。这一时期的花鼓灯艺术不仅反映了涡淮流域人民的生活、思想和感情，还影响到了其他地区的众多观众。

怀远花鼓灯得以迅速发展的契机是1951年。当时淮河流域涨水，淹没了许多村庄、良田，和历史上一样，群众再次遭到了洪灾。这年，毛主席发出“一定要把淮河修好”的伟大号召，怀远人民立刻兴起了热火朝天的治淮运动。运动中，怀远县马城区（现蚌埠禹会）冯嘴子村出

① 谢克林：《中国花鼓灯艺术》，安徽人民出版社1990年版，第7、26、27、35、38页。

生于花鼓灯世家的冯国佩用花鼓灯的形式作鼓动宣传。他的宣传形式立刻受到国家舞蹈协会主席吴晓邦的关注。后来在吴晓邦的支持推荐下，以怀远地方花鼓灯艺人冯国佩、常丽华等为主组建的花鼓灯团队进京演出，取得巨大成功，被誉为“东方芭蕾”。

50年代末60年代初，怀远花鼓灯更是得到了飞跃发展。当时农村高级社运动已至高潮，马城、包集、河溜、常坟等地成立以区或乡为单位的人民公社。成立后的公社在县文化单位领导的指导下，纷纷成立地方戏剧团体。常坟地区成立了沿淮南市的高皇以北到柳沟街的红旗人民公社，为丰富发展当时社员的文化生活，常坟成立了京剧、泗州戏、推剧和花鼓灯歌舞团。最有影响而坚持下来的仅有花鼓灯，常坟地区花鼓灯表演者中比较突出的郑九如（艺名小白鞋）、常和龙（一溜烟）、孙为章（唧的当）、常春利（老蛤蟆）等都被收拢加入了剧团。为了吸收新生力量，剧团打破旧传统男扮兰花的习惯，招进了一批女兰花，如常丽华、易之兰、陈启华、常爱兰、王京华、易文爱等。表演上，她们逐渐成为各具风格特色的艺人，人们因此送她们各种有趣的艺名和绰号。这种情况后来成为习惯，几乎每一个出色的花鼓灯艺人都有自己的艺名和绰号，并广泛流传在民间，叫得十分响亮亲切，常使许多人不知或遗忘了艺人的真实姓名。

大量的演出活动，促使怀远境内各灯班之间和灯班内部艺人之间相互切磋技艺，交流学习和展开激烈的竞争。组织上的正确领导、演员的细致分工和比较正规的日常训练又为提高技艺和表演水平创造了条件。同时，随着社会的稳定、经济的发展、生活水平的不断提高，人们对精神食粮的渴求非常迫切，这些都促使艺人们忘我地献身于花鼓灯艺术。总之，这一时期在文艺领域出现了生动活泼的喜人局面，花鼓灯艺术达到新的高峰。

## 二、花鼓灯的现状以及存在的问题

花鼓灯辉煌的历史已成为过去，改革开放以来，花鼓灯的发展已严重落后于我们今天的物质文明建设。有专家认为，评价一个剧种的生存状况，主要的参数应该是剧团、人员、剧目、演出及其在当地乃至于在更多范围内的影响等，而其中最为关键的参数是有无专业剧团和专业剧团的演出活动。这样的观点如果成立的话，那么就目前状况看，怀远地方戏——花鼓灯，可以说演出活动式微、剧目贫乏，衰败的表征非常明显。

基于此，现就怀远花鼓灯存在的“观众日益减少、艺术人才缺少而断档、可演剧目陈旧而贫乏，资金严重短缺”的问题现状略作分析。

### （一）观众日益减少

社会日益多元化、多样化的发展，人们生活方式也随之多元而多样，娱乐形式就更加多元多样。伴随着现代科技的高速发展，各种可供娱乐的产品层出不穷。正是由于电视、VCD、网络、可视手机等的冲击，去剧院或露天场所观看花鼓灯人数大幅度减少。这是全国地方戏的共性问题，各地普遍存在，怀远花鼓灯当然也不能例外。面对这种情况，作为古老艺术形式的花鼓灯不能怨天尤人，只能与时俱进，主观上多做努力，想办法提高演艺技巧，多创作、排演出雅俗共赏、喜闻乐见的不同于其他娱乐形式的花鼓灯歌舞，从而把观众争夺过来、吸引过来。

### （二）艺术人才缺少而断档

1. 演艺人员方面

怀远花鼓灯人才曾经全省领先。有资料记载，20 世纪全县花鼓灯比较集中的“灯窝子”就有90多个，安徽省首批命名的“十大花鼓灯艺人”中，怀远县就占了6人（常春利、鉏洪云、石金礼、郑九如、赵怀珠和杨在先）。应该说，新中国成立后很长一段时间，花鼓灯这一民间艺术瑰宝曾得到政府的相当重视。中央歌舞团、中国舞蹈家协会、海政歌舞团等大型文艺团体曾多次来怀远采风，学习观摩花鼓灯的表演艺术风格。同时，著名花鼓灯鼓手常春利等一批老艺人还被聘请到省里甚至国家级舞蹈团体当指导老师。而目前，花鼓灯专业人员数量很少，从业人员多为各乡镇原文化馆工作者，就花鼓灯一项工作而言，他们在各种演出活动中起到了重要组织者、参与者的作用。据笔者调查，各乡镇文化馆正式编制2—3人，编制被占用为相关行业者的现象时有发生。而在编人员中花鼓灯艺人不多，而且年龄偏大，30岁以下的专业花鼓灯演员几乎断档。众所周知，演艺行业人员更多的是靠吃青春饭。年龄偏大的同志，随着其舞台形象和年龄优势逐渐丧失，不得不退出演出舞台。如果不能及时引进年轻人才，势必会出现青黄不接甚至断代的恶劣后果。现在怀远的花鼓灯表演方面，业余的花鼓灯团体（灯窝子）往往起着超过正式团体的作用。这部分花鼓灯艺人绝大多数是20世纪八九十年代从企业剧团散落社会的爱好者，他们受过很好的专业训练，很好地继承了花鼓灯的基本要素，几乎成了每次演出活动的台柱子。可如今这批演员大多过了“知天命”之年。（需要强调的是，民间的花鼓灯爱好者利用业余时间，随机组合的“玩灯”活动，更接近传统的花鼓灯艺术，几乎不受其他舞蹈艺术形式的影响，更受当地老百姓的欢迎。）

近二三十年来，由于多种原因，很少有年轻人愿意学习花鼓灯，学了花鼓灯而坚持演出的更是寥寥无几。各地发展不平衡，常坟镇文化站的花鼓灯是怀远地区表演得最好的典范之一，他们的团队多次获过国内外大奖。他们的花鼓灯培训班也非常出名，每年可培训50多名10岁左右少年儿童。不过多数孩子只是把花鼓灯当作素质教育的内容来学习，只有3—5人愿意当作职业来学习。这少数的几个人学成之后大多又跑到外地发展或个人办班培训，而且为了生存，他们在演出中不得不加入其他舞蹈戏种，最后却丢掉了花鼓灯。随着老艺人逐步退出，中年人只有少数可以表演，青年花鼓灯人才难以为继，将是最大的现实。

2. 编剧、作曲方面

怀远历史上人才辈出，有“怀诗、寿字、桐文章”之说，当代也出了不少作家、诗人，但目前专业从事编剧或真能胜任编剧工作的却屈指可数，凤毛麟角。花鼓灯灯歌是花鼓灯艺术的重要组成部分。时下，几乎没有在职的人专门从事编写灯歌的工作，排练时大多是旧节目，或找人或演员自己编写，这种应景之作很难得到观众的认可。这明显与当前文化大繁荣、大发展的大形势是极不相称的。没有专业作曲人员，现在的花鼓灯基本以锣鼓乐器和舞蹈为主了，而传统花鼓灯的唱——对歌很少，或者没有了。作为民间艺术的花鼓灯，其曲调简单明了，在目前花鼓灯不景气的情况下，如果能加强作曲人员的培训和引进，对丰富花鼓灯的内涵定能起到很大的促进作用。

### （三）花鼓灯灯歌精品稀少

花鼓灯灯歌自古以来多是人民口头创作，并在流传的过程中有很大的随意性、地域性，甚至于即景编词。比较流行的著名灯歌有《王小楼卖线子》《抢手绢》《摘石榴》《抢扇子》《蛤蟆跳进》《抢板凳》等。每个灯歌都有相当固定的词和舞蹈动作，如《抢板凳》内容是表现女孩子要坐板凳，男孩子执意不让，兰花和鼓架子即兴抒发，创造性地各自展开舞蹈动作，其中有坐上板凳的快乐，失去座位的沮丧，互相的逗趣，有鼓架子的卖弄，兰花的佯装赌气，在鼓架子的跟头动作和兰花的花肩、手绢挥动的舞姿中表现得淋漓尽致。目前，除老灯歌外，贴近生活的新歌极少。调查中老人们常回忆起老艺人们演出的花鼓灯。如《新媳妇挑塘》表现的是当年合作化运动高潮时期，提倡“庄稼一枝花，全靠肥当家”，然而那时没有化肥，全靠农家积累的农家肥，人尿、牛栏猪舍清扫的厩肥、草木灰，再就是铲草皮堆积发酵及沟塘泥的清挖。沟塘在那没有化肥的年代，数量大，肥效快，全体社员往地里运塘泥，而最快捷的办法是挑、抬，花鼓灯表现的剧情就是这个场景。新媳妇嫁到婆家，按传统风俗，最少在家做三天新娘。然而新媳妇进门的第三天，家家户户的劳动力都出工向地里运送塘泥。那时青年小伙组成“青年突击队”，未婚女子组成“铁姑娘队”，年轻媳妇是“穆桂英队”，互相竞赛，你追我赶，场面热烈。新媳妇在家坐不住了，不脱嫁衣，穿着新嫁鞋，挽起袖子和裤角，满怀豪情地加入挑塘泥的人流中。5个兰花跳起了集体舞蹈，丽华是领头者，舞者表演了上泥、匀担、换肩、爬坡、走田埂、擦汗、甩手等动作，跳跃轻盈，足尖旋转，花扇变化排列，手绢挥舞，把舞蹈和劳动动作完美地结合在一起，其中单人舞、双人舞、三人舞、群舞不一而足，给人眼花缭乱又井井有条的感觉。老艺人的成功经验我们应该认真学习总结。当下，我们应当走进社会，投入火热的民间生活中，多创作出文化底蕴深厚、内容丰富、形式灵活、富有地方色彩、易懂好记的精品灯歌；我们应当想方设法，提高灯歌的层次品味，提炼灯歌的鲜明主题，提升演艺人物的形象，进而创造出名扬天下的怀远花鼓灯品牌。

### （四）资金短少情况

通过对怀远花鼓灯各地剧团的调查，主要有两个方面的问题。

1. 解决演员演出费用问题包袱重

现在很多活动多靠业余爱好者参与，民间有“锣鼓一响，脚底板就痒”“小兰花的灯歌一唱，姑娘媳妇急得粑粑一下贴上了墙”之说。花鼓灯是最受怀远民众喜爱的土著歌舞，农忙种田，农闲玩灯。全县各乡镇花鼓灯班子比较集中的“灯窝子”就有90处左右。这些人玩灯纯属业余爱好，一般是自愿的，不需要任何经费。有时参与属于政府组织的活动，也会得到一定的路费、食宿等经济补偿。但是，文化站本身很难有充足的经费外出开展活动。

2．工作环境堪忧

各乡镇文化站现有的房舍大多建于20世纪，现在看来，不仅式样老化，而且由于缺少经费，得不到正常修缮，很多房舍已经不能使用，正常排练工作很难开展。有的文化站为了完成上级交给的演出任务，不得不在短缺资金的情况下，拿出钱在外租训练场地。资金短少，场地局促，不仅严重挫伤了职工排练、演出的积极性，也给文化站、剧院领导带来一定的负面影响。

## 三、对策建议

针对以上问题，我们拟提出以下对策：

### （一）建立花鼓灯经纪人队伍，开发花鼓灯旅游资源，组建符合时代要求的新型花鼓灯剧团

花鼓灯是怀远县文化资源的重要组成部分，是怀远的巨大财富，理应优先发展。振兴花鼓灯，时下最迫切的是要解决花鼓灯如何融入市场的问题，而发展花鼓灯表演市场就必须组建花鼓灯经纪人队伍，开发花鼓灯旅游资源，融合各方力量，重新组建适合新时代需求的花鼓灯演出团体。

### （二）政府应加大投入，鼓励、引导社会力量参与支持花鼓灯工作

改革开放初期，怀远圣泉啤酒厂等大型企业都曾创办过花鼓灯剧团。这些合作力量可以出钱、出物、出智，鼓励专业人员之外的作者创编剧本，盘活现有乡镇花鼓灯剧院的场地资源，加强剧院基础设施建设。政府可以出台政策，或引资，或独资，或股份，建立部分上档次的剧院场舍。同时，开发具有地方特色的工艺品，宣传花鼓灯，扩大花鼓灯的社会影响面。

### （三）整合相邻乡镇文化站演出力量，着力把花鼓灯艺术推向市场

对文化相对落后的乡镇，文化站可以合并一处，共同开展工作。同时，文化站领导人员要想办法，变依赖输血为自身造血，改革现有的管理经营模式，提高花鼓灯的艺术实践活力，增加艺术生产的产能。开办灵活多变的“茶戏楼”、卡拉OK等演出形式，让普通百姓花不多的钱，喝喝茶，唱唱花鼓灯，消消闲。这样做，一方面扩大了市场，让花鼓灯走近群众，融入生活；另一方面，也能给文化站、剧团增加收益。

### （四）加强文化馆在职花鼓灯从业人员的责任，培训提高素养

上级文化主管部门应该出台相关政策，对文化馆每年要定时布置一定的演出任务，分阶段提出演出要求，根据工作内容提出明确的培训目标。要加强对在职花鼓灯从业人员的教育，鼓励和培育为艺术献身的精神。花鼓灯从业者要乐于奉献，舍得吃苦，主动找事做。对于业余人员，政府也应予以支持鼓励，因为这部分民间艺人更接地气，他们的表演形式更受群众的喜爱。要把怀远的在职和业余花鼓灯艺人的积极性都调动起来，人尽其才，才尽其用，盘活花鼓灯这台经典而古老的大戏。

## 四、结语

新中国成立后，特别是改革开放以来，花鼓灯曾一度出现过前所未有的鼎盛时期，冯国佩、郑九如、常和龙、孙为章、常春利、常丽华、常谦德等著名花鼓灯艺人，秉承艺术传统，繁荣民族文化，成就了怀远花鼓灯的几度辉煌。

1953年，怀远县花鼓灯首次进京参加全国民间歌舞调演，在怀仁堂演出时，受到党和国家领导人的赞赏。周总理称赞花鼓灯为“东方芭蕾”、汉民族民间舞蹈的优秀代表。1986年12月，在第二届全国民间音乐舞蹈比赛中，怀远编排的吹打乐《花鼓灯锣鼓》夺得唯一的大奖。1989年10月1日，怀远的花鼓灯舞蹈《欢腾的鼓乡》进京参加国庆40周年联欢晚会演出。1991年9月，又在全国优秀秧歌大赛中获得6项最高奖。2000年，怀远县被国家文化部命名为“中国民间艺术（花鼓灯）之乡”。2007年4月，在中央电视台举办的第四届电视舞蹈大赛中，花鼓灯舞蹈《鼓乡情韵》获得一等奖。2013年，怀远县常坟镇文化站编排、表演的花鼓灯《大河湾的孩子》，获得全国少年儿童舞蹈金奖。同年，花鼓灯《大河湾的孩子》到美国夏威夷参加第七届夏威夷国际青少年艺术节，又一举获得金奖。正是在新老两代花鼓灯艺人的带领下，怀远县的花鼓灯文化艺术逐步走向更广阔的全国的乃至于世界的舞台。

“文化是民族的灵魂，对中华民族来说，文化也是生命。中华民族五千年命脉不绝就在于中华文化的精神支撑。”[①]党的十八大以来，党和政府越来越重视文化在经济社会发展中的精神支撑作用。目前，怀远花鼓灯文化艺术正在申报国家非物质文化遗产。随着文化大发展大繁荣时

① 安徽社会主义学院、安徽中华学院编：《文化自信与安徽地域文化传承发展学术研讨会论文集》，2018年，第1页。

代的到来，花鼓灯艺术更引起了全社会的高度关注和重视。今天，从中央到地方，各级领导都非常关心民间文化、地域文化、地方戏曲艺术工作。怀远曾经亮丽的花鼓灯名片，虽然在发展中遭遇了一定的挫折，我们却有理由相信，怀远花鼓灯一定能够克服目前的各种困难，走向更加辉煌的明天。

（作者为安徽省怀远县委党校群团工作部高级讲师）

# “新中国 70 年文化建设成就与经验”学术研讨会总结

欧阳雪梅

我受会议组委会委托，来作会议总结。

为庆祝新中国成立 70 周年，由中国社会科学院当代中国研究所、安徽省社会科学院联合主办，当代中国文化建设与发展史研究中心、当代安徽研究所和阜阳师范大学联合承办，于 6 月 29 日在合肥举行“新中国 70 年文化建设成就与经验”学术研讨会。安徽文化厚重，曾有“人文渊薮”“东南邹鲁”之美誉，中华优秀传统文化世代传承弘扬，红色文化底蕴深厚，同时是改革精神的重要策源地，公共文化服务的示范地，安徽文化的建设与发展是中国文化建设与发展的缩影。本次以研究新中国成立 70 年来，中国共产党领导全国人民致力于推动文化的发展与繁荣，不断创新文化建设理论，丰富文化建设实践，探索文化发展规律为主旨的研讨会在安徽召开，适逢其时，恰逢其地。

本次会议采取约稿与征文相结合，共计收到当代中国研究所、中央党史和文献研究院、求是杂志社文化编辑部、文化和旅游部政策法规司、北京大学、国防大学军事文化学院、复旦大学、上海交通大学、中央财经大学、南开大学、中国社会科学院研究生院、中国人民大学马克思主义研究院、湖南省社会科学院、重庆社会科学院、重庆市人民政府发展研究中心、上海市委党校、陕西师范大学、江西省地方志办公室、安徽省社会科学院、中共安徽省委党校、安徽大学、安徽师范大学、华南师范大学、南京邮电大学、湘潭大学、军事杂志社、济南市社会科学院、宁波大学、三峡大学、天津商业大学、中共西宁市委党校、中共阜阳市委党校、中共亳州市委党校、中共黑河市委党校、河北建筑工程学院、合肥师范学院、中共绍兴市上虞区委党校、中共怀远县委党校、泰安市博物馆、中国范仲淹研究会等48家单位专家学者的66篇论文，反映了学者们对新中国文化建设发展史研究的关注与热情。

感谢安徽省委宣传部洪永平副部长、当代中国研究所李正华副所长在百忙之中抽空莅临指导，发表精彩演讲；感谢曾凡银院长主持会议；感谢来自全国各地科研院所和高校的100多位专家学者出席会议，与会的既有文化研究领域的大专家，又有大量的青年学者，使我们第一次感觉到文化研究队伍的壮大与活力。研讨会上，19位特邀专家作主旨报告，并由专家精彩点评，保障了本次研讨会的质量。本次研讨的论题非常丰富，既有对新中国70年来文化建设情况全面系统梳理的宏大叙事，又有专注于新时代文化建设理论与实践创新的解读；既有国家层面文化建设基本经验的总结，又有地方特色的典型经验的介绍、某个领域的深入研究；既有中国文化建设的广泛研讨，也有对中外文化交流的剖析；既有对文化研究前沿的新视角、新方法，又有文化发展领域重大问题的对策建议。这些都深化了新中国社会主义文化建设的研究，是新中国文化史学术研究的一次大检阅，很好地完成了本次研讨会的任务。

本次会议受到了媒体的广泛关注。求是杂志社文化编辑部、历史组组长李孝纯副编审，中共党史研究杂志社乔君处长，《毛泽东邓小平研究》张新宁博士，以及安徽日报、江淮文史、江淮时报、中安在线、学术界杂志等媒体朋友参加了会议。《中国社会科学报》《安徽日报》发表了即时会议通讯。感谢他们的到来，感谢他们对本次会议所作的贡献。

当代中国文化史学科是一门新学科，当代中国研究所第三研究室是全国唯一的专门研究机构，近年来对新中国文化建设史的研究取得了不少成果，不乏深度的著作，已初步奠定了学科的基本框架，有了一支基本稳定的学科队伍。当代中国研究所文化史研究室现有 9 名研究人员，其中，研究员 2 人，副研究员 3 人，助理研究员 4 人，有了学科梯队。研究室有图书资料室等。2016 年出版的《中华人民共和国文化史（1949—2012）》，被学界认为是填补了系统性、综合性研究新中国文化建设发展史研究的空白，得到广泛引用，2019 年修订再版，补充了党的十八大以来文化建设的内容。《当代中国文化》（中文、英文、俄文、波斯文、塞尔维亚文）参加 APEC 峰会、贝尔格莱德国际书展等活动，取得了较好的外宣效果。还出版有《毛泽东关于新中国文化建设思想探析》《社会与市场之间——改革开放以来民营电视企业的演展和趋向》等著作。但无论是我们研究室还是整个学界，整体而言，相对于火热的文化建设实践与文化理论创新需求，高质量研究成果不够多，研究工作比较集中于党和国家层面宏大叙事，较少关注文化建设成效分析以及部门、基层的文化建设实践及经验总结，以及理论与实践的疏离；研究中就文化谈文化，描述性研究多，深入客观的研究少，具体问题或局部的研究多，综合性系统研究少；对文化建设中一些重大问题纵深研究不够，直面难点、回应热点的问题意识不强，研究拓展空间较大。可喜的是，本次研讨会以选题的广泛与研究的深入，加强了新中国文化史研究的深度与广度。

文化是一个国家、一个民族的灵魂。“文化兴国运兴，文化强民族强。”当前中国发展已进入了一个前所未有的阶段，中国文化建设适逢前所未有的机遇，5000年中华文化的深厚底蕴和世界文化的丰富多样，为当代文化建设提供了丰富的历史文化资源；中国化的马克思主义理论的丰硕成果，为文化建设提供了宝贵的思想资源；中国以持续发展的经济实力和科技竞争力及与世界文化的交流借鉴，推动了文化的现代生产、传播、消费等各环节展开，增强了文化的力量；全社会重视、参与文化建设的热情日益高涨，为文化建设营造了良好的社会氛围；人民群众快速增长的精神文化需求，为文化发展拓展了巨大空间；中国的国际地位和影响力显著提高，为中华文化“走出去”提供了重要契机。这些为当代中国文化史的研究提供了丰富的理论与实践素材，我们要增强问题意识，加强对文化建设与发展重大问题研究，总结新中国文化建设发展历史经验研究；加强与文化管理、文化工作一线部门的联系，开展文化建设情况调研。我们将发挥当代中国文化建设与发展史这个非实体性研究中心平台，加强与相关研究机构和高校的合作，以每年召开新中国文化建设历史研究的专题研讨学术会议、学术讲座、学术论坛等形式深化学术交流，集合、凝聚学术研究队伍，壮大学科研究力量，扩大学科影响力，期待各位学者热心参与、积极指导。

本次会议感谢安徽省委宣传部、安徽社会科学院、当代中国研究所领导的悉心指导与大力支持。去年由当代安徽研究所的邢军所长和赵胜利研究员等提议开始酝酿，年初筹备，得到安徽社会科学院党组的大力支持，2月21日召开党组会，听取会议筹备情况汇报。曾凡银院长、杨俊龙副院长、沈跃春主编亲自领导组织，科研处陈瑞处长、办公室何长辉主任参与组织。3月6日，曾凡银院长一行前往当代中国研究所，向姜辉所长汇报筹办会议事宜。当代中国研究所党组给予了本次会议大力支持，副所长武力同志担任组委会主任，对相关事宜悉心指导；李正华副所长刚从俄罗斯、白俄罗斯访问回国，来不及倒时差，赶来合肥指导，发表主旨讲话；原副所长、《当代中国史研究》主编张星星同志作学术报告。

感谢会务组为本次会议所作的贡献，是他们的周到服务、悉心、不辞劳苦，保障了会议的圆满进行。特别是邢军所长和赵胜利研究员、何长辉主任、陈瑞处长、王磊书记承担了绝大部分会务工作。当代中国研究所的储著武、曹光章副研究员担负起联络、接收、评议论文等工作，是他们的无私奉献，为研讨会的成功召开及顺利进行提供了保障。

期待下次与专家们再研讨，与朋友们再相逢！